立人天地

大师馆

斯陀夫人传

Life Of HARRIET BEECHER STOWE

【美】查尔斯·爱德华·斯陀 著
Charles Edward Stowe / 佘卓桓 译 孔 谧 校

黑龙江出版集团
黑龙江教育出版社

图书在版编目（CIP）数据

斯陀夫人传 /（美）查尔斯·爱德华·斯陀（Charles Edward Stowe）著；佘卓桓译. -- 哈尔滨：黑龙江教育出版社，2017. 3
ISBN 978-7-5316-9149-5

Ⅰ. ①斯… Ⅱ. ①查… ②佘… Ⅲ. ①斯陀（Stowe, Harriet Beecher 1811—1896）—传记 Ⅳ. ①K837.125.6

中国版本图书馆CIP数据核字（2017）第048489号

斯陀夫人传
SITUO FUREN ZHUAN

丛书策划	宋舒白
作　　者	〔美〕查尔斯·爱德华·斯陀（Charles Edward Stowe）著
译　　者	佘卓桓 译 孔 谧 校
责任编辑	田 洁
装帧设计	冯军辉
责任校对	张爱华

出版发行	黑龙江教育出版社（哈尔滨市南岗区花园街158号）
印　　刷	北京鹏润伟业印刷有限公司
新浪微博	http://weibo.com/longjiaoshe
公众微信	heilongjiangjiaoyu
天 猫 店	https://hljjycbsts.tmall.com
E-mail	heilongjiangjiaoyu@126.com
电　　话	010—64187564

开　　本	700×1000 1/16
印　　张	27
字　　数	452千
版　　次	2017年5月第1版 2017年5月第1次印刷
书　　号	ISBN 978-7-5316-9149-5
定　　价	59.00元

斯陀夫人肖像

目录

Contents

第一章
童年时期

1811—1824年

1811年6月14日，哈里特·比彻·斯陀出生于康涅狄格州利奇费德这座典型的新英格兰城镇。她的父亲是莱曼·比彻牧师，他是一位著名的加尔文教派牧师，她的母亲名叫洛克塞娜·福特，是莱曼·比彻牧师的第一任妻子。哈里特·比彻生在一个健康幸福的家庭里，她有两个姐姐，三个哥哥，两个弟弟。最年长的是凯瑟琳，生于1800年9月6日。接着就是凯瑟琳的两个身体健康的弟弟，分别是威廉与爱德华，接着就是玛丽与乔治，哈里特·比彻在家中排行第六。另一个哥哥在哈里特·比彻出生前三年出生了，但只活了一个月就夭折了。在哈里特·比彻出生两年后的同一个月，她的另一个弟弟亨利·沃德出生在这个幸福的家庭。在亨利·沃德之后，就是洛克塞娜·福特的最后一个儿子查尔斯。

在哈里特人生中最早记住的事情，就是母亲去世这件事。当时，她只有4岁，但这件事始终是她整个童年时期最柔软、最悲伤也是最神圣的记忆。斯陀夫人对母亲的记忆可以从她写给弟弟查尔斯的一封信里看出来。之后，这封信的内容出现在《莱曼·比彻的自传与通信》一书里。哈里特在信件里这样写道：

> 母亲去世的时候，我大约是三四岁。因此，我对母亲的个人记忆是模糊而珍贵的。但是，那些认识母亲的人在谈论母亲时表现出来的敬意与尊重，深深地影响着我的童年生活。母亲的很多朋友都会谈论有关她生前有趣的事情与故事，他们说的那些话给我留下了深刻的印象。
>
> 母亲是一位有着坚强性格、为人安静与具有博爱精神的人，每个人都能从她身上感受到安慰与平静。她与我父亲的结合是非常特别的。他们之间的亲密关系一直持续到各自人生的终点。可以说，我的

父亲最相信母亲所做出的各种决定。无论在智力层面还是道德层面上，父亲都认为母亲是更好版本的自己。我还记得父亲在母亲去世之后说，他一开始的感受是恐惧，就好像一个孩子突然置身于完全黑暗的环境里，不知所措。

在我的童年时期，关于母亲的记忆只有两件事情，但这就像穿透黑暗的光芒，让我有所感知。其中一件事就是在某个安息日的早晨，我们从房间跑到客厅里来回跳舞。此时，母亲会用友善的口吻说："孩子们，记得要保持安息日的神圣啊！"

我记得另一件事就是：母亲是一位喜欢园艺的人，虽然她做的不是很专业，但还是会在条件允许的情况下去做。母亲在纽约的哥哥刚好寄给她一小包郁金香种球。我还记得某天母亲外出，我在育儿室某个隐蔽的角落里找到了这些郁金香种球。当时，我强烈地认为这些种球很好吃，就用我当时所学不多的话语说服我的几个哥哥，说这些东西就是大人们都喜欢吃的洋葱，适合我们吃之类的话。于是，我们把它们吃光了。我还记得，当我尝到了一种奇怪的香味之后，感觉到洋葱的味道不如我想象中那么好，我感到有些失望。之后，母亲安详的脸庞出现在育儿室的大门口。我们跑到母亲的身边，异口同声地告诉她我们的发现与做出的成绩。我们说，我们发现了一包洋葱，并且将洋葱全吃了。

我还记得，母亲当时没有表现出任何的不耐烦脸色，她只是坐下来，对我们说："我亲爱的孩子，你们刚才做的事情让妈妈感到很遗憾。你们吃的那包东西不是洋葱，而是一些美丽花朵的根。如果你们不去吃它们，那么我们在明年夏天就能在果园里看到美丽的红花与黄花，这些花都是你们以前从来没有见过的。"我还记得，当我们想象着那一幅画面的时候，都低着头，感到非常沮丧。我们为那个纸袋里空空如也感到非常悲伤。

我还记得母亲曾对着我们这些孩子大声朗读埃奇沃思女士所著的《弗兰克》一书。我认为这本书当时刚刚出版，在利奇费德的教育圈子里也引起了不小的震动。之后，大家都说母亲生病了。某天，大人们允许我走进母亲的房间，母亲当时躺在病床上。我仍然记得母亲当时脸上两边都有红色的斑点，依然露出平静的笑容。我还记得某天晚上睡觉做梦的时候，梦到母亲身体康复了。我兴奋地从睡梦中惊醒，却被走进房间里的大人哄得安静下来。我的梦境是真实的，母亲之后再也不会遭受病痛的折磨了。

接着，就是我参加母亲葬礼的记忆了。亨利当时还太小，没有参加母亲的葬礼。我看到亨利那金色的卷发，当时他就像一只小猫那样在阳光下玩耍，完全不知道到底发生了什么事。

我还记得当时穿上丧服，比我大的哥哥姐姐们都在哭泣。我还记得走在墓地上，一个人在墓碑前说话。接着，就是填土的过程了。我们这些小孩子都感到非常困惑，纷纷问母亲去哪里了，想要知道母亲是不是永远都不会回来了。

有时，他们会对我们说，母亲只是睡在了地下。有时，他们会跟我们说，母亲去了天堂。因此，年幼的亨利将这两种说法联系起来，认为只要在地上挖土，就能到达天堂去找到母亲。某天，姐姐凯瑟琳透过窗户看到了亨利正在满怀热情地挖土，她就过去询问情况，知道了亨利的用意。亨利用手将卷曲的头发撩上去，轻描淡写地说："我没做什么啊，我只是想要前往天堂找妈妈而已。"

虽然我们再也见不到母亲的身影了，但我认为有关她的记忆与做出的榜样，对塑造整个家庭，对孩子们从善避恶方面产生了巨大的影响。虽然她离开了我们，但她的影响力要比很多健在的母亲都要更加强大。她留给我们的回忆是无处不在的，因为城镇上的每个人，无论是地位最高还是地位最低的人，他们似乎都赞赏母亲的品格与人生。这些人所对母亲做出的积极评价是我们经常可以听到的。

在《汤姆叔叔》一书里的部分段落里，奥古斯丁·圣卡莱尔就曾描述了他母亲对他的影响，只是我的母亲对我的影响的一种简单的重复，因为母亲对整个家庭的影响始终是难以磨灭的。

在谈到亡妻时，比彻牧师说："很少有女性像她那样虔诚。她的信念是那么的强大，她的祈祷是那么的真诚。她的心愿是，她的孩子长大之后都要成为牧师，这就是她内心强烈的愿望。她的祈祷得到了回应。她的每个儿子都信仰了基督教，他们也实现了她生前的愿望，都成了耶稣的信徒。"

这就是洛克塞娜·比彻。她对她当时只有4岁女儿的影响力是那么的强，以至于影响到了这位日后创作出《汤姆叔叔的小屋》一书的女儿。在母亲去世后，他们在利奇费德的家弥漫着悲伤的气息，孩子们在这里过着孤独的生活。他们的阿姨哈里特·福特将年幼的哈里特·比彻带到了她外祖母在坚果平原的家住了一段时间，这里位于康涅狄格州吉尔福德附近。这是年幼的哈里特·比彻第一次离开家。关于这段旅程，斯陀夫人后来这样回忆说：

在我最早的记忆里，就包括了在母亲去世之后，我立即被送到了坚果平原。在母亲弥留之际，哈里特·福特阿姨一直留在母亲身边照顾她。母亲去世之后，她将我带到她的家。在经历了一段看似一整天的马车旅程之后，我们终于在黑暗的月色下来到了一座孤零零的白色小农场。接着，我们走进了一个很大的客厅，客厅里的柴火烧得正旺，发出噼里啪啦的声响。一位年长的女士将我抱在手臂上，她用力地抱着我，安静地啜泣着。当时，我对此感到非常奇怪，因为失去母亲的悲伤已经从我幼稚的思想中消失了。

我还记得阿姨将我抱到一个很大的房间。房间的一边摆放着她与我的床，另一边则摆放着外祖母的床。哈里特阿姨不是一般意义上的女性，她是个精力充沛的人，但她不知道怎么去教育孩子。她对教育的看法还是过去老派的那种英国女性的教育方法。她深信教堂的作用。要是她还生活在过去的那种制度下，肯定会坚定地相信着国王。虽然从独立战争到当时已经经历了好几代人，但她依然不是《独立宣言》的坚定支持者。

按照阿姨的观点，女孩应该从小培养优雅的举止，低声说话，注重仪容，要学会说“是的，女士”或是“不是的，女士”，绝对不能撕扯自己的衣服，还要学会缝纫、编织衣服，每个周六上教堂，有问必答，回家之后要接受问答式的教义。

在进行问答式教义的过程中，她经常会将我的表妹玛丽与我抱在她的膝盖前，而黑人戴娜与戴着脚链的哈利则坐在离我们一段的距离之外。因为哈里特阿姨始终要求她的仆人“低声地命令他们，表达对他们的尊重，这样才对他们有好处”。教堂的一些问答式教义始终会让我感到有趣，特别是当我要求得到一些小册子的时候，他们总是会称呼我“哈里特小姐”，对我的方式是我之前在洋溢着民主气氛的家里所感受不到的。我开始熟练掌握教堂的问答式教义，在朗读这些教义时表现出老式的庄重与坚定的口吻，这让我的阿姨感到非常满意。

因为我的父亲是公理教会的牧师，所以我认为哈里特阿姨虽然是高教会派的虔诚信徒，但她应该也对于我所接受的宗教教育是否应该完全脱离我的家庭环境存在顾虑。因此，当问答式教义的练习结束之后，她会对我说："我的外甥女，你必须要学习另一套问答式教义了，因为你的父亲是一名长老会牧师。"之后，阿姨又会让我将《威斯敏斯德要理问答》记在心里。

面对这种额外的练习要求，我从心里感到不满。我更愿意去记忆教堂问答式教义的第一个问题，因为这些问题符合小孩子的理解水平——比如"你的名字是什么？"之类的问题。这是一个很轻易就能回答的问题，我可以大声地回答这个问题。我习惯了将第一个问题与另一个问答式教义的问题进行对比——"一个人存在的主要目的是什么？"，显然，这个问题要比刚才那个问题困难许多。事实上，在阿姨对第二种问答式教义的暗暗怀疑与我作为孩子对太多教义表现出不耐烦的情况来看，在经历了几次毫无结果的尝试之后，阿姨最终放弃了这样做。当我私下听到阿姨对外祖母说，她认为在我回家之后，让我学习长老会问答式教义就足够了，这让我感到非常高兴。

在学习了这么多问答式教义与缝纫工作后，我还要学习洛思所写的《以赛亚书》、布坎南所著的《亚洲的研究》《赫伯主教的人生》与约翰逊博士等人作品中的许多节选内容。在阅读《圣经》与《祈祷书》之后，就是外祖母阅读最喜欢段落的时候了。不过，哈里特似乎并不喜欢这些内容。不过，她很喜欢外祖母对于她们阅读《圣经》时做出的评论。在福音传道者当中，她是一位安然待在家里的人。她对每一位信徒的看法是那么的明显且具有戏剧性，她还将这些信徒当成自己的熟人。比方说，她始终会带着微笑地谈论皮特做出的评论，然后说："我们又再次见到了他，这段话听上去就像皮特所说的。皮特就是一位随时做好准备去评论的人。"

也许，正是在坚果平原上度过的这个冬天，加上她当时所处的环境，才让哈里特开始记住了各种不同类型的赞歌、诗歌以及《圣经》里的许多段落。她在多年之后的创作里在使用这些诗歌的时候都显得信手拈来。同年11月，凯瑟琳就在一封信里就曾这样描述她：

> 哈里特是一位非常听话的女孩，她整个夏天都上学读书，学习流畅地阅读课本。她还记下了27首赞歌与《圣经》里的两个篇幅较长的段落。她的记忆力非常好，肯定能成为一名优秀的学生。

此时，哈里特才只有5岁，就经常前往西街的“吉尔伯恩女士”的学校上学了。她每天都牵着自己那位圆胖胖、脸颊红润、赤脚走路的4岁弟弟亨利·沃德一起走路。在她掌握了阅读的能力之后，她的内心就萌生了对文学的强烈兴趣，这样的兴趣一直伴随着她的一生。在那个时代，几乎没有什么书籍是专门为孩童们准备的。在哈里特6岁的时候，我们就发现这位年幼的小女孩已经如饥似渴地找寻着精神层面上的食粮，希望从父亲放在阁楼每个角落里的许多古老的布道演说稿子以及小册子里找寻到自己想要的知识。对年幼的哈里特来说，这些古老的布道演说稿子或是小册子的内容，有些记录着许多她根本看不懂的文字。在她翻阅许多卷的内容时，往往会发现“一个男人娶妻子的妹妹为妻，这是违反道德准则”之类的话语。但是，哈里特并不甘心，她不断地翻找着适合自己阅读的书籍，因为她的灵魂希望得到食粮。最后，她耐心的搜寻得到了回报，因为在一捆要发霉的布道演说稿子的下面，她发现了一本名叫《一千零一夜》的旧书。她似乎感觉自己一下子拥有了许多财富一样，因为在这本书里讲述的许多让人着迷的神话故事，让这位有着丰富想象力的孩子发现了一个充满乐趣的源泉。当她感到事与愿违的时候，当她的哥哥们开始远足旅行，不愿意带上她的时候，或是她闹一些小孩子的情绪时，她就会蜷缩在某个舒适的角落里，认真地阅读这本书，仿佛自己坐在一张被施加了魔法的毯子上面，飞到了一个仙境世界里，忘记了自己所有的悲伤与不满。

在回忆她的童年生活时，斯陀夫人就首先讲述了自己父亲的图书馆，并且生动地描述了自己在图书馆内的许多经历。

> 当我进入父亲的图书馆里，我会感觉到家庭里的一切噪声都消失了。对我来说，这个房间似乎特别安静，有一种避难所的感觉。房间的墙壁都是从地板一直上升到天花板的，每个书架上都摆放着许多书籍，这些书籍仿佛在向我问好。书架的旁边就是我父亲的那把扶手椅。在父亲的案桌前，他始终放着克鲁登所著的《用语索引》以及《圣

经》。我喜欢来到这里，在某个安静的角落里舒适地坐着，然后阅读自己喜欢的书籍。当我安静地坐下，认真观察着父亲在案桌前写作，就会有一种受到保护的感觉。我也会翻看他的书籍，不时用认真低沉的声音与他说话。我隐约地感觉到，父亲所写的一些文章是神圣且神秘的，这完全超越了我这个小孩子所能理解的范围。我小心翼翼不去向父亲提问或是与他说话，不想打扰他的工作。

图书馆里的书籍总是让我产生一种庄严的敬畏感觉。在较低的书架上，摆放着许多很厚的对开本书籍，其中一本书的封面上用黑色字体写着“赖特福德歌剧”。我对这个书名感到非常好奇，想象着这本书怎么这么厚。除此之外，书架上还摆放着各种类型不同、大小不同以及不同装帧的书籍。因为我经常看到这些书的书名，因此我对这些书名都熟记在心。书架上摆放着贝尔的《布道演说》，有伯内特的《质问》、鲍格的《论文集》、拓普雷迪所著的《命运》、波士顿的《四种状态》、洛所著的《重要的拜访》以及其他类似的书籍。我每天都会怀着好奇的目光看着这些书，但却从未想过要从这些书里读到任何有趣的内容。每当我想到父亲能够读懂并且理解这些书，就让我对父亲产生了一种朦胧的敬意。我在想，如果我长大了，是否也能够读懂这些书。

但是，父亲所收藏的一些书籍对我来说却好比是一笔财富。当父亲将这些书带回家，并将科登·玛德的《马格诺拉》这本书的全新版本放在书架上，我真的感到非常高兴。这本书里面的故事是多么的有趣啊！这些故事都是发生在我们这个国家的。这些故事让我感觉到，我脚下的这片土地，因为过去一些遵循上帝旨意的行为而变得非常神圣。

在回忆她过去的一些事情时，斯陀夫人还谈论了她第一次听到《独立宣言》时的感觉：“我之前从未听说过什么《独立宣言》。现在，我开始对《独立宣言》的部分内容有着模糊的了解了。不过，我还是从背诵的过程中，感受到了我们的国家之前遭受了许多伤害与不公平的待遇，这让我的内心充盈着愤怒。因此，当时年幼的我非常高兴地支持宣言里的内容。塔尔梅奇上校在阅读《独立宣言》的时候也显得非常有气势，更是加深了我内心的想法。当时，我愿意献出自己的生命、财富与神圣的荣誉去捍卫这个事业。当时，我身上的英雄主义情节是非常强烈的，因为我的祖先就是清教徒，所以我当时认为现在轮到我去做些事情了，但我却不知道该做些什么。也许，我应该为我的国家去战斗，或是发出自己的声明。”

在哈里特差不多6岁的时候，她的父亲娶了第二任妻子，来自缅因州波特兰的哈里特·波特小姐。斯陀夫人这样描述她的继母：

> 当时，我与两个弟弟在育儿室里睡觉。我们知道父亲去了某个很远的地方，但肯定是要回家的。因此，在一阵喧闹声后，我们就马上醒了。父亲走进我们的房间，继母跟在父亲的身后。她有着一双蓝色的眼睛，留着赤褐色的软发上戴着一个黑色的束发带。在我们看来，她是位非常美丽而端庄的女人。
>
> 从来没有像她这样的继母给人留下这么美好的印象。她到的这天早上，我们就用敬畏的眼神看着她。在我们看来，她是那么的美丽，那么的细腻，那么的优雅，我们都不敢靠近她。在她看来，我们肯定是很粗鲁的，因为我们都是脸颊红彤彤的乡村孩子，虽然比较诚实与温顺，但却比较害羞。她是位非常注重个人仪表与整洁的人。在她面前，我经常感觉自己是个粗鲁与活泼的人。
>
> 在宗教信仰方面，她是一位忠诚的基督徒。她是那种有着高尚品格，但却比较严格的人，始终追求着完美的生活，同时还有着强烈的自然与道德理想。要不是佩森博士之前树立了柔和的基督教榜样的话，她肯定会成为一个有良知的固执之人。幸好，佩森博士的榜样让她的宗教生活多了几分柔和与温暖的感觉。之后，我可以注意到她对基督教的热情可以从她的孩子身上看得出来。

在比彻夫人给娘家写的一封信里，我们可以看出她对于这个新家的第一印象。在这封信里，她这样写道：

> 这是一个非常有爱的家庭。当我看到他们家里每个人都是那么阳光与健康的时候，我心怀感激。这样的一种美好的情感与日俱增，因为我发现他们都是具有良好习惯的人，其中一些孩子还有着不同寻常的智慧。

这位继母在信件里所说的内容，的确非常适合她丈夫的每个孩子。这些孩子在日后也证明了他们各自所具有的天赋。

弗朗斯西·霍尔笔下的斯陀夫人肖像

一年之后，他们家又增加了一名家庭成员，费德里克这个小男孩来到了他们家。关于那时候的哈里特，我们可以从她的姐姐凯瑟琳的信件里看出些端倪。凯瑟琳在信件里这样写道：

> 上周，我们埋葬了年幼的汤姆，埋葬的地点就在年长的汤姆旁边。哈里特参加了这两场葬礼，并且显得非常悲伤。她问我是否可以在墓碑上为年幼的汤姆起一个绰号。我写下了下面这段话：
>
> 这里埋葬着我们的小猫，
> 它曾健步如飞，
> 它会做出奇怪的动作，
> 它跑得比谁都快，
> 现在却埋葬在这里。

1820年6月，年幼的费德里克因为猩红热夭折了。哈里特也患上了这种疾病。不过，在与病魔进行一番抗争之后，她最终康复了。

接下来就是她幸福快乐的童年生活。我们可以看到她经常在树林里散步，或是与她的哥哥弟弟们去外面远足钓鱼，或是安静地坐在父亲的书房里，认真地聆听着父亲与其他人进行神学方面的讨论，有时还去坚果平原看望外祖母。在约翰·布雷斯与皮尔斯这两位老师的教育下，她被视为利奇费德学校最聪明的学生之一。在她11岁的时候，她的哥哥爱德华就这样评价她："不论哈里特得到什么书，她都会如饥似渴地阅读。她在缝纫与编织衣服方面也做得非常好。"

此时，她不再是家里最年幼的女孩了，因为继母所生的另一个女儿（伊莎贝拉）出生于1822年。这件事对于她的心智成熟有着巨大的推动作用，因为她需要在放学之后认真地照顾妹妹。不过，照顾妹妹的工作绝对不能干扰到她的学习。在她尊敬的老师的教导下，她似乎能够完全吸收老师所灌输的所有知识。她这样写道：

> 我早年所接受的训练与教育，并不包括我本应该去学习的知识，而是乖乖地坐在课桌前，认真地聆听布雷斯老师在课堂上的讲解。我每时每刻都在竖起耳朵，认真地聆听老师谈论有关历史评论与讨论方

面的话题，或是背诵帕里的《道德的哲学》、布莱尔的《修辞学》与艾莉森的《论品味》等书，这些书籍都唤醒了我的心灵。

在讲授写作方面上，我认为布雷斯老师要胜过我所认识的所有老师。他能在课堂上激发学生们的兴趣，让学生的心灵变得更加开阔，然后让学生准备去写作文。在他看来，写作的主要元素，就是一个人要对某个话题感兴趣，然后将自己的观点表达出来。

在她10岁的时候，哈里特开始了对她来说非常感兴趣的写作过程。她在写作方面的进步非常迅速。在她12岁的时候，写作才能就已经展现出来了，而且她的作文经常是两三篇范文中的一篇，供许多前来学校参观的人欣赏。

关于这件事，斯陀夫人后来写道：

我还清楚地记得展出范文的场景，这件事对我来说很重要。当时，那个大厅都挤满了利奇费德文学界的名人。在他们面前，我们所有的文章都要被大声朗读出来。当别人朗读我的文章时，我注意到当时坐在布雷斯老师旁边的父亲的表情，他显得神采奕奕，充满了兴趣。朗读完之后，我听到父亲问别人："这篇文章是谁写的？""先生，是你的女儿写的。"这是我人生中最骄傲的时刻。毋庸置疑，父亲的脸上露出了满意的神色。让父亲为我感到骄傲，这可以说是青少年时期最美好的一次胜利。

哈里特的这篇文章后来被妥善地保存起来了。在陈旧的黄色纸张上，我们仍然能够看到充满稚气的笔迹。这是她的第一次文学创作，从中我们似乎也可以看出她日后成为著名作家的一个端倪。在这本自传里，引述了她66年前所写的这篇文章，也还是具有足够的价值的。对于一个只有12岁的女生来说，这篇文章的主题的确是有点太深奥了。

灵魂的永恒性是否可以通过自然之光去证明呢？

每个时代的哲学家都会得出这样一个结论，即"对人类最恰当的研究就是人类本身"。人的本性与构成方式，无论是在生理还是心灵层面，都必然要经受最为严苛的检验。很多人都迷失在这些研究当中，无法从中抽离出来。他们无法理解人体在死亡的时候所发生的改变。一些人认为，这就像某些租客逃跑了，还有一些人认为这是最终的毁灭。

诸如“人在死亡的时候，灵魂会变成什么样子”之类的问题是需要思考的。如果人类在死后没有遭受彻底的毁灭，那么人类在死后的命运到底是什么呢？这些问题都是我们每个人感兴趣的，这也应该是世界上所有人都关心的问题。

要想找寻这些问题的答案，我们就需要了解我们能从自然之光中感受到的一切知识，然后将我们放在与过去所有哲学家一样的位置，去思考同样的问题。

第一种观点认为，证明灵魂的永恒性可以从心智的本性中得到展现。（很多支持该理论的人认为）这并不包含任何组成部分，因此正如这其中没有任何的颗粒，是不可能具有继续再分的可能性，因此也不可能会出现分解的状态。所以，如果不会出现分解的状态，那么这就将永远地存在下去。

既然心智是不可能通过正常颗粒分解的方式出现分离的状况，那么这也让我们无法知道创造出这种物质的同一种全能的力量，可以通过简单的能量释放使之变成根本不存在的东西。我们唯一能相信的理由就是，这样的论调只是证明了灵魂不可能通过分解的方式来产生作用的。但是，这并不能证明分解的过程不能摧毁灵魂的存在。因此，为了这种论调的成立，必须要证明一点，即“造物主”没有能力去摧毁灵魂，或者说上帝没有这样的意愿。但是，这两种解释都是无法成立的，我们的永恒性是取决于造物主的喜好之上的。不过，一些人认为，造物主显然是希望灵魂能够永生，否则他也不会让灵魂与人类的躯体那么的不一样。因为要是这两者都是按照相同的目标创造出来的话，那么它们存在的形式肯定是类似的，因为创造它们所使用的材料应该也是类似的 。这只能证明了，上帝创造灵魂与躯体的目标是不同的。至于这些目标到底是什么，我们现在还一无所知。在经过了许多徒劳无功的推理之后，我们回到了原来的起点，即我们的论点取决于上帝的喜好。

有人说，一个拥有无限智慧与仁慈的人要是拥有着造物主拥有的一切，那么他肯定是一个有着无限能力与欲望的人，这反而让他没有任何机会去释放自己的能力与欲望。

为了证明这种论调的合理性，我们就有必要通过自然之光去进行证明，即造物主是仁慈的。既然这样的证明是不可行的，那么这本身就证明了这样的论点是不成立的。

但是，这样的论点可以建立在摧毁灵魂是不明智的假设之上。这就好比在法庭上指控“全能的上帝”，让他回答他的管理存在的错误。我们能够找寻这个“无法找寻”的法庭去进行论证，看看到底会有什么结论吗？我们只知道灵魂的毁灭可能是在上帝的可能告知范围之内，也许会通过回答这样的问题，从而证明这与智慧的命令是相悖的。

灵魂永恒性的目标、秘密以及对遭受毁灭与生俱来的恐惧感，都可以证明灵魂的永恒性。但是，我们始终都能找到这种抗拒感或是欲望吗？难道大部分人压根没有这样的恐惧感，这不是很明显的一个事实吗？当然，很多人都对自己会从这个地球上消失，被彻底遗忘，失去所有的荣誉与名声的事实感到恐惧。很多人在预测未来的事情，思考当下的事情，认为这最终都会变成人类的普通一部分，因此都只会暗地里忍受被人遗忘的恐惧感。但是，这样的恐惧感并不是从他们可以从坟墓中超脱出来的观点中生发出来的，即便这是事实，这也无法证明人类的心智可以永远地存在，只能感受其曾经拥有的强大愿望。很多人都曾认为，身体之所以是永远存在的，是因为我们都对死亡感到非常恐惧。在这一原则之下，我们想要追求的任何事情都必然会远离我们。我们所感到恐惧的任何邪恶都不会降临到我们身上，但这个原则显然是错误的。

还有人说，心智的能量能够不断递进，这进一步表明了心智的永恒性。关于这个问题，艾迪森就曾说：“要是人类灵魂处在不知所措的状态，要是人类的心智处于低等状态，无法更好地进行拓展，那么我可以想象，人类的灵魂必然会在毫无知觉的情况下渐渐消失，并且进入到一种瞬间毁灭的状态。但是，我们相信具有思想能力且每时每刻都在处于永恒进步的人类，能够从一种完美状态进入更加完美状态的行为，会对造物主所创造出来的作品表示怀疑，并对他的无限智慧与善意表达出怀疑。难道这样的想法不会在一开始产生的时候就立即消失吗？”

为了回应这样的疑问，有人说，灵魂并不总是在自身能量允许的范围内进步的。难道这不是很多聪明的年轻人在中年时期处于停顿，在晚年则渐渐衰老的原因吗？当古人爬进了坟墓，我们根本找不到过去那些拥有强大心智之人所残留的任何东西。

当我们阅读英国的历史时，难道我们不会为伊丽莎白女王的治国才华所带来的影响所震撼吗？难道我们不会赞美她在和平时期所实施的一系列政策，表现出来的勇敢无畏的精神，不会为她在内阁中表现出来的力量所折服吗？但是，请看看这位学识渊博且有礼貌的女王的最后悲剧结果吧！看看岁月与疾病是如何折磨这位曾经才华横溢之人的吧。因此，我们不要说人类的能量是始终不断增长的。

当死亡的那个时刻开启，人的心智活动就同时缩减到了一种永恒的状态。但是，在死亡来临的前一刻，心智始终处于活跃状态的论述是不准确的。我们可以在历史中发现许多有才华之人的例子，他们都会因为疾病而变得身体虚弱，最后身心疲惫，根本没有了过去意气风发的样子。政治家的治国才华，圣人的智慧，勇士的勇猛与力量，这些都会遭到摧毁，最后剩下的只是白痴的行为以及精神失常的疯狂。

一些人在临死的时候，虽然心智遭受了许多损伤，但依然能够保持正常的功能。如果这样的论述是成立的话，那么这也是证明心智的永恒性的一个特例了。在此，我们需要明白一点，在这个世界上，奖赏与惩罚的不对称性就需要我们做到奖罚分明。首先，这样的论述的一个基础就是，自然之光可以让我们分清楚什么是美德，什么是邪恶。一些人可能对此完全不以为然，一些人可能认为这是极为可疑的。其次，这样的论述认为造物主背负了奖励与惩罚的责任。但是，这样的责任是根本不存在的，因此这样的论述也是不成立的。这样的论述基础就是认为造物主代表着正义的化身，而这是无法通过自然之光去进行证实的。因此，这样的论述基础本身就是谬误的，因此论述本身就是错误的。

这样的论述与造物主所拥有的智慧存在着相悖的状况。从这个层面去看，造物主没有足够的能力去控制这个世界所发生的一切，因此他必须要在另一个世界里改正自己的错误，并且拥有监管一切的权力。这样的想法能让我们相信全能的上帝吗？

也有人说，世界上所有的国家都对于未来的国家有着各自的想法，而古希腊与罗马人都相信一点，即任何国家都会对未来国家的存在形式有着自己的想法。但是，他们的信念是源于他们自身的想法，而不是因为基于任何真实的基础。因为当心智希望被说服的时候，这样的论述就会变得貌似合理。但是，无论每一个国家处在什么环境下，都对未来的国家形态有着自己的看法。正因如此，我们可以解释这样一个事实，即这就像从大洪水时代开始一直传承到现在的传统。综合以上所提到的各种论点，我们可以看到这些论点乍一看都是貌似合理的，但却是毫无根据的，纯粹是为了想要获得更多的启示而出现的。要是没有这样的争辩，上帝所创造出来最高尚的作品的命运，必然会迷失在茫茫的岁月长河当中。当福音的光芒照在土地上的时候，十字架的传令官大声地说“愿和平降临到地球上，让人类拥有善意”的时候，这会让之前那些迷惑不解或是误入歧途的人们能够找到那条通向天国的道路，回归到那条充满荣光的世界。

福音的光芒驱散了坟墓之上的任何物体的黑暗。在《福音书》里，人们会明白，当尘埃归为尘埃，精神就会回归到上帝所赐予的精神状态。即便对那些忘记了神性造物主形象的人，他们依然能在尘世的一切都化为乌有之后找寻到自己的命运，他们能够继承一种永不腐烂、永远纯洁和永不消失的东西，住在天国那间永恒的房子里。

在完成这篇有思想深度的作文之后，哈里特在利奇费德的孩童生活就告一段落了。几年后，她前往哈特福德，到姐姐凯瑟琳所在城市创办没多久的学校里继续就读。

第二章
在哈特福德就读期间

1824—1832年

在哈特福德读书的岁月，代表着哈里特人生的一个全新篇章。这是她人生观与品格的塑造阶段，因此我们有必要稍微谈论一下她的姐姐凯瑟琳。正是在凯瑟琳的直接监管下，哈里特才在这里继续接受她的教育。事实上，要是不对凯瑟琳这位了不起的女性的人生与品格进行一番阐述，必然会无法理解斯陀夫人以及她的作品所代表的真正意义，因为凯瑟琳对当时敏感、具有诗性思维的年轻妹妹的心灵打下了永远都无法磨去的印记。斯陀夫人也曾说，在她这个成长时期里，有两个人对她产生了最为重要的影响，一个是他的哥哥爱德华，另一个就是她的姐姐凯瑟琳。

凯瑟琳是莱曼·比彻与他的妻子洛克塞娜·富特最年长的女儿。在一本破旧的期刊上，我们可以找到关于她的一篇文章。这篇文章简短地描述了她的人生。这篇文章是在她67岁的时候写的。她用有力地笔调这样写道：

> 我出生在长岛的东汉普顿，时间是1800年9月5日下午5点，出生的地点就在父亲书房对面的那个宽阔的客厅里。当然，我对此是毫无记忆的。

这篇关于她出生时所处环境的幽默记录，非常具有凯瑟琳个人的写作特点。在她的一生中，许多欢乐的涟漪会不时在汹涌的思想浪潮中翻滚出来，形成阵阵涟漪，让我们能够感受到她内心深处的思想。

在凯瑟琳10岁的时候，她的父亲搬到了康涅狄格州利奇费德居住，她快乐的童年时光就是在这个地方度过的。她天生聪慧，对很多事情都感兴趣，这让她不需要很用功，就能以优异的成绩从小学毕业。那些对她稍有了解的人，可能只会认为她是一个天资聪颖但却缺乏思想与智慧的女孩。她在20岁的时候，来到了波士顿，选修了音乐与绘画课，并熟练掌握了这两门技术，这让她在由贾德牧师——这位主教牧师——在康涅狄格州新伦敦地区创办的一所年轻女子学校里担任老师。大约就在这个时期，她认识了耶鲁大学的亚历山大·梅特卡夫·费什教授，他是当时新英格兰地区最有前途的年轻学者。在1822年1月的时候，他们订婚了。在接下来的春天里，费什教授要乘船前往欧洲，为学院的部门购买一些图书与科学研究工具。

在他写给凯瑟琳的最后一封信里，时间标明是1822年3月31日，他这样写道：

> 我将会在明天上午10点钟准时出发，从阿尔比恩前往利物浦。我所乘坐的轮船与停泊在港口的其他船只相比没差多少。威廉船长可以说是一位航海经验丰富的人。这艘船的客舱很舒适，这趟旅程的价格是140美元。除非我们的船能够对那些准备返回美国的人说话，否则你可能在接下来两个月里都收不到我的来信。

在两个月尚未过去之前，就传来了爱尔兰海岸可怕船难事故的消息。接着，就传来了"阿尔比恩"号轮船失事的消息。最终，凯瑟琳收到了来自爱尔兰金赛尔地区的庞德寄来的一封信，信件标明的日期是1822年5月2日。

> 你肯定已经听说了纽约的"阿尔比恩"号轮船遭遇海难的消息了。这是一次让人心碎的海难。这次海难事故大约发生在4月22日的早晨。耶鲁大学的费什教授当时也是乘客之一。在23名客舱乘客里，只有一人最终安全地抵达岸边，此人就是来自宾夕法尼亚州切斯特郡的埃弗哈特先生。他对我说，当轮船撞到什么东西的时候，费什教授身上被某些物件弄伤了。这发生在21号晚上的8点到9点之间。虽然费什教授有一些皮外伤，但他依然显得非常沉着冷静，并且帮助威廉船长将受损的方向盘搬到卧铺，进行修理。在船只撞击之前的5分钟，威廉船长就通知所有的乘客危险即将到来，要求他们都来到船甲板上，只有费什教授一人仍然留在卧铺。埃弗哈特是最后一个离开客舱的人，也是最后一个见到费什教授还活着的人。

也许，我在讲述这起事故的时候，不应该用如此细节化的方式去阐述。我之所以这样做，是因为这次海难事故对斯陀夫人的人生产生了重要的影响，因此要是不对此进行详细的描述，就很难了解她的品格以及她日后创作出来的重要作品。要是没有这次海难事故，也许，她在日后根本不会创作出《牧师的求婚》一书。在这本书里，她讲述了马尔文女士的心灵挣扎与年老的坎迪斯对所有宗教难题做出的直接有效的解决方法，他们最后在爱尔兰海岸边一艘遭受暴雨袭击而搁浅的轮船上找到了答案。这场惨烈的海难事故让斯陀夫人姐姐的内心遭受了重创，因为她相信费什教授是永远都从她的人生中消失了。没有谁能像她的姐姐凯瑟琳那样对她施加那么直接与强大的影响力了。再加上她的哥哥爱德华也是同样受到他们姐姐那种坚强不屈品格的影响，这对于当时年轻的哈里特来说是一种永恒且不可磨灭的影响。

在费什教授去世之后，他之前所珍藏的书籍都归由凯瑟琳保管。在这些书籍当中，就有斯科特的作品全集。当比彻牧师某天走下楼梯，手上拿着一本《劫后英雄传》的时候，这是他们家庭历史的一个划时代的里程碑。比彻牧师说："我始终对我的孩子们说，他们不应该去读小说，但他们应该读读这本书。"

在费什教授去世两年后，凯瑟琳·比彻来到了马萨诸塞州富兰克林，这里是费什教授父母所住的地方。她在这里教育费什教授的两个妹妹，与他的弟弟维拉德一起学习数学，聆听埃蒙博士洋溢着勇敢无畏精神的布道演说。对于凯瑟琳这样一位有着强大心灵与乐观精神的人来说，这样的悲剧是无法摧毁她的，也不会让她变成一个软弱或是悲观的人，更不会让她精神失常。有人曾经这样评价她：

> 她直面心智的幽灵，
> 最后在这些幽灵的世界里，
> 找到了更加强大的信仰。

凯瑟琳天生就有着很强的超自然分析能力，有着无所畏惧的精神，总是希望能够找到一个符合逻辑的结论。她经常能够得出一些让人震惊且具有原创精神的结论，虽然这些结论并不总是具有持久的价值。

1840年，凯瑟琳在《圣经知识库》杂志上发表了一篇关于"自由行动"的文章，这篇文章被很多著名的评论家认为是对爱德华兹当时发表的"意志"一文的强有力反驳。与这次出版过程相关的一件有趣事情就是，凯瑟琳的这篇文章原本是无法发表的。来自新英格兰地区的神学教授在拜访了一位著名的德国神学家之后，谈到了这次创作时说："对爱德华兹的'意志'这篇文章最有力反驳的文章竟然是出自一名女人之手，她是莱曼·比彻的女儿。"那位著名的德国人不可思议地举起了双手，说："你们的女人竟然能够写出一篇反驳爱德华兹'意志'的文章？看来上帝要原谅哥伦布发现了美洲大陆啊！"

凯瑟琳发现自己无法去爱用她的话所说的"一个绝对快乐的人，不会因为我的悲伤或泪水而有所触动，或是只是用反感或是不满情绪看着我的上帝"。她下定决心要通过行善去找寻快乐。

> 每天祈祷与阅读《圣经》的做法是正确的，因此我每天都进行祈祷与阅读《圣经》。努力去拯救别人，这是正确的事情，因此我努力地追求着救赎。这些年，我从未担心过自己可能会遭受什么惩罚或是怀有得到什么奖赏的念头。

凯瑟琳的内心感到无比困惑。

> 上帝之子为什么要对那些无私且诚实的人做一些最卑鄙最自私的事情呢？

在产生了这样的念头，加上她所处的那种灾难性环境里，她竟然没有感到任何悲伤或是困惑。

> 耶稣基督是一个遭受了许多苦难与最终殉道的人。如果我们之外的其他人能够甘愿忍受这样的痛苦，那么谁能拯救数百万悲惨的人，让他们可以自由地接受荣耀与感激呢？有时，当这些思想经过我的脑海时，我感觉这代表着骄傲、反抗与罪恶。

因此，凯瑟琳的内心依然处于挣扎的状态，有时甚至会陷入疑惑的泥潭里无法自拔。不过，她天生的乐观精神有时会很自然地让她从中抽离出来，让她看到事物中积极的一面。正是怀着这样的心态，她在1824年冬天来到了哈特福德，创办了一间只招收8名学生的学校。正是在她的实际教学经验里，她找到了解决面临困境的最终方式。她这样说：

“在两三年后，我开始接受有关心灵哲学方面的教育。与此同时，我开设了《圣经》的演说与教导的课程。这些事情占据了我管理学校的主要精力。我还要想办法去引导学生变成虔诚可亲的人。最后，我终于找到了下面这些管理学校的原则：

“第一点，我的学生感受到我是发自内心地关心他们的人生幸福，这是极为重要的。我越能让学生们相信这点，他们就会越服从管教。

“第二点，学生们必须要遵守学校的权威与秩序。他们所遭受的一些惩罚，只能是因为他们做错事的结果。

“第三点，维护我的影响力与学生们的情感，这同样是必需的。学生们应该要感受到，对他们的惩罚只不过是他们做错事所接受的自然惩罚，而不是认为我才是他们接受惩罚的原因。

“第四点，我的学生要明白，我的要求是合理的。在大多数时候，在不需要进行解释的时候，学生们应该相信我的判断力与知识。

“第五点，要是学生们能够感受到我是以一种自我克制的仁慈去教导他们，那么他们就会对此产生越强烈的信心，那么他们就会更愿意为了别人的利益而选择克制自己。

“过了一段时间，我就将我的教学经历与上帝的治理方式进行比较。我最终明白了这个问题，收获了不错的结果，解决我之前所有的疑问，将我内心的阴暗全部驱赶走了。”

简单来说，凯瑟琳的解决方式其实与她的弟弟亨利·伍德·比彻与她的妹妹哈里特所表现出来的神性观点是一样的——这样的一种存在概念代表着对那些遭受困难的人类表现出来的无限爱意、耐心与善意。耶稣基督在十字架上遭受的苦难并不能单纯代表着人类的本性，而是代表着他本身的神性所遭受的苦难。在耶稣基督身上，我们只能看到上帝的启示，而且这是关于受难的启示。这就是斯陀夫人所著《牧师的求婚》一书的核心思想，这也是她的姐姐凯瑟琳在遭受激烈的心灵挣扎之后最终发现的关于上帝的思想。所有这些都直接与很多神学家所谈论的基本原则相背离，因为这些神学家认为上帝是一个绝对完美的存在，是不可能遭受任何苦难的，因为上帝遭受苦难，表明上帝是一个不完美的存在。在凯瑟琳看来，要是上帝缺乏对他的子民所遭受的痛苦的怜悯之情，那么这只能代表上帝是更加不完美的。读者朋友们可以翻看《牧师的求婚》一书第24节，这一章节就对这个主题进行了完整的阐述，特别是一开始的段落“悲伤是神性的，悲

比彻家族三位历史名人：斯陀夫人（左）、莱曼·比彻（中，父亲）和亨利·沃德·比彻（右）

伤是控制宇宙一切的情感”。

在1824年的秋天，当她的姐姐凯瑟琳正在度过我们上文所提到的心灵危机时，哈里特来到了凯瑟琳刚刚创办没多久的这所学校就读。

在1886年写给儿子的一封信里，斯陀夫人谈到了这段时期的生活：

> 在我十二三岁的时候，我来到了姐姐在康涅狄格州哈特福德刚创办没多久的学校读书，直接受到姐姐的管教。我来到这所学校的时候，发现整个学校还不到25名学生，但之后这所学校的人数就超过了数百人。当时的教室坐落在主大街旁边，对面就是基督教堂，附近的一间商店上贴着两匹白色马匹的商标，这是谢尔顿与克尔顿的马具商店。我始终记得第一次见到这两个人的时候所感到的惊讶与愉悦。其中一个年轻人在马具商店后面工作，他有着很优雅的男高音嗓子。在上学的时候，每当听到他的歌唱就让我感到非常愉快：

在冷漠的遗忘造就的阴影下，
美感、财富与权力都放下了。
在雕刻的神庙附近，
青苔爬上了交织的藤蔓，
永恒的精神占据上风，
我们肯定会再次相聚的。

当时我父亲的薪水不足以维持整个庞大家庭的开支，因此我在哈特福德这边的开销是通过交换的形式来支付的。亚萨克·D.布尔将女儿送到了皮尔斯女士在利奇费德的神学院就读，她住在父亲的家。作为交换，我可以住在布尔的家里。如果我那位善良、高雅与注重仪表的继母可以选择的话，她肯定无法找到一个更能符合她心中要求的家庭环境了。她所追求的整洁与秩序的气氛弥漫在整个家中。布尔先生是一位精力充沛，有着白发的男人，正在慢慢步向人生的晚年，不过看上去却精力充沛，为人友善。萨缪尔·柯林斯先生是一个喜欢串门的人，他经常会过去拜访玛丽·安·布尔夫人，布尔夫人是一位浅黑肤色的女人，是当时出了名的热心肠。我还记得她那头乌黑的卷发从梳子上滑下来，然后系在头顶上。布尔夫人的声音很浑厚，是中心教堂唱诗班的主唱。她的两个弟弟也同样有着充满男子气概的声音。整个家庭经常会因为四重奏的歌唱或是吹奏长笛而显得充满活力。布尔先生在前街开了一间规模较大的药品批发商店，他的两个儿子阿尔伯特与詹姆斯都在商店里打工。布尔先生最年长的儿子沃森·布尔则开了一间名叫“心地慈善的人”的零售药品商店。这个广告牌里描绘了心地慈善的人救治受伤的旅行者的照片。每当我看到这幅广告牌的时候，都会心生敬意。

这个家庭的女主人很快把我当成她的孩子。她安排我住在一间小卧室里，为我专门准备一张床，我每天都心满意足地整理好这张床。如果我生病了，布尔女士也会周到地照顾我，给予我无限的关爱。在学校，与我关系最好的两位朋友都是学习成绩优秀的人。在我到来之前，她们就给我写信，我也回复了她们的信件。当我到来之后，她们热情地欢迎我。其中一人是凯瑟琳·莱迪亚德·科格斯韦尔，她是哈特福德地区受人尊重的医生的女儿。另一人则是乔治亚娜·梅，她是当时一位笃信基督教的寡妇的女儿。乔治亚娜还有两个年轻的妹妹，分别是玛丽与格特鲁德，还有几个弟弟。凯瑟琳·科格斯韦尔是我认识的最亲切、最友好与最阳光的人之一。事实上，她受到所有人的喜爱，因此我很难时刻见到她。她很多时候都要与其他的女生一起玩耍。某个女生可能与她一起走路上学，另一个女生可能与她一起走路回家。在每天的课间休息时，我们一般都会有半个小时的放松时间。此时，很多学生都会恳求凯瑟琳与她们玩耍，凯瑟琳也很难拒绝她们的要求。在那么多找她玩的女生当中，她始终都会预留出一些时间专门陪我玩。乔治亚娜则比我们年长一些，显得比较沉稳，因此不是很吸引其他的女生。但是，她与我慢慢培养了极为真挚的友情，这段友情在日后的岁月里变得越来越亲密。

当我来到这所学校的时候，凯瑟琳与乔治亚娜正在阅读《维吉尔》。一开始，我独自学习拉丁文。在第一学年结束的时候，我将《奥维德》翻译成了诗歌的形式，并在学校的最终展览会上阅读出来。我觉得，这是一次相当不错的表演。我始终对诗歌充满了浓厚的兴趣，我当时的梦想就是成为一名诗人。当时，我开始创作一本名叫《克里昂》的戏剧。这个戏剧的背景设在法庭上，时代则是在古罗马皇帝尼禄当政时期。这个戏剧主要讲述克里昂在经过一番探索与内心的挣扎之后，最后终于信仰了基督教。我在许多空白的纸上写这出戏剧。创作这部戏剧的念头甚至出现在我每天走路与睡觉的时候。某天，姐姐凯瑟琳一语惊醒梦中人，说我再也不能将那么多的时间浪费在诗歌创作上，而应该通过学习布特勒的《类比》一书，对我的心智进行自律。没过多久，我就将《类比》一书的概要写出来了，并且教导当时年龄与我相仿的学生。为了做到这点，我不得不提前学习与掌握每一个章节的内容。正是在这个时候，我阅读了巴克斯特所著的《圣人的安静》一书。我认为，没有什么书比这本书对我产生更大的影响了。当我走在人行道上，我经常希望那本书的思想会渗透进我的灵魂里，好让以后我到达天国之后找到自己。当时，我同样对布特勒所著的《类比》一书产生了浓厚的兴趣，因为当我在利奇费德上皮尔斯女士的课时，就已经教到了现在布雷斯老师所教到的内容。我还在生于意大利的德根女士的教导下，开始学习法语与意大利语。

正是在这个时候，我第一次相信自己是一名基督徒。我的整个暑假假期都待在利奇费德的家里。我还记得当时夏日早晨的露珠与清新的空气。记得在周六的圣餐礼上，当所有善良的人都去教堂领取圣餐面包与圣餐酒的时候，我也应该去。我努力地想要感觉自己的罪恶，并将自己的罪恶一一列举出来。但是，当我看到一路上的小鸟、雏菊以及沿途泛起涟漪的小溪时，我觉得这是不可能做到的。当我来到教堂的时候，我为无法找到自己的罪恶感到不满。当我看着纯白色的衣服、雪白色的面包、闪亮的杯子与圣餐台的时候，内心就会忍不住叹一口气："看来我今天又是一无所获了。这些都是属于成年基督徒的事情。"尽管如此，当父亲开始发表布道演说的时候，我还是会被父亲那饱含怜悯的声音所吸引。父亲所发表的大部分布道演说都是当时的我所无法理解的，我只觉得父亲似乎在用印第安人乔克托族人的语言在说话。不过，父亲有时会按照一定的模式发表布道演说。也就是说，这样的布道演说是源于在某个场合下产生的深沉情感，然后即兴地表达出来，这是很难事先考虑或是事后重复的。父亲所引用的话语有的是从《约翰福音书》里引用的，然后引用耶稣基督的口吻说："看吧，我希望你们再也不要成为仆人，而要成为朋友。"父亲的演说主题是"耶稣基督作为我们的灵魂朋友，是每个人都能够感受到的"。

忘掉他所有拘泥于细节的区别与辩证法的论证吧，他用直接、简单与柔和的语言谈论着耶稣基督的伟大爱意与他对灵魂的关爱。他将耶稣基督描绘成一个对我们的错误具有耐心，对我们的软弱具有怜悯之心，对我们的悲伤具有同情心的人。他接着说，耶稣基督与我们是多么的接近，能够启蒙我们的无知，指引我们的前进方向，用他无限的爱意宽慰犯错的我们，在面对忘恩负义的信徒时依然不改初衷，直到他最后让我们变成没有罪恶的人，内心满怀着欢乐去感受他的荣光。

我安静地坐在那里，认真地聆听。我在心里想，啊！我是多么需要这样一位朋友啊！接着，我突然意识到一个可怕的事实，我之前还从未意识到自身的罪恶，因此我无法真正地接近他。我在内心大声地呼唤："我会认识到自己的罪恶的。"此时，父亲正满怀激情地表达着自己的观点："过来吧，将你们的灵魂交给这位值得信任的朋友吧！"他的这句话就像一道光芒照耀着我，让我觉得需要相信自己的罪恶。他肯定会让我意识到自己的罪恶。我将一切都交付给他。之后，我的整个灵魂将会洋溢着欢乐。当我离开教堂，步行回家的时候，我觉得自然似乎正在慢慢地对着我哼唱着天国的乐音。

父亲一回到家，就进入书房，坐了下来。我走到他跟前，投入他的怀里，大声说："父亲，我要将自己交付给耶稣基督，他拥有我的一切。"当父亲低头看着我那双认真而又幼稚的眼睛时，我永远都无法忘记他那时的表情。他的脸庞露出慈祥的微笑，就像阳光照在山丘之上。"真的吗？"父亲安静地将我抱在他的胸前问道。我能够感觉到父亲滚烫的泪珠落在我的头上。如果是这样的话，那么鲜艳的花朵将会从这天开始在天国的世界里绽放了。

如果哈里特此时没有人管教，只是被灌输"要抬头仰望星空，而不要坐井观天，要向前看而不是向后看"的话，那么她的宗教体验可能就会像太阳柔和的光线那样照在盛开的花朵上。但遗憾的是，这在那个时代是不可行的。当时的自我检查已经陷入了一种极端，因此很容易让一个心灵敏感与神经紧张的人变得不知所措。首先，即便是她的姐姐凯瑟琳也担心，一只羔羊遭到牧羊人追赶脱离的故事可能存在着某些错误。更重要的是，那个时代的教义给人带来很大的压力，也就是让"每个信徒相信自己是有罪的"。还有，当时哈特福德第一教堂的牧师是比彻的知心朋友，他就曾用忧郁且疑惑的眼神看着这条通向天国的不同寻常且值得怀疑的道路——之后，他对此的质疑心理越来越强烈了。哈里特信仰基督教发生在1825年的夏天，当时她只有14岁。在第二年，也就是1826年4月份的时候，比彻辞掉了在利奇费德的牧师一职，接受了马萨诸塞州波士顿安多弗大街教堂的邀请。在一封写给当时住在吉尔福德地区的外祖母富特的信件里——这封信标明的时间是1826年3月4日，哈里特这样写道：

你可能已经知道，我们在利奇费德的家就要分崩离析了。爸爸收到了波士顿方面的邀请，并准备接受这个邀请，因为他在利奇费德的工作薪水无法养活这个家。上周二，他辞去了职务，将会在下周二带着后妈与伊莎贝尔一起来到哈特福德。艾斯特阿姨将会带着查尔斯与托马斯暂时去她家住。爸爸接受的这份工作的年薪在2 000美元左右，外加500美元的安家费。

我依然每天都在上学，学习成绩也在慢慢地提升。我将大部分精力与时间都投入学习拉丁文与数学上。我希望很快就能帮助凯瑟琳分担学校的一些工作。

这次离开利奇费德的家，前往哈特福德的计划，让哈里特的生活发生了一些变化。不过，在父亲的建议下，她开始与哈特福德的第一教堂产生了联系。因此，在她的两名同学的陪伴下，她在某天前去咨询一位牧师的建议，就自己的一些困惑询问他的建议。这位友善的牧师认真地聆听着哈里特用简单谦虚的方式谈论着自己作为基督徒的体验，然后用友善庄重的方式对哈里特说："哈里特，如果整个宇宙遭到毁灭的话，你会有什么感觉？（此时，他故意停顿了一下）要是让你单独与上帝在一起的话，你会感到快乐吗？"在经过一番激烈的心理挣扎与困惑之后，她终于明白了之前一些听起来是毫无意义的话语，突然变成了像是有节奏的鼓声。此时，只有14岁的哈里特支支吾吾地回答说："是的，先生。"

"我相信，你已经认识到了。"这位牧师接着说，"至少在某种程度上，你已经认识到了自己内心存在的一些不诚实的情况。为了对你所犯下的罪恶进行一定的惩罚，你认为上帝对你进行的惩罚会让你感觉到痛苦，从而让你感受到自己的罪恶吗？"

"是的，先生。"哈里特支支吾吾地说。

哈里特的回答让牧师感到满意。他感觉有必要将哈里特的专注力从那种病态的过分敏感中摆脱出来，用慈父般的关怀去驱散他内心的阴霾。但就在一年前，每个安息日早晨所带来的那种愉悦的神秘感觉去了哪里呢？天国里的那位朋友去了哪里呢？难道上帝真的不会让我感觉到痛苦，从而让我感受到自己的罪恶吗？

在这个时期一封写给哥哥爱德华的信件里，哈里特这样写道：

> 我的整个人生就是一段持续的挣扎过程：我感觉自己没有做对任何事情。每当诱惑勾引我的时候，我似乎都是毫无抵抗力的，马上就会屈服于这样的诱惑。我内心最深层的情感始终是转瞬即逝的，根本无法停留很长的时间。这样的状态让我感到非常困扰。我感受到的罪恶将我所有的幸福感都夺走了。但是，真正每时每刻困扰我的，正是我内心的骄傲情感——我可以将自己所有的罪恶都追溯到这种骄傲的情感上。

与此同时，凯瑟琳创办的学校正在慢慢壮大。在1827年2月16日，凯瑟琳写信给父亲比彻说：

我在这边的事务都进展得非常顺利。这所学校已经走上了正轨。下周，我希望开始筹划创办“哈特福德女子学院”。我希望这栋建筑能够在6月的时候建成。一位英国女士带着12名学生从纽约过来。

至于哈里特，她此时正与父亲一起待在波士顿。凯瑟琳在信件里接着说：

今天，我收到了哈里特寄来的信件，她的来信让我感到不安。她说：“我不知道自己有一技之长，不知道自己能做什么有用的事情。我甚至想过要在年纪轻轻的时候就死去，让别人对我的记忆以及我的错误都能埋葬在坟墓里，永远消失。我不愿意就这样无聊地活着，我担心自己的存在会打扰到每个人的生活。你根本不知道我时常感受到的痛苦：我感觉自己是那么的没用，那么的软弱，那么的缺乏能量。妈妈经常对我说，我是一个奇怪且难以捉摸的人。有时，我在晚上无法入睡，而在白天的时候，我则要强颜欢笑，希望爸爸能够因为我经常大笑而责备我。接着，他们所有人就会笑我，而我自己也会笑。虽然我感觉这会让自己感觉好受一些。我会制订一些计划，更加合理地安排我每天的时间。但是我的思想却经常发生变化，让我根本无法保持思想的稳定。”

但是，正如卡莱尔所说的：“让哈里特在黑暗的悲伤与忧郁中不断增长自身的勇气吧。萨缪尔·约翰逊就曾有着严重的臆想症。所有具备伟大灵魂的人都必然要经受这样的煎熬，他们要置身于看不到光线的黑暗世界里，找寻永恒的道路与天国的启明星。他们在人生看似的黑洞里找到了人生的出路，最后这样的挣扎让他们看到了广阔的天空。”

在这个时期（也就是1827年的冬天），凯瑟琳写信给爱德华谈论有关哈里特的事情：

如果哈里特过来这里（也就是哈特福德），那么这对她来说肯定是最好的事情。因为她有什么想法或是心事，都可以直接跟我说。我这里有她想要阅读的书籍，还有凯瑟琳·科格斯韦尔、乔治亚娜·梅以及她的许多好朋友，这些都是她在波士顿那边所没有的。因为这些人都非常喜欢她，她也非常喜欢这些人。乔治亚娜所面临的问题与哈里特面临的问题不大一样：她同样会经常思考一些教条之类的问题。哈里特要是住在这里的话，那么她有自己的同龄朋友可以一起交流，至少不会那么孤单。但是，她现在父亲那里却没有这样的条件。我认为，要是她身边有一帮乐观与有趣的朋友，那么她的心态会好许多的。我认为她的绘画能力要比其他人都要好，我知道她最需要的是什么。

显然，他们需要采取一些必要的手段，让哈里特恢复到更加平稳与健康的心灵状态。因此，在1827年春天，在她的朋友乔治亚娜·梅的陪伴下，哈里特前往看望她住在吉尔福德坚果平原上的外祖母。在第二年1月的冬季，梅就在一封写给富特女士的信件里谈到了这次看望之旅：

亲爱的富特女士：

我经常会想起你以及我去年春天在你家度过的快乐时光。这一切都似乎发生在昨天，依然历历在目：此时此刻，当我提笔给你写信的时候，我感觉自己仿佛能够看到你那温馨的家，你身边那些熟悉的东西，仿佛我从来都没有离开过。哈里特与我在那个时候都是差不多大的女生。我认为我们到现在也没有发生多大改变，虽然哈里特在一些方面有所进步了。

在前往吉尔福德拜访外祖母的这次旅行后的同年8月，哈里特在写给哥哥爱德华的一封信里，就包含着悲伤的语调。不过，从她在这封信里的措辞，我们可以看出她已经慢慢地恢复健康的心智了。

在我们一起度过的那个下午之后，你的确帮我解开了我内心的许多困惑。在那之后，我不再像之前那样不快乐了。尽管如此，我还是感觉自己的许多观点依然是模糊与相互矛盾的。我担心如果你就这样离开我，我肯定会重新进入之前那种黑暗孤独的状态，就像去年夏天时候的我一样。我感觉我持久的兴趣、我在尘世与天国的幸福，都取决于我在情感方面的转变。在我感到失望与沮丧的时候，我会寻求上帝的宽慰，我感觉自己似乎听到了上帝对我的忠告。我感觉到上帝能够弥补尘世中缺失的所有爱意。所有的痛苦与黑暗都将结束。我感觉一切都恢复到了正常的状态，永远不会出现沦陷的状态。这种清醒时刻的清醒念头对我来说是比较陌生的。但是，即便我对于这些情感是否正确存在着怀疑，因为我能够独自感受到上帝的存在，而没有对其他基督徒产生强烈的爱意……我无法告诉你，到底是什么想法让我不愿意表达出自己的情感。每当我想要表达自己的情感时，都会感到非常吃力，特别是当我想要表达个人的宗教情感时，我会感到更加困难。要是任何人向我提出这方面的问题，我的第一个反应肯定是尽可能地隐藏自己的情感。在面对我的哥哥姐姐们、我的同伴或是朋友们的时候，每当我内心想要表达情感的愿望越是强烈，那么我就不愿意去表达出这样的情感。有时，我认为自己是这个世界上最坦诚、开放与具有沟通能力的人，有时则会认为自己是这个世界上最保守的人。如果你能够解决我的这种反复无常的思想状况，使之变成一种较为稳定的思想，那么你将会给我带来巨大的帮助。你跟我说的话似乎太过哲学化了，有一种要压抑自信的倾向。我们从未想过要对我们的情感进行分析。我们从未像数学论证那样去分析我们的情感问题。

在我看来，如果我只是采纳你跟我说的关于上帝的观点，那么这样的观点必然会对我的品格产生重要且具有价值的影响。不过，我接受这些观点出于好几个理由。首先，这似乎是源于神性品格中的庄重与尊严，让我们认为这样的幸福感觉会受到那些罪恶深重且犯下错误的人的影响。其次，在我看来，这种关于上帝的观点会对我们的心智产生影响，削弱了我们做出行动背后的最重要动机。因为，对于一个拥有宽容思想的人来说，这种关于上帝爱意的想法就是驱使我们采取行动的足够动机。当我们感受不到爱意的时候，就必然会让内心产生冷漠的情感，也必然无法给我们的内心带来激励的影响。我认为要是我采纳了这样的观点，我不会那么敬畏上帝。而至于罪恶，我感觉这只是一种悲伤的情感，是很容易被驱散或是被遗忘的。

在一封时间标明是1828年1月3日的信件里，我们知道哈里特已经回到了哈特福德，并准备在她的姐姐凯瑟琳的指导下，学习绘画的课程。

亲爱的外祖母：

我应该早点给你写信，让你知道我始终思念着你。但是，我这段时间每天都在忙。每天从上午9点到晚上，我都要抽出时间去学习绘画，希望成为这方面的老师。在学习的间隙，我只有一小段时间用于吃晚饭，然后就要继续学习了。你可能会认为，在每天过着这样忙碌的生活之后，我在晚上会没有兴致来写信。事实上，如果我真的有这样的兴致，我也不会写信，因为当我上床准备睡觉前，我还要复习一下明天要上的法语课。

学院的建筑完工了，学校的一切都进展得非常顺利。科拉丽莎·布朗小姐正在帮助姐姐凯瑟琳打理学校的事情。除了她之外，姐姐凯瑟琳与我还有另外两名老师都与我们住在一起：其中一人是德根女士，她是一位来自意大利的女性，她在这里教授法语与意大利语。她与我睡在一个房间，是一个风趣而可亲的人。霍克斯小姐则与凯瑟琳睡在一个房间。从某种意义来说，她经常让我想起我的母亲。她是一位友善、亲切且谦虚的人，受到所有学生的欢迎……现在，我还要继续学习法语，这两名年轻的老师教我学习《维吉尔》。如果我有充裕的时间，肯定要接着学习意大利语的。

我现在感觉很自在很幸福。

我亲爱的外祖母，我希望将我所画的一幅水果图寄给你。请向我保证，绝对不要对我的画作抱着太高的期望，因为我无法向你保证它可以让你觉得品位十足。如果是这样的话，请你一定要原谅我啊，因为我只是一个很业余的艺术家而已。我想要培养对绘画的兴趣，我希望提高自己的绘画能力。我亲爱的母亲生前就非常喜欢绘画，我是因为她的缘故而重视绘画的。最近几年，我经常会想起我的母亲。在她去世的时候，我已经感受到了她的品格与她的伟大人生。我有时会想，要是母亲现在还活着，我肯定会成为一个比现在更加幸福与快乐的人。但是上帝是仁慈与聪明的，他肯定比我知道得更多。

在一封写给当时在波士顿的哥哥爱德华的信里，时间标明是1827年3月27日，哈里特说自己正在慢慢地接受有关上帝的观点，并让这样的观点成为她写作的一个典型因素。

我认为，你之前跟我谈论的有关上帝的观点，对恢复我正常的心灵状态是有积极影响的。但即便如此，上帝依然是一个遥远的存在。上帝始终是我们无法去触摸的，即便是最为邈远的虔诚情感都会显得是亵渎神明。正是这样一种情感让我们熟悉内心真正想要追求的东西。但是，那种熟悉而温存的依恋感以及我对爸爸或是你所进行的秘密对话，是不适合与上帝去进行诉说的。祈祷的用语应该是正式且规范的，我们不能将这些小小的需求都包裹起来，然后庸人自扰。我感觉自己是热爱着上帝的——也就是说，我热爱着耶稣基督。我从这样的思想中感受到了自在与幸福。但是，这样自在幸福的感觉是无法通过向一位朋友倾诉我的悲伤与愿望来实现的。有时，我希望救世主能以有形的方式出现在这个世界上，这样的话我就能亲自找到他，向他询问解决我所面临的各种问题的方法……我亲爱的哥哥，你认为上帝的存在与品格是否真的能够满足尘世上所有人的需求呢？我真的想知道你对此是怎么看的……你认为在那些罪者接近上帝之前，上帝会真的爱他们吗？一些人说，我们都应该告诉这些人，说上帝憎恨他们，说上帝用憎恶的眼神看着他们，说他们要想改变上帝对他们的看法，就必须要热爱上帝。对于那些深感焦虑的人来说，说出“上帝对你感兴趣，他能感受到你的存在，并且始终热爱着你”。这样的话是否合适呢？

这封信还附带着凯瑟琳·比彻的一个小便条。显然，凯瑟琳是在哈里特寄出这封信之前就读了一遍，并且亲自回答了哈里特的一些问题。凯瑟琳在便条上这样写道：

当女强人去接触耶稣基督的时候，虽然耶稣基督没有出现，难道这不正是代表着耶稣基督同样爱着她吗？

在1828年4月，哈里特开始给哥哥爱德华写信：

相比之前，我现在为自己能够拥抱这样一位朋友而心存感激。当我孤立无援的时候，他没有抛弃我。在我看来，我对他的爱意其实就是对绝望的爱意。我与他进行的所有交流，虽然带有悲伤的意味，但却让我的灵魂得到了释放。我痛苦地意识到自己的无知与不足，但我依然觉得我希望上帝能够知道这一切。他看到那些错误之后，只会想办法去帮助我们改正错误，做得更好。他绝对不会感到恼怒或是不耐烦。当他指出我的错误时，绝对不是为了激怒我，而是为了帮助我做得更好。在这位朋友面前，我必然会坦承自己所有的错误与不足。无论谁激怒我，无论谁用苛刻的话语对我说，无论让我的心灵处于失衡状态，我都再也不会向其他人透露自己的想法了。只有在面对宇宙中最完美的存在时，这样的不完美状态才会让我们怀着希望与耐心去面对。这是多么奇怪啊！……你不知道要是万物与他的品格进行对比，就会发现万物都是严苛与让人恐惧的。在我每天与其他人的交流过程中，我会感觉这样的交流会摧毁我与上帝之间的交流。其中一些人会恭维我，一些人会对我感到愤怒，另一些人则以不公的方式对待我。

你谈到了你对文学的偏爱，说这是你要面对的一个陷阱。我也发现了同样的问题。每当我想到所有具有美感与诗性的东西都被其他占据的时候，我就会感到愤怒或是流下泪水。哦！从来没有一位诗人的心灵是接受过圣灵的洗礼与净化的，这些诗人又怎么能够表达出和谐的优雅、情感的魔法、真正的哀伤、诗意与情感呢？……上帝赐予我什么，这关系不大……我不想过着毫无意义的生活。上帝赐给我智慧，我就要让我的智慧臣服于上帝，如果上帝能够接受的话，我肯定会感到心满意足的。上帝赐给我心灵，他会教我如何培养与释放这些心灵功能。

在这年的11月，哈里特在康涅狄格州的格罗顿给梅写了这样一封信：

现在，我处在一种很不稳定的状态，感觉自己的心灵无处安放，经常到不同的地方旅行。我也没有腾出多少时间去写作。首先，当我到达波士顿之后，我就要花两天时间告诉别人我的坚忍。之后，我要去拜访别人或是接待别人的到访。之后，我前往格罗顿看望我那可怜的弟弟乔治，他当时的精神状态不是很好，正面临着一个艰难的时期。明天，我就要返回波士顿，并在那里待上四五天的时间，之后再前往富兰克林。我剩下的假期都将会在富兰克林这里度过。

当我来到波士顿的时候，发现大家都非常好。至于我同父异母的弟弟詹姆斯，他与另外四十多个婴儿没有什么大的区别，只是他有着一双蓝色的眼睛与俊俏的脸庞。对于一个男人或是男孩来说，这算不上什么先天优势。

我正在认真考虑是否要留在格罗顿，专心地管理女子学校，同时能够给予乔治一些帮助与陪伴。从某种程度来说，要是返回哈特福德，这肯定不会有趣，因为我会在那里看到很多陌生人。只有当我回到波士顿，与爸爸以及姐姐凯瑟琳进行一番讨论之后，我才能做出最后的决定。

显然，哈里特的父亲与姐姐凯瑟琳都不赞同她留在格罗顿的计划。因为在次年2月的时候，哈里特在哈特福德给爱德华写的一封信里就可以看出来，当时的爱德华与父亲一起住在波士顿。

在1829年的冬天，我在很多方面所面临的事情都让我感到非常愉悦。我与另外三位老师睡在一个房间里，她们分别是费什女士、达顿女士与布里格姆女士。你认识费什女士。达顿女士今年大约20岁左右，她有着很强的数学思维能力，也许她日后还将在数学领域内继续进行深入的研究。别人跟我说，她还有着很强的语言天赋……布里格姆女士的年龄则稍微有点大：她有着健全的心智、充沛的能量与坚韧不拔的品格。从她的孩童时期开始，她就已经下定决心，长大之后一定要接受良好的教育，让自己的知识达到一定的标准。当这些人先要去做什么事情，树立了什么目标的时候，她们就会想尽一切办法去实现这些目标。我认为，正是出于这样的原因，她才培养了这种一流的品格。她们就是我在这里的朋友。我们都在学校度过了白天的时间，晚上则继续进行学习。我的学习计划就是要学习修辞学，为晚上的半个小时的课程进行准备。在这之后，我要将晚上的时间用于学习法语与意大利语。因此，你可以看到我的学习与工作计划都是非常充实的，也知道我身边的朋友都是具有良好品格的。除此之外，还有其他老师与学生都对我的品格产生了积极的影响。德根女士就有一个很好的优点，她经常能让我们每个人发笑。加米奇女士则与德根女士住在同一个房间，她是一位虔诚的基督教徒……有时候，一些很小的事情就能影响到我的情绪。如果我遭遇到了那些影响我情绪的小事，我就会在那几天或是接下来的几周里都感到闷闷不乐……我希望自己漠视别人的看法。我相信在这个世界上，没有谁比我更能看清楚善良与邪恶的观点。我认为，正是这种希望得到他人爱意的欲望，驱使我做出许多行动的根源……我一直在认真仔细地阅读约布的书籍，我不认为这本书包括了你跟我所谈论到的关于上帝的观点。上帝似乎剥夺了人类所能依靠的一切，从而让人类的生活变得更有追求，然后以旋风般的形式去回答人类的抱怨。上帝没有向人类展现出仁慈与怜悯，而是通过展现自身的能量与公正去让人类信服……在聆听了你的观点之后，我应该期望一个对自身罪恶产生怜悯之心的人或是一个遭受困难的人不应该说出这些话。但不管怎么说，我不认为上帝就是你所谈论的那种样子。在《圣经》里，我发现耶稣基督的品格代表着上帝的一种启示，即上帝是仁慈且具有怜悯心的。事实上，我正是需要这样的上帝。

不过，当我思考你所持的观点与立场时，我认为你那样说在某种程度上也是有道理的。我感觉自己的思想经常处于一种混乱的状态。每当这样的思想从我的心底里冒出来的时候，我就无法认真地进行祈祷，我会感到无比困惑。真正让我感到惊讶的是，那么多的牧师与基督徒会感觉到他们是无法被原谅的，但在我看来，我们是不带任何罪恶来到这个世界上的话，那么这本身就是一种奇迹。霍斯先生总是在进行祈祷的时候说：“我们没有任何办法去减轻自身的罪恶。”当他这样说的时候，我总是会想，事实应该刚好与他所说的相反，我们有着减轻自身罪恶的一切手段与方式。在我看来，这个问题就好比我来到这个世界上，对热烈的精神有着强烈的渴望，那么我就应该去找寻一切可能的方式去减轻自身的罪恶，认为我所能获得的永恒幸福源于自身的节制。有时，当我想要坦承自身的罪恶时，我会感觉到自己不应该受到别人的指责，而应该受到别人的怜悯，因为我从来都不知道自己的内心深处会遭遇到那么强大的诱惑，让我根本无法克服这样的诱惑。这样的念头让我感到震惊，但这样的念头同样给我带来了一种强大的能量，唤醒了我的良知，帮助我扼杀掉所有的罪恶感……

有时，当我阅读《圣经》的时候，就会觉得里面的内容都是基于人类罪恶是让人震惊的、不可原谅、无法进行缓解且没有任何原因的，而关于赎罪的思想则会以一种有趣与不应得的仁慈去实现。这样的说法始终让我感到惊讶。不过，如果我放下手中的《圣经》，那么我将一无所获，因为上帝的旨意就其本身来说，就是充斥着各种神秘。在这两者当中，我肯定会选择《圣经》，虽然《圣经》里面有很多让我感到迷惑的内容。当然，《圣经》要是没有这些内容，肯定会更加具有可读性与更好理解一些。因为《圣经》能够让我们对未来的世界产生希望，这点是不言自明的……因此，正如霍斯先生所说的，我现在正处在“波浪之上”。我能做的只是信从上帝会做正确的事情，我只需要安静地等待这些思想了。

在这年7月的夏天，哈里特在一封写给爱德华的信件里这样说：

我从未有过这么快乐的夏天。在夏天开始的时候，我感觉自己要比以往任何时候都要感觉痛苦，但是我每天都在感谢上帝赐给我的这些痛苦。因为我希望这些痛苦会最终让我接近上帝。我真的希望我这段时间在黑暗世界里的追寻与不幸福的过程能够彻底地结束。我希望能够感觉到为我而殉道的耶稣基督，能够找到我内心里一直想要找寻的东西。哦，爱德华，你肯定能感受到我现在的感觉，你肯定也会谈论有关上帝的事情！能够做到这点的人，真是太少太少了。一般来说，普通的基督徒似乎都没有将上帝视为他们最好的朋友，也根本没有感受到上帝赐给他们的那种难以言喻的爱意。他们会用冷漠、模糊或是虔诚的口吻谈论这些事情，但他们却从来不会去谈论这方面的感受，似乎参加圣餐仪式，他们就能感受到上帝的精神。他们似乎认为只要向上帝说出自己的每一种欢乐与悲伤，就能持续地向上帝寻求指引与前进的方向。我的哥哥，我无法向你表达出我对救世主的看法。要是我认为救世主是像我这样不完美、软弱或是表里不一的话，这必然会给我带来我难以言喻的痛苦感觉。我喜欢将耶稣基督视为我的老师，认为他知道我的罪恶，知道我的愚蠢与无知，但他依然对我充满了耐心，依然相信我能够做出改变，不断升华自己，让我每天都能变得更加像他。

在经过了4年的思想挣扎与心灵煎熬之后，哈里特回到了她在13岁所离开的地方。这个过程就好比看着一艘只有桅杆与一面饱经风雨的帆船，不时地经受着海浪的吹动，摇摇晃晃地朝着港口前进，最后终于在风平浪静的港口里抛锚了。当然，这个过程肯定要经历黑暗与沮丧的时刻。不过，哈里特在上面那封信里却没有谈到自己的宗教信仰与心路历程所经历的那些煎熬与痛苦。

接下来的3年时间里，哈里特有部分时间是住在波士顿，部分时间则住在吉尔福德与哈特福德。在一封写给查尔斯·比彻牧师的信件里，她就谈论了自己在这段时期的生活状况：

> 亲爱的弟弟：
>
> 看到父亲这个时期在波士顿所写的信件，让我想起了以前的很多事情。在这个时候，我应该留在他的身边，学习他的思想与做人的道理，而不是让自己独自去探索很多事情。

1832年夏天，在一封写给梅的信件里，她就谈到了在某种程度上对她而言不同寻常的精神与智慧经历。

> 我在上文进行的这番探讨之后，你肯定会明白“自我属于我”这段话带给我的许多有趣的变化。
>
> 当我的内在世界变得逐渐疲惫与站不住脚跟的时候，我最后得出了一些结论，认为应该活在现实生活里。正如某某人曾经建议我的那样，我应该放弃冥想的习惯，让那些卫理公会的牧师去那样做，而我则应该加入更多社交活动，认识更多人。
>
> “我只是在乎内心的安静时刻。”萨缪尔叔叔就坐在我身旁，他刚刚读了上面这段名言。这段名言就刻在威尼斯的日晷上。这让我突然觉得，自己想要说的话语与这句名言存在着某种遥远的关系。我已经下定决心，再也不要沉迷于无谓的想法当中，让别人从我的记忆中消失，从而让自己可以进行思考。
>
> 我想要培养友善对待所有的精神。我不应该蜷缩到某个角落，只是看着别人怎样做，我应该像左右身边的人伸出双手，与他们成为熟人，或是与他们成为朋友。要是通过这样的方式，我会认识很多有趣且能给我带来快乐的人——这样的一种快乐能够给我带来更多的快乐，因为这是一种全新的快乐感觉。我对这些友情没有什么大的期望，因此我一般都能获得比我想象中更多的东西。要是我一开始执着于从这些友情得到什么回报，那么我最后肯定要感到失望的。我说出来的友善话语或是露出的微笑，不一定能够得到别人同样的回报，但这却能让我们与别人形成良好的关系。友善的交往会让我们的每一天与每个小时都充盈着快

乐。当这些快乐的感觉慢慢消失的时候，就会按照你所期望的方式那样重新出现。认识全新朋友所带来的乐趣，对我而言是一种全新的美妙体验。我之前从未尝试过这样做。我过去认识别人的时候，我对自己提出的第一个问题就是他们是否拥有某种品格，或是他们身上的某些品质是否对我有帮助，或是会给我带来不良影响呢？

让人有点难以置信的是，收到一封来信也能给她带来许多快乐。

你寄来的长信在今天早上收到了，我对此感到非常高兴。你可以想象我今天早上收到你的来信时所感到的快乐。我感到很高兴……今天早上在学校经历过许多烦心事情之后，我依然还在思考这件事……我是在家里收到这封信的。当我从学校回到家之后，我可以悠闲地打开这封信来看。

今天晚上，我参加了一个小型的社交活动——参加的人有十来个——整个晚上，我都在与别人聊天。当我回到我那间冰冷又孤独的房间时，你的来信就放在我的梳妆台上。这给我带来了某种喜忧参半的感觉，因为在我看来这是不确定或是无法想象的，我一直都认为自己可能无法收到你的来信。哦，我亲爱的乔治亚娜，能够拥有像你这样的朋友，真是太好了。没有什么比你的来信更让我感动的了。这样的感动就在此时此刻，我享受这种情感。很多这样的感觉来来去去，我都忘记了。但是，那些我所爱的人给予我的感动，则是大为不同的。那些我所爱的人依然还惦记着我，这让我非常欣慰。哦，你知道你的来信对我是多么重要吗！我有时会为自己失去了许多朋友而感到悲伤。我的很多想法都会发生变化，我的许多情感都会消失，似乎不再属于我了一样。我问自己，为什么我依然还要带着这么多的痛苦与不安去怀着爱意呢？当我这样表达情感的时候，我经常会这样问自己。你可能会说我是一个多愁善感的人，但这就是我的感受。不过，当我的内心感到某种深沉又真挚的情感时，这样的情感就会自然外露出来。这个世界上的确存在着天国——是的，天国——那是一个充满爱意的世界。毕竟，爱意才是这个生命的血液，是万物存在与一切智慧存在的基础。

这就是哈里特一生的关键点。她的一生是受到爱意驱使的一生，她做自己认为正确的事情，写下自己认为应该写下的文字，而这一切都是在爱意的驱动下进行的。倘若她不是一位认识到“爱意才是生命的血液，是万物存在与一切智慧的基础”这个道理的话，那么她是绝对不可能创作出《汤姆叔叔的小屋》与《牧师的求婚》等作品的。多年之后，布朗宁夫人也同样用诗歌表达了同样一种思想：

当灵魂受到机缘与良知的驱使，
将她的一切力量都倾注在另一个人的灵魂之上，
良知与专注就会让纯粹的生命充满爱意。
因为在完美的生命力下，
目标最终会在爱意中趋于圆满，
正如自然的磁性会将两极结合起来一样。

第三章
在辛辛那提的生活

1832—1836年

1832年，在波士顿的汉诺威大街教堂工作了6年之后，比彻博士收到了紧急邀请，最后接受成为辛辛那提莱恩神学院院长的请求。这间神学院在1829年成立。1831年，这间神学院表示，如果比彻博士接受该院院长一职，那么这家神学院将能够筹集到70 000美元的款项。对于比彻这个来自新英格兰地区的家庭来说，要想割断他们一辈子生活的地方，踏上漫长的旅程，前往那个遥远的西部地区，这实在是有点难以抉择。但是，比彻博士说服了一家人，让大家明白他们日后的发展方向都是相同的时候，大家都欣然地接受这个决定。随着比彻博士与妻子前去辛辛那提，凯瑟琳·比彻也准备在被认为是西部中心地区的辛辛那提成立一所女子学校，哈里特则可以成为她的主要助手。一起前往的还有乔治，他当时刚刚成为莱恩神学院的学生，还有伊莎贝拉、詹姆斯、伊斯特·比彻——这位孩子们口中的“伊斯特姑姑”。

在做出最终的决定之前，比彻博士与他的大女儿凯瑟琳一起前去辛辛那提进行一番考察。他们对这座城市的大体印象，可以从凯瑟琳写给当时身在波士顿的哈里特的一封信里看出来：

> 我们终于平安到达了这趟旅程的终点站。我们住在萨缪尔·福特舅舅这里。我会尽力描述一下他这座房子的大体情况。这座房子位于城市地势较高的位置，可以鸟瞰城市的全貌。这座城市的一切看上去都很新，但并没有给我留下深刻的印象。当然，这里的一切看上去都是那么整洁与干净，但这里的房屋似乎很拥挤，很多房子都是用砖头砌成的，外观很美。这里的街道垂直分布，道路非常宽阔，而且路况很好。我们从威灵出发，经过了三天的旅程终于抵达这里，有一种宾至如归的感觉。第二天，父亲与我还有另外三位先生一起步行来到核桃山丘。这座

城市附近的乡村一眼看上去绵延数里，到处都有各种形状、大小不一的山丘，形成一个很宽阔的圆形剧场。神学院所在的地方非常好，附近有非常美丽的景色。虽然当我发现这里的河流与城市都被间隔不断的山丘所遮蔽的时候，我略微感到有些失望。我从未看到一个地方像这里一样，通过不断提升品位与城市的建筑，将其变成一个天堂。核桃山丘上的气温比较低，有人说很多人在离开那里之后都感冒了。神学院坐落在一个面积为125英亩的农场上，附近种植着许多美丽的树木，这里距离城市中心只有两里路。为了我们最终决定前来这里生活，我们还最终选好了日后房子所在的地址。(在这样一个缺乏河流与海岸的地方)你找不到比这更好的居住地点了。我们选择的居住地点非常好，从房子后面一直到前门都有一片果树，另一块林地则穿越前面的大街。这里的视野非常开阔，可以看到远处的山丘与美丽的自然景色。

我已经认识了一些我们之后应该会经常接触的女士。我发现她们都是非常聪明的人，有着新英格兰地区女性的追求。事实上，要是从各方面去看的话，这也算是一座新英格兰地区的城市，这里有一半的居民都是从新英格兰地区移民过来的。这里的第二教堂是这座城市最好的教堂，这座教堂委员会成员肯定会一致同意父亲成为这座教堂的牧师。当然，父亲也只能在忙完神学院的工作之后，利用闲暇时间去担任兼职牧师。

在我看来，世界上没有比这个地方能让社交与家庭生活变得更加有趣的了。约翰舅舅与萨缪尔舅舅都是充满智慧、善于社交与热情的人，他们受到这里每个人的喜爱，每个人都乐意与他们交往。

这里的民众急切地希望我们的计划包括建造一所学校。我们在城市学院建筑里，有很多宽敞的房间，这些房间都是没有人居住的，大家都准备伸出援助之手。至于父亲，我认为他能在这里大展拳脚，实现自己的抱负。

斯陀夫人从此就在这片土地上工作与生活了18年。此时，她的姐姐玛丽已经结婚了，生活在哈特福德。她的弟弟亨利·沃德与查尔斯都在上大学，而威廉与爱德华此时已经获得发表了布道演说的资格，他们正准备追随父亲的脚步，前往西部发展。

比彻前往辛辛那提的这次考察旅程是在1832年早春时开始的，但他直到这一年的10月才准备将全家都搬过去。关于这段向西旅程的有趣记录，

斯陀夫人位于辛辛那提州的故居

可以从斯陀夫人从辛辛那提寄回给哈特福德的一封信里得到阐述：

亲爱的，我铺好了纸，准备开始给你写信。我们全家都在这里（纽约），大家的身体都很健康。

今晚，父亲准备在查塔姆戏院发表演说！他的演说题目可能是“这个季节最后一次的演说”，不过我对此也不是很了解。可以肯定的是，我们很快就要前往匹兹堡。父亲将会在匹兹堡停留一段时间，为圣经文学教授的评选活动筹集经费，这个活动的获奖者是C. 斯陀。昨晚，亚瑟·塔潘与伊斯特曼前来拜访我们。父亲在昨天筹集到了2 000美元，现在很多人都希望他能够在这里多停留几天，因为父亲很擅长筹款。他们在谈论着要将我们先送到西部地区，而让父亲在这里多停留几天。现在，我真的不敢去见伊斯特姑姑与继母，她们之前经历了太多的苦难与挫折。

“在最深的深渊里，还有另一个深渊！”

父亲的精神状态很好。他在这方面感觉如鱼得水——他谈论了许多有关书籍的问题，很多权威都希望得到他的建议，父亲每天都到处转悠，不断为筹集款项而奔波。显然，父亲为自己之前取得的成就感到满意，也对日后的成功充满了自信。

星期三，我仍在纽约。我觉得，要是我长时间过着一开始到来时那样的生活，我肯定会活活闷死的。这样的生活有点像是温水煮青蛙。这里的生活有一个很严重的问题，那就是过于分散了。我开始有点渴望那些安静的生活了。

来到费城的时候，她这样写道：

我们终于离开了纽约，但这一路上经历了太多的事情。马车夫将装载着我们全家的行李运到了错误的码头。我们在预定的码头上等待了很久，最后还是没有等到行李，于是就先上船了。乔治没有上船，负责解决行李的问题。我们在上周六晚上到达这里——当时的天色很阴沉，下着毛毛细雨。可怜的伊斯特姑姑显得很凄惨——她没有一件干的衣服可以穿了——继母也面临着同样的状况。我们每个人都没有干的衣服穿了。于是，我们一半人前往斯金纳的家里，一半人前往埃姆斯女士家里。其中，继母、伊斯特姑姑、父亲与詹姆斯前往斯金纳的家，凯特、贝拉与我前往埃姆斯女士家里。他们都是富有又好客的人，他们就像传教士时代的圣加伊乌斯[①]那样招待我们。我们的行李在今天早上终于送过来了。父亲站起来，看到行李都搬到了斯金纳的家门口，他一把举起帽子，大声说了一句："万岁！"因为当时大家在过去一周时间里都没有干净的衣服。父亲刚想要打开钱包付钱，但却被别人抢先了一步。伊斯特曼说，谁付钱都没有关系。今天，我从《费城人》报纸上看到了有关父亲的介绍，报纸将父亲介绍成"一位著名的人，有着庞大的家庭，为了理想从他们所眷恋的家搬到另一个地方"之类的话，还说父亲"就像雅各布那样虔诚"——这是一段非常具有《圣经》味道的描述。正如保罗所说的，这些人就像一个"傻瓜"。这座城市的很多虔诚之人都在晚上来这里举行一场祈祷集会，我对此深表感激。

① 圣加伊乌斯(Gaius)，古罗马作家与科学家。

哈里特在唐宁镇的时候这样写道：

我们终于来到这里了。这就仿佛诺亚携带着他的妻子儿女以及所有的牲畜都过来这里了，然后都放在一所旅馆的前门客厅里。这里距离费城有30里路。如果今天我们算是这趟旅程的典型代表的话，那么这趟旅程也算得上是非常愉悦的。因为马车夫很有礼貌，道路状况非常良好，大家的精神状态都很好，而且还吃了一顿不错的晚餐，沿途的景色非常美丽，偶尔还有人唱"圣歌与精神颂歌的诗篇"。要是你在路上带上乔治的话，那么你肯定能够听到某种类型的音乐。除此之外，乔治还出了很多力。他与孩子们都会帮助我们一路上遇到的旅行者卸货。我跟他说，他正在让自己的道德影响力弥漫着这片土地。

我们每个人都很好，大家的精神状态都不错。还是让我告诉你我们这趟旅程最终所到达的房屋吧。这座乡间房屋前面的景色，与我们在波士顿时期居住的房屋没有什么大的区别。父亲坐在我对面的桌子上，正在全神贯注地看着书。凯特正在一张白纸上给玛丽写着类似于情书之类的信。托马斯则坐在对面，正在他随身携带的笔记本上写着日记。贝尔姐姐似乎也在记录着什么。乔治在等待一个座位，好让他在纸张上写下点什么内容。至于我，则感觉自己仿佛置身于一大堆兄弟姐妹们当中，有时会出现心不在焉的情况。我回想起之前充满乐趣的旅行，为上帝赐给我们这么好的朋友而心怀感激。我亲爱的乔治亚娜，我在今天的很多时候都想到了你。今天中午，我们在宾夕法尼亚州一间旅店里停下来了。在附近的一个花园里，我看到了一株金银花，这株金银花与我们在北吉尔福德看到的是差不多的。我想要叫乔治过来看看，但是乔治此时已经坐在了最舒适的沙发里，在整个中午的时候都躺在那里休息。

这天下午，当我们继续出发的时候，不知谁先唱起了《大赦年》这首圣歌，接着我们每个人都跟着一起唱。当我们沿着北吉尔福德的崎岖道路前进的时候，就在一边放声歌唱，一路上都弥漫着我们的歌声。这些都是非常欢乐的时光！此时，我看到头顶上是蔚蓝的天空，湖水显得非常美丽，还有高耸的松树与松树上面突兀出来的岩石。但是，我们都应该抬头仰望天空中的群星。

亲爱的，这样一片土地怎么能教我们不去热爱呢？怎么忍心离开呢？这里的天空似乎永远都闪耀着光芒，这里的生命之水似乎永远都不会干枯。我们的这趟旅程并不是要找寻所谓的城市，而是要找寻一座可以真正让我们的心灵安放的城市。每当我产生这样的念头时，我就希望能够休息，在心底里默念着这些话：“让我们彼此安慰，彼此提升吧！”

周日晚上，哈里斯堡。继母、伊斯特姑姑、乔治与一帮小家伙都聚集在凯特的房间，我们准备一起歌唱。父亲已经前去为德威特发表布道演说了。明天，我们预计要前进62里路，在接下来的两天旅程里，我们估计就能达到威灵了。到时候，我们就可以乘坐蒸汽船前往辛辛那提了。

乔治·比彻则对这趟旅程有着这样的评价：

在乘坐马车翻越高山的时候，我们的马匹显得非常疲惫，几乎筋疲力尽。在过去的4天里，我们出发前往威灵的平均速度是44里。这段距离的旅程，要是以邮件马车的速度去跑的话，估计只需要48个小时，但我们却用了8天时间。来到威灵之后，我们故意等待着天气放晴之后，才准备登船前往辛辛那提。但是，当我们听到辛辛那提那边爆发了霍乱的消息之后，最后决定还是留在威灵。在威灵停留期间，父亲发表了11次布道演说——几乎是每个晚上都要发表一场布道演说——面对教众谈论着有关泰勒主义对罪恶的胡说八道以及有关最高层次的问题。最让我感兴趣的是，听到父亲谈论通过信仰的忏悔去接近上帝的思想。事实证明，父亲的布道演说是比较高深的，超越了世俗的一切，因为他们都对此感到非常高兴。甚至连学校的老教师都对父亲的布道演说感到满意。在威灵停留了8天之后，我们预定了前往辛辛那提的船票，准备明天早上就出发。

在俄亥俄州的格兰维尔，我们要参加一场集会，因此不得不拖延了行程。因为辛辛那提的霍乱疫情还没有解除，因此我们也不赶着前往那里，所以父亲接受了参加集会的邀请。在这周接下来的几天里，我们都留在这里。我发表了5次布道演说，父亲则发表了4次布道演说。每一天，我们的演说都让听众们产生了浓厚的兴趣。当我们准备离开这里的时候，这座小城镇已经有45个人转而信仰基督教了，还有不少周边城镇的居民也信仰了基督教。这里的民众都对我们所布道的教义感到震惊，都会说他们之前从未以如此简单明了的方式去感知基督教的教义。

虽然他们这些新来者在辛辛那提受到了热烈的欢迎，神学院方面也做了最大努力，让他们在这里有一种宾至如归的感觉，不过他们还是感觉自己仿佛是置身于陌生土地上的陌生人。他们对新英格兰地区的思念与期盼，可以从斯陀夫人离开哈特福德之后，回复第一封来自哈特福德地区的来信时看出来：

亲爱的玛丽妹妹：

哈特福德那边的来信已经送来了。当我一开始听到有你的来信，我只能用欢欣雀跃这个词语来表达我内心的兴奋之情。我马上一步三阶跑回书房给你回信。我在回复信件时的想法，就是按照每个词语的字面意思去做的，而不是等待6个月之后再潦草地进行回复。相反，我会安静地坐下来，正如伍德博士所说的“这个话题让你深受震撼”的样子。我希望我今天下午给你的回信能够清楚地告诉你我的责任。但我发现有必要考虑到乔治的长袜问题。因此，我无法给你回复很长的信件了，我待会还要继续做缝纫衣服的工作。你不知道我们是多么盼望收到来自哈特福德那边朋友的信件。你不知道，我每天都会让人去邮局看看有没有我的信，每当听到说没有我的来信时，我的内心都会跌落到谷底。当我再次看到你所写的来信寄到我手上的时候，我仿佛感觉到了一种只有情人才能带来的内心悸动。因此，当你年老了，依然还能像拜伦女士那样去仰慕查尔斯爵士。我希望当你明白这件事实之后，会让你更多地给我写信。

我们收到你的来信，这并不是一个什么秘密。当我们的家庭圈子在茶桌上进行聚会的时候，大家都会知道的。在那个时候，每个人都能感受到别人的思想！正如一位卫理公会教派的人所说的“我们该怎样去陶冶情操，让自己成为更好的人”。整个下午，要是见不到继母与伊斯特姑姑，这肯定是很糟糕的一件事。不过，每当我想起大家聚在一起谈天说地时的那种快乐的心情，就会感觉到上帝赐给我的那种超自然的仁慈。

帕尔森女士真是太友善了，她专门给我们送来南瓜饼。在我看来，她有着一张热情与乐观的脸庞！还有那些熟悉的字迹！我们真的非常喜欢那些在哈特福德的朋友们。我认为，谁都无法否认这样一个事实。凯特说，爱这个词语可以从六个层面去进行分析，我肯定在某个时候，这样的情况肯定会出现。好的，我就暂时跟你说到这里了。

到了晚上，我终于完成了修补乔治那件黑色背心上的那个窟窿。之后，我依然在缝纫着衣服，坐下来与别人进行交流。你根本无法想象离开新英格兰地区，让我们每个人都变得多愁善感！大家从未像现在这样对故土那么的怀念，那么地想念之前的朋友，那么地感受到分离的痛苦。凯瑟琳在费城就表达出来这样的情感，最终让她写成了《移民的告别》一文。在表达出自己的情感之后，她感觉自己的内心压力得到了释放。我在情感方面所出现的症状则没有那么明显，但我内心的这些想法显然要更加持久一些。此时，茶钟响起来了。太糟糕了。我还准备给你说些有趣的事情呢。现在，我要带着正在给你写的信件离开了！要是他们看到我现在还在给你写信，肯定会说我的。

我刚刚度过了一段愉悦的时光。当我们的晚餐吃到一半的时候，凯瑟琳就开始说："我们所吃的甜点都是在下午的时候剩下来的。"接着，我拿出我收到的信件，说："看到了没，这是我收到来自哈特福德的信件!"我真希望你能够看到伊斯特姑姑那时的脸部表情。只见她的眼睛睁得圆圆的，继母那苍白的脸上突然露出了微笑，父亲也露出了微笑。帕瑟森女士谈到她在感恩节所面临的困境时，只是让大家哈哈一笑。接着，就有一两个人发出了叹息声（我应该告诉你，我们每个人都变得多愁善感起来了）。我们的确谈论过要遵守感恩节的传统，但我们也应该从这段文字里感受到点什么，"在这片陌生的土地上，我们该怎样歌唱主的歌曲呢？"关于你赞美伊斯特姑姑的内容，我出声念了两次，就像那些刚学会说话的孩子那样牙牙学语。我想我察觉到了姑姑明显脸红了，虽然她当时正忙着为詹姆斯分发面包与黄油，慢慢地移动着他的金属杯。的确，当众念出表扬她的话语，这的确是对她谦卑心灵的一次强有力震撼，因为这至少会让她感觉到"天使的完美"而不是"亚当式的完美"（在这里，我是使用了卫理公会的专业术语）。杰米在昨天开始了他的主日学校的课程。学校的负责人问他多大了，杰米回答说："我今年4岁了。到下雪的时候，我就要5岁了。"我一直想要杰米跟我解释他这句话的意思，但杰米说："哦，我之所以这样说，是因为我想不出该怎样回答他。"玛丽谈到城市所带来的诱惑，我非常担心杰米在这方面所面临的问题，担心他会培养不良的人生观。在昨天还是前天，我们看到他用手臂抱着一头猪的脖子在走路，显然他们当时是在和平共处。而在另一天，杰米竟然坐在这头猪的后背上，并骑上走了一段路程。让这些动物在大街上走来走去，已经很过分了。特别是辛辛那提女士模仿她姐姐的做法，这实在是让人反感。

我们的家庭医生是德雷克，他是一个拥有科学常识、理论与医术精湛的医生，但他反对当时这座城市的许多医疗用布。德雷克是一个个子很高，身材笔直的人，他的脸似乎总是面无表情的。但他说出要开的处方时，似乎就像发表了一篇关于选举的演说。某天晚上，他因为有事无法去帮凯特看病，于是就很有礼貌地写下了一条包含处方用药的便签，上面还有德雷克医生对比彻小姐的赞美，要求她在晚上9点的时候准时喝一点糖浆。

可以说，我们现在居住的房子是非常糟糕的，生活起居很不方便，这里的安排都很不好，似乎是一座囊括了所有诅咒的房子。这栋房子在建造的时候，就压根没有考虑过寒冷的冬季。厨房在房子外面，因此在冬天煮东西的时候就要走出大门。因此，继母每次去厨房煮东西的时候，都要戴上软帽，穿上宽大外衣。房子有两个客厅，客厅之间有一扇折门。后面的客厅只有一扇面向阳台的窗户，窗户的下半部分遮挡着阳光的照射。我还没有跟你说，我们的房东是一位年老的单身汉，当然他居住的地方光线最好，但他为租客们准备的房间只有一点光线可以照射进来。

在辛辛那提生活的早期阶段，哈里特的身体状况变得糟糕起来，加上她的精神一直处于压抑状态。尽管如此，她还是不辞劳苦地帮助姐姐凯瑟琳建造学校。她们将这所学校称为西部女子学院，并准备组建一支教职员工队伍。有关这方面的详细内容，都可以从斯陀夫人写给她的朋友乔治亚娜•梅的一封信里看到。在1833年5月的一封信里，斯陀夫人这样写道：

今天，主教珀赛尔前来参观我们的学校，表达了对我们在这里开办学校的感激之情。他谈到了我所写的那本有关地理方面的书，感谢我在处理天主教问题上所持的公正立场。当然，主教对我所写的那本书有所了解，这的确让我受宠若惊。

我真的希望你能够来看看核桃山丘。这座山丘距离市区2里路左右，沿途的风景真的太美了，你可以想象一条“没有了清泉从山丘上流下来”的道路景色。这里每一种类型的山丘与山谷都很美丽，这里地形的起伏形成了天鹅绒般的草皮，附近还有很多小树林与森林，里面生长着不同种类的植物，形成了一幅田园牧歌式的景色。你可以在一天之内连续经过同一条路十多次，依然不会感到无聊，因为这里地势的高低起伏与变化，会让你移步换景，根本不会让你有任何沉闷无聊的想法。这里的许多木材都是山毛榉，这是一种庞大的树木。这些美丽而又挺拔的树木就像树林里一片青绿色的屏障，似乎它们能够为得律阿德斯①建造一座宫殿！此时，凯瑟琳正对着我咆哮，问我为什么这么晚还没睡觉，因此，再见了音乐、月光与你。我原本还想告诉你我今晚所想到的许多有趣的事情，但是都怪我，我现在没有时间了，我要先睡觉了。

除了写作之外，我的全部时间都用于帮助姐姐凯瑟琳创办我们的新学校，或是消耗在这些工作之后的疲惫与劳累当中了。今天是周日，我要留在家里，因为我认为这是我驱散疾病与这段时间在我心底滋生的各种不良情感的好方法。现在，我感觉自己的身体状况不是很好，生活也不像以前那么有规律。在一半的时间里，我都感觉自己似乎没有什么生命力，而在另一半的时间里，我则感觉自己饱受着病态情感与不合理的偏见的困扰。可以说，我的身体状况很糟糕。

我很高兴从你的来信中得知，你依然还在康涅狄格州——这实在是太好了——“哦，要是我有着鸽子的翅膀”，我肯定也会飞过去的。将我的爱意传递给玛丽。我还记得她以前非常柔和的说话方式，经常会对某个夏天住在你们家的那个孤独的老爸微笑。正因为想起了她，我才想要对我们不是很友好的人说一些在我无话可说的时候要说的话。现在，我就处于这样的状态。

哈里特再次给她的朋友乔治亚娜·梅写信：

亲爱的乔治亚娜：

我刚刚收到你的来信，连续读了三遍。现在，我要对你的来信进

①得律阿德斯，即森林仙女，希腊神话中的女神，它们是宁芙的一种，亦是守护森林和树木的女神。

行沉思。你已经成长为一个优秀的女人。当我置身于这样一个无法进行思考的地方时，有你这样一位朋友进行交流是多么的幸运啊！思想，带着强烈情感的思想已经成为我的心头大患。要是我能够少点思想，那该多好啊……

我刚刚听了一班小女孩在背诵故事，跟她们讲了一个我随便想到的仙女故事。当然，我跟她们讲的故事都是一个套路的，就是“很久很久以前”之类的。

最近，我阅读了德斯塔尔女士的《科林》这本书。书中的部分内容以及德斯塔尔女士的品格让我深感共鸣。但是，美国人的情感无论是多么强烈或是具有力量，都会变成一种深沉、病态的东西，因为这受到了我们这个社会长期的自我管理制度的严格束缚。因此，很多这样的情感都受到了压抑，最后只能在心灵深处慢慢积压，最后将我们的灵魂慢慢地燃烧掉，只剩下烧剩之后的灰烬。在我看来，我对各个方面的主题与想法的强烈程度都与此相关。我感觉自己的很多思想都在慢慢地凋零，失去了一开始的能量。虽然我现在还很年轻，但我却没有了年轻人应有的活力与朝气。所有充满热情的东西，所有关于自然本性的激情，关于写作、品格或是虔诚思想的念头与情感，我都能感受到相当强烈的力度——直到我的心智最后失去了能量，似乎陷入了死气沉沉的状态。在一半的时间里，我都为自己沉浸在这种躁动的空虚状态而感到高兴，想着通过去做一些琐碎的事情来分散自己的注意力。因为思想只会带给我痛苦，情感也只会带给我痛苦。

在1833—1834年的冬天，年轻的哈里特对自己的心灵躁动感到非常不安。她想尽一切办法去甩掉这样的想法。她强迫自己去融入大家的交流当中，强迫自己去认识更多的人。受到《西部月刊》编辑詹姆斯·霍尔寄来的50美元的稿费，她决定加入这场写作的竞争行列当中。她所创作的故事《洛特叔叔》可以说是该月刊当时收到的最优秀的故事，甚至在评选方面获得所有评委的一致赞同。文学方面的成功让她感觉到自己的思想有了全新的方向，让她对自身的能力有了更加深刻的了解，从而激励着她投入更多时间到写作中。

哈里特的文学才华进一步受到了半科伦俱乐部友善会员的启发，他们每隔一周都会在萨缪尔·福特或是德雷克家里举行小型的社交聚会。这个俱乐部的起名过程也算是经历了一番讨论，不过这也可以表明倡导成立该俱乐部的人的内心想法。此人说："你们都知道在西班牙，哥伦布被称为科伦。而我现在创办这个俱乐部给大家带来的乐趣，可能只有哥伦布发现新大陆那时候的兴奋情感一半那么多。因此，如果科伦发现了新大陆，我们这些创办俱乐部的人至少也应该被称为'半科伦'吧。于是，半科伦这个名称就成为这个俱乐部之后几年的名称。"

在一些聚会上，大家会阅读各自创作的一些文章，在其他时候则不会阅读这些文章。但是，大家都会就一些之前选定好的有趣话题进行讨论。俱乐部的成员就有斯陀教授，他当时在这个圈子里是毫无争议的圣经方面的权威，还有贾奇·詹姆斯·霍尔，他当时是《西部月刊》的编辑，爱德华·金，还有之后创办了费城设计学院的皮特斯女士，凯瑟琳·比彻、卡罗莱·李·亨茨、E.P.克兰奇、德雷克医生、S.P.查斯还有其他日后在各行各业成为著名人物的人。

在一封写给梅的信件里，斯陀夫人讲述她取悦半科伦俱乐部成员的一些方法：

> 我当时想着自己到底接下来该做什么。我已经写了一篇文章，准备下周一晚在山姆叔叔家里举办的社交晚会（也就是半科伦俱乐部举办的聚会）上阅读。我宣称这是约翰逊博士所写的文章。我小心翼翼地按照约翰逊博士的写作风格去进行创作，最后用一些普通的英文写下来。现在，既然我提到了这个问题，就有必要跟你谈论一下我在这个圈子里的一些做法。
>
> 我阅读的第一篇文章是宣称收到了布特勒主教的来信，我模仿他写作时的那种愤怒的风格，多使用括号或是圆括号。我的第二篇讽刺文章是关于语言的现代化利用。我有空会将这篇文章寄给你，因为一些编辑似乎对这篇文章很感兴趣，希望刊登在《西部杂志》上，现在这篇文章应该已经印刷出来了。这篇文章的作者署名是凯瑟琳，因为我当时也不知道该署谁的名字，我从来就没有想过要用自己的真名去发表文章。
>
> 我接下来的一篇文章是讽刺一些成员的，因为他们当时都在嘲笑婚姻生活与老处女、老单身男子。因此，我以模仿的方式写了一篇关于法律条文式的文章，说社会上的女士在以后都禁止谈论这方面的议题。当时还有一些人竟然相信了。虽然我写的是讽刺文章，但我尽量

不去攻击别人，尽量显得友好些。

但我在这周写的一篇文章让我感到有些焦虑。我不喜欢那些对阅读比较肤浅且缺乏理性分析的文章。于是，我决定要创作一个系列的信件内容，然后说这些信件都是我的一位朋友所写的，再将这些信件内容呈现出来。这周，我写了这个系列信件的第一封信件——这封信件的内容比较随意，没有多少活泼的气息——主要描述了一个想象中的情形，比如乡村里的一座房子、一位绅士与一位女士，他们分别是霍华德夫妇，他们是虔诚的教徒，有着一定的文学才华，为人随和。我在这封信里加入了一些特别的细节以及暗示，从而让这封信看上去像一封真正的信件。我希望以这样的方式在之后所写的信件里，让自己有机会去谈论不同的主题以及对不同的品格进行一番讨论。

我想要在日后就不同类型的主题写许多文章。此时，只有伊丽莎白表妹知道这回事。萨缪尔舅舅与萨拉·埃利奥特都不知道这回事。

昨天早上，我完成了这封信件，然后用烟熏这封信，好让这封信看上去有点发黄，然后用手揉这封信，使之看上去比较陈旧，接着我在信封上写上寄信人的名字与地址，用红色墨水在邮件上盖好邮戳，再封好信件，接着又打开信件。这样会增强别人相信这封信是真正意义上的信件的概率。我将这封信放入信封里，声称这封信是我偶然得到的，说这封信是某位骨瘦如柴的先生的双手所写的。

一天早上，我将这封信放在办公室里，标明这是一封“寄给萨缪尔·E.福特女士的信”。然后，我传话给西斯，说这封信到了，于是她就准备将这封信送给萨姆尔·福特女士。

我的这个小把戏竟然奏效了。山姆叔叔查看了这封信，接着用权威的口吻说，这肯定是一封真正的信。格林先生（那位阅读这封信件的先生）则宣称这肯定是一封来自霍尔夫人的信件，并且通过说出了我故意擦掉的一些名字与日期来证明他的看法。当然，他之所以会有这样的想法，完全是因为这封信符合他的阅读品味。不过，真正让我感到不安的是伊丽莎白。当她读完这封信之后，似乎觉得不是很满意。她认为这封信的内容太过多愁善感了，对事情细节的描述过于详细了——她压根不知道这些事情的存在。她担心这封信的内容可能会遭受严厉的批评。现在，伊丽莎白拥有了随机应变的能力与敏锐的洞察力，正因为如此，她的评价才让我感到不安。我不习惯遭受别人的批评，我不知道我该怎样去承受别人的批评。

在1833年，斯陀夫人第一次接触到了奴隶制的主题。当时，她与西部学院的一名助理老师达顿女士一起从辛辛那提出发，乘坐轮船前往肯塔基州。斯陀夫人一路上亲眼看到了这样的事实。她们参观了一处住宅，这住宅就是后来《汤姆叔叔的小屋》书中沙尔比上校的房子。此时，年轻的斯陀夫人第一次亲自接触了来自南方的黑奴。多年之后，在谈到这次旅程的时候，达顿女士这样说："哈里特当时似乎并没有特别注意到发生的一切，在大部分时间里都是心不在焉地思考着什么事情，似乎完全沉浸在自己的思想世界里。当那些黑奴做了一些有趣的事情，比如切开酸豆的时候，她似乎根本就没有在意这些情况。不过，在这之后，当我阅读《汤姆叔叔的小屋》一书的时候，我才重新回想起当时的情形，原来哈里特在用这本书中极为详尽的细节还原了当时的具体情况。此时，我才明白她当时一直在收集关于这方面的创作素材。"

不过，在这个时期，斯陀夫人更感兴趣的话题是教育方面的，而不是奴隶制方面的。这可以从她下面这封写给梅的信件里看出来，当时梅也是一位老师。在这封信里，斯陀夫人这样写道：

我们本应该通过建立模范学校的方式去改变西部文化荒漠的情况。我们希望成立一个能够招收五六十名学生的年轻女子学校，这是一所专门为年轻女子创办的学校，然后再创办一所专门招收男孩子的学校。当时，我们得出的结论就是，除非让女性去从事教育方面的工作，否则教育方面的工作是不可能真正走上正轨的。特别是在关于男孩教育方面，更是如此。要想通过道德影响力去管理男孩，这需要教育者具有随机应变的能力、对男孩心灵想法的理解能力与各种不同的能力。这样的能力是女性教育者所具备的。我之所以这样说，并不是要贬低男性教育者，而是认为那些具有随机应变能力、多种才能与智慧的男性，一般都不会全身心地投入到教育行业当中。要是这些男性拥有这样的能力，他们肯定会选择成为牧师或是传教士。虽然教育行业同样需要许多男性老师，但是那些单纯从事教育行业的男性会觉得自己没有充分释放自己的能力，仿佛赫克里斯只关心着女人才关心的事情。因此，当这些男性一旦有更好的机会，就会马上离开教育行业。从劳动分工层面去看，男性所赚取的薪水必须要养家糊口。当然，要是他们选择创办学校的话，他们也必须要想办法维持老师们生活所必需的薪水要求。

还有一点，如果男性掌握了更多知识，他们在传递与讲解这些知识方面就不会有那么强的能力，他们也不会那么有耐心去教育孩子。一般来说，男性不愿意忍受这样的煎熬，他们不愿意去监督那些品格处于形成阶段的学生，因为这需要耗费大量的耐心。我们希望能让更多人了解这样的原则，我们希望通过展现女性教师在这方面所能做出的成绩去进行证明。你可以看到，那些具有一流才智的人才是我们所需要的，因为我们必须要直面这个社会对女性存在的偏见，我们必须要通过我们的成功去说服所有人。我们希望那些具有原创精神与工作有条理的人成为老师。你根本不知道要想在女性中找到这样的老师是多么的困难。我们要想招募到这样的女老师是多么的不易。

1834年夏天，年轻的老师与作家哈里特自从两年前离开新英格兰地区之后，第一次回到东部。这次旅程的目的主要是参加她亲爱的弟弟亨利·沃德在安默斯特学院的毕业典礼。这次旅程的行程包括乘坐马车前往托莱多，然后从托莱多乘坐蒸汽船前往水牛城。这段旅程给她留下了深刻的印象，并在她写给朋友的一封信里提到了。在这封信里，她谈到了自己在这趟旅程中所遇到的人：

我遇到了一个身材有点肥胖、脸颊红润的史密斯先生，他很聪明，他的名字也可能是琼斯或是诸如此类的名字。还有一个来自新奥尔良的女孩一路上似乎显得心不在焉。相比她所穿的衣服而言，她更能说出这世界上最动听的语言，她的声音有一种抑扬顿挫的感觉。当然，你可能会说一些人的脸庞不是那么好看，会让你只会选择看那些好看的人。接着，就是B女士，她是一位独立、随和的女士，一天到晚似乎都充满了活力。可怜的D女士在我们晚上停下来的时候说："哦，亲爱的，我认为莉迪亚肯定会在我们的房间一直瞎闹到第二天早上，我们中一个人肯定不能同时睡觉。"与此形成鲜明对比的是米切尔先生，他是一位具有绅士风度与礼貌的男士，他在一天之内要与女士更换40次座位，从而取悦某位女士。是的，他可以在外面骑马，也可以在室内骑马——他对于别人的要求总是有求必应的。事实上，我们很难说他这个人有什么毛病。他会用柔和与安静的方式说话，有时甚至是说话比较慢。他会使用准确与恰当的词语说话，同时在说话的时候显得比较谨慎。他的衣着与旅行的装备都显得很恰当，似乎认为自己在这个世界上有充裕的时间，可以去做任何他想要做的事情，除了正如他所说的“任何毫无必要的兴奋之情”。在大家还没有熟悉之前，大家都是将他称为一位“有礼貌的绅士”或是“那位总是体贴别人的绅士”但是，我们的这位朋友的祖籍是爱尔兰。我看到他在说话的时候喜欢伸出双手，然后一口气说上十几个单词。他与那位琼斯先生谈论了有关奴隶制的问题，琼斯先生的推理方式包括了重复之前他说过的一些话。此人最后认为黑奴都是黑人，然后以此作为一个谁也无法反驳的论据。最后，他们开始对此进行分析归纳，说他们也有可能会成为奴隶那样的人。因此，他一直滔滔不绝地说，直到我们那位朋友的恻隐之心被唤醒了。他显得非常兴奋，立即展现出自己的演说能力，并且做出各种手势来加强自己的论证。他的话语也让我的内心充满了义愤。我喜欢看到一位性情安静之人的激情被别人所唤起。

在同一封信件里，斯陀夫人还谈论了她对尼亚加拉大瀑布的印象：

我终于看到了尼亚加拉大瀑布，并且我依然还活着。哦，你的灵魂在哪里呢？当然，这没关系。让我跟你说说我的感受吧，如果这样的感受是可以言说的。我要说，这样的感受是无法用任何语言去表达的。伊丽莎白，这里的景象不像我们所能想象的任何景象。我之前也从未想象过能够看到这样的大瀑布。这条瀑布并不像真正的瀑布。我甚至还想过这条瀑布到底是从高处落下来的，还是从低处落下来的。我想过这条瀑布是否在发出震耳欲聋的声响，还是完全安静的呢。我也想过这条瀑布是否能够满足我内心的期望。当我置身于那样的情景，我感觉自己的心灵在不断地旋转。在我看来，这是一个全新又陌生的世界。我眼前的这一切都是那么超脱，就好像上帝的启示那样出现的陌生又微弱的形象。当时，我想到了一个伟大的白色王国，瀑布上方还出现了一道彩虹，而呈现在我眼前的这个王国上面还有翡翠绿的颜色。哦！这条美丽的河流仿佛是从月光下升腾起来的，然后在其消失的时候，就像灵魂那样彻底地沉沦了，接着又以充满精神力量与纯粹的方式出现。这条彩虹似乎在慢慢地颤抖与消失，最后就仿佛一只美妙的精神音符穿越了这条瀑布一样。哦，它是那么地充满了美感，这样的美感甚至要超越了其自身的伟大。这就像创造了心智的原始动力：它是如此的伟大，却隐藏在美感当中，我们只能怀着敬畏的眼神远远观望。不过，这又像死神那样充满美感。我们在观察的整个过程中不会感受到一丝恐惧。我感觉脚下的岩石在剧烈的颤抖，但这给我带来的不是内心的恐惧，而是一种内心的欢乐。眼前的这一切让我为之痴狂，我为自己来到这里感到非常幸福。

在东部逗留期间，她被好朋友艾丽莎·泰勒——斯陀教授的妻子——去世的消息深深震撼。泰勒女士是伯内特·泰勒博士——这位东温莎地区辛辛那提神学院院长——的女儿，她在去世的时候年仅25岁，她是一个有着美妙声音的美丽女性。她有着健全的心智与个人魅力，这让她成了当时半科伦俱乐部最受欢迎的成员之一。她当时也积极参加了这个俱乐部的许多活动。

泰勒的去世让斯陀教授成了一个举目无亲的鳏夫。他当时所处的孤独的状况极大地唤起了哈里特的怜悯心，因为她是斯陀教授妻子生前最为亲密的朋友。因此，哈里特的怜悯心很容易转化成为爱意。在经过一段时间的交往之后，哈里特·E.比彻成为加尔文·E.斯陀教授的妻子。

在婚礼之前，哈里特最后的一个举动，就是给她少女时期最亲密的闺蜜乔治亚娜·梅写了下面这封信：

1836年1月6日

亲爱的乔治亚娜：

大约再过半个小时左右，你的老朋友、同伴、同学与姐妹，就将不再是哈里·比彻了，而是变成了谁也不知道的人了。我亲爱的，你现在也订婚了，在未来一两年内应该会面临着与我一样的命运。你想要知道你到时候应该要有的感受吗？好吧，我亲爱的，在这段时间里，我的内心一直感到恐惧。上周的每个晚上，当我躺在床上睡觉的时候，我的内心都会被这种难以克服的危机感所压抑着。但你也知道，我现在已经走出了这样的感觉，现在我没有什么特别的感觉。

这场婚礼将是家庭式婚礼。只有我的兄弟姐妹们、我的老同事玛丽·达顿到场，我们家就有好几位牧师，因此我们没必要请其他牧师作证婚人。姐姐凯蒂不在这里，因此她无法亲眼看到我成家，离开她多年来的呵护与照顾。就在今天，我的许多朋友与熟人都根本不知道我今天要结婚了。在他们知道之前，我已经结婚了，成了别人的妻子。

好了，一下子告诉你这么多，也实在是为难你了。与昨天一样，我现在想起来都感觉非常疯狂，或者说我没有什么特别的感觉。但我在内心深处希望能将自己的真实感受告诉你。因此，我给你写了这封信。好了。斯陀过来了，我要停笔了。请让我最后一次以我的名字给你落款。

永远忠诚于你的

哈里特·E.比彻

第四章
早期的婚后生活

1836—1840年

斯陀夫人在婚礼开始半个小时前给她的朋友乔治亚娜·梅写的那封信，直到婚礼结束两个月后才完成。从斯陀夫人的书信里，我们可以看到以下的节选：

> 从我上次给你写那封信到现在，已经过去三周时间了。我的丈夫与我现在正舒适地坐在壁炉旁，就像一对驯服的家禽那样。他正在写信给他的母亲，我正在给你写信。在我们婚礼的两天后，我们一起进行了所谓的蜜月旅行。要是这样的婚礼习俗不需要斯陀前去哥伦布地区的话，我们会很乐意顺从这样的习俗。我可以跟你说，在这个季节，俄亥俄州的道路可不是开玩笑的。我们受到了热情的招待，旅行过程中还是感受到了许多乐趣。
>
> 亲爱的乔治亚娜，也许你不能理解，或者说我同样不能理解的事情，就是我如何能够以如此平静的心态度过这次人生的重大考验。我亲爱的，说实话，我也不知道自己是如何度过的。我是一个心态平和与快乐的女人。我只着眼于眼前，将未来的一切都交给上帝去处理，因为上帝对我一直是非常仁慈的。“不要过分担忧明天”，这一直都是我的座右铭。我内心所感受到的欣慰完全源于上帝。因为在上帝所建造的天国世界里，我可以感受到无限的乐趣，而眼前世俗的快乐则是那么的短暂。
>
> 亲爱的乔治亚娜，我是一个淘气的女孩。婚礼到现在，已经过去一个月了。因为我的情感一直处于紧绷的状态，因此我不愿意现在就回去。不过，我很快就能见到你们了。在5周之后，斯陀与我将会启程前往新英格兰地区。他会在5月1日乘船出发。我会与他一道前往波士顿、纽约与其他地方，最后停留在哈特福德。在他离开这边之后，我

的想法就是回到西部。

斯陀夫人在信件里谈到丈夫要离开她的内容，其实是指斯陀教授要前往欧洲为莱恩神学院购买相关书籍，同时还作为俄亥俄州委派的专员前往欧洲的公立学校进行调研。长期以来，斯陀教授就认为，要是西部地区没有更优秀的高中学校制度，那么西部地区就不可能存在真正意义上的高等教育。在1833年，斯陀教授就成为辛辛那提“老师联盟”的创始人之一，这个机构已经成立了10年之久，产生了广泛的影响。这个机构的目标就是要推广普通学校，提高老师的教学标准，为民众创造接受教育的需求。斯陀教授与当时俄亥俄州的许多著名人士一起参与了这样的运动，其中就有阿尔伯特·皮克特、德雷克、史密斯·格里姆凯、珀赛尔大主教、A.H.麦克加菲校长、比彻博士、莉迪亚·西格尼、卡罗莱·李·亨茨与其他人等。这些人所创造的影响最终延伸到俄亥俄州议会。州议会最后决定委派斯陀教授作为专员，到欧洲调研那里的公共学校制度状况，特别是调查普鲁士那里的学校制度，然后写出一份调查报告。

1836年6月8日，斯陀教授乘坐钱普林船长的“蒙特利尔”号轮船，从纽约出发前往伦敦。当斯陀教授上了轮船之后，他才打开妻子之前给他写的一封信。下面就是这封信的部分节选内容：

亲爱的，当你打开这封信的时候，你已经离开这片土地了。我无法给你我的关爱、建议与照顾了。因此，你应该按照我的说法去保重自己，要注意自己的身体。首先，我希望你到了欧洲之后，能够做到随机应变，正如伊丽莎白所说的，“正如燧石面对槐蓝属植物”那样。无论做任何事情，你都要小心翼翼。虽然你没有带上那本有趣的《坎伯的安慰》[①]，但你也可以通过回想去重温一遍那本书的段落，因为这能让你应对无聊的大海航行。你还要记住，当你在核桃山丘上逗留的时候，是如何安慰凯特、伊斯特姑姑与你那位女佣人的。但说真的，亲爱的，除了回想起以前美好的时光之外，你必须要怀着更多的希望。你就要前去一个全新的世界，我希望你能享受这段旅程。我希望你能从中得到更多的收获。

---

①《坎伯的安慰》(*Kemper' s Consolations*)，这是一本非常荒诞的书，斯陀教授经常从这本书中得到无尽的乐趣。

你只需要专注于你想要去看到的东西：宏伟壮观的图书馆、美丽的绘画与庄严的教堂。除此之外，你还可以见到托鲁克，让你心驰神往的阿波罗。亲爱的，如果我是一个男人，我真希望能够跟你一起前往。

在她丈夫前往欧洲的这段时间里，斯陀夫人在辛辛那提与她的父亲与兄弟们一起生活。她偶尔会创作一些短篇故事、文章或是论文，专门为《西部月度杂志》或是《纽约传教士》供稿。她每天都通过日记信件的方式与丈夫保持着通信，之后这些信件每个月才送到她丈夫手上。斯陀夫人还帮助弟弟亨利·沃德，因为亨利·沃德当时刚刚成为一份期刊的临时编辑，这是当时辛辛那提这座城市一份发行量较小的报纸。

那个时候，奴隶制问题已经成为辛辛那提这座城市一个大家都在讨论的问题，而莱恩神学院则成了废奴主义运动发展的一个温床。在学生中，废奴运动是由其中一位名叫西奥多·D.维尔德的学生领导的，他之前通过在南方各地发表演说，筹集到了一定的资金来完成学业。在参加这些废奴运动的过程中，他深刻地感受到了奴隶制的邪恶与恐怖，因此他成了一名激进的废奴主义者，成功地说服了几名南方人在这个问题上的看法。在这些南方人中，就有来自亚拉巴马州亨茨维尔地区的J.G.伯尼。伯尼不仅让手下的奴隶重获自由，还与辛辛那提的甘梅利尔·贝利博士一起创办了一份名为《慈善家》的反奴隶制报纸。最后，这份报纸遭到了压制，报社的办公室遭受一群肯塔基州奴隶主煽动的暴徒的打砸。关于这件事，斯陀夫人在写给丈夫的一封信里这样写道：

昨天晚上，我花了一些时间草草为亨利的报纸写了一篇文章：“伯尼的印刷机遭到了一群暴徒的打砸，很多受人尊重的人都对这样的暴行视而不见。之所以会出现这样的无动于衷，完全是因为这些人的偏见所导致的。”

我写了一篇概略性的文章，我希望能用一种前后矛盾的对比手法去写，将任何违背私人权利的暴行表现出来的高人一等的态度展现出来。我使用的是一种轻描淡写的概略写作方式，希望能够引起亨利的注意，让他对这个问题进行深刻且认真的思考。我认为，亨利对此的看法也是强烈的。事实上，他的确也写了一篇言辞强硬的文章，我为亨利所写的言辞激烈的社论感到骄傲。他写的这些文章都是有事实依据、实事求是且具有尊严的。我认为亨利能够成为一流的作家。我们的这两篇文章直到今天才出版，其中还有查尔斯关于音乐方面的文章。可以说，对这份隶属于我们家族的报纸，我们根本没有任何消遣的心思。

我认为，当我昨晚写下那篇文章的时候，我只是感觉自己是一个贤妻，在你不在的时候守卫着你所信仰的原则。我希望你能够看到我是多么义正词严地谈论这件事。亨利也谈论了这个问题，并且谈到了关于塞米诺族的印第安人问题，给人一种大义凛然的感觉。

斯陀夫人接着写道：

伯尼事件所引发的讨论继续增长。富兰克林酒店的负责人也遭到了一些住客的攻击，这些住客要求将伯尼赶出这座酒店。负责人拒绝了这样的要求，有12名住客就立即离开了，F博士也是其中的一员。通过派发传单的方式，一次大会召集起来了。这座城市一些最受欢迎的人士也受邀参加这次大会，讨论他们是否允许伯尼在这座城市继续经营这份报纸。格林先生表示，让他感到无比震惊的是，这座城市很多受人尊重且具有影响力的人竟然站出来说，伯尼这帮人应该离开这座城市。

格林先生也在这群人的邀请之列。但是格林先生告诉那些邀请他的人，他根本不想与这些不符合法律规定的公众大会有任何瓜葛，也不想与任何暴徒有任何联系。他完全反对这一类的事情。

我认为，如果事情按照那群人的心愿进行下去的话，他们肯定会有一次反响热烈的大会。

我希望父亲此刻在家，前往他的教堂发表布道演说。因为很多教会信徒都不敢站出来明确反对这样的暴行。

之后，这次会议开起来了，由摩根、内维尔与贾奇·布尔克等人负责。我不知道还有谁是负责人。贾奇·伯内特当时也在场，同意了那些人的这些做法。这群暴徒之所以能在这座城市里出现，完全是因为那些具有理智与常识之人袖手旁观，时不时默认这些暴徒做出的许多违背法律的事情。其中一些人甚至还引述了波士顿倾茶事件[①]，为他们的暴行进行正名，说这样的事情之前也有过光荣的先例。

---

①波士顿倾茶事件，是1773年在当时的英国殖民地马萨诸塞湾省首府波士顿发生的一场政治抵抗运动。

不过，很多人，也许是大部分的市民都不同意这样的做法。但我担心他们的想法不会演变成公开的反对。甚至连N.赖特的反对声音也变得比较为弱，福尔博士则表示强烈的反对。哈蒙德先生（《公报》的编辑）则以非常具有尊严与明智的方式，指责了整个事件。亨利也站出来反对这些暴行。但是，很多报纸要么对此保持缄默，要么就站在暴徒一边。我们应该能在接下来几天里看到事件的结果。

在我看来，我可以轻易地发现这个事件会让很多人转变成为废奴主义者。因为我的怜悯心完全倾注在伯尼身上。我希望他能够坚持自己的立场，伸张自己的权利。他的办公室是防火的，有高墙围着。我希望他能够指挥一些武装人员，看看那些暴徒能够玩出什么花样来。如果我是个男人，我肯定也会自愿保护他的住所，至少会好好地看管他家的一扇窗户。亨利坐在我的对面，正在创作一篇充满英勇精神的社论。他让我告诉你，他正满怀着斗志，准备参加这场战斗。

斯陀夫人在另一封信里这样写道：

在上一封信里，我跟你说这群暴徒砸了伯尼的印刷机，但那次打砸行为造成的损失并不严重。看来，这群暴徒的主要目的是要恐吓伯尼。这次暴行之后，甚至连很多好人都开始感到恐慌，对废奴主义运动产生了偏见，压根忘记了暴徒们的行为要比废奴主义者的行为更加邪恶。这些好人都纷纷站起来反对伯尼，对暴徒的行为视而不见。N.赖特与贾奇·伯内特就是其中典型的例子。当骚乱的气氛达到了可能超过控制的范围之后，大家都开始谈论革命或是在不需要遵守法律的情况下实现公平的时候，这肯定是没有任何公平正义可言的。这些人当中的主要人物有摩根、内维尔、朗沃斯、约瑟夫·格拉汉姆与贾奇·布尔克。这次会议在下市场街举行，决定是否允许出版关于废奴主义的报纸。这座城市很多最受人尊重的公民都受邀出席。

当时这座城市的民众可以分为四类：那些想要成为造反者与支持暴徒的人；那些想要驱逐伯尼，但希望不用暴力方式去做的人；那些为参加这些会议感到羞耻，能够预见到最后的结果，但却不敢明确表示反对的人；还有那些站出来坚定反对这些行为的人。

第一类型的人是由内维尔、朗沃斯与格拉汉姆等人领导的。第二类型的人是由一些不那么著名的人物领导的。第三类型的人则是由贾奇·伯内特、福斯博士与N.赖特等人领导的。第四类型的人则是由哈蒙德、曼斯菲尔德、S.P.查斯与切斯特等人领导的。这些所谓的大会在很多时候都是选举出了一名暴徒，然后成立一个所谓的委员会等待对伯尼的去留做出决定。有趣的是，诸如约翰叔叔与贾奇·伯内特等人在委员会上的行为是那么的短视。

除了哈蒙德的《公报》与亨利负责编辑的日报之外，这座城市的其他所有报纸要么对此事保持沉默，要么就是公开支持这些“暴民统治”。正如大家所期望的那样，伯尼拒绝离开。在那天晚上，一群暴徒冲进了他的印刷厂，打烂了他的打字机，还将一些出版印刷的工具都扔到了河里，然后回去继续打砸他的办公室。

接着，这群暴徒前往贝利、多纳德森与伯尼等人的家里，但他们要找的人并不在家，因为这3个人事先已经知道了这些暴徒的想法。这座城市的市长始终在沉默地观察这件事的走向，最后说出了这样的话：“孩子们，你们都玩够了，在你们丢脸之前，快点给我回家去。”但是，这些“小孩子”却在当天晚上与第二天（周日）的大部分时间都用于继续拆毁那些丝毫没有犯错或是受人尊重的黑人的房子。当时的《公报》也遭到了威胁，亨利所在的《日报》也在威胁的名单当中。莱恩神学院与水工工程据说也在这群暴徒的攻击名单里面。

到了周二早上，这座城市已经陷入了大规模的恐慌状态当中。一群志愿兵组建起来，他们在晚上巡逻街道，手上握着枪支，还获得了来自市长授权的法律命令。此时，他们为能够这样做感到高兴，为能够最终镇压这群暴徒感到高兴，即便最后不惜付出流血的代价。

在接下来的一两天里，我们不知道到底发生了什么事，但听说出现了刀锋相见的情况。那群暴徒威胁要发动攻击。我们真的看到亨利每天都携带着手枪进行防备。正是因为我们每个人都太具有爱国情感了，因此我们宁愿让每个兄弟都走上前去，捍卫自由与秩序的原则。

不过，此时的形势已经出现了转变。这群暴徒在没有受到之前那些感到恐惧的社区的支持之后，开始潜逃回他们的老窝，陷入了沉寂。接着就是前段时间比较高调的哈蒙德也没有发表什么评论，而只是在出版了一篇关于耶稣基督在高山上的布道演说与俄亥俄州的州宪法与《独立宣言》，而根本没有对暴徒事件进行任何形式的评论。此时，哈蒙德终于站出来，对这群暴徒兴起的过程进行了一番简短扼要的概括，将根源追溯到市场大街的大会上，将举办这次大会的前后过程都说清楚，谈到大会的负责人应该要承担与这群暴徒一样的责任。哈蒙德的这篇文章引发了一些人的恐慌，但这“最终遏制了暴徒的行动”。那些一开始就与第一类型人持不同立场的人，也开始感觉到公众舆论正在慢慢发生转变。而其他州的媒体报道也开始涌入这座城市，言辞强烈地指责着辛辛那提这座城市出现的这些让人羞耻的行为。在其他时候，我认为诸如贾奇·伯内特、格林与约翰叔叔等人肯定会想办法从中逃脱出来的，然后人们将会更清楚地认识到，要是对暴徒们的行为视而不见，就必然会造成严重的后果。格林与约翰叔叔此时对暴徒的行为表现出极大的愤怒，他们表示不会参加这样的大会，但他们却是被别人诱骗参加了这个委员会，希望能够驱逐伯尼，从而避免暴乱行为的进一步蔓延。

我认为，他们至少应该为他们那些优柔寡断且愚蠢的行为接受合理的惩罚。

斯陀夫人这封信件里透出的语气似乎表明，虽然她在内心深处是一名反奴隶制的人，但她还不是一名公开自己立场的废奴主义者。1837年，斯陀夫人在俄亥俄州帕特南所写的一封信，就能表明她当时的想法已经更近一步了。当时她前去那里看望哥哥威廉。在这封信里，斯陀夫人这样写道：

我应该认为这是一种极端的做法，虽然我很高兴能够以更好的方式去解决这个问题。

今天，我读了伯尼的《慈善家》报，废奴主义运动已经成了当下最受人瞩目的运动。因此，在报纸上看到这样的报道也是非常正常的。

在我看来，我们需要一个中间社会。如果不是这样的话，那么随着光线逐渐增强，关于废奴主义运动团体的过度行为，都将无法阻止那些具有良知与人性的人加入进去。

我希望发生在辛辛那提的事情，能够让每个人都从内心深处对这个问题进行思考。每一个直面奴隶制问题的人，都必然要产生一种去做些什么事情的难以压抑的冲动，都想要提出该怎么办的问题。

在1836年9月29日，斯陀教授依然还在欧洲出差，他的妻子斯陀夫人已经生下了一对双胞胎女儿，分别是艾丽莎与伊莎贝拉。当她的丈夫斯陀回到纽约，听到这个好消息之后，则坚持要将这两个女儿分别取名为艾丽莎·泰勒与哈里特·比彻。他乘坐“角斗士”号轮船从伦敦出发的航程特别漫长。即便是在那个时候的帆船来说，也有点太久了。因为这段航程从1836年11月19日一直持续到1837年1月20日。

在1837年夏天，斯陀夫人的身体状况欠佳。正因如此，她需要放下许多家庭的忧虑，前往普特南他哥哥威廉·比彻那里休养一段时间。当她来到那里的时候，收到了丈夫的来信。斯陀教授在信件里这样说：

> 当然，我们都对之前发生在公民大会上的行为感到愤怒，应该用鄙视的眼光看待那些事情。这些卫理公会教派与奴隶主的联合，只会让更多人成为坚定的废奴主义者。

在同年12月，斯陀教授前往哥伦布，带上了耗费他心血的教育改革报告。到达那里之后，他写信给妻子斯陀夫人说：

> 今天，我拜访了州长与许多议员。他们极为热情地招待了我，他们显然都对我的这份报告抱着很大的期望。今天，州长直接通知议会，认为我应该在霍奇牧师的教堂发表两晚演说，时间分别定在明晚与后晚，听众分别是州的参众两院议员与普通的听众。州长（万斯）将会主持这两次会议。我非常喜欢这名州长。他是一个身材健壮、内心淳朴的人，就好像腓特烈大帝①一样。显然，他要比前任州长更加具有天赋。我的这项工作获得了500美元的报酬。

在1838年1月14日，斯陀夫人的第三个孩子亨利·爱丽丝出生了。

正是在这个时候，比彻家族终于出现了久违的重聚。关于这件事，可以从莱曼·比彻的自传里看出来。爱德华之前前往东部，当他返回来的时候，从哈特福德带回了玛丽（也就是托马斯·珀金斯女士）。威廉则从俄亥

---

①腓特烈大帝（Friedrich II，1712—1786），1740年即位，实行开明君主制，曾两次发动西里西亚战争。腓特烈大帝在政治、经济、哲学、法律甚至音乐诸多方面都颇有建树，为启蒙运动一大重要人物。

俄州的普特南过来，乔治则从纽约的巴达维亚过来，凯瑟琳、哈里特、亨利、查尔斯、伊莎贝拉、托马斯与詹姆斯此时已经回到家。这是他们多年之后的第一次大重聚。玛丽之前从未见过詹姆斯，也只是见过托马斯一次。当子孙们都聚在一起的时候，年老的比彻感到非常高兴，他感觉到自己的幸福之杯都快要满溢了。第二天是周日，老比彻在布道讲台上发表演说。早上，他的儿子爱德华前来聆听，下午威廉前来聆听，晚上则乔治过来聆听。

全家再次重聚的温馨家庭画面，可以从斯陀夫人所写的内容中看出来。下面这封信是在1838年6月21日写给当时在康涅狄格州纽黑文的乔治亚娜·梅的。这封信的内容如下：

亲爱的乔治亚娜：

只需要想想我有多久没有给你写信了，想想这段时间里我发生了多大的变化吧——我已经成为3个孩子的母亲了！如果我没有一直记得过去的话，还是让我谈论一下我现在的状况来表明我的歉意吧，因为从我上次见你到现在，我感觉自己非常忙碌。

就以今天为例子吧。我可以跟你说，我会从早上天蒙蒙亮一直忙到夜晚的露水出现。首先，我在凌晨四点半的时候起床，心想：天呀，天怎么这么亮了！我必须要下床，在6点钟之前准备好早餐，然后叫醒米娜。于是，我立即下床，抓住了一个钳子，在仍不愿意起床的米娜身旁敲着。最后，我允许米娜多睡半个小时。对我来说，这是一段很漫长的时间。紧接着，孩子睡醒了，他们哇哇大哭起来，于是我给他们端来了热腾腾的早餐。此时的我感觉很累，在一边自言自语地说："我绝对不能忘记告诉丈夫家里十蒲的苹果"——我感觉自己似乎站着睡着了——"啊，天呀，米娜怎么还没有起床呢？我怎么听不到她的声音呢？"接着，我又似乎感觉自己睡着了——"我在想米娜是否还有足够多的香皂，我认为到周六的时候，应该还有两块香皂"——接着，我又再次睡醒了。"亲爱的，天都亮了！我必须要起床，然后前去看看米娜是否已经吃了早餐了。"于是，我马上跑到窗边，将米娜摇醒。"我亲爱的孩子，你要乖乖听话，让妈妈帮你穿衣服，因为她当时有点匆忙。"当时，我帮米娜穿的连衣裙刚好穿到一半，米娜的头就又倒在了枕头上，并且大声地哭喊，用手紧握着床头上的铺盖。我卷起袖子，也不跟她讲道理。我一把将她抱起来，让她挺直身子。接着，米娜又一头扎在床上，我只得再次将她抱起来，同时认真观察着早餐的情况。当我再次回到米娜的房间，才想起今天是洗刷日子，因此我还有很多家务活要干。我只能投入更多的时间去打扫卫生，做好一切家务活，让我这3个小淘气鬼尽可能地起床。

接下来就是H小姐与E小姐了——关于她们，玛丽总是能够跟你说很多细节，因为她总是在喋喋不休或是叫喊着，或是声嘶力竭地唱着什么，似乎表明自己有不同的品味，此时我则为他们准备好了早餐。吃完早餐之后，斯陀就要带着一张购物清单前去集市买东西，孩子们也都洗好了澡，穿好了衣服。我开始思考着接下来该干什么。我开始用剪刀剪下一些布料，然后用尺子丈量一下布料的长度，然后剪去不适合的部分。亨利嘟着嘴，趴在地上号啕大哭。我一把将她抓起来，然后让她面向姐姐正在玩着针线盒里面的东西。当我转过身，却又看到我的第二个淘气鬼正坐在壁炉旁嚼着煤炭，还一脸笑容地用手抓着炭灰。外祖母一把抓住了她，然后仁慈地将她抱住，我则可以抽身去做我的工作。我再次开始了制作衣服的过程，选取了一些布料，再次丈量布料的长度，看看是否合适，然后裁剪一部分布料，回过头来看到双胞胎姐妹在争吵着什么。老大用手推开老二，老二则大声尖叫，这让旁边的那个更小的老三感到害怕，于是他也加入进去。我还记得老大是一个淘气的女孩，马上就跑到我的手臂里面，希望我唱一首古老的歌谣来安慰她："摇啊摇，摇到外婆桥。"

与此同时，老大踉踉跄跄地走到了小便桶那儿，要洗她的围裙。外祖母一把抓住她，将她抱走，将便桶放在她够不到的地方。这会儿，保姆过来打扫卫生，我只能让她帮忙照看一些孩子，我则接着完成手头上的衣服。

请你允许我如此详细地描述这些琐碎的事情，因为我每天的生活几乎就是由这些事情组成的。我亲爱的，我只是一个有着比孩子们更多思想的苦工而已。至于什么思想、反思或是情感，我根本没有那样的时间！

现在，我认为自己是一个悲哀而又无趣的人，但我希望自己在这段时间里能够变得再次年轻。因为在我看来，很多事情都不能完全遂人心意的。

乔治亚娜，这就是婚姻生活——是的，但我还是希望过上这样的生活。因为当我停下手上的工作，有足够的时间去进行思考的时候，就可以分辨出自己的头与脚。我必须要说，我认为自己是一个幸运的女人，有一个好丈夫与这些好孩子！为了这些孩子的健康成长，我宁愿牺牲我的安逸、休闲时间或是一些乐趣。他们就像一笔利息不断翻滚的金钱，价值在不断地增长。

1839年，斯陀夫人的家庭将一名来自肯塔基州的黑人女孩收为仆人。按照当时俄亥俄州的法律，这个黑人女孩是自由的，因为她是从其他地方带过来，然后被她的主人留在这里的。尽管如此，斯陀夫人在与他们居住了几个月之后，还是得到了一些消息，说这个黑人女孩的主人正在这座城市找她。如果这位黑人女孩不够小心的话，那么她就有可能被抓到，然后送回南方继续当奴隶。斯陀教授认为这样做是厚颜无耻、背信弃义或是纵容一些寡廉鲜耻的不公之举后，立即下定决心要将这个黑人女孩送到一处安全的地方，直到黑人女孩的主人放弃在这个地方的找寻。因此，斯陀教授与他的小舅子亨利·沃德·比彻都带上手枪，在夜晚乘坐马车护送这位黑人女孩沿着没人走的道路，前进了12里路，来到了一个乡村地区，让她住在年老的约翰·冯·赞特的家里，因为赞特是这位黑人女孩的朋友。

正是源于现实生活中的这一幕与个人的体验，才让斯陀夫人构思了《汤姆叔叔的小屋》一书里，黑奴从汤姆·洛克与马斯克家里逃难的情节。

在这段时间，最有趣与有意思的事情，就是关于斯陀夫人努力想要在繁忙的家务劳动中抽出时间，进行文学方面的创作。关于这方面的记录，可以从她的一位亲密朋友所写的一封信里看出来：

我有幸与斯陀夫人成为朋友。在一次到她家拜访的时候，我有机会亲眼见证她施展文学才华与将做家务同时结合起来的天才。整个过程是相当有趣的。

我说："哈里特，过这边来。"当时我看见她正在照顾着一个孩子，同时还看着两个刚刚学会走路的孩子。"你之前答应了《纪念物》杂志编辑的稿子写好了没？你只剩下一天的时间了，我现在就要这个稿子了。"

"我的朋友，那你想让我怎么做，才能给你写稿子呢？"哈里特回答说，"你至少要等我将家里打扫干净，喂饱孩子们再说吧。"

“至于打扫家庭卫生，你可以迟一天再打扫啊。至于婴儿的饮食问题，在我看来，这是永远都忙不完的。今天，你必须要完成这篇文章。费德里克整天坐在艾伦旁边，说整天忙这忙那的，已经过了一个月还没有交稿子。她总是拖延交稿子的日期，总是说没有时间去做。直到我最后出面帮她解决这件事。快点过来写吧，这不会耽误你3个小时的，你可以写关于求婚、婚姻、灾难或是解说等各个问题。你只需要在这3个小时内动动脑筋，所能赚到的钱就足以抵得上你的双手在接下来一年内所赚到的钱。我亲爱的，一页纸2美元的稿费，你可以在15分钟内完成一页纸的内容。过来吧，我亲爱的女士，节约才是真正的美德啊！请考虑一下这件事带给你的真正好处吧！”

“但是，我亲爱的，我手里抱着一个婴儿，还有另外两个淘气鬼在我旁边，我在厨房里还烘烤着食物，肚子里还有一个孩子需要吃东西。我还要准备下周的家庭清洁。所以你也看得出来，我是没有办法去写的。”

“我不这样认为啊！我觉得，如果一个人的天才不能帮助他渡过难关与困境，那么这样的天才到底是什么样的天才。斯陀夫人，过来这里，发挥你的智慧完成这篇稿子吧。让我给你些帮助吧，那么你肯定能够做好这些家务，同时写完你的文章。”

“好的，但是这些厨房的家务活呢？”

“在这个过程中，我们也能完成这些工作。你知道你可以写任何你想要写的东西。你可以坐在厨房里面的椅子上，然后发挥你的写作天赋去做。在你一边发挥天赋去写文章的时候，还可以一边照看米娜。”

斯陀夫人听进去了我的话。十分钟后，她就坐在椅子上准备写作。厨房餐桌的一边摆放着面粉、擀面杖与猪油，另一边则放着鸡蛋、猪肉、大豆与其他厨房用具。在她旁边是一个烤箱加热的工具。而在她隔壁则是一个皮肤黝黑的孩子，等待着她的命令。

我说：“斯陀夫人，过来这里。你可以在这张地图集上面写。无论你写的文章多么潦草，我都会誊写一遍的。”

“好吧，好吧。”斯陀夫人露出了愉悦的表情，用顺从的口吻说。“米娜，我让你做什么，你才能做什么。在我写文章的这几分钟里，你不能到处乱跑。墨水瓶在哪里呢？”

我回答说：“就在茶壶上面。”

米娜咯咯地笑了起来，我们俩看到米娜如此天真无邪的笑容之后，也笑了起来。

我开始详细检查之前所写的文章，想要找寻正确的文章。

我说："我找到了。这是费德里克坐在艾伦旁边，看着她那张灿烂的脸庞，说了一些关于守护天使之类的话。你还记得吗？"

"是的，我记得。"斯陀夫人边说边陷入了沉思。她正在思考着即将要创作的这个故事的思路。

"妈妈，我可以将猪肉放在大豆上面吗？"米娜问道。

"过这边来。"斯陀夫人笑着说，"你终于明白了该怎么做了。米娜对此一无所知，要是我不告诉她怎么做，她根本不知道怎么做。看来我们今天必须要放弃写作了。"

"不，不。让我们再尝试一次吧。你可以口述这个故事，这对你来说就跟写作一样容易。过来吧，我可以将这个婴儿抱到一个摇篮里，然后与她玩一些游戏，而你则可以口述故事，我会帮你将故事写下来。现在，你可以不用写，你只需要将艾伦与她情人见面时候的情景说出来。你刚才写到了因为无法承受内心的伤痛，艾伦用手抱着头，眼泪从她的指尖上流下来。她整个人都随着啜泣而不停地颤抖。我接下来该怎么写呢？"

"米娜，将一些牛奶倒入这些珍珠灰里面。"斯陀夫人说道。

"过这里来吧。"我说，"你刚才写到了眼泪从她的指尖上流下来，她的整个人都随着啜泣而不停地颤抖，我接下来该怎么写呢？"

斯陀夫人停顿了一下，若有所思地望着窗外。她似乎将专注力都投入到了故事的创作当中。"你现在可以接着写了。"斯陀夫人说。接着，她这样口述：

她的情人与她一道哭泣，他不敢谈论对彼此来说都过分神圣的话题。"米娜，你要将面包屑卷的薄一些。"他用柔和的声调说话，"米娜，将煤炭放入壁炉里。"

"这样吧。"我说，"我叫米娜做好这些事情，你自己可以独自写一会儿。"

斯陀夫人拿起笔，耐心地开始工作。在那会儿，我的所有厨房知识与技能足以应对米娜那好奇的心灵。当我与米娜玩得开心的时候，斯陀夫人已经完成了两页纸的内容了。

“你做得太好了。”我说。当我阅读了斯陀夫人所写的手稿时，就说:“现在你可以带一下米娜了，你可以接着口述，我来帮你写。”

我从未见过像斯陀夫人如此具有文学才华的女性。她也没有任何怨言地接受了我的要求。

“我准备写了。”我说，“你刚才写到了‘那些像我一样过着那种生活的人，到底经历了什么苦难呢’。”

“我应该先放黑面包还是白面包进去呢?”米娜问道。

“先放黑面包。”斯陀夫人说。

“那些像我一样过着那种生活的人,到底经历了什么苦难呢?”我说。

斯陀夫人将米娜围裙上的面粉擦去，然后坐下来思考了一会。接着，她这样口述:

“在我心碎之际，我想要重新站起来。我已经经历了一个女性所能经历的一切心碎了，但这样的想法——哦，亨利!”

“妈妈，我可以将姜放在南瓜上吗?”米娜问道。

“不行，你不要管这个。”斯陀夫人回答说。接着，她继续说:

“我知道自己对孩子们的责任。我知道这样的时刻迟早会到来。亨利，必须要肩负这样的责任，他们能让我感受到这个世界上存在的幸福。”

“妈妈，我该怎么处理这些蛋壳与其他的东西呢?”米娜打断道。

“将这些东西放在你身边的那个提桶里。”斯陀夫人回答说。

“他们能让我感受到这个世界上存在的幸福。”我说，“接下来该怎么写呢?”

斯陀夫人继续口述说:

“你必须要带走他们。也许这就是我们的命运吧。我会随你而去，但是一个妻子破碎的心在大声呼喊:‘再等一下，再等一下。’”

“妈妈，这些姜饼要放进去多久呢?”米娜问道。

“5分钟。”斯陀夫人回答说。

“再等一下，再等一下。”我用忧伤的口吻重复着。然后，我们都哈哈大笑起来。

于是，我们还是像之前一样，一边煮东西，一边写作，一边看管孩子，还在哈哈大笑。直到我最后完成了自己的目标。斯陀夫人写好了这篇文章，我重新抄写了一遍，并在第二天送到了编辑手上。

上面这段关于比彻家庭的零碎记录，其实可以从他们家族内部书信的往来中经常看到。他们相信给对方写信，有助于增进家族内部成员的沟通与交流。当书信送到了最后一个需要回信的人，那么他也要将这封信送回写这封信的人。除了斯陀夫人与珀金斯女士。只要他们在信封上面写上“比彻牧师”的字眼，那就肯定能够送到这封信想要送到的任何地方。

在这些家族内部的亲密信件当中，都写着比彻家族每个人的名字。虽然这些信件的墨水可能渐渐淡去了，但却依稀能让我们所看到。这些信件的邮戳地址往往是康涅狄格州哈特福德、纽约州巴达维亚、俄亥俄州的奇利科西、俄亥俄州的赞斯维尔、俄亥俄州的核桃山丘、印第安纳州的印第安纳波利斯、伊利诺伊州的杰克逊维尔与路易斯安那州的新奥尔良。在这些信件当中，斯陀夫人占据着自己的位置：

1839年4月27日，核桃山丘

亲爱的朋友：

我将要前往哈特福德了，现在正忙着为出发进行各种准备，因此不能给你写信了。贝拉，父亲说你可能会同斯陀与我一起前往怀特山。乔治，我们期待着你的到来。

永远忠诚于你的

哈里特·E.斯陀

第五章
贫穷与疾病

1840—1850年

1839年1月7日，斯陀教授在写给当时住在马萨诸塞州纳提克的母亲的一封信里说：

> 我认为，你现在住在那里是正确的，因为俄亥俄河已经有一年时间都没有船只经过了，我们现在的生活几乎处在饥荒状态，日常的生活必需品都极为匮乏。比方说，辛辛那提这里的盐（粗盐）每蒲式耳的价格是3美元，每磅大米的价格是18美分，咖啡豆的价格是每磅50美分，白糖的价格也是每磅50美分，黄糖的价格是每磅20美分，糖浆的价格是每加仑1美元，每蒲式耳马铃薯的价格是1美元。在很多时候，我们都吃不到这些东西。不过，面包与熏肉等食物（面粉每桶的价格飙升到了六七美元左右，每磅猪肉的价格大约是6—8美分左右）倒是供应充足，我们现在的生活过得还算好。
>
> 我们的新家也将会与之前的房子一样美观，但他们都说新房子会在今年7月完工。我希望在今年夏天的时候去看你。因为我到时候会前往达特茅斯学院发表优秀毕业生演说。但是，至于妻子与孩子们是否与我一道前往，现在还没有决定下来。

在这年夏天，斯陀夫人将与丈夫孩子一起前往东部。在她返回东部之前，她前往怀特山旅行了一次。

在1840年5月，斯陀夫人的第二个孩子出生了，取名叫腓德烈·威廉，这是按照当时的普鲁士国王腓德烈国王取得的，因为斯陀教授对腓德烈国王有着无限的敬意。

斯陀夫人曾说过："亲爱的读者，只要我们的身心还在，就会不断地前进。因为这个世界最终必然要融合在一起的——无论是伟大的人物还是渺小的人物，无论是重要的事情还是琐碎的事情，都会编织起来，就像哥特式的神殿那样形成一幅古怪的画像。只有我们以正确的方式去进行认知，否则没有任何事情是可以忽略不计的，因为人类的灵魂存在着一种可怕的阴影，能让世间万物都变得神圣起来。”当斯陀夫人以这样的方式去写自传的时候，我们根本无法分辨出到底哪些会真正影响到一个人的品格。不过，无论什么时候，简单地说出简朴的真理，这始终是最为明智的做法。百合花是在烂泥与腐败的环境下成长为美丽的花朵。因此，我们也可以认为，人类可以从卑微的环境中奋起，成为充满力量与美感的存在。

在1840年12月，斯陀夫人在一封写给梅的信件里这样写道：

> 在过去一年的时间里，我几乎都没有怎么写过东西，只是偶尔拿起笔写一些无法回避的礼节性信件。这主要是因为我患上了一种严重的神经痛疾病，这种疾病严重影响我的视力。在长达两个月的时间里，我根本无法去写作。我只能将精力集中在其他事情上。我甚至无法忍受在自己的房间里出现的阳光。接着，我亲爱的腓德烈出生了。在接下来的两个月里，我只能躺在床上。除此之外，我们家每个人都出现了不同程度的疾病情况……
>
> 我过去一年的历史，记录着太多的疾病与苦恼。不过，我也不能将其全部归类为烦恼的事情。因为，我也遇到了许多可以抵消这些苦痛的有趣事情，我必须要将自己视为一个有福之人。事实上，在过去一年时间里，我至少有半年时间都是饱受疾病的困扰，但我的内心始终怀抱着信念，始终得到了大家的友善关爱。我的孩子们都在茁壮成长，正如新英格兰人所说的“他们都在健康地成长”。因此，你可以看到，我所遭受的苦痛，是绝对无法让我放弃对这个世界的爱意。

在1842年春天，斯陀夫人再次前往哈特福德，带上了她6岁的女儿海蒂。在哈特福德逗留期间，她给丈夫写了一封信，透露了自己的创作计划以及想法。斯陀教授在回信里这样说：

> 亲爱的，你必须要下定决心成为一名作家。可以说，成为作家，这是属于你的命运。你可以据此来做一番详细的规划。你需要保持健

康的身体，同时不断地提升自己的心智。你不要太在意自己的性别。你需要克服一切阻碍你实现自己梦想的挫折，让你的文学才华喷涌出来。你可以将自己的思想表达出来，同时保持自己的风格。这才是充满意义的。作为你的丈夫，我会为你的成就感到无比自豪的，我们的孩子也将会为他们的母亲感到无比自豪的。

今天，我们的寒舍迎来了一位贵客，我有必要跟你讲讲这件事。这位贵客就是德洛内男爵阁下，他是普鲁士国王陛下派来美国的大使。他表达了对我关于普鲁士学校制度这份报告的满意之情，并且说明了普鲁士国王与内阁成员的满意之情。当然，当我与一位真正意义上的男爵会面的时候，我想要让其他人也过来见见他。但是，伊斯特姑姑与安娜都不敢出来。虽然在男爵阁下离开的时候，她们都想办法从房间的窗户下一探男爵阁下的风采。

我亲爱的妻子，我希望你能尽快回家。事实上，没有你，我真的不知道怎么活下去。如果我们不是这么贫穷的话，我肯定会立即过去那边看你的。在这个宽广的世界里，从来没有哪个女人像你这样如此让我着迷。在这个世界上，从没有哪个女人能像你这样拥有如此多的才华，却没有自负心理的；从没有哪个女人像你这样拥有如此大的名声，却没有任何的矫揉造作的；从没有哪个女人像你这样具有文学才华，却没有任何胡言乱语的；从没有哪个女人像你这样有进取心，却没有任何炫耀之情的；从没有哪个女人如此健谈，却从来不指责别人的；从没有哪个女人像你这样甜美，却又那么自然的。可以说，你身上聚集着无限的优点，却又没有任何缺点。

当时在哈特福德逗留的斯陀夫人回复了这封信：

我看见了创作《福音传道者》一书的作者约翰逊，他是一个思想开明的人。可以说，我已经不虚此行了。那位送我《波士顿大杂烩》一书的哈勒二世是谁呢？他能信守对我的承诺吗？他开出来的报价很慷慨——3页文稿20美元，这还不算是初稿的价格。他是不是也需要依赖别人呢？如果是的话，这是不是我报出来的最好价格呢？今年冬天或是明年春天，我应该要能从哈珀出版公司那里赚到一些稿费。出版商罗伯森就说这本书（指斯陀夫人创作的《五月花》）将会出版，虽然他们提供给我的报酬很低，不过我还是能够赚到一些钱。等我写完第二本书的时候，我肯定要与他们谈更好的条件。总的来说，我亲爱的丈夫，如果我选择成为一名作家，我想应该能够像我认识的所有作家那样赚到一些钱。即便如此，我还是对自己是否应该成为作家心存疑虑。

我们的孩子现在还小，什么事情都要依赖我。他们的身体状况也不是很好，很容易出现兴奋或是紧张的情绪，需要母亲全神贯注的关爱。难道我能够将自己的心神投入到文学创作方面，而不感到任何内疚吗？

有一件事是我必须要指出的。如果我真的要进行文学创作，我必须要有一间属于自己的房间，有一个安静的写作环境。我心目中最理想的就是惠普尔女士的那个房间。我可以将一个火炉放在房间里，我可以购买一张廉价的地毯，我可以布置一些简单的家具，让我可以在相对舒适的环境下进行创作。我只是希望你能答应我将育儿室房间里的玻璃门换到我的写作房间里，让我放几株植物在窗边。那么，我肯定会感到非常满足的。

去年冬天，我就觉得自己需要某个地方可以让我能够安静进行思考与创作，让我的心灵可以获得一种满足感。但我无法做到，因为家里有很多桌子、衣架以及为孩子们准备的各种洗浴用品，加上家里的煤烟与煤炭燃烧之后的灰尘，会弥漫在房子的每一个角落，这让我感到非常困扰。虽然我努力地适应，但却始终感觉很不舒适。如果我去客厅进行创作的话，又担心会影响你的工作。我知道你有时肯定会有一种被打扰的想法。

在今年冬天，我们可以将炉灶放入那个房间，让暖气管通过地板进入那个房间。我们可以在炉灶旁边吃东西，孩子们可以在上面的房间里洗澡、穿衣服或是玩耍，因为我们也不希望孩子们再待在下面。你可以在客厅的壁炉旁学习，我与我的那些植物则在另一个房间。我可以完成自己的工作以及手头上的需要做好的工作，那么我肯定会产生一种满足感，内心会感到非常平和。我希望每天抽出一些固定时间去照顾孩子，然后我可以将孩子们送到温暖的房间里玩耍。

斯陀教授在回复这封信的时候说：

那本杂志（指《纪念物》）还是比较受欢迎的。某天，费什将这本杂志拿给富尔顿看，然后获得了60人的订阅。在今年6月的时候，他会让订阅人数的数字变得更多。他还希望他的一些学生可以帮忙推广，因为这些学生可以在即将到来的假期这样去做。你可以通过为这本杂志撰稿的方式，去影响西部地区下一代人的心智。正如我在上一封信里跟你说的一样，在上帝所安排的命运当中，你注定是要成为一名作家，我们又怎么能够去违背上帝的意愿呢？因此，你必须要按照这个目标去做出详细的安排，将你所能抽出的闲暇时间都用于文学创作。

如果你能在今天回到家，我肯定会感到高兴的。每过一天，我都会觉得你是我所认识的人当中，最具智慧与最亲切的女人（虽然我之前早已知道这点）。

斯陀教授对妻子表达出来的真诚赞美得到了回报。他们夫妻之间的相互欣赏与爱意，可以通过斯陀夫人在哈特福德逗留期间的这封回信看出来。在这封信里，斯陀夫人这样说：

昨天，我对贝拉说，在收到你的来信之前，我真的不知道自己该怎么做。可见，你给予我的建议是多么的重要。有许许多多的话题都是我只想与你进行讨论的。如果你此时还不是我亲爱的丈夫，我肯定也会疯狂地爱上你的。

在同一封信里，斯陀夫人这样评论自己：

我还想谈论一下关于自己的事情。你之前经常感到心不在焉或是健忘的情况，最近也经常出现在我身上。这可能是因为我的内心无法忍受巨大的烦恼所带来的一种反映。现在，我感觉自己承受着巨大的压力，感觉自己会因为忧愁而陷入黑暗或是烦恼的状态。我感觉到自己的人生似乎没有了什么可以追求的激情了——唯一让我充满激情的就只有我的孩子们了。

当我回到阔别已久的老家之后，我感受到了一种神圣的全新责任感。我认为自己可能无法过上长寿的生活。但不管怎样，这样的感觉还是在我的心底留下了强烈的印象，那就是我必须要在短时间内完成手头上的工作。在世人看来，这并不是伟大或是杰出的事情，这只是局限于一个较小的家庭圈子里，但我认为这才是最为重要的。

从这次东部旅行返回辛辛那提的路上，斯陀夫人第一次乘坐铁路旅行。她在写给乔治亚娜·梅的一封信里，就谈论了自己的这一全新体验：

1842年8月29日，巴达维亚

现在，我住在哥哥威廉的家里，我这段铁路旅程让我想起了圣歌里的这段话：

狮子在咆哮，鼓声在震天
一路的震动，危险在随行。

在火车站上，我可以听到很多人在大声说话，一些人在喊叫着，一些人在咒骂着，大家都似乎没有了秩序或是基本的礼仪，眼前的一切是如此的混乱。我再也不希望见到这样的场面了。当我帮助一位可怜的近视妇女整理她的行李时，差点被别人踩成了肉酱。因此，你知道，在这趟火车于今早离开罗切斯特的时候，差点就酿成了一次事故。我们在奥尔本车站等了两个小时，却看到了一列列火车从我们身边经过。最后，我们在深夜才到达罗切斯特。之后，我们又分别乘坐蒸汽船、运河船与西部的火车出发，但是这些交通工具都没有准时到达，让我们等了超过3个小时。当我们终于看到了轮船靠港时，准备走进轮船的时候，却听到轮船的汽笛发出了一阵剧烈的声响，很多人都争先抢后地想上轮船，很多人在不停地咒骂着，一些人在大声抗议着。这些人所说的粗野话语是你无法想象的。当轮船的引擎再次启动的时候，燃烧的煤炭发出的黑色浓烟就像某个魔鬼那样笼罩在我们头上。我认为这些蒸汽与某种温和的超自然力量存在着联系，特别是当你在日落之后坐在一个黑暗的座位上，更会有这样的感想。

最后，直到晚上12点的时候，我们才最终抵达巴达维亚。从此之后，我就卧病在床了。

1842年冬天对生活在核桃山丘的这一家人是一个严峻的考验。正如斯陀夫人所写的："这是一个弥漫着疾病与阴郁气氛的季节。"伤寒症在神学院的学生中蔓延开来，院长的家变成了一个临时医院，而斯陀教授的家人也要去照顾那些生病或是垂死的病人。

1843年6月6日，也就是斯陀夫人的第三个女儿乔治亚娜·梅出生的几周前，她收到了一个让她肝肠寸断的悲伤消息，这个是与她的家人相关的。她的弟弟乔治·比彻突然去世了。

乔治·比彻是一个有着超乎常人才华与天赋的人，受到教会与教众们的欢迎。斯陀夫人的这一封信就谈到了乔治·比彻突然离世的一些事情：

> 当乔治发现一群鸟正在他的果园捣乱，损害他的庄稼时，他立即拿上一把双管散弹枪出去。他平时很少使用这把枪，因为他不希望自己的妻子对此感到不安。在他离开家里没多久，一位路过的教众就看到他对着那群小鸟开了一枪。没过多久，他就听到出了人命的消息，看到了一阵浓烟，但却看不到附近的树木……半个小时后，家人都聚集在早餐桌前准备吃早餐，却不见他回来，于是就让仆人叫乔治回来……几分钟之后，仆人回来了，气喘吁吁地惊呼道："哦，比彻先生死了！比彻先生死了！"……没过多久，一个人过来敲门，与另一位路人将乔治的尸体抬进来。当时的乔治一脸苍白，脸上有轻微的擦伤，他紧闭着双眼，看上去仿佛进入了平和的沉睡状态……接着，大家就为乔治的葬礼做准备。在下午3点钟的时候，一切准备都已经妥当了，乔治就被抬出他刚建好的房子，经过他精心培育的花园，来到了这座全新的教堂——这是一座在他监督下完工的教堂……牧师的祈祷与布道结束之后，他本人训练的唱诗班成员就为他歌唱离别的颂歌。在大约下午5点钟，送葬列车就出发前往70里之外的墓地。晚上，大家将会为他举行一场追思会。
>
> 在晚上10点钟的时候，天空堆积着厚厚的乌云，最终似乎覆盖了整个半球，远处的天边在响着闷雷，不时还刮着闪电。
>
> 此时的天气显得格外闷热，夜晚的黑暗、孤独的道路，提灯与灯笼发出的摇晃灯光，掠过天边的闪电，轰隆隆的打雷声，走在陌生道路感受到的恐惧感，生怕灯火被雨水淋湿，这一天发生了悲伤事情，因为闷热而哭泣的婴儿以及那些哀悼他失去父亲的亲人们的悲伤，所有这一切汇集起来，唤醒了每个人内心深处最为深沉的悲伤情感，这

种情感是那么的庄严与神圣……

最后，就是所有一切最让人心碎的情感，所有给予我们的爱意都装入了棺材，埋在了坟墓里！无论我们的弟弟为民众或是朋友做出了多大的贡献，我们也只能做到如此了！毕竟，在基督教世界里，最深层次与最强大的争论正源于此。要是将耶稣基督以及他的教诲拿走的话，我们会变成什么呢？我们会感到多么的困惑，多么的痛苦，多么的悲哀或是多么的生无可恋！但是，只要我们信仰耶稣基督，即便是最让我们心碎的事情都能让我们重新站起来，是的，甚至让我们获得最终的胜利！

“你的弟弟将会重生！”耶稣基督说。对于我们这些哭泣逝者的人，他会说：“快乐点吧，因为你们正在分享耶稣基督所感受到的痛苦。当他的荣耀展现出来的时候，你们将会感受到无限的欢乐！”

斯陀夫人的第三个女儿出生之后，她就身患疾病，开始了与贫穷的长期斗争。在1843年10月，斯陀夫人这样写道：

我们今年所面临的经济困境是往年所无法比拟的。即便是我们最乐观与愉悦的邻居埃伦也开始悲观起来。他说，我们今年的薪水最多也只有600美元，往年则是1 200美元。神学院的那些年轻学生都过着贫穷的生活。可以说，他们在心灵与精神层面上多么富足，就在经济层面上多么匮乏。他们承诺一定会变成更好的人。我们这里有两个学生分别是来自爱荷华州与威斯康星州，因为其他的神学院都因为资源匮乏，不愿意招收他们。那些人对他们说：“我们这里没有牧师，你们必须要对我们发表布道演说，因为你们比我们知道更多有关上帝的事情。”

在1844年春天，斯陀教授前往东部地区，希望能够重振处于困境当中的神学院，为维系神学院的正常运转筹集资金。当他在东部的时候，收到了斯陀夫人下面这封来信：

我患上了疾病，现在只能待在家里，每天还要过度工作。即便我每天缝纫衣服，一个月下来的工作量也只有平时的一半左右，并且我无法去做其他的工作。

与疾病和贫穷的斗争一直持续到这一年以及接下来的一年。当丈夫前往底特律参加牧师大会的时候，斯陀夫人写信给他：

1845年6月16日

亲爱的丈夫：

今天是阴沉、下雨的一天，外面的道路非常泥泞，让人感觉非常不愉快。我整天都在厨房里忙活着，包括洗碗、拖地等其他家务活。可以说，我作为一名家庭主妇，见证了许多家庭生活的阴暗面。但是，我不愿意在这样潮湿的天气下去探寻这个问题，特别是我们的小女孩还在玩着杯子与大浅盘。因此，我希望能够享受一下眼前这难得的休闲时光。

我现在厌倦了闻到变馊的牛奶、肉类或是任何一切变馊的东西发出的味道。连绵的阴雨天气让衣服很潮湿，可以说，现在没有一切东西是干的，所有一切都似乎发霉了。我觉得自己以后再也不会有什么食欲了。

你的来信是那么的灿烂与美好，与眼前的这一切都形成了鲜明的对比。你总是能够给我带来意想不到的惊喜。至于我的健康，我倒不是非常焦虑，虽然我现在的身体状况不是很好，并且每天都有恶化的趋势。我感觉不到任何活力、能量、食欲，甚至对食物都有着一种反感的情绪。事实上，我正感觉自己的变得超凡起来。当我进行反思的时候，意识到只有当自己充满活力的时候，才能让天父感到满意。因为我现在所处的状态是那么让我感到烦恼与痛苦。我忍受着大脑带来的可以感知的压力，正如我在今年冬天所感受到的那种痛苦一样。这种焦虑所带来的压力让我失去了思考与去做任何事情的能力。你也知道，如果我这可怜的大脑失去了思考，我这个家庭就会失去主心骨。因为除非我凡事亲力亲为，否则没有任何人可以帮我分担什么。

乔治亚娜的身体现在非常虚弱，精神显得比较紧张，经常会表现出躁动不安的行为。无论白天还是晚上，她似乎都需要安娜去照顾她。其他的孩子就像亚当的子女们一样，都会做出各种荒唐且愚蠢的行为。

当人的大脑处于极为疲惫的时候，正如我现在所处的状况，是很难去思考或是记住什么事情的。在这样的情况下，我们该怎么做呢？相比于我所感到的内心焦虑与不安，平时的疲惫、疾病或是任何劳累都根本算不上什么。但是，每当我想到上帝的仁慈，知道上帝始终在保佑着我的时候，我的内心就会充盈着快乐与欣慰的情感。我每天都在祈祷着上帝能够用烈火将所有的渣滓都消灭掉，最后炼成像真金那样不怕炉火煅烧的东西。当我将上帝放在自己的心中的时候，我相信任何真正的邪恶都无法靠近我，无法摧毁我，我也不会担心未来可能发生的任何事情，我只需要默默地忍受现在所需要忍受的痛苦。

上帝，无所不能的上帝在我心中。我是笃信无疑的。我相信上帝明白肉体与心灵可能出现不济的情况，但我却始终都能够在上帝的精神指引下去完成上帝的意愿。至于这段旅程，我不需要询问医生需要怎么做才能恢复健康，也就是说，我不需要别人告诉我该怎么去做，我只需要遵循上帝带给我的指引。所以，我不感觉自己没有其他别的选择。如果上帝希望我踏上这段旅程的话，那么他肯定帮助我轻易地找到走在这条道路的方式。我认为，对于上帝来说，金钱是不需要考虑的问题。如果上帝认为这样做是最适合我的，那么他肯定会帮助我的。

这次旅程所需要的资金最后筹集到了。这次旅程显然会在1845年夏天开始，分别前往哈特福特、纳提克与波士顿。不过，斯陀夫人并没有立即从这趟旅程中得到什么好处。在第二年的春天，医生认为有必要采取更为激进的治疗方法，从而更好地遏制她的病情。在进行了多番的咨询与通信之后，他们最终决定，斯陀夫人应该前往威赛尔霍夫特在佛蒙特州伯瑞特波罗的水疗中心去进行治疗。

在这个时候，斯陀夫人在一封时间标明为1846年3月的信件里这样写道：

至于我现在所面临的各种问题，我的内心没有任何抱怨，有的只是对上帝的仁慈与伟大的赞美。我要感谢上帝赐给我这么多友善的朋友，他们在我每一次遇到难关的时候总是伸出援助之手。在这个冬季的每一天，我都见到了这样的事实。一些朋友甚至专门过来我家带给我欢乐，给予我一些力所能及的帮助。因此，我真的不希望再得到什么了。我的丈夫已经慢慢成了一名家庭主夫，学会了更好地照顾孩子。要是你看到他戴着眼镜，穿着睡衣躺在床上，还要抱着孩子的样子，你肯定会哈哈大笑的。正如他所说的，他就像一只老母鸡时刻跟着一群鸭子一样。我这趟治疗旅程的费用是由一名没有署名的朋友通过信件寄过来的。这一切都表明了上帝的仁慈与关爱，这反过来也让我对上帝的仁慈与伟大充满了无限的信念。

在斯陀夫人出发几天之后，斯陀教授在一封写给妻子的信件里这样说：

收到你从匹兹堡寄来的那封信，真的让我感到非常欣慰。当我从蒸汽船下来回到家的时候，发现你已经离开家了。我在邮箱里发现了一封来自纽约的G.W.布尔女士寄来的一封信，信封里面还有一张50美元的支票，用于帮助我们家里的病人。我还收到了罗利地区的德福多女士寄来的一封含有50美元支票的信件。除此之外，我还收到了其他人寄来的小额支票。在那个时刻，我感激着上帝带给我们的恩惠，我的内心充满了感恩之心。据我所知，这些给我们捐款的人都是我们之前所不认识的人。

从你离开家之后，亨利与我就像鲁滨孙·克鲁素与星期五[①]那样生活着，这样的生活方式也让我们都感到非常满意。

斯陀夫人与她的姐姐凯瑟琳与玛丽一起前往伯瑞特波罗进行水疗，当时的凯瑟琳与玛丽同样遭受着疾病的困扰，因此她们认为接受水疗会对恢复健康有帮助。

从1846年5月到1847年3月这段时间里，斯陀夫人都待在伯瑞特波罗接受水疗，没有见过丈夫与孩子们一面。在这些沉闷无聊的几个月里，她最快乐的时候就是收到家里人寄来的信件。

下面这封信就是斯陀夫人在这段时间所写的一封信的节选内容，这封信之所以有节选出来的价值，在于其表明了斯陀夫人在这段时期的思想与生活方式。

---

①鲁滨孙·克鲁素与星期五(Robinson Crusoe and man Friday)，皆为英国著名小说家丹尼尔·迪福在《鲁滨孙漂流记》一书中所塑造的人物形象。

1846年9月，伯瑞特波罗

亲爱的丈夫:

我想过你现在正遭受的各种考验。我真的为你娶了我这样一位体弱多病的妻子而感到伤心。我担心自己只会给你带来各种各样的阻碍，而无法给你带来任何意义上的帮助。我每天都在极为虔诚地向上帝祈祷，希望我能够尽快恢复健康，能够尽快好起来，好让自己能够迅速回到你与家人的身边。我想过，如果我现在在家的话，那么我至少可以打扫家里的卫生，可以洗干净马铃薯，或是煮饭给你们吃，或是与孩子们进行聊天。不过，希望身体变得更好的想法始终让我充满了乐观的想法。我每天都在进行着这些单调沉闷的水疗，忍受着可怕的冲洗，但我每时每刻都在思念着自己的孩子。他们永远都不知道我是多么的爱他们。

你对我们之前所遭遇的种种失败的原因进行的分析是非常有道理且符合常识的。现在，我们就面临着这样的危机。如果你与我能在五年前就认识到这点，那么我们3个最大的孩子肯定都能健康长大的。这也是我现在愿意抽出这么多时间，付出这么多的努力想要恢复健康的原因。哦，上帝会给予我五年时间的健全心智与健康的身体，我就能够更好地培养自己的孩子。我充分意识到一个家庭的秩序与条理所具有的重要性。我知道，家庭的和谐与健康发展是任何事情都无法取代的，这是整个家庭的基石，也是我认为的一个必要条件。我将孩子们的健康成长仅排在对上帝虔诚的第二位。我每天都为实现这样的目标而努力。当然，一些人认为保持家庭的秩序与和谐并不是很重要的事情，但我们必须要认识到，要想做到这点是需要一定智慧的。正如萨缪尔舅舅所说的，正是这样一种智慧，才是成为一名首相的必要条件……

我认为你在保持健康方面发表的关于基督教的布道演说是非常优秀的，因为你充分考虑到了很多人在信仰基督教过程中所面临的这种软弱或是阻碍的情况，这样的阻碍可能是源于许多人健康不佳。我希望你能够对这方面有更加深刻的体验，从而在发表布道演说的时候给教众们带来更加深刻的思考。这个世界在很多时候都处于一种匆忙的状态。牧师在思考服务耶稣基督的时候，首先不能为耶稣基督透支四到五年的时间精力，因为这会让他们在接下来五年的时间里无法为耶稣基督服务……

11月18日。我现在每天所经历的事情，其强度超过了我之前所做的任何事情。在这周，我在早饭之前就前去进行波浴，让所有的海浪与巨浪都朝我身上打过来，让我的全身都感受到寒冷的海水，让我的双手都在瑟瑟发抖，甚至都没有足够的力气穿好衣服。在这之后，我会走上一段路，直到我的身体变得暖和起来。之后，我再回来，带着很好的食欲吃早饭！可以说，这里的黑面包与牛奶真是很好吃，我唯一担心的就是自己可能吃得太多了！在上午11点的时候，我要进行淋浴，我需要在接下来的两天时间里接受这样的淋浴，之后再保持身体的温暖。(你在纳提克给我的那把雨伞非常有用，似乎那把雨伞真的是丝绸做的一样)在晚餐之后，我会进行九柱球游戏或是走上一段路，在下午4点钟的时候，我要进行坐浴，然后走上一段路，直到下午6点。

我非常关心你的身体状况。请你记住，在吃早餐之前，记得要走上一段路。你不知道这样做会对你的健康带来多大的好处。千万不要长时间坐在闷热的书房里，记得要打开窗户，让整个房间的通风系统变得更好一些。要是你整天都待在一个靠烧炉取暖的房间里，这肯定会耗干你的活力，让你的神经系统变得软弱起来。最为重要的是，你要想办法让自己过得更加开心一些。你可以前去马赛博士那里，到那里度过一个开心的晚上，你可以前去父亲或是艾伦教授的家里做客。当你感觉自己的内心产生焦虑的情感，就要去其他地方散散心，将这些烦恼都抛在脑后。要是收到你、父亲、继母还有艾伦教授夫妇与K女士的来信的话，我肯定会感到非常高兴的。你有空可以与这些人聚在一起聊天，他们都是有思想的人，你们甚至可以一起跳跳花步舞，这样做会给你的健康带来诸多的好处。如果你能够与K女士以及她那位经常感到焦虑的女儿一起跳舞的话，这样做的效果肯定会更好一些。愿上帝保佑我吧！我不愿意因为我而认为你是一个世俗之人，相反你是这个世界最需要的人。我希望你此时此刻与在一起在伯瑞特波罗，一起在这里的海边玩耍，一起从山丘上滑下来，或是在月光下一起打雪仗。我会用雪球将你身上的疑病症都全部砸走。我亲爱的丈夫，要是你现在生病了，我会马上就赶回家的。要是我在这里休养的时候，倘若你却生病了，那么我在这里待着也是毫无意义的。

1847年1月

我亲爱的灵魂：

我感受到你最为忧郁的情感，我很遗憾感觉到了这样的情感。我完全同意你给我发出来的感受，我对此深有感触。为什么你就不能竖起两座墓碑，一座为你准备，一座为我准备呢？

我要将你给我的教诲都变成“一首关于墓碑的诗歌”，凯特会在圣诞节将那位患有疑病症的先生的袜子扔进去，但是那位先生对此嗤之以鼻，并且对妻子发出哼的一声，不希望我们从中感受到一点乐趣。这首诗歌有着上面一幅小插图，还有各式各样相类似的诗句，上面再用一条长长的黑色丝带缠绕着。在每个墓碑上都刻着一首简单的诗篇，我要将这两首歌都告诉你：

第一首诗歌：

在死神的王国里，
我找了一个不错的位置，
发现了这首诗歌。
在坟墓与棺材里，
我发出的叮当声，
却变成了英文。

第二首诗歌：

那个感到绞痛的人，
当他的朋友都顽皮的时候，
就会过来捏着他的鼻子，
过来摆弄他的脚趾，
因此，他们在墓碑与棺材里，
只能有一首诗歌。

但说真的，我亲爱的丈夫，你必须要有耐心，因为这样的情况不可能持续到永远的。你要有耐心，像忍耐牙痛那样忍耐，或是像忍耐任何无法避免的痛苦那样去忍耐。你知道，我们都可以像观察镜子那样感受到软弱，但是上帝会让你面临许多考验。我知道应该怜悯你，因为在过去三周里，我同样忍受着巨大的心灵压抑所带来的折磨与痛苦。我感觉到了一种全然的心碎。我想要做的就是回家，然后在家里死去。对我来说，死亡可以说是一件无比确定的事情，但我认为自己从来都没有为死亡做好准备。

这次长时间的外出治疗在1847年春天结束了。在这一年5月的时候，斯陀夫人回到了她在辛辛那提的家，受到了丈夫与孩子们热烈的欢迎。

斯陀夫人的第六个孩子萨缪尔·查尔斯在1848年1月出生，大约在这个时候，斯陀教授的健康出现了严重的问题，因此这次轮到他要前往伯瑞特波罗进行一个季度的水疗治疗。斯陀教授在1848年6月出发，这是因为他当时的身体状况让他不得不这样做，并一直在伯瑞特波罗待到了1849年9月。在这段超过一年的休养时间里，斯陀夫人都留在辛辛那提的家里照顾6个孩子，每天都在竭力地维持这个家庭的日常开支，还要抽出一些空闲时间去进行写作。在那个时候，她还要面临辛辛那提地区所暴发的可怕流行性霍乱疾病，全力避免这次霍乱疾病带走她那些免疫力差的孩子。无论从哪个方面去看，斯陀夫人都像是一位勇敢的女性，拥有着战胜一切困难的大无畏精神。关于这段时期的经历，斯陀夫人在1849年1月写给她一位最亲密朋友的信件里这样说：

亲爱的乔治亚娜：

在我从伯瑞特波罗回来6个月之后，我双眼的视力一直不是很好，所以我几乎没有写任何文章，我感觉自己的身体状况处在一种怪异的状态，因此我也没有什么心情去进行写作。在我的小查理出生之后，我的身体状况慢慢好转起来了。但是，我的丈夫却在这个时候生病了，我当时的内心真是万分焦虑，每天都为这件事情感到担心与恐惧，这严重损害了我的记忆力与心智能力。

亲爱的乔治亚娜，我今年已经37岁了！我为自己能够活到这个年纪感到开心。我想要慢慢变老，看着6个孩子慢慢长大。我希望你能过来看看我身边的这些小孩子。他们是我最担心的人。要是他们离开了我，我会问自己，我到底还剩下什么呢？他们就是我这一辈子的杰作，我担心自己会失去这些杰作！

在1849年初夏，辛辛那提暴发了这场霍乱疾病，很快这场疾病就变成一种传染性疾病。斯陀教授虽然当时人在伯瑞特波罗，但他的内心却为自己的家人的安全健康忧心忡忡。虽然他当时的身体状况依然很糟糕，但他还是决心马上回家，与家人一起面对这样的危险。但是，他的妻子却不同意他这样做，正如斯陀夫人在下面写给他的这封信里所说的。这封信的日期标明是1849年6月29日。

亲爱的丈夫：

这一周是带来巨大伤害的一周。霍乱疾病已经在这座城市造成了许多人的伤亡。很多专门驾驶灵车的司机都忙不过来，因为有太多的尸体需要他们去收，而很多的普通的马车或是交通工具都专门被调用过来搬运那些病死的人。那些挂着丧服的马车从我们的窗前经过，搬运尸体的人流不断从我们家外面走过。在很多时候，这样的场景真是让人感到无比的煎熬。当然，所有这些事情，不管我们是否亲眼见到，都必然会给我们的心灵留下极为悲哀的画面。

在周二，霍乱疾病已经造成了116人丧命了。在这天晚上，空气中都弥漫着那种极为压抑的死亡气息，就像沉重的铅那样牢牢地压抑着每个人的大脑与灵魂。

至于你要回家的这件事，我是绝对反对的。首先，因为你现在的身体状况还很糟糕，即便你回来也不会给这个家庭带来任何帮助。你应该继续留在伯瑞特波罗地区，呼吸新鲜的空气，而不是回到这里呼吸弥漫着疾病气息的空气。因为这座城市现在是非常危险的。对我来说，你与父亲都不在这里面临这种危险，是让我始终都心怀感恩的。

还有，我们现在没有人生病，但是我们是否会感染这种疾病还不得而知。

如果我们有人生病了，那么我们这些人也不可能是立即死去的。

7月1日

昨天，斯特格先生前去市中心，见到了的场景是那么的让人沮丧与恐怖。当时的民众都感到很恐慌，而且这样的恐慌情绪正在每一个角落慢慢地蔓延。民众将一大堆的煤炭放在十字路口或是公共广场上燃烧，而那些不幸感染了霍乱疾病的人，则是被限制活动的范围，被称为是“上帝的手指所做出的惩罚”。

昨天，在这座城市所有牧师的共同建议下，市长发布了命令，要求进行为期一天的斋戒、忏悔与祈祷活动，并在下周二进行。

7月3日

我们现在的身体都很健康，努力地保持着冷静与乐观的心理状态。这里几乎没有什么医生了。博文医生与派克医生现在都卧病在床，波特医生与普尔特医生应该也是如此。现在，这里年轻的医生不管白天黑夜都在紧张地忙着治疗病人，根本没有休息的时间。费什先生这几天都没有睡过，一直在看望那些患病与垂死的病人。我们的布朗医生现在也卧病在床，但我们都下定决心，一定要相互帮助。因为，我们不能让很多人同时出现患病的情况。

7月4日

目前家里的状况一切良好。昨天的会议是非常庄严而有趣的。现在，我们每个人或多或少都患上了一些疾病，但都是没有什么危险的疾病。就在昨天，霍乱就夺走了120条人命。在今天，我们看到了很多人都追求着盲目的娱乐活动。明天或是大后天，我们可能会看到更多人因此而死亡。我们怎么能够习惯这样的死亡场景呢？就在之前，霍乱在一天之内造成10个人死亡，这已经让很多人的内心都感到无比恐惧了，现在霍乱每天造成的死亡人数超过100人，但人们却已经对此习以为常了。很多先生在与女士进行聊天的时候，都会引述霍乱造成的死亡人数，还会谈论举行的葬礼次数、霍乱方面的药物或是霍乱饮食，与各种形式的漂白粉或是消毒粉之类的话题。显然，很多平时严肃认真之人都将这件事所具有的道德一面都抛在脑后了。

7月10日

昨天，小查理生病了，不过他的疾病不是很严重。要是在其他时候，我肯定也不会感到惊慌了。不过，现在哪怕我的孩子出现一点疾病的症状，这就好比是宣判了死刑一样。我可以直白地说，从一开始，我就对小查理能够恢复健康不抱什么希望。但我依然认为你现在不应该回来。如果你真的要回来，那么你之前所取得的成果就将得而复失。你可能会让自己患上一种致命的疾病。因此，你有责任不在现在这个时候回来。

7月12日

昨天，我将小查理带到普尔特医生那里看病，普尔特医生用沮丧的口吻跟我说了查理的状况，这让我感到非常惊恐。普尔特医生谈到了小查理的脑部可能出现了水肿。我回到家之后，内心极度沉重，感到极度悲伤与痛苦，我希望我的丈夫与父亲此时此刻能在这里陪伴着我。

在今天凌晨1点钟的时候，斯图尔特小姐突然打开我的房间门，大声叫喊："斯陀夫人，亨利正在呕吐。"我马上从床上爬起来，心都跳到嗓子眼了。不过，在几分钟之后，亨利的情况得到了一些缓解。接着，我将自己的专注力集中在照顾查理上，当时查理正在忍受着剧烈的身体痛苦，他因为身体发热而浑身出汗。查理的病情正在慢慢好转，这显然是托他脖子上挂的十字架的福。可以说，没有比孩子们挂上一个十字架更加好的事情了。安娜与我都用兴奋的口吻对彼此说："那个小家伙真是命大啊！他会没事的！"

7月15日

自从我上次给你写信到现在，我们家已经成为一个真正意义上的医院。查理的病情显然得到了好转，但他的身体依然很虚弱，无法走路或是玩耍，他依然感觉到许多痛苦与不快乐。周日，安娜与我像其他人一样，都累到了，但没有出现什么特别的疾病症状。但我们也只能躺在床上休息。我整天躺在床上阅读我的圣歌诗集，思考着《圣经》

里面的段落。

7月17日

今天，我们参加了可怜的弗兰克阿姨的葬礼。她是在昨天早晨去世的，前一天在洗衣服的时候就开始生病了。她是一个善良、诚实且值得信任的老人！她是一个始终追求与渴望着正义的人。

昨天早上，我们家那只可怜的小狗戴西突然一阵抽搐，然后在半个小时内死了。这个可怜的小家伙！如果我的本性有它那么好的话，我的状况肯定会比现在好许多的。当我们都在为这条可怜的小狗感到伤心的时候，又传来弗兰克阿姨奄奄一息的消息。海蒂、艾丽莎、安娜与我在昨天为她穿上了寿衣。今天早上，我为她戴上了寿帽。我们刚刚参加她的葬礼回来。

7月23日

最后，我亲爱的孩子也被病魔之手触碰到了。我们一整天都在看着躺在病床上奄奄一息的小查理，他当时的病情正在逐渐恶化。在上一封信里，我还曾说过他的病情正慢慢出现好转，但他接下来几天里的身体状况依然非常虚弱，但我们都希望他最终能够康复过来。大约在四天前，他感染了霍乱，现在他根本熬不过今天晚上。

邻居们都过来表达他们的善意。你千万不要回来。当你回来这里的时候，这一切肯定都已经结束了。根据医生的说话，这场霍乱会对每一个新感染的人造成致命的打击。请你一定要坚强一些。当我们责备上帝的时候，千万不要丧失对上帝的信念。我此时此刻不想再多说些什么了，但我很快就会继续给你写信的。

7月26日

亲爱的，最后，这一切都结束了，我们亲爱的儿子离开了我们。他现在进入了没有病痛的天国世界。我亲爱的小查理——我这个美丽、可爱与亲切的孩子，你是那么的甜美，那么的可爱，那么的充满生命活力、希望与力量——现在却一脸苍白，浑身冰冷，被覆盖在楼下的房间里。他来到这个世界上，带给我的只有无限的欢乐，他是我的骄傲与欢乐的源泉。他的到来让我避免了许多心碎的时刻。在很多个焦虑不安的夜晚，当我将他抱在怀里，感受着他那双温暖的小手的时候，就会感觉孤独与悲伤离我远去了。但是，我却看到他在临死前所经历的痛苦，看到他那张恳切的脸庞，而我却是无能为力，无法减轻他所感受到的任何痛苦，我反而在心底里暗地祈祷他能够快点死去，不愿看到他经历那样锥心的痛楚。我在写这封信的时候，感觉到世界上没有什么悲伤可以比拟我现在所经历的悲伤，但在这座城市里，几乎每一座房子都经历着死亡。这种心碎与痛苦在这座城市的每个地方都弥漫着。当这一切都结束的时候，只有上帝才会知道到底是怎么一回事。

在遭遇了这一切最沉重的打击与多年的考验与痛苦之后，他们在西部生活的岁月终于要告一段落了。因为在1849年9月，斯陀教授从伯瑞特波罗回来了。与此同时，他收到了缅因州不伦瑞克的鲍登学院柯林斯教授一职的邀请，并准备接受这份邀请。

第六章
重返不伦瑞克

1850—1852年

1849年初冬，斯陀夫人在她的一本私人日记里，记录了她对宗教主题的一些想法与情感：

> 有人说，要想对一个人的一生进行真实的记录，往往需要另一个人来做。也就是说，那些对另一个人进行记录的人，必须要与此人有着类似的品格或是情感。事实上，当我们在阅读或是理解一些人物传记的时候，同样存在着类似的情况。政治家或是将军喜欢阅读拿破仑这类人物的传记，并在阅读的过程中感到津津有味，而一般人在阅读这些书籍的时候却感到味如嚼蜡，将之视为一个无聊的过程。这其中的差异就在于不同人有着不同的阅读品味，也就是他们对自传作品所透露出来的精神与心智有着不同的审美角度。当他们阅读一些与自己有着类似品格人物的传记，那么他们就会感到内心的共鸣，因为书中的一些内容往往会引发他的思考。但如果一些对此不感兴趣的人去阅读这些书，就根本不会产生这样的想法。对于像黎塞留或是马萨林这样的人来说，《亨利·马丁的人生》这样的传记是沉闷且无趣的，因为他们之前的人生轨迹或是经历从未感受过马丁那样的人生与事情，因此要想他们去感受书中有关马丁的心路历程，这实在是有点太强人所难了。因此，我们也就不难理解这样一个事实，那就是世人所写的关于耶稣基督的传记都是很难为大家所理解的。“世人根本不了解他。”可以肯定的是，耶稣基督的人生存在着某些简朴而壮美的东西，这样的东西会让每一个人的心智都感到震撼。那些最为坚定的嘲笑者在对基督教的神殿极尽嘲笑之事之后，就会发现当他感受到了耶稣基督的善意与美德之后，感到无比震惊与忏悔。因为耶稣基督展现出来的美

德是那么容易为每个人所接受。总而言之，耶稣基督的品格是每个人都能观察到的，但不是每个人都能够真正感受到的。基督徒有时会陷入盲目的崇拜当中，但真正试图去感受耶稣基督的情感，去感受他所感受到的事情的基督徒却是少之又少。

斯陀夫人是不会想到，她写的这段话其实正是她的生活与人类之间关系的恰当描述！每一个阅读过《汤姆叔叔的小屋》一书的读者，都必然会感受到斯陀夫人在这本书里所流露出来的情感，并且对这种情感表现出来的共鸣！此时的斯陀夫人是一个身体羸弱、天性敏感的女人，正在与贫穷进行着艰苦的斗争，每天迈着沉重的步伐，每天思考着如何才能养活这么大的家庭，还要更好地教育自己的孩子不断成长。作为一名虔诚的基督徒，她时刻都在找寻着一种不属于这个世界的强大呼唤，忍受着不愿意被别人看到的泪水——难道，这就是大众对创作出《汤姆叔叔的小屋》一书的作者所持有的想法吗？尽管如此，但这可能就是真正的现实。在辛辛那提这座饱受霍乱蹂躏的城市里，一位母亲将因为疾病而死去的孩子抱在怀里的时候，发出伤心欲绝的哭喊，所忍受的巨大的痛苦是那么的强烈。她就是将这样的情感注入了那本书里，因此她所表达出来的情感才会那么的刺人心扉，才会感动每一个阅读这本书的读者。所以，我们可以说，《汤姆叔叔的小屋》一书其实就是一位母亲将内心的痛苦表达出来的一种呐喊，只是她用极为哀婉且真诚的方式表达出来了。正是因为她将这种深沉的情感释放出来了，才能将自己内心里那些受过伤的爱意所带来的痛感全部展现出来。本章的目的就是要表明这点，让读者能够明白斯陀夫人当时处于的状态、她的家庭环境以及她的心碎。

在与疾病进行了长达17年的斗争之后，在熬过了工作带来的许多烦恼与阻滞之后，斯陀教授深信一点，那就是他必须要对自己负责，也要对整个家庭负责，因此他需要找寻另外一份更好的工作。

1850年2月6日，斯陀教授在一封写给当时住在马萨诸塞州纳提克的母亲的信件里这样说：

这个冬天，我的身体状况并不是很好，我认为自己不应该在这个地方继续住太久了。我在这里已经完成了许多艰苦的工作，并且表现出了极大的自我克制能力。我亲眼经历了神学院经历的一系列烦琐的官司，感受到了来自教会与民间所带来的双重压力，将原本深陷债务危机的神学院经营成为现在具有足够经济实力的团体。我感觉自己现在终于可以离开了。在去年的6月、7月与8月这3个月，我家附近方圆3里的范围内，就有九千多人死于霍乱疾病。去年冬天，在相同的一个区域，又出现了10 000人患上天花疾病，其中很多人无药可治。不少人死在山上。我们神学院附近的耶稣会学院已经因此而关闭了。不过，我们的家庭或是神学院的学生都没有出现这样的病例。

我收到了东部地区很多朋友寄来的信件，他们都希望我能够接受鲍登学院的邀请，并且接受教授职位。我本人也有这样的想法，但我还没有做出最后的决定，因为这需要解决棘手的问题。鲍登学院每年答应给我的薪水只有1 000美元左右。我要从这笔钱里拿出一部分钱去租房子，每年的租金大约为75美元到100美元左右。不过，神学院的托管人则对我说，若是我能够留下来的话，每年愿意给我支付1 500美元的薪水，还有免费的住房待遇，这让我的薪水差不多达到了1 800美元左右。今天，我收到了纽约市的另一个邀请，他们给予我的年薪待遇是2 300美元……不过，我已经给鲍登学院回信了，向他们提议，如果他们能够在基本薪水之外，给予我500美元的津贴，那么我会接受他们的邀请。我认为，鲍登学院肯定会答应这个请求的。如果他们真的答应我的请求，那么我会在今年的5月或是6月出发。

鲍登学院的邀请之所以对斯陀教授特别具有吸引力，是因为斯陀教授正是从这所学院毕业的，他人生中最快乐的那几年青春时光都是在这里度过的。

这个教授职位是柯林斯女士通过财产捐献的方式创立的，柯林斯女士是波士顿柏多恩大街教堂的成员。因此，这个职位就以她的名字命名，全称是“柯林斯自然与宗教学科的教授”。

对于斯陀教授来说，倘若他无法找到一个能够接替他的人，他是无法就这样离开的。因此，斯陀夫人只能下定决心，带着她的3个孩子，准备在4月前往东部，在不伦瑞克那里先建立一个家庭，斯陀教授会在方便的时候带着剩下的几个孩子前去与他们会合。

下面这封信是斯陀夫人在弟弟亨利·沃德·比彻于布鲁克林的住所写的，时间是1850年4月29日。这封信的节选内容可以让我们知道，斯陀夫人的这趟旅程还是相当顺利的，并没有出现任何的差错。

在星期三4点到5点左右，轮船来到了匹兹堡。宾夕法尼亚州运河的专员就开始上船，然后开始验票，他说我的3个孩子只需要1.5张票就可以了。一路上，我们都感到很舒适，在早晨5点的时候开始出发。孩子们对于这样的旅程感到非常兴奋，因为壮美的高山景色对他们来说是全新的神奇景色。我们在上午11点的时候到达了霍利迪斯堡，在晚上2点的时候被叫醒下船，然后乘坐马车前往杰克镇。我们在第三天下午3点钟抵达费城。之后，我们再乘坐轮船与铁路前往纽约。

在兰开斯特的时候，我们给布鲁克林那边发去电报。当我们在晚上10点到11点抵达纽约的时候，奥古斯图斯表弟前来迎接我们，然后将我们送到了布鲁克林。从那天凌晨两点钟开始，我们就是在乘坐交通工具，因此感到非常疲惫……我很高兴我们终于平安抵达了这里，而孩子们也对这次的旅程感到非常高兴，因为他们见到了这个国家最为壮观的景色……亨利这边的朋友都非常尊敬他，已经将他的年薪提升到了3 300美元，并且给他配备了一辆价值600美元的马车……因为这趟旅程，我的身体状况也得到了好转。在乘船的时候，我就在运河的水闸上走了很久的路。至于家具方面，我想我们在这方面花费150美元就足够了，这可以让我们购买必要的家具。之后，等我们的经济状况有所好转之后，就可以添置更多的家具……如果我在这方面还有什么想法的话，我肯定会给予你一些建议的……我的想法就是在布鲁克林度过这一周，接下来再前往哈特福德，接着再前往波士顿，最后在5月或是6月的时候前往不伦瑞克。

1850年5月18日，我们发现斯陀夫人在这一天从波士顿写了一封信，当时她正住在哥哥爱德华·比彻牧师的家里。

亲爱的丈夫：

我是在周一的时候从哈特福德来这里的，之后就一直忙着购买家具，并且想办法将这些家具打包好。

我希望在下周二晚上乘坐巴斯号蒸汽船前往不伦瑞克，我认为晚上乘船会便宜一些。当我到达不伦瑞克的时候，我的这一路的旅费，包括一切的费用，可能在76美元左右……还有，我亲爱的丈夫，你始终是这么的友善、周到与善解人意，我希望你能够明白，在我特别需要休息、安静的时候，我做了多少有意义的工作。

独自带着3个孩子、行李与包裹踏上这段旅程，还包括从拥挤的人群中走来走去，找寻搬运行李的马车，与马车车夫讨价还价，这对我的精力来说是一次严峻的考验，更别说旅途本身所带来的疲惫了。

正是在这个时候，因为她在这个时期经历的一系列困境，才创作出了打动很多基督徒内心的作品《山姆大叔的解放：人间至爱与天国的自律》。

在乘坐轮船前往不伦瑞克的前夕，斯陀夫人在写给赛克斯女士（也就是之前谈到的乔治亚娜·梅）的一封信里这样说：

今天晚上，当我登上巴斯号蒸汽船的时候，我需要看管床架、桌子、椅子、床垫等物品，还要想办法搬运我的行李，然后计算这样做的花费，我还要打包行李，这一切都让我感到身心疲惫。我想在地图上找到不伦瑞克的位置，这里距离波士顿大约是半天左右的车程。我希望能乘坐蒸汽船在明天上午的时候抵达那里。我在那里预订了一间房子，很多友善的朋友都纷纷伸出援助之手。因此，你要是有时间的话，就过来看我吧。我们可以在松树林里散步，也可以好好地谈谈我们离开这个地方之后所经历的各种事情。

在离开波士顿之前，斯陀夫人给当时仍在辛辛那提的丈夫写信说：

亲爱的丈夫：

在接下来的一段时间里，你可能无法收到我的来信，因此你要全身心地相信我。我从未感到困惑或是绝望。我已经与编辑达成了一些协议，准备通过写作来赚钱了。

我已经向赖特提出了一些提议。如果他接受我的提议，就会给予你一些稿费。你可以拿着那笔稿费，以防不时之需。如果你没有用到的话，可以到时候带回给我。我现在的精神状态很好。无论面临多少的困境与挫折，上帝始终都与我同在，永远都不会抛弃我。我知道上帝会这样做的，因为他是我的天父，虽然我有时像一个无知或是盲目的小孩，但是他始终都会帮助我的。无论我经历多少错误或是罪恶，我始终都相信他。上帝会帮助可怜羞涩的雅各布摆脱所有的恐惧与不安情感，会帮助甚至犯下罪孽的亚伯拉罕，帮助仍然不知该何去何从的大卫，帮助因为过分自信而出现堕落的皮特——上帝肯定会帮助我们的，他的双臂始终会拥抱着我们。因此，亲爱的，我们永远都不会堕落的。

1850年5月29日，斯陀夫人在不伦瑞克写信说：

在刮了整整一周的东北风之后，孩子们都感到非常无聊与孤独，现在太阳终于出来了……外面刮着柔和的微风，因此我们的行李应该很快就会从波士顿运送过来的。阿帕姆女士[①]已经竭尽所能地给予我帮助了，她耗费了很多时间与精力去帮助我做了很多事情，要是没有她的话，我们在这个陌生的地方肯定会感到极为无助的。阿帕姆女士的家庭是非常温馨的，每个家庭成员都是那么的友好与乐于助人。我从未听过他们说出任何一句刺耳的话或是粗俗的话语。可以说，他们一家是基督教徒的模范之家，也是基督教最美好的范例……

在一封时间标明是1850年12月17日写给她的嫂子乔治·比彻的信件里，斯陀夫人就详细地描述了她刚到不伦瑞克那个夏天所发生的种种事情。

亲爱的嫂子：

难道现在真的是大雪已经飘落在地面，圣诞节就要到来了，而我却还没有写过信吗？我最亲爱的嫂子，不可能的，我肯定已经给你写过信的！我从来都不是那种刁蛮任性的人——要是我真的没有给你写信，这绝对是我犯下的一个无心之过——当我像一个守夜人那样躺在床上给你写下如此美好的信件时，我希望你能够尽快收到这封信。因为我只有在晚上的时候才稍微空闲一些，白天的时候我都被各种事情牵着鼻子走！或是从去年春天到现在，饱受疾病的困扰。

当我一开始收到你的来信时，之所以没有回信，是因为我当时想

① 阿帕姆女士（Mrs. Upham），鲍登学院阿帕姆教授的妻子。

给你回一封长信——一封比较完整详细的信件——但想不到，这么一拖就是数周甚至数月的时间。之后，我的小查理出生了……等等很多事情都让我没有时间！萨拉，当我回过头看的时候，我会对此感到震惊，这不是因为我忘记了任何我应该记得的事情，而是我还记得这所有的事情。从我带着孩子离开辛辛那提，来到这个我不认识的地方直到现在，我感觉自己似乎都没有怎么呼吸过，每天都生活在焦虑当中。我的大脑每天都回想着铁路或是蒸汽船发出的轰鸣声，这让我感到晕眩。之后，我在波士顿逗留了10天时间，每天都忙着购买家具或是各种装备。之后，我们在下着毛毛雨、刮着东北风的日子来到了不伦瑞克，开始了收拾一间废旧、潮湿的老房子的艰辛工作。可以说，我每天都是在极度繁忙中度过的。比方说：

斯陀夫人，我该怎么摆放这张躺椅，我该用什么来粉刷后墙？

斯陀夫人，这些粗糙棉要放在柜子里面吗？

斯陀夫人，我们没有足够的肥皂去清洗窗户了。

斯陀夫人，我们该去哪里找肥皂呢？

此时，我只能跑去商店，买回两块肥皂。

外面有一个人想要见斯陀夫人，谈论有关水箱的问题。斯陀夫人，在你下来之前，请告诉我该怎样粉刷躺椅后面的墙壁呢？

这是一个从仓库那边过来的男人，他说这个箱子是给斯陀夫人送过来的。这个箱子搬到了她的房子里，你要过来看看吗？

斯陀夫人，你可以过来看看这样固定角落里的地毯是否合适。那位装修工人钉的钉子都很不好看，他该怎么做呢？家里的黑色毛线都用完了，我该怎样才能将花边的绒丝带放在沙发的后面呢？斯陀夫人，这里有一个男人带着几个提桶与锡器过来，你能先支付一下这个账单吗？

斯陀夫人，这里有一封从波士顿那边寄来的信件，里面还附带着一张关于装船费用的账单。对方想要知道你想怎样处理那批货物。如果你告诉我怎么做，我可以帮你回复这封信。

斯陀夫人，肉贩子现在站在大门外，难道我们不应该买一些牛排或是其他肉类用来做晚饭吗？

应该让海蒂去商店那里购买一些黑色毛线吗？

斯陀夫人，这个软垫要比这个框架长了1英寸左右，我们该怎么做呢？

斯陀夫人，这个核桃木做成的床架上的螺丝钉都跑哪里去了？

有人带来了运费的账单，你能现在支付一些账单吗？

斯陀夫人，我不明白为什么要用这么大的钉子。这样的钉子会穿过软垫，直接扎进棉花里的。

接着，就是我丈夫寄来的一封信，他在信中说自己现在卧病在床，感觉自己没有任何生命活力，所以千万不要期望他会很快就过来这边的。他在信中想要知道我现在是否能够扛得住，担心我会就此成为寡妇。他知道我们会因此陷入债务当中，并且以后都很难摆脱这样的债务。他想要知道我现在的勇气程度，认为我应该始终都充满乐观的精神，并警告我要时刻保持小心谨慎。因为要是他去世的话，我肯定要面临很多重大的选择，等等之类的话。我读完了他这封信，马上将这封信扔进火炉里，接着继续忙活……

我的一些遭遇还是非常有趣的，比如：我的厨房里没有洗涤槽，或是其他的排水设备，于是我到一间棉花工厂买了两个他们用来装油的大木桶，这种桶在不伦瑞克经常用来做水箱。当我最后将这个木桶搬运到家门前的时候，我还为自己表现出来的活力而沾沾自喜。最后，我发现，这个房间没有地窖门，有的厨房那里有一个入口，但这个入口是比较狭窄，还要沿着一条长梯子走下去。因此，正如约翰·班杨所说的，我陷入了沉思——如何才能将这个水箱放到地窖里。在以前那个骑士时代，我可能会请一位骑士帮我将这个水箱搬到下面去，但现在却没有这样的可能性。我的这个大木桶于是就孤零零地放在庭院那里，似乎在嘲笑着我做事之前缺乏深思熟虑。在面临这样的困境时，我想到新英格兰地区的诚实修桶匠，我想让他把我这个大木桶分解为几个部分，然后沿着楼梯走到地下室，最后再将这个木桶组装起来。这位优秀的修桶匠一个下午就完成了，让我这位土生土长的新英格兰人感到非常震惊。当我的丈夫想要打开水泵时，他盯着我的那个大木桶看，为这个木桶能够放在地下室而感到惊讶。我用温和的语气告诉他，我将这个木桶拆分为几个部分，先搬到地下室，然后再组装起来——正如我一直以来都擅长这样的事情。当史密斯教授下到地下室，看到这两个木桶的时候，忍不住说："这个世界上真是没有什么难得住一个意志坚定的女人！"接着，我需要与一名精明的先生进行谈判，此人在我家对面的地方开了一间木匠店。这位就是约翰·泰特科姆，我的好朋友，他有着新英格兰人该有的品格。他是我所租房子的共有人之一，因此也算是房东之一，他与这座城镇那些地位最高的人都有着不错的交往。可以说，他是一位有着真正智慧、接受过良好教育的人，喜欢读书，还是一位有思想的人。他有着多方面的才艺。除了老本行木匠活之外，他懂得如何绘画、镀金、着色、衬垫、抛光等工序。不过，他是一个喜欢安逸的人，经常会怀抱着这样的思想，即人类不应该拥有太多物质的财富。于是，他就住在车间工厂里，吃着饼干与鲱鱼，每天都用冷水洗澡，并将大部分时间都用于工作、沉思阅读新出版的刊物，并以此为乐。在他的商店里，你可以看到一个工匠台、铁锤、刨子、锯子、手钻、光亮漆、燃料、画框、栅栏柱 、稀少的旧磁盘，还有他祖先留下来的一两张油画，一个摆满书籍的书架，还有鲸鱼的牙齿，一个等待修理的教堂灯，一把女士遮阳伞。简而言之，亨利曾说泰特科姆的商店就像包罗万象的大海，里面的有趣玩意数也数不完。

在我搬家具或是各种装备的时候，泰特科姆始终给予我帮助。当一个螺丝钉松了，或是需要钉钉子，或是需要修理门锁，或是固定窗格玻璃，他都会过来给予帮助。但是，帮助我修理好洗涤槽绝对不是一件容易的事情，我认为只有比较深厚的友情才能让他帮我做好这件事。这个洗涤槽在接下来几周时间里处于不稳定的状态，而我又没有其他事情可做的时候，我总是会去他的那间商店，尽可能地与他成为好朋友。

不知有多少次，当我坐在一张陈旧的摇椅上，一开始与别人谈论今天发生的各种事情，谈论哪里最近又修建了铁路，谈论州议会最近又通过了什么法案，或是新一代人所面临的各种机遇与挑战，但这样的对话最后都会不知不觉转入我的洗涤槽！……因为在这个洗涤槽尚未安装好之前，水泵始终都无法抽水上来，我们也无法收集到任何干净的雨水。有时，我也实在没有足够的勇气去提出这个话题，我希望与别人谈论关于其他方面的话题。有时，我也会前往那间商店与别人谈论着许多与此无关的话题，但当我准备回家的时候，关于洗涤槽的问题又会突然从我的脑海里一闪而过，此时我就会说：

“哦，泰特科姆，我家的那个洗涤槽进展得如何了？”

“哦，是的，夫人，今天下午，我正准备去这条街的其他商店帮你找寻一些相关的材料。”

“多谢你。如果你能够尽快帮我弄好洗涤槽，我肯定会万分感谢你的，因为我们家现在真的很需要这个东西。”

“我认为你不需要太急，我相信我们目前正经历着一个干燥的季节，因此这个天气也不大可能会下雨，因此你现在并不需要水泵。”

这样的对话从6月1日一直持续到7月1日。最后，我的洗涤槽终于完工了，这座新房子也终于有了一个全新的模样了。关于这方面的事情，我与浸信会教堂的执事邓宁进行了多番的交流。在这段时间里，友善的米切尔女士与我做了两张沙发、一张背桶椅、几张床罩、一个枕套、枕头、长枕、床垫等。我们还一起粉刷了房间，重新粉刷了家具。到底还有什么事情是我们俩没有一起去做的呢？

接着，斯陀就过来了，此时已经是7月8日了，过来的还有我的小查理。我真的为自己有借口可以躺在床上而感到非常高兴，因为我实在是太累了，这点我可以向你保证。我在家里舒适地过了两周时间，此时我家的仆人已经不在这里了……

在这段时间里，我将自己所有的空闲时间都用于与报纸编辑进行交流。我认为自己所写的文章要比其他人都要多，至少我是这样认为的。我每天在我们的学校里教一个小时的书，每天晚上给孩子们阅读两个小时的故事。孩子们在学校里学习英语历史，我则根据他们学习的进度，给他们阅读斯科特所写的关于历史的小说。今晚，我给孩子们读完了《阿伯特》这本书，下周准备给他们阅读《凯尼尔沃斯》一书。即便每天的事情都排得这么满，但我还是经常会有这样一种想法，即我现在做得还远远不够。因为我至少十多次推迟了我想要去做的事情。一次是因为我去找了渔民买了鳕鱼，一次是去见一个给我带来一桶苹果的人，还有一次是去见一个书商，接着去见阿帕姆女士，看了一幅我承诺要给她购买的画作。接着，我还要抽出时间去照顾孩子。之后，我还要走进厨房，为家里人做海鲜杂烩浓汤。现在，我感觉自己又是处于这种无所事事的状态，感觉自己根本没有提起笔写任何文字的动力。我真的需要无比强大的意志力才能克服这样的思想。

我想你现在可能认为我已经开始创作了，认为我肯定不会停下来。事实上，我也的确开始这样做了，但我的精神却始终处于不断变换的状态，因此我必须要遵循很多事情的发展方向。

圣诞节就要到了，我们这个小家庭也正在为圣诞节做着各种准备。每个人都在准备着各种小礼物，等到圣诞节的时候给别人一份神秘的礼物与惊喜。

亲爱的，实话跟你说吧，我现在感到有点疲惫了，我的脖子与后背都感到有些疼痛，我必须要放下笔了，只能写到这里了。

你在今年春天给予我的帮助，是我非常感谢的。至于我为什么要拖到现在才给你回信，我自己也感到非常困惑。我一直以为自己已经给你回信了，但直到现在我才发现，原来我一直没有给你回信。但是，我亲爱的，即便我的心智出现心不在焉的情况或是不安的状态，但我的心却如星星那样无比真实。我爱你，并且经常思念着你。

今天秋天，我经常会感到悲伤与孤独，即便是在比较忙碌的时候，这样一种不同寻常的情感还是困扰着我。但是，我现在远离了之前的家，离开了父亲与继母 ，来到了这个陌生的地方。也许，出现这样一种情感的波动是正常的吧。在那些悲伤的时刻，我的思想始终都感受到了来自上帝所带来的祝福状态，我似乎感觉到上帝正在表达着希望我尽快恢复正常的念头。我在这边认识了许多友善亲切的朋友，他们都非常友好地对待我们。不伦瑞克是一个不错的地方，非常适合生活。如果你在明年夏天来这边的话，你必须要来我们的新家看看。乔治肯定会愿意与我的孩子们一起去钓鱼，去看看轮船，或是驾驶帆船去航海，还有诸如此类的事情。

请将我的爱意传递给他，告诉他，当他成为画家之后，记得寄给我一幅画。

永远爱你的

哈里特•斯陀

1850年是我们这个国家历史上一个值得铭记的年份，即便对于从辛辛那提搬到不伦瑞克的斯陀夫人一家来说，也是如此。

《独立宣言》的签署者与参加独立革命战争的政治家与军人们都根本不赞成任何形式奴隶制的存在。事实上，《独立宣言》的核心原则就为奴隶制敲响了丧钟。在我们这个国家里，没有比杰斐逊、华盛顿、汉密尔顿或是帕特里克•亨利等人公开发表的信件以更加强硬的措辞反对奴隶制存在的了。

杰斐逊当时就曾想解决这个问题，但是他发现解决这个问题超越了他的能力之外。在一番努力无效之后，他发出了这样的悲壮话语："当我一想到上帝是公正的，想到上帝的公正无法在这片土地上践行的时候，我就为我们这个国家感到颤抖。"显然，这些话代表了杰斐逊当时感到的绝望。

华盛顿的心愿是，弗吉尼亚应该通过公共法令，废除奴隶制。随着让所有人获得自由的前景变得越来越黯淡的时候……他尽自己最大的能力，让所有奴隶获得自由。"①

汉密尔顿是奴隶解放运动的创始人，这个运动的核心目标就是要废除纽约州存在的奴隶制。帕特里克·亨利在谈到奴隶制的时候说："要是对这个问题进行稍微深入的研究，就会发现这必然会给我们国家的未来蒙上沉重的阴影。"在我们这个共和国的建国元勋们看来，奴隶制是一种行将就木的制度，因为美国宪法的每一条规定都在逐渐地将奴隶获得自由看成是民主逐渐发展的一个不可避免的结果。

要是从经济层面去看，奴隶的劳动力已经不再那么具有价值了。"南方各州的经济正在慢慢地凋敝，南方各州的人口也在慢慢迁移到北方各州，因为这里的工业缺乏足够的竞争意识。"棉花产业之所以不再有什么利润空间，就是因为现在已经有机器可以将棉花与种子分离出来了。

在1793年之前，南方的奴隶制给南方带来了丰厚的利润。但在1793年，艾利·惠特尼，这位新英格兰地区的机械师，当时居住在乔治亚州萨凡纳地区，发明了轧棉机，或者说能够将种子与棉花分离出来的机器。"这个机器的发明立即让整个国家处于积极的活跃状态"。这个机器的出现所带来的影响，在某种程度上是革命性的。特别是当我们考虑到在1793年的时候，南方各州每年只能大约生产5 000捆到10 000捆棉花，但到了1859年的时候，他们每年大约能够生产500万捆棉花。但是，随着棉花的价格在不断飙升，奴隶财产的价值也随之水涨船高。拥护奴隶制的势力慢慢地壮大，并且不断地拓展。1818年至1821年间，这首次成为了政治议题中一个

①这是班克罗夫特在林肯的葬礼上发表的悼词。

因素，当时达成了所谓的密苏里州妥协。按照这个妥协协议，奴隶制不能拓展到北纬36.3°。从密苏里州协议签订到1833年间，奴隶制的发展势头似乎固定在了南方各州，不像之前那样猖狂了。正是在这一年，英国让西印度群岛附属国的奴隶全部获得了人身自由。英国实行的这一政策，让南方各州的奴隶主深感不安。当时，全美反奴隶制协会在费城开会，公开宣布奴隶制是这个国家的一大罪恶，应该通过立即无条件让所有奴隶获得自由去减轻这样的罪恶。诸如加里森与兰迪等人开始了这样的宣传工作，因此整个国家很快就陷入了对奴隶制的热烈讨论。从这个时期开始，奴隶制问题就成了美国历史的一个核心问题，也渐渐地分裂着美国的政治。当时仍不属于美国的佛罗里达州宣布加入美国，加上之后从西班牙殖民者手中购买了得克萨斯州以及与墨西哥之间的战争，其实都是亲奴隶制的政党为了增加影响力与拓展奴隶制的活动范围采取的直接行动。在1849年，加利福尼亚州就向联邦政府表示，加州将会成为一个自由州，不允许任何奴隶的存在。加州的这一举措遭受到了南方奴隶主的强烈反对，因为他们将这视为奴隶主权力的一大威胁，认为其他当时没有奴隶的州也会纷纷宣布为自由州。无论北方各州还是南方各州，他们都深刻地感觉到奴隶制这个问题有可能会分裂联邦政府，造成暴力或是流血活动。结果在11年后，这样的情况真的出现了。正是为了保存联邦政府的完整性，避免出现流血冲突的战争爆发，亨利·克雷在1850年冬天提出了他著名的妥协协议。为了安抚北方各州，加州可以被宣布为自由州，为了安抚南方的奴隶主，则制定了更为严格的法律“要求所有人都要防止奴隶从一个州逃到另一个州”。

1850年3月7日，丹尼尔·韦伯斯特发表了他那篇臭名昭著的演说。在这篇演说里，他捍卫了这个妥协协议。此时，北方的废奴主义对此都感到极大的愤怒，其中惠蒂尔所写的《伊卡博德》就最能表达他们的情感“他的所有荣耀，都随着他的白发彻底远去了，当荣耀失去之后，他这个人其实已经死了”。

在整个国家处于一种躁动的政治形势下，斯陀夫人与她的孩子们过着平静的生活，怀着对未来美好的希望，来到他的弟弟爱德华·比彻的家里。

爱德华·比彻一直都是拉夫乔伊的亲密朋友与支持者，但拉夫乔伊因为公开出版反奴隶制的报纸而在奥尔顿遭到奴隶主的谋杀。拉夫乔伊遭到谋杀一事引起民众对不公平法律的讨论与愤慨，甚至在议会上也进行了一番争论——因为这个不公平的法律不仅让南方奴隶主有权力可以到北方各州找寻逃跑的奴隶，还可以将他们认为是奴隶的有色人种都宣称是奴隶，而且还要求自由州的民众帮助这些奴隶主去协助逮捕这些奴隶。斯陀夫人在波士顿居住期间，经常听到的话题就是有关这个这部法律的事情。当她回到不伦瑞克之后，她的心灵都充斥着愤怒的火焰，因为她知道奴隶主的势力已经让那些无辜与清白的民众都成了帮凶。

在《逃奴追缉法》通过之后，在不伦瑞克生活的斯陀夫人就收到了爱德华·比彻夫人与其他朋友寄来的许多信件，他们在信件中描述了执行这部可怕的法律所带来的一些不可避免的心碎画面。相比于农村而言，更多抓捕逃跑奴隶的行为发生在城市。在波士顿这座被称为自由发源地的城市，为许多逃跑奴隶敞开了大门，也为抓捕奴隶的奴隶主敞开了大门。这部法律所引发的人伦悲剧与痛苦是任何人都无法用笔去描述的。很多家庭出现了分别，一些黑奴躲在阁楼或是地窖里，一些黑奴逃到了码头，登上轮船前往欧洲。还有一些黑奴逃到了加拿大。一位可怜的黑人原本作为陶器商人做得很不错，家人都过着不错的生活，当他发现自己当年的主人正在寻找他的时候，就在半夜赤脚前往加拿大，因为他不敢乘坐公共交通运输工具。在这段旅程中，他的双脚都被冻掉了，最后不得不进行截肢手术。爱德华·比彻夫人在一封写给斯陀夫人儿子的信里，就谈到了这段时期发生的事情：

> 自从拉夫乔伊遭到谋杀之后，我就产生了反奴隶制的想法。因为拉夫乔伊只是出版了反对奴隶制的报纸就遭到了谋杀，这简直是无法接受的。当时，我们家就在伊利诺伊州。这些可怕的事情目前也发生在波士顿，因此波士顿民众也表示强烈反对。我一直在想，我能够做些什么呢？我本人虽然做不了什么事，但我知道有一个人可以做一些事情。于是，我给你的母亲写了好几封信，告诉她执行《逃奴追缉法》所带来的许多让人极度心碎的画面。我还清楚地记得我在其中一封信里是这样说的："海蒂，如果我能像你那样拿起笔来将这段历史说出来的话，我会马上写点东西，让整个国家都知道奴隶制是一件多么邪恶与可怕的事情……"当我们生活在波士顿的时候，你的母亲经常来拜访我们……《汤姆叔叔的小屋》一书里的许多个人物都是你的母亲在你舅舅爱德华的书房里写的，然后你母亲对着我们阅读她所写的手稿。

斯陀夫人的一位家人还清楚地记得，当他们收到这封信之后，在客厅里阅读的时候，斯陀夫人大声地对着聚集起来的家人阅读这篇文章，当她读到“我会写一些东西，让整个国家都知道奴隶制是一件多么邪恶与可怕的事情”时，斯陀夫人立即从椅子上站起来，用手将信紧紧地握住，脸上露出了一副让她的孩子们都难以忘记的表情，然后说：“如果我还活着的话，我肯定要写点东西出来！”

这就是斯陀夫人创作《汤姆叔叔的小屋》一书的根源。凯恩斯教授就在他著名的作品《奴隶的力量》一书里这样写道：“《逃奴追缉法》对于奴隶的力量来说是一个巨大的损失，因为这部法律所诞生的第一个成果就是斯陀夫人所创作的《汤姆叔叔的小屋》。”

不过，斯陀夫人想要创作一本书，让整个国家都知道奴隶制是一件多么邪恶与可怕的事情的念头并没有立即执行。在1850年12月，斯陀夫人这样写道：

告诉凯蒂姐姐，我感谢她寄来的信件，我会回复她的。只要孩子们晚上安然入睡，那么我就不需要做什么，那么我肯定会抽出时间去写作的。只要我还活着，我肯定会就此写点东西出来。

除了爱德华之外，波士顿地区的民众对那部法律的执行持什么态度，波士顿地区的牧师又是持什么立场呢？

对我来说，这简直是无法想象与无法理解的痛苦！要是奴隶制带来的所有罪恶与痛苦都能沉入大海的话，我愿意与这样的罪恶一起沉没。我希望父亲能够过来波士顿，就《逃奴追缉法》发表布道演说。因为他曾经就奴隶交易发表过慷慨激昂的演说，当时我还是一个生活在利奇费德的小女孩。当时，我坐在一张长凳上大声地啜泣，贾奇·里维斯女士坐在另一边。在那个晚上，我希望马丁·路德能够出现。

1850年12月22日，斯陀夫人给当时仍在辛辛那提的丈夫写信说：

圣诞节来了，但我们每个人都没有什么心思过圣诞节。如果你想要了解家里发生的一些事情，就可以写一个《新年故事》，我已经将这样的故事寄给了《纽约传教士》。我很抱歉，在匆忙的工作后忘记将这篇文章寄给你了。

斯陀夫人为《国民时代》所写的稿子是一篇幽默文章，名为《学生的乡村奇遇记》。事实上，她的这篇文章是以斯陀教授在辛辛那提农业系读书时发生的事情为原型的。

1850年12月29日

我们这里的天气状况非常糟糕，我还记得当我小时候生活在利奇费德的时候，就曾遇到过这样的暴风雪。父亲与母亲当时前往沃伦，差点在飘飞的大雪中迷路。

周日晚上，我都是在看着窗外度过的，始终无法入睡。窗外的风呼呼地咆哮着，房子就像我们小时候在利奇费德居住时的房子一样，在不断摇晃。天气实在是非常寒冷，孩子们在吃饭的时候，都要戴上手套，穿上袜子，防止双手与双脚冻着。我们家的密封火炉只能让地板变得温暖一些——当你将火炉抬高一些，你的头部会感觉暖和一些，但你的双脚却会在发抖。如果我坐在客厅壁炉前面，那么我的后背就会冷得发抖。如果我坐在床上，想要写点东西的时候，那么我的头部会感觉到疼痛，双脚会感到无比冰冷。我正在为《国民时代》杂志写一篇文章，内容是关于被释放的黑奴能够独立自主，过上自己的生活。你能够帮助我打听一下，韦利·沃特森为赎回他的朋友花费了多少钱，还有你在辛辛那提所能找到的相关事例或是证据吗？……当我感到头痛或是感觉自己生病的时候，正如我今天的感觉一样，那么整座房子都没有一个地方是我愿意坐下来的，我也无法躺下来打个盹，因为天气实在太冷了。我的头顶就是教育孩子们的房间，隔壁的房间是吃饭的地方。如果我锁上大门，躺在床上睡觉的话，那么不用15分钟，外面肯定会有人摇动着门闩……毋庸置疑，我的脑海始终都还记得，我们家这一年的花费大约是200美元，但这也超过了我们一年所能赚到的钱。我们现在也只能勉强地熬过这段时期。但我不希望自己以后都像今年这样过的这么辛苦。如果写作的话，我一年可以赚到400美元左右，但我不愿意全身心这样做。因为当我在教育孩子、照顾孩子或是购买必需的生活用品、修理衣服、缝补袜子之后，我已经感到非常疲惫了，根本没有足够的精力去进行写作。

1851年1月12日，斯陀夫人再次给当时仍在辛辛那提的斯陀教授写信：

> 自从我们离开辛辛那提来到这里，上帝为我们伸出了友善之手，时刻指引着我们前进的道路。我们一起经历了多少的困难与挫折！虽然我们不知道该以怎样的方式继续维持生活，但我们却随遇而安，不断克服了前进路上的各种困难，不断解决了面临的各种经济困难局面。我对于自己的写作计划感到有些沮丧，我认为《国民时代》的编辑已经收到了其他撰稿人足够多的稿子，因此来年可能不需要我继续投稿了。不过，这位编辑给我寄来了400美元，并且还说了很多友善的话。我们这一年的开支大约会在1 700美元左右，我希望能够将我们全家的开销降低到1 300美元左右。

在2月的时候，斯陀夫人前往不伦瑞克的大学教堂参加圣餐礼。突然间，她感觉到自己眼前出现了一幅不断延伸出来的画面，她感觉自己看到了汤姆叔叔就在她眼前死去的场景。这样的画面是如此的强烈，让她极力克服自己不去大声哭出来。她立即回家，拿起笔，在白纸上写下了自己所看到的一切，这一切就像一阵猛烈的旋风刮入了她的脑海。在家人都聚集在一起的时候，她将自己所写的内容都读出来。她的两个儿子，此时的年龄分别是10岁与12岁，在听完之后都忍不住哇哇地哭了起来。其中一个孩子一边抽泣一边说："啊，妈妈！奴隶制真是这个世界上最残忍的事情！"从此，汤姆叔叔的形象就开始在世界各地流传。正如我们一开始说的，这让我们的内心深处产生了一种自然而然的悲伤与痛苦的情感，让人难以抑制。

25年之后，斯陀夫人在一封写给孩子的信件里，就谈起自己在那个时期的生活状态："我还清楚地记得那个冬天，当时你还是一个孩子，我当时正在创作《汤姆叔叔的小屋》一书，我的内心因为我们的国家对奴隶们所犯下的残忍罪恶而感到悲愤难平，祈祷上帝能够让我做一些事情，让我内心的声音能够为所有人听到。我还清楚地记得在很多个夜晚，当你靠在我的身边睡觉的时候，在慢慢地哭泣。此时，我想到了许多奴隶母亲的孩子们正与他们的母亲分别的场景。

直到第二年4月，《汤姆叔叔的小屋》的第一个章节才完成，就寄给了当时总部设在华盛顿的《国民时代》。

7月，斯陀夫人写信给费德里克·道格拉斯。在这封信里，斯陀夫人将自己创作《汤姆叔叔的小屋》一书的前因后果都清楚地说出来了。

1851年7月9日，不伦瑞克

尊敬的费德里克·道格拉斯先生：

你可能在阅读《国民时代》的社论上，已经注意到了我在这本杂志上所写的《汤姆叔叔的小屋》，或是《卑贱之人的生活》的连载内容。

在我创作这个故事的过程中，很多场景都会聚焦在棉花种植园里。因此，我很希望能够从你这样一位之前曾在那里劳作过的人那里获得一些信息。我想到你所认识的人当中，可能会有一些人能够为我提供一些有用的信息。我手头上有一份由南方种植园主所写的一封信，里面详细地介绍了他所见到的许多奴隶主虐待奴隶的犯罪手法。当然，这只是他的一面之词，我希望能够从另一个角度获得不同的观点。我希望能够通过文字描绘出一幅图画，让所有人都能够相信这幅画里面的每一个细节。诸如亨利·比布等人，如果他生活在这个国家，可能会给我提供一些对我有用的信息。你可能会认识其他有过类似经历的人。我会在这封信里附加一系列的问题，如果你愿意给我一些帮助的话，可以对这些问题进行回答。

在过去几周里，我收到了寄来的信件，我非常认真地阅读了你的来信，希望表达我对你的感谢。当我不需要每天为撰稿忙碌的时候，我会抽出时间给你专门回信表达感谢的。我很遗憾注意到你对两个问题所持的看法——就是教会与非洲殖民问题……更让我感到遗憾的是，因为我认为你当然有理由在这些议题表达自己的观点，但如果我可以的话，我希望能够修正一下你在这两个问题上所持的观点。

首先，你说教会是“亲奴隶制”的。从某种意义上来看，事实可能的确如此。美国各个教派的教会若是以一个整体去看的话，包括了这个国家最为优秀与最具良知的人。我并不是说教会只有这些人，也不是说没有其他的渣滓。但如果我们对这个国家那些具有原则与道义精神的人进行一番调查，就会发现他们中绝大多数人都是隶属于基督教的不同教派。这个事实让教会在这个国家的许多事务上都有相当重要的发言权。很多教会成员与牧师都是正直且具有智慧的人，他们有足够的能力去解决当代所面临的许多重要的道德问题。无论是什么样的道德邪恶，只要教会能够联合起来，都必然能够消除这样的邪恶。从这个层面去看，教会的无所作为的确是应该为奴隶制的存在背负责任。巴尔内斯博士就曾在他关于奴隶制的书籍的结尾处，用简短的语言说："如果不是教会的势力在支撑着奴隶制，那么任何其他支持奴隶制的势力都不可能让奴隶制存在哪怕一个小时。"在很多人看来，教会拥有足够强大的势力，可以终结奴隶制这种邪恶的存在，但教会却不选择这样做。从这个意义上来说，教会是亲奴隶制的。但是，教会对于酗酒、废除安息日或是其他的罪恶一样具有相同的力量。显然，如果教会的道德力量是严格按照《圣经新约》的教条去做的话，那么所有这些罪恶，包括奴隶制都将会被终结。但我想请教你，你是否认为这样的说法能够代表整个国家的基督教会，是否可以说这个国家的所有教会都是支持酗酒、支持废除安息日或是其他一些与高等的道德情感不相符的事情呢？如果你能够列举出这个国家目前那些著名的废奴主义者名单，我认为你会发现其中绝大多数人都是教会成员——当然，一些最具影响力与最能干的人都是牧师。

我是一位牧师的女儿，也是一位牧师的妻子，我的6个兄弟都在教会里工作（其中一个兄弟已经去了天国）。我当然知道牧师在这个问题上所持的观点。当密苏里问题在1820年被提出来的时候，我还是一个孩子。我记忆中最深刻的一个印象，就是我的父亲在教会里就此发表的相关布道演说与祈祷，他在演说中对那些可怜的奴隶所遭受的虐待行为感到非常愤慨。我还记得父亲的演说让教会里那些饱经风霜的老农民的脸上都流下了泪水。

我还记得父亲在我们家的晨祷与晚祷中为"那些遭受压迫与可怜的非洲兄弟们"祈祷，虔诚地希望他的愿望能够实现。他的祈祷充满了强烈的情感，在我的心灵世界里留下了难以磨灭的印象，让我从小就变成了一个反对奴隶制的人。我的每一个兄弟都是反对奴隶制的先锋。我的一个兄弟还是遭到南方奴隶主谋杀的拉夫乔伊的知心朋友与好兄弟。至于我本人与我的丈夫，我们在过去17年里都生活在一个允许奴隶制存在的州的隔壁，我们从未屈服于《逃奴追缉法》这部法律所带来的压力，尽我们最大的能力去帮助那些逃出来的奴隶。我还将那些获得自由的奴隶的孩子带到我们所开办的家庭学校，让他们与我们的孩子一起进行学习。这一切都是我们从教会与祭坛上所接受到的影响，让我们有如此强大的精神信念与动力去这样做。要是将所有反对《逃奴追缉法》这部法律的布道演说或是文章收集起来，你将会发现反对这部法律的人要远远比支持这部法律的人多太多，其中还有很多持最强烈反对意见的人还没有公开发表他们反对这部法律的布道演说。我的丈夫每周都会与13位牧师讨论这方面的问题，其中只有3名牧师选择认可或是遵守这部法律，其余的10名牧师都表示强烈的反对。

毕竟，我亲爱的同胞，你们受到压迫的兄弟们的希望与力量正是源于教会——在于每个人都将自己的心灵与上帝的心灵融为一体，上帝会宽恕那些遭受苦难的人，他们所流下来的鲜血绝对不会白费的。虽然这个世界的所有一切似乎都在与你们的种族进行对抗，但是耶稣基督却始终站在你们这一边，他没有忘记自己的教会，无论教会在这个过程中走了多少弯路或是犯下了多少错误。我曾以绝望的双眼审视着一切，但我从上帝身上看到的只有希望，没有任何关于绝望的东西。这种运动必然会发展成为一种纯粹的宗教运动。真正的光明肯定会照耀在教会上，真正的情感肯定会被唤醒。无论南方还是北方的基督徒都必须要放弃各自的争执或是偏见，共同站出来旗帜鲜明地反对奴隶制的存在。只有这样，我们废除奴隶制的工作才能最终完成。

斯陀夫人的这封信，让我们对她在创作《汤姆叔叔的小屋》一书里所表达出来的道德与宗教情感留下了深刻的印象。斯陀夫人在这本书中表明，我们有必要修正之前的观点，让每一位读者都从内心深处认识到奴隶制的可怕之处，而不是凭借理性的思维去看待这个问题。这本书可以说是斯陀夫人内心情感的一次大迸发，也是她在置身于黑暗当中所发出来的呐喊与疾呼。在这之前，从来没有哪位作家会像她这样不会考虑一本书的写作风格或是所谓的文采，因为当一个母亲不得不要冲到大街上，向路人大声呼喊，希望别人能够拯救她那位仍被困在燃烧房子里的孩子的时候，所谓的写作风格或是文采都已经变得无足轻重了。

几年之后，斯陀夫人在谈到当年创作这本书的时候这样说："这个故事表明了永生不灭的耶稣基督是始终充满生命力的，始终都在给予我们每个人前进的指引。他就像一位母亲，给予穷苦与卑贱之人与爱意。在这个世界上，也只有耶稣基督会弯下腰，牵着这些人的双手。在这个世界上，还有比美国的奴隶地位更加卑贱，更加受人鄙视的存在吗？美国的法律否定了奴隶作为一个人存在的基本权利，或是在很大程度上将奴隶看成不如人的存在——只是将奴隶看成是一种事物，或是属于另一个人的财产。法律禁止奴隶去学习与写作，禁止他们拥有任何属于自己的财产，禁止他们签订合同，甚至禁止他们形成法定的婚姻关系。这就让一位男性黑人失去了他对妻子以及他的子女的所有权利。他对此无能为力，他没有任何财产，也无法拥有任何东西，因为他的一切都是属于他主人的财产。但即便如此，耶稣基督还是愿意去接近这些奴隶，安慰他们的内心，告诉他们说：‘千万不要感到恐惧，千万不要在意别人的鄙视，因为我就是你们的兄弟。不要感到恐惧，因为我肯定会救赎你们的。我已经呼唤了你们的名字，你们就是属于我的。’”

《汤姆叔叔的小屋》其实是一本属于宗教层面上的书。斯陀夫人将福音书里面的基本原则都用于讨论奴隶制这个问题。这本书宣扬了《独立宣言》的基本精神，正是这样的精神让杰斐逊、华盛顿、汉密尔顿与帕特里克·亨利成为坚定的反奴隶制分子。这些语言不是以哲学家的晦涩语言说出来的，而是以一系列的图片形式展现出来的。斯陀夫人通过图片式的文字，直接深入到每一位读者的心灵与道德感知世界里。

《汤姆叔叔的小屋》的广受欢迎，让《逃奴追缉法》的执行与落实变得不可能。因为这本书唤醒了公众对奴隶制的反感。公众不再像之前那样用抽象的眼光去看待奴隶制问题，而是深刻地明白了奴隶制是这个世界上最为邪恶的存在。正如我们之前所说的，斯陀夫人的这本书通过图片式的文字唤醒了读者的想象力。人们就像孩子，能够更好地理解图片，而单纯从文字中感受到太多的触动。这就好比一些人匆匆忙忙地跑到你的饭厅，此时你正在吃早餐。他大声地说：“这实在是一次太可怕的火车事故了，40人死伤，还有6个人被大火活活烧死。”

“哦，这实在是太让人震惊了，太恐怖了！”你会惊讶地说，但你依然会淡定地吃着面包卷，喝着咖啡。但是假设你亲眼看见了这场灾难性的火车事故，亲眼看到了那些被活活烧死之人的尸体，亲眼听到了那些伤员发出的尖厉的惨叫声，那么你肯定会因为无法忍受眼前这样的惨痛画面而当场晕过去。

因此，斯陀夫人的《汤姆叔叔的小屋》就好比奴隶主手上那条抽打在奴隶身上的鞭子，让遭受折磨的奴隶发出的惨叫声回荡在这片大地的每一个房子里，直到人类的心灵再也无法忍受这样的惨叫声，勇敢地站出来明确地表示反对！

第七章
《汤姆叔叔的小屋》

1851年，斯陀夫人开始在《国民时代》这本杂志上连载这个伟大的故事，当时宣布要连载3个月左右，但直到1852年4月1日才最终结束。当时，这份报纸的编辑都认为，这应该是一个只有十几个章节的普通故事而已，但斯陀夫人一旦开始了创作，就根本无法控制自己汹涌的写作灵感，这就好比密西西比河在河水暴涨的时候四处漫溢一样。斯陀夫人的这个故事激发了很多人的阅读兴趣，因此读者不断要求继续连载，各方都给予了积极的评价与鼓励。最为重要的是，斯陀夫人相信自己正在肩负着一个神圣的使命，认为自己必须要圆满地完成这个使命。正是这样的使命感驱使着她不断地拓展这个故事，直到这个原本看似平淡无奇的故事变成了一本闻名世界的伟大杰作。正如斯陀夫人后来重复说的："我无法控制这个故事的长度，这个故事是自然而然从我的笔下流淌下来的。"或是"难道我真的是《汤姆叔叔的小屋》一书的作者吗？不是的，这本书是上帝所写的，我只是上帝手中的一个卑微的工具。所有的一切赞美都应该归结为上帝"。

虽然《国民时代》这本杂志早已经停刊了，但是这本杂志在那个时代却具有重要的文学地位。这本杂志的封面印有甘梅利尔・贝利的名字，他担任这本杂志的编辑，而约翰・格林利夫则作为通讯编辑。骚夫沃斯女士就在她的专栏里第一次尝试了文学方面的创作，而艾丽斯、菲比・格雷、格蕾丝・格林伍德以及其他著名作家也与斯陀夫人一道，出现在这本杂志在1851年的撰稿者名单当中。

在完成《汤姆叔叔的小屋》一书之前，斯陀夫人就已经远远胜过她的同辈作家了。她的作品受到了当时很多严苛评论家的欣赏，认为是这个国家期刊文学方面最具力量的作品。她也成为当时美国作家当中的佼佼者。

在完成了《汤姆叔叔的小屋》一书之后，斯陀夫人写下了下面这段文字，希望能够吸引更多年轻读者阅读这本书。在这个系列连载结束的时候，斯陀夫人这样写道：

《汤姆叔叔的小屋》一书的作者现在必须要结束这本书了，因为我必须要去见许多从未谋面的人，但正是这些素未谋面之人给予的支持与鼓励，才让我最终完成了这本书。

一想到每周有趣的家庭聚会，就让她的心灵充满了乐趣，因此她必须要说声道别才能离开。

特别是很多可爱的孩子们，他们都怀着巨大的爱意去阅读这个故事。亲爱的孩子们，你们很快就会成为男人与女人，我希望你们从这个故事里明白一个道理，那就是始终要怜悯与尊重那些贫苦与遭受压迫之人。当你们长大之后，一定要尽可能地展现出你们的怜悯之心。如果你们可以的话，绝对不要让一个肤色与你不一样的孩子被拒绝在校园之外，或是因为他的肤色问题而对他怀着鄙视或是轻蔑的态度。请你们要记住小艾娃做出的积极榜样，试着像她那样对待所有人。当你们长大之后，我希望所有因为肤色问题而造成的愚蠢偏见或是违背基督教精神的错误都能彻底消失。

我亲爱的孩子们，再见了！我们会再次相聚的。

在斯陀夫人完成这个故事之后，《国民时代》杂志的一位编辑这样写道："斯陀夫人终于完成了这一部伟大的作品。我们无法回忆起美国有哪一位作家能够写出如此激励人心与深刻情感的书。"

斯陀夫人为这本杂志所写的连载故事获得了300美元的稿费。与此同时，这个连载故事的成功也吸引了一位波士顿出版商约翰·P.朱厄特，他立即向斯陀夫人提出建议，希望能够以书籍的形式出版这本书。他向斯陀夫妇提出给予他们出版后一半的利润，前提是他们要与他分担出版的费用。这个建议遭到了斯陀教授的拒绝，斯陀教授表示，他们当时的生活非常拮据，根本无法承担如此巨大的风险。最后，他们达成了协议，斯陀夫人可以得到所有销售额百分之十的版税。

斯陀夫人根本没有期望从这本书的销售中获得任何经济方面的回报，因为这可以说是她出版的第一本书。可以肯定的是，她在1832年曾经准备为一位西部出版商创作一本地理学方面的书籍，十年之后，哈帕联合兄弟出版了她的《五月花》。但是，这两本书都没有给她带来任何经济层面上的报酬，因此她从来没有将自己创作的文学作品视为一门可以赚钱的事业。

正因为有这样的想法，斯陀夫人在看了全新的合同之后说："直到一周之后，我才知道斯陀与出版商达成的协议。事实上，我根本不在乎这个协议的内容。我对于讨价还价根本没有任何兴趣。"

这个出版协议是在1852年3月13日签订的。根据《国民时代》杂志的安排，出版这本书只能在完成了整个连载之后才能进行。因此，这本书的初版5 000本就在当月的20日发行了。

当我们回头看斯陀夫人的出版商所做的第一份半年一次的报告，就会发现斯陀夫人在这本书出版前的几天，花费"56美分购买了这本书"，这是《汤姆叔叔的小屋》一书以书籍形式出版前印出来的第一本书。在出版前的5天，我们发现斯陀夫人购买了一本关于贺拉斯·曼的演说书。在谈到她人生的这个关键时期，斯陀夫人说：

> 在将这本书的最后校样稿子送出去之后，我独自坐下来，阅读着贺拉斯·曼关于呼吁年轻男女的演说稿子，接着我看到了他谈论有关弗吉尼亚州亚历山大的布莱恩希尔地区的奴隶仓库问题——他在演说中痛斥这种现象的存在，但他的呼吁似乎没有什么反响。所有其他的呼吁似乎都石沉大海了。看来，这一切都没有什么希望，没有人愿意聆听这样的声音，没有人愿意阅读这样的故事，也没有人表示任何同情。这是一个可怕的体制，只能让那些遭受压迫的奴隶逃到自由州，或是最后只能逃到加拿大。

她的内心充斥着这样的忧虑感，她决定尽一个女性所能做的一切，那就是希望向英国那边寻求支持，希望他们能够帮助美国实现这个事业，避免英国不再让加拿大成为黑奴们逃难的天堂。出于这个想法，她立即写信给阿尔贝特王子、阿盖尔公爵、卡莱尔伯爵、沙夫茨伯里伯爵、麦考利、狄更斯与其他她知道对反奴隶制事业感兴趣的人。她将这些信件寄出去的时候，还随信附带了她刚印好的《汤姆叔叔的小屋》一书。

在做了她所能做的一切之后，她只能将一切都交给上帝去处决了。她淡然地将精力转移到了其他的事情上。

与此同时，斯陀夫人之前担心这本书是否会受欢迎的顾虑很快就消失了。3 000本书在第一天就售罄了，第二版在接下来的一周时间里发行，第三版4月1日发行。在一年之内，进行了120次再版，大约售出了30万本。几

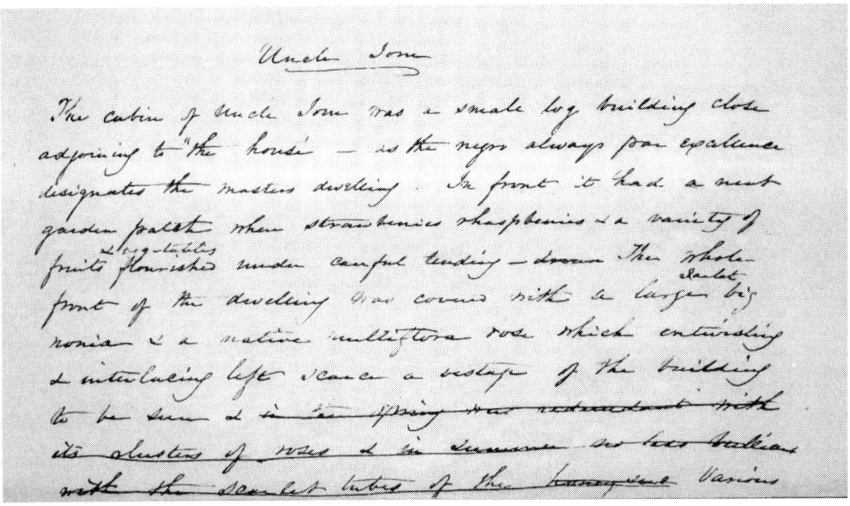

Uncle Tom

The cabin of Uncle Tom was a small log building close
adjoining to "the house" — as the negro always par excellence
designates the masters dwelling. In front it had a neat
garden patch where strawberries raspberries & a variety of
fruits & vegetables flourished under careful tending — drawn The whole
front of the dwelling was covered with a large scarlet big
nonia & a native multiflora rose which entwisting
& interlacing left scarce a vestige of the building
to be seen & in the spring was redundant with
its clusters of roses & in summer no less brilliant
with the scarlet tubes of the [illegible] Various

《汤姆叔叔的小屋》手稿

乎是在一天之内，之前那位过着穷苦日子的教授的妻子一下子成了世界各地民众谈论的焦点人物，她所散发出来的善意影响力传遍到了世界每一个遥远的角落，斯陀夫人成了一名公众人物。她的每一举动都会成为人们关注的焦点，她所说的每一句话都会被别人所引用。过去多年与贫穷做斗争的生活终于结束了。因为在努力去帮助受压迫的奴隶的过程中，她同时也是在帮助自己。在这本书出版之后短短的4个月时间里，她就得到了10 000美元的版税。

此时，很多关于这本杰作的信件像雪片那样飞来，很多人都表达着不同的观点。斯陀夫人的好朋友说过的下面一段话，就是我们所要引用的：

昨天晚上，我一直在看《汤姆叔叔的小屋》一书，看到了凌晨1点钟。我无法将这本书放下，正如我无法眼睁睁地看着一个孩子就那样死去。当我将书合上，躺在枕头上的一个小时里，我忍不住歇斯底里般的啜泣。我想我之前是一个彻底的废奴主义者，但你的书唤醒我内心无比强大的愤怒情感与极为深厚的怜悯之心。在这之前，我从未对废奴问题有如此强烈的感受。

诗人朗费罗在一封写给斯陀夫人的信件里这样说：

我真诚地祝贺你创作的《汤姆叔叔的小屋》一书所取得的成功以及产生的影响力。这是文学历史上一次伟大的胜利，更别说这本书本身所具有的巨大的道德感染力了。

请将我的问候传递给斯陀教授。

忠诚于您的

亨利·W.朗费罗

惠蒂尔在一封写给加里森的信件里这样写道：

哈里特·比彻·斯陀夫人创作了一本多么杰出的作品啊！真的要感谢《逃奴追缉法》的通过！要是这部法律没有通过的话，那么有关奴隶制的问题肯定不会像现在这样为民众所关注与讨论。正是这部法律的通过才最终催生了《汤姆叔叔的小屋》一书。

加里森在写给斯陀夫人的一封信里这样写道：

我认为，反奴隶制的作品所具有的价值，与其遭到的谴责声音是成正比例的。现在，所有捍卫奴隶制的人都不理我了，纷纷站出来谴责你了。这就是你的《汤姆叔叔的小屋》一书所具价值的最佳体现。

惠蒂尔在给斯陀夫人的一封信里这样写道：

真的无比感谢你所创作的这本永垂不朽的书籍！我的年轻朋友玛丽·欧文（《国民时代》杂志的编辑）之前给我写信说，她将你这本书的内容读给20个年轻女士听，其中就包括路易斯安那州一位奴隶主的女儿。她们都一致表示，你在书中所描述的内容是千真万确的。

托马斯·温特沃斯·希金森在给斯陀夫人的一封信里这样写道：

你所创作的《汤姆叔叔的小屋》可以说是当代最具影响力的小说，

也是反奴隶制的最强大的号角，这可以说是文学与道德层面上的双重胜利！可以说，你的这本书在我国历史上是前所未有的！

在这本书出版几天之后，斯陀夫人在波士顿给当时仍在不伦瑞克的丈夫写信说：

自从我来到这里之后，就感觉一直处在风暴的中心。我发现这本书卖得很好，朱厄特也在不断加紧再版方面的工作。他已经前往华盛顿，与国会重要的参议员进行交流，其中包括北方的议员与南方的议员。西沃德告诉他，这是这个时代最伟大的一本书。西沃德与萨姆纳议员都与他一道向南方各州的议员推荐这本书，建议他们每个人都去读读。

毋庸置疑，在这些赞美与表扬的信件当中，也还有很多带有威胁与侮辱意味的信件，比如哈利或是勒格雷等人寄来的这些信件。

关于这些带有威胁与带有侮辱意味的信件，斯陀夫人这样说：“写这些信件的人以一种很有趣的方式，将亵渎神明、残忍以及猥亵都融合起来了，他们的所说的话语只能用约翰·班杨在亚波伦的演说中所说的：‘他们就像一条恶龙那样说话’。”

《国民时代》的一位通讯编辑这样写道：“《汤姆叔叔的小屋》一书遭到了那些趋炎附势的牧师的谴责，这些牧师将这本书贬斥为一本俗气的书。难道你们不应该站出来进行捍卫，并且击退这些充满谩骂的指责吗？”

该杂志的一名编辑回应说：“看来，我们很快就要出面去捍卫莎士比亚的名声了。”

南方一些人几次都想要尝试写一些书去反驳《汤姆叔叔的小屋》一书所传递出来的事实，希望展现出奴隶制这个问题的一些更为光明的部分。但是，他们的这些努力都全部宣告失败了，他们所出版的书也根本没有人去阅读。他们中的一个人就是查尔斯顿的一位牧师，他在一封私人信件里这样写道：

我在《南方出版》上阅读了伊斯特曼女士所写的《菲利斯阿姨的小屋》一书，上面还有编辑的评论。我对这本书根本没有任何可以评论的，因为这本书就是那样。那位编辑可能不愿意将自己的名字告诉公众，因为他也知道这本书所说的根本就是胡说八道。如果这两个专栏就是伊斯特曼女士这本书的定性代表，那么我为她想要成为作家的努力感到遗憾。

此时，斯陀夫人开始收到了来自英国那些著名人士的回信，这些人在回信中无一例外地赞美了斯陀夫人所写的这部伟大作品。阿尔伯特王子通过他的私人秘书表达了对斯陀夫人寄来书籍的感谢，承诺一定会阅读这本书。英国那边的许多文人与政治家也纷纷寄来了信件。卡莱尔公爵在回信里这样写道：

我要向全能的上帝表达最为深沉的感谢，正是全能的上帝让你创作出了这样一本伟大的作品。我真的感觉到，正是在上帝的指引下，这本书的面世绝对不会就这样沉入大海的，必然会掀起一场波澜。一直以来，我都认为奴隶制是这个世界上面临的重要问题，这包括了所有让人激动的英雄主义以及最让人感动的内容。简而言之，解决奴隶制问题是我们当下最为迫切需要解决的问题。很多政党都只顾着党派利益，很多对此漠不关心的人袖手旁观，表现了作为看客的冷漠心态。但是，这些人现在都开始放弃了之前那些自负的要求，能够更加清楚地看到你所揭示的问题。因此，我很高兴看到像你这样的作家能够创作这样的作品，唤醒世人沉睡的思想，打破任何形式的奴隶制交易与任何形式的奴隶制存在。

在收到这封信之后，斯陀夫人也进行了回复。下面就将斯陀夫人回复的部分内容节选下来：

尊敬的公爵：

收到你的来信，我感到无比荣幸。你在信件里赞美我为人类事业所做出的一些卑微贡献，更是让我受宠若惊。奴隶制这个问题是非常严重与可怕的——我所创作的这本书能够取得成功是我之前所无法想到的。我不会将创作这本书的功劳归结为自己，而只能将这视为全能的上帝所创作的一本书。我只是根据上帝的指引，成为表达上帝旨意的一个卑微工具而已。我很高兴看到任何抹黑这本书的人，因为这本书就是为了那些沉默与无助的人写的！我为这本书在英国所受到的欢迎感到惊讶，因为我看到了英国的民意对我们国家所产生的影响力与日俱增。只有一个土生土长的美国人，才能真正明白两国民众在血统、精神与宗教层面上的纽带，奴隶制这样的邪恶存在必然会受到两国民众的一致反感。在自由州的民众感到恐惧与退缩的时候，那么奴隶制对我们每个人的良知与道德情感的破坏是巨大的。任何人都能说出许多方式，奴隶贸易与政治斗争方面的关系。这个国家的自由州每时每刻都受到要与南方蓄奴各州的串通在一起的诱惑。要是我们对奴隶制这种可怕的存在习以为常之后，这将是非常可怕的事情。要是我们每天都认为在阳光之下，奴隶制是合理的存在，或是对此习以为常，以冷漠的口吻谈论这个问题，那么这才是最为可怕的。比方说，现在北方一些州的报纸竟然公开刊登出售一位美丽且具有智慧的黑人女性作为奴隶的广告，这实在是让人感到无比震惊。现在，我本人就在教育两个黑人女孩，她们的行为与礼仪是每个母亲都应该感到骄傲的，她们就是在新奥尔良的奴隶交易市场上获救的。

我将会在这封信里附带一本小册子，讲述这些女孩的家庭之前所经历的事情。这本小册子里面的内容将会更加充分地展现这些事实。这本小册子并不是公开出版的文件，只是用来帮助我筹集金钱去帮助这些奴隶。现在，我希望这本小册子能在英国公开发行。

虽然，这些事情在自由州都是众所周知的事情，还有其他比这些更加恶劣的事情时有发生，但是很多人的道德感却出现了严重的麻木状态。很多牧师都知道这样的事实，但他们却没有以任何方式去宣扬奴隶制的邪恶，或是在布道讲台上公开为奴隶们进行祈祷。他们与那些为了争取选票，而宁愿让奴隶制扩展地盘或是永久持续下去的政客们沆瀣一气。

今年，我国的主要政党都一致投票，决定将所有关于奴隶制的问题都压下去。在两个主要政党里，很多人都是亲眼看见了奴隶交易的事实，因此他们中没有哪个人没有见证了奴隶制所带来的邪恶。这些人竟然还联合起来，一致在国会里通过了《逃奴追缉法》，但他们却在私下场合说奴隶制是让人憎恶的，他们说他们之所以要支持这部法律在国会的通过，是因为他们没有其他的选择。

这种表里不一的行为所带来的道德影响，这种亲眼看见了残酷事实却对此习以为常的做法所产生的道德影响，在我看来是奴隶制问题中最让人感到可怕与震惊的部分。当我看到大西洋对岸的英国民众要比国内的民众更加喜欢我的这本书，更加愿意揭露这个丑恶的存在，更加让我感到悲哀的了。当我每天目睹这样的事实，处理这些细节的时候，总是会感到心力交瘁。当我知道奴隶主对赎身奴隶的漫天要价，知道奴隶市场上的男人、女人或是孩子都是有价码的时候，我感觉自己对这种可怕的邪恶已经习以为常了。

如果伟大、睿智且强大的英国民众能够完全了解这个主题，那么他们必然能够在这个问题上给予我们极大的帮助。我们应该拥有的一致思想，那就是不要受到成千上万让我们感到麻木或是悲观思想的影响，抵制一切让我们放弃斗争的诱惑。在奴隶制这个问题上的所展现出来的道德情感充满着健康的活力，这能让我们原先那种沉睡的潜能迸发出活力。正是因为这个理由，当我看到像你这样的重要人物去关注这个问题的时候，我感觉到非常欣慰。我感觉到一股强烈的情感，似乎耶稣基督在亲口跟我说，为了我的缘故，千万不要放弃这项事业。公爵阁下，你根本不知道你的发声会带来多大的影响力！

公爵阁下，请允许我随信寄给你两份关于目前奴隶制斗争的典型文件，这些都是为废除奴隶制奔走呼号的两名重要的演说家所写的。

现在，我正准备为《汤姆叔叔的小屋》一书增加一些额外的材料。我将会进一步证实我在这本书里所谈到的事实以及数据，特别是关于蓄奴各州有关奴隶方面的法律，还有蓄奴各州的法庭记录。这些法律文件都是任何人无法否认的。我希望公爵阁下能够认真阅读这些材料。可以说，没有比蓄奴各州的法庭所做出的判决更加让人发指的了。我相信，这些材料很快就会寄到英国那边的。

对英国来说，关注美国国内的奴隶制情况绝对不是毫无关系的，我在两国民众当中看到了同一种强烈的情感，那就是要永久性地废除一切奴隶制。这是一场英语系民族所要进行的一场战斗。我看到我在南卡罗来纳州的朋友已经给《弗雷泽杂志》寄去了一篇文章，这篇文章是关于《汤姆叔叔的小屋》一书的评论。现在，伦敦《泰晤士报》上的文章也正在抓紧刊印，准备发行那本小册子，预计将会发行上千本，题目为《英国人对〈汤姆叔叔的小屋〉一书的看法》。如果我没有记错，这将会扭转英国民众在这个问题上所持的看法，让他们忘记《汤姆叔叔的小屋》一书留给他们的印象。

当这本书出版之后，似乎收到了很多人的喝彩。我收到了很多政党发来的让人预想不到的赞美，还有一些人给予的支持。我对此感到非常惊讶，因为我知道奴隶制这个话题所牵涉的范围是非常广的。当这本书的销售量达到10万册之后，伦敦《泰晤士报》才开始引领民众的想法。没过多久，所有的报纸都似乎事先预谋好了一样，全部发表攻击这本书的文章。还有一些一开始赞美这本书的报纸，现在也转而发表一些贬损这本书的文章。一些重要的宗教报纸，比如著名的《纽约观察者》就刊登文章，谴责我的这本书是违反基督教的、违反《福音书》的，甚至说这是我进行个人诽谤的证据。这些报纸采取这种人身攻击的报道方式，很明显就是希望将公众的注意力从奴隶制这个主题中转移出来。

所有这一切都是有意义的，但我认为这些人做的太迟了。我想不出他们为什么不早点出来进行攻击，这一切都是因为上帝希望奴隶制这个问题能够为所有人去认知。因此，那些攻击我的人竟然还等待了那么久，观望着这本书在政治层面上所带来的影响之后才发表自己的看法，而他们其实从一开始就应该预料到是这样的结果的。因此，这实在是有点让人感到奇怪。但是，他们不应该对此感到奇怪，因为他们现在明白了，我们要做的就是要将奴隶制连根拔起，彻底铲除。

我认为，到目前为止，这本书所产生的影响有以下几点：第一，削弱了那些极端的废奴主义者所感受到的痛苦情感。第二，让很多人消除了之前对废奴主义者们所持的成见。第三，让那些自由的有色人种感受到自尊、希望与自信。第四，让整个国家的民众都对黑人产生一种善意的情感。

正如公爵阁下所说的，为了这项自由事业，很多人都采取了一些极端的方式去做，而且他们都是一些“本意良好的人”，这实在是让人感到遗憾。我对这些人犯下的错误感到遗憾，因为他们都是具有高尚心灵的人。但是，任何形式的压迫都会让一个明智的人变得疯狂。他们在人性被愤怒的情感激发之后所说的一些话或是所做的一些事情，反而让很多原本对此持怜悯态度的人失去了怜悯之心，让很多人不愿意真正加入这项事业当中。因此，当我们想到很多本意是为这项神圣事业出力的人，就因为他们说的一些荒唐的话或是做了一些极端的事情，反而让这些自由的事业出现了停滞的状态，这实在让人感到悲哀。

我要坦诚一点，我早就预料到了那些极端的废奴主义者会对我发动攻击，正如我敢于说出一些不允许说出来的话“自由”。事实上，那些最极端的废奴主义者往往会与那些最冷漠无情的保守主义者联合起来。因此，他们一开始竟然赞美我写的这本书，真的是让我感到无比错愕。

我之所以给您写这么长的一封信，是因为我极希望英国一些有思想的重要人物知道我们所持的立场。现在，奴隶制问题可以说是考验一个文明世界的标准——也是对整个基督教世界的一个考验。我感觉到上帝的旨意已经是非常明显的，就是必须要创造一个没有奴隶制的世界！我衷心感谢你对这项自由事业的无限支持。

哈里特·比彻·斯陀

在这年12月，沙夫茨伯里伯爵给斯陀夫人写了下面一封信：

亲爱的女士：

也许，你之前从未听说过我这样一个人。但是，不管你之前是否熟悉我的名字，或是你是否第一次听说我的名字，我都忍不住要向你表达最深厚的感激之情。当我阅读你所创作的《汤姆叔叔的小屋》一书之后，我感觉到全能的上帝激发了我内心无限的激情。在这个世界上，只有最为虔诚的基督徒才能创作出这样杰出的作品。您的这本书必然震惊整个世界，必然将奴隶制的残暴与邪恶的一面揭露给世界的每一个人，让奴隶制这个像撒旦一样的魔鬼从这个世界上永远消失。

斯陀夫人在回信里这样说：

1853年1月6日，安多弗

亲爱的沙夫茨伯里伯爵：

收到你的简短来信，让我感到非常欣慰，内心充满了鼓励。虽然我现在的身体比较虚弱，有时会受到一些悲伤思想的困扰，但你的来信还是让我的精神为之一振。

得知在大西洋对岸的英国还有人与我们有着相同的感受，一样找寻着耶稣基督简朴的告诫，依然虔诚地祈祷耶稣基督的最终降临，这实在是让我感到无比欣慰。

我的伯爵，在给你回信之前，我就已经读了你写给英国女性的那封信，之后还读了萨瑟兰公爵夫人的那篇充满高尚精神的文章，我忍不住会想，这场运动正是始于像你们这样的人，你们受到了上帝精神的指引，如此虔诚与仁慈地推广这项自由事业，你们的做法是完全忠于上帝的旨意，必然能够给这个世界带来极大的善意。

我很悲伤地看到，无论在英国还是在美国，还有很多人根本无法理解基督教的真正意义，无法真正感受到促使废奴运动蓬勃发展背后所带来的精神含义。有一些粗俗之人竟然还对此表达强烈的反对，我之前从未想过在英国或是美国的报纸上看到这样的文章。

当我创作《汤姆叔叔的小屋》一书的时候，我的想法是非常简单的，完全是出于对耶稣基督的爱意。要说是什么动力促使我去创作这本书，我认为正是耶稣基督的精神与教义驱使我这样做。我对南方各州民众有着真诚的敬意，对他们所经受的考验表示同情，也对他们身上具有的优秀品质持欣赏态度。因此，我觉得在创作这本书的时候，必须要以公正的态度去看待这一切。

当时，我认为这本书的出发点是如此的善意，在很多方面都是如此的贴近事实，应该允许在南方各州出版的。因为正如夏娃柔和的声音与圣克莱尔的慷慨大度，肯定会允许这本不存在任何诽谤或是不公的书籍在南方出版的。

一开始，这本书似乎受到了各方的喝彩，南方各州也没有谴责这本书，北方的民众则表现出一致的赞美与喝彩，根本没有出现任何谴责的声音。各方都对这本书表达赞美，实在出乎我的意料。但是，当这本书的销量越来越多，读者越来越多，逐渐深入南方各州的时候，南方蓄奴州开始认识这本书会对每一个阅读的人产生重要的影响，因此他们开始采取行动了。

他们发行了许多小册子或是通过报纸的方式迅速对我发动攻击，当然也有一些北方的报纸或是宗教团体发表了谴责的言论——他们将我的这本书说成是违背基督教精神或是充斥着异教徒精神的，等等之类的话语。他们之所以做出这样的反扑举动，完全是因为他们知道这本书所描述的内容正是他们所害怕的——在南方蓄奴州唤醒民众的良知，担心这会让黑奴获得解放与自由。

现在，南方各州的政治领袖或是资本家们最害怕的，就是废奴主义情绪的不断汹涌。因此，南方蓄奴各州动用的包括私刑在内的一切暴力手段，压制一切与废奴相关的任何讨论或是怜悯之情。在南方各州，奴隶制问题不允许进行讨论，那些敢于销售《汤姆叔叔的小屋》或是任何关于废奴方面的小册子的人，都会遭到罚款或是监禁。

因此，我的这本书在南方一些地方遭到了禁令，正如《圣经》在意大利遭受的待遇一样。南方各州的书店不允许销售这本书，很多人都通过报纸上一些讽刺漫画知道这本书与我本人，或是读过被篡改之后的这本书的部分内容。

今年冬天，我的一位住在乔治亚州的表妹就说，南方各州的民众对我本人怀着强烈的偏见，因此她都不敢在信封上写上我的名字。还有一些善良与优秀的人问她，我是否能够为北方各州的上流社会所接受。

在这样的情况下，最让人感到遗憾的，是《纽约观察者》这份老牌的宗教报纸所做出的行为。这份报纸在南方各州的发行量很大，竟然以寡廉鲜耻的方式攻击这本书与我本人，甚至还怂恿南方其他一些报纸联合起来谴责我与我的这本书。

他们纷纷使用基督教的人物或是耶稣基督的神圣名字来蒙蔽南方各州的民众，强化他们对我以及我这本书的偏见，这实在是让人感到最为悲哀的。当然，所有这些事情都无法影响到我平时的生活，因为我本人有着一个幸福快乐的家庭与一帮友好的朋友。我只是想不到他们竟然可以做到如此恬不知耻，竟然诋毁耶稣基督的名声，对南方很多内心高尚之人进行诽谤与诋毁。事实上，如果他们能以平和或是冷静的方式进行一番讨论，让大众去进行评判的话，也许能够取得最好的反击效果。

但是，我的伯爵，我上面所说的这些事实，只能表明我们所谈到的这个问题牵涉的利益是多么的深刻。可以说，美国的所有福祉都与这个问题息息相关。如果我可以对英国一些报纸做出的讽刺或是挖苦的报道进行评论的话，他们的做法其实就是助纣为虐，与邪恶的一边为伍了。

我相信英国那些高尚与优雅的女士可能会勇敢地站出来，表达她们在这个问题上的鲜明看法，不会受到接下来支持奴隶制的报纸所报道的内容的影响。在这个问题上，英国给予了我们许多帮助，我们需要像英国这样无私公正的国家展现出来的活力，去刺激我们麻木与迟钝的公众情感。

这本书所引发的舆论情感不仅在英国，就是在意大利、德国与法国也一样是非常高涨的，虽然这个问题的最终后果是需要美国人去承担的。事实上，我们已经习惯了这种可怕的邪恶，我们需要世界各国的公众舆论去帮助我们解决这个问题。

现在，我正在写一本名叫《汤姆叔叔的小屋一书的注解》一书。这本书将会以毋庸置疑的方式，将我在《汤姆叔叔的小屋》一书里所提到的所有内容进行事实的佐证。这本书的三分之一内容都是从南方各州做出的司法判决记录或是实施的成文法。我的伯爵，这是一个让人感到无比恐怖的故事——我可以发自内心地说，我是用自己的生命之血在写这本书，因为我需要上帝的帮助。我收集了这些详细的证据，希望英国民众都能关注这些事实。南方各州会对此百般抵赖或是视而不见的。如果他们说我这本书的内容是虚构的，那么他们要谈论的事实到底是什么事实呢？但无论怎样，上帝的旨意是无论如何都要说出来的，我只是在这个过程中扮演了不受欢迎的角色。

在接下来的4月，我的丈夫与我本人将会乘坐轮船前往英国，这次航行是受到了格拉斯哥的女士与绅士们组成的废奴社团的邀请，前去那边与朋友们交换相关意见。

英国民众在很多方面都给予我们许多帮助。英国民众在一些方面做出的相关努力，也许对于改变我国民众的情感与习惯来说是更有效果的。但我始终坚信，英国民众在这方面能够给予我们许多帮助。

我的伯爵，在这场由英语系的基督徒发起的废奴运动当中，很多人都错误地将之视为两国出现分裂的征兆，但这根本不是事实。恰恰相反，这是英国民众对我国展现出来友谊最纯粹与最好的证据。我衷心希望每一个参加这项运动的人，都要毫无畏惧，坚持到底。因为即便要经历千辛万苦，耶稣基督都肯定会站在我们这一边的，他肯定会帮助我们取得最终的胜利，我们所追求的事业一定能够取得最终的成功，这一切不是“因为我们的武力，也不是我们的力量，而是因为遵循了上帝的精神”。

来自一位虔诚基督徒的问候。

哈里特·比彻·斯陀

斯陀夫人还收到了来自亚瑟·赫尔普斯的来信，并收到了赫尔普斯随信寄来的他写的一篇关于《汤姆叔叔的小屋》一书的评论，这篇评论文章发表在《弗雷泽杂志》上。在这封信里，赫尔普斯反对斯陀夫人在《汤姆叔叔的小屋》一书里，将英国的工薪阶层与美国的奴隶进行对比。在回信里，斯陀夫人对赫尔普斯的评论与抱怨进行了回答：

亲爱的亚瑟·赫尔普斯先生：

我非常感谢你在来信中表达出自己的善意观点。不过，我要说，我认为在你看来，我的这本书并没有忠实地表达出自己的想法。当我谈到英语系国家的时候，的确是将这视为一个国家。你会发现，在一位具有智慧的南方人的口中，肯定能够听到关于这本书的戏剧化部分。对一个心智正常的人来说，他肯定会说圣克莱尔所说的话就是关于这个问题最好的回答。我所知道的是，这些事实在不断被重申，也就是说南方的劳工阶层在很多层面上，特别是在体力劳动层面上，要比英国的工薪阶层有着更好的待遇。

但是，请你注意，这是南方蓄奴州的奴隶主采取的惯用套路——除非负负得正，否则他们是无法为此正名的。

在很多人看来，将南方各州的奴隶状况与英国的贫穷阶层进行对比是具有可比性的。我们之所以会做出这样的判断，是基于国会或是其他文件上的数据得出来的，还有诸如《伦敦劳工与伦敦穷人》这些文件所进行的描述，这些文件在我国也是广为流传。但是，我们这些自由的党派所进行的描述其实是不可靠的。因为，美国的奴隶与英国的贫穷阶层之间的差别是巨大的。在美国，奴隶在法律层面上是不被视为一个真正意义上的人，因此他甚至没有存在的权利。但在英国，即便是最卑微的人都受到了法律的保护，即便在理论上是如此，并在某种程度上也是如此。在英国，即便是血统高贵的王子也不能在袭击了最卑微的贫民之后，逃脱法律的惩罚，至少在法律层面上是如此。但在美国，任何人都可以袭击他所遇到的奴隶，只要奴隶的主人选择漠视这种情况，那么奴隶简直就是叫天天不应，叫地地不灵。

我认为，就人性本身而言，英国与美国之间其实没有什么差别。在这两个国家里，当某一个阶层掌握了权力与财富之后，通过一些制度建设，必然会给低下阶层的民众带来痛苦，因为这些民众也不愿意就这样失去财富与权利。他们不愿意承认这是他们应该承担的义务。在世界任何地方，我们都可以见到这样的情况。这并不是专属于英国人的本性或是美国人的本性，而是全人类的本性。我们看到英国民众为了公民权利进行了一步步的斗争，正如美国民众一样在一步步地反对奴隶主对这个国家所施加的不良影响。

在某些方面存在着相同的禁止法令，比如法律禁止雇佣童工，不允许他们在工厂每天工作18个小时，正如我们现在反奴隶制运动所遭到的一些阻碍一样。

还有，无论在英国还是美国，总会有一些阶层的权利会受到我们称之为公民权利的损害。我认为，英国在这方面的坚定支持者要比美国更多一些。我认为，英国有更多地位较高的高尚之人是普通民众的朋友，愿意为推动人类进步事业而做出贡献，甚至愿意牺牲自己的部分利益，这显然要比美国一些愿意放弃自身利益的奴隶制更加高尚，虽然奴隶主阶层中根本就没有这样高尚的人。对于英语系国家中存在的许多弊端与不足，我也不存在任何的偏见，正如我经常在美国所看到的情况一样，这实在让我感到遗憾。可以说，英国与美国都存在着一些野蛮时期所留下来的野蛮行为，但两国都应该抛弃这些毫无意义的偏见。

就我本人而言，我为自己的英国血统感到骄傲。虽然我从不认为英国的国民性是毫无瑕疵的，也知道很多的制度与安排都是需要进行修正与提升的，但我的内心始终都为英国是世界上最强大、最伟大与最优秀的国家而感到自豪。难道英国与美国不是同一种血统、同一种语言与同一种文学，而且是最为辉煌的文学吗？难道弥尔顿与莎士比亚以及过去所有伟大与睿智的人物，不是我们两国民众都熟悉的吗？难道世界上还有其他任何国家有我们两国之间拥有如此之多的相似性吗？如果这些都是事实，你就能明白我的想法。

永远尊重您的

哈里特·比彻·斯陀

第八章
第一次欧洲之旅

在《汤姆叔叔的小屋》一书出版没多久，斯陀夫人就前去弟弟亨利·比彻[1]在布鲁克林的家。在这里停留期间，她对埃德蒙森这个来自华盛顿的奴隶家庭的遭遇产生了强烈的兴趣。艾米丽与玛丽是保罗·埃德蒙森（自由的黑人）与米莉·埃德蒙森（奴隶）的两个女儿，她们都想要逃脱奴隶主的束缚，却在新奥尔良的奴隶市场被卖给了一位奴隶主。当她们躺在亚历山大的监狱里，等待着被送往南方的时候，她们心碎的父亲决心前往北方，恳求热爱自由的民众帮忙筹钱，赎回他女儿的自由。那位奴隶主提出的价格是2 250美元，但这笔巨款并没有吓倒这位勇敢的父亲。他满怀信念地踏上了这段旅程，始终相信自己能够筹到这笔钱。

在到达纽约之后，他前去废奴办公室，讲述了自己的痛苦故事。他需要的这笔钱的数目太大了，具有敲诈勒索的意味，即便是对此这个问题怀着最大热情的人也会感到心灰意冷。这位年老的父亲在别人的引荐下，找到了亨利·沃德·比彻，寻求他的帮忙。最后，他来到了亨利·沃德·比彻在布鲁克林的牧师房子前面。但他因为之前的多次失望，担心再次遭遇失望的结果，因此他犹豫着到底要不要按下门铃。最后，他坐在阶梯前，忍不住地流眼泪。

最后，比彻发现了他，知道了他的故事，并承诺尽自己的最大努力。当天晚上，普利茅斯教堂有一个盛大的集会。亨利就将这位年老的黑人带去。斯陀夫人的弟弟在集会上代表那两名被卖为奴隶的女孩，发表了一篇动人的演说，激发了在场民众的极大愤慨与同情心。他们当场就筹集到了2250美元。这位年老的黑人父亲简直不敢相信这一切竟然真的实现了，他的双手拿着这笔赎回他两个女儿自由身的钱，颤颤发抖。

---

①亨利·沃德·比彻（Henry Ward Beecher，1813—1887），美国著名社会活动家、演讲家、宗教人士、废奴主义者。

这件事发生在1848年下半年。斯陀夫人直到1851年才第一次认识那两位获得自由的黑人女孩，她主动提出要帮助教育这两个黑人女孩。从那时起，她就承担了这两名黑人女孩在学校里读书的一切费用，直到其中一个女孩在1853年去世。

在1852年春天的这次纽约之行里，她见到了这两名黑人女孩的母亲米莉·埃德蒙森，她来到北方是希望拯救那两个当时被卖为奴隶的孩子，其中一个是女孩，另一个则是男孩，他们都落入了奴隶交易商的手中。他们需要筹集到1 200美元的赎金。这两个孩子的父亲通过辛勤的工作，筹集到了100美元，最后一场严重的疾病让他不得不停止了工作。在一番祈祷与许多考虑之后，他那位虚弱的年老妻子某天对他说："保罗，我要亲自前往纽约，看看是否能够筹集到一些钱。"

她的丈夫对此提出反对意见，认为她现在的身体实在是太虚弱了，因此她这次出行是肯定不会有什么好的结果，还说北方民众已经厌倦了继续为奴隶赎身，从而让他们获得自由。但是，这位坚强勇敢的女性没有理会丈夫的这些反对声音，而是怀着坚定的目标出发了。在到达纽约之后，她找到了比彻牧师的家，却有幸发现了斯陀夫人。现在，这位黑人女性的麻烦终于要结束了，因为斯陀夫人是一位为受压迫黑人的代表人物，因此她将这位黑人母亲的事业当成是自己的事业，向她保证她的孩子一定能够获得自由。斯陀夫人立即开始了筹款的事宜。最后，她筹到的钱不仅能够赎回米莉孩子们的自由，而且还使这位年老的奴隶母亲获得了自由。在5月29日，斯陀夫人给当时居住在不伦瑞克的丈夫的一封信里这样说：

> 埃德蒙森这两个女儿的母亲现在年事已高，身体状况也不是很好，目前就居住在纽约。当我创作《汤姆叔叔的小屋》一书的时候，根本没有意识到在现实生活中，基督教的精神依然能够在奴隶制这种极为邪恶的制度下得到最大化的体现。但是，当我看到这位母亲的时候，我看到她身上的那种极为虔诚的基督教精神。在这之前，我从来没有意识到自己会有这样的感想，直到我看到她用那双悲伤与忍耐的双眼看着我的时候。她跟我说了她过去所经历的历史，恳求我给予她一些帮助。她说话时脸上那双充满着耐心而悲伤的眼睛，可以说是我这辈子最难以忘怀的情景。
>
> "好吧，"当她说完自己的故事之后，我说，"你可以放心，你

与你的孩子都会获得自由的。如果我不能帮你筹集到这一笔钱赎身的话，我也会自己出钱的。”当她听到我的话之后，说出“我的孩子，愿主保佑你”的时候，脸上是多么的甜美。

我最近收到了来自珍妮·林德的一封信，她的名字与她丈夫的名字都在我的认捐名单里。他们夫妇捐出了100美元。另一位名为鲍文的男性以他妻子的名义捐出了100美元。我也同样以自己的名义捐出了100美元。一位女士给了我25美元，斯陀尔斯女士向我承诺捐款50美元。米莉与我明天准备前去亨利与科克斯牧师的教堂。米莉到时候将会讲述自己的故事。我已经给目前住在纽黑文的培根与达顿写了信，希望她们能够组织女士参与的类似集会。我希望在波士顿举办一场聚会，在波特兰举办一次集会。我认为，无论对捐钱者还是受赠者来说，都是一件好事。

不过，我一直都希望能够收到你从纽黑文寄来的信件，因为我听说你目前在那里。真正让我的内心感到满足与快乐的，并不是名声或是别人的任何赞美。我似乎从未像现在这样需要别人给予的爱意。我希望收到你的来信，听到你说你是多么的爱我。亲爱的，如果这次努力影响了我回家的行程或是消耗我的一些精力，请你千万不要有任何抱怨之词。当我看到这些有着基督教精神的可怜之人在一边流血一边还在耐心等待，同时内心还怀着宽容态度的时候，我感觉到一种神圣的呼唤，希望自己能够去帮助这些无助之人。相比于这位可能失去孩子的母亲而言，我的家人可以在短时间内见不到我。我必须要想尽一切办法帮她与她的女儿获得自由。

6月2日

我接手的这位黑人女性的事情进展得非常顺利。我明天就要前去与这个地区的许多女性进行会面。我在布鲁克林筹集到了四百多美元来自个人的捐款。明天参加聚会的女性要是在认捐名单上签字的话，那么我们可能还能筹集到两百多美元。

在离开纽约之前，斯陀夫人就给了米莉·埃德蒙森一张支票，支票上的钱足以让她赎回自己的自由以及她两个孩子的自由。之后，斯陀夫人满心愉悦地送她回家了。这笔钱是她努力筹集到的，当然很多热心慷慨的捐款者也付出了巨大的努力。在一封时间标明为1852年7月写给她丈夫的信件里，斯陀夫人这样说：

我收到了A.劳伦斯女士寄来的一封信，里面有她捐给埃德蒙森的20美元的金币。伊莎贝拉女士也寄来了20美元，因此我们现在筹集到的钱已经刚好超过了赎回她们自由所需要的钱了。

在斯陀夫人的这次纽约之行里，她认识了许多新朋友，同时为自己创作《汤姆叔叔的小屋》所获得的赞美与祝贺之词感到受宠若惊。在这段时间里，最让斯陀夫人感到愉快的事情就是接受珍妮·林德（戈尔德施密特）的书信式采访。在一封写给丈夫的信件里，斯陀夫人这样说：

好吧，我们都听说过珍妮·林德。能够与她成为朋友真是美梦成真了，她是那么的优雅与美丽。她有着精致的五官，行为举止都充满了一种诗意。她有着孩子般的纯真思想，展现出就像森林里女神的那种诗意效果，给人一种空灵、柔和与优雅的感觉。

我们购买了一等座，你在想我们是怎么买到这些票的？当霍华德早上去买票的时候，戈尔德施密特先生告诉他，要想买到比较好的票已经是不可能的事情了，因为这些比较好的票已经卖完了。霍华德说他为斯陀夫人感到非常遗憾，因为她真的急着前往英国与珍妮·林德会面。戈尔德施密特先生大声地说："斯陀夫人！就是那位创作出《汤姆叔叔的小屋》一书的作者？如果真是她的话，那么不管在什么情况下，她都应该获得一等票。"

说完之后，戈尔德施密特拿起帽子，走了出去，没过多久就返回来了，从房间里拿出了两张最好的船票，里面还有一个他妻子亲手写给我的信件。霍华德先生说，要是在平时，他肯定会以20美元的价格卖出这两张票的。

今天，我给珍妮·林德寄去了一封感谢信，并且随信寄去了我的那本书。我对即将要见到珍妮·林德感到兴奋，因为她是一个非常高尚的人。

珍妮·林德在收到斯陀夫人寄来的信件之后，在回信里这样说：

亲爱的女士：

请允许我对你的来信表达深沉的谢意，我真的为自己收到你的来信感到非常高兴。

你肯定已经意识到，你所创作的《汤姆叔叔的小屋》一书在每个人心中所留下的深刻印象，激发了每个人对人类生存尊严的关注：虽然我的英语水平不是很好，无法对你这本杰作进行任何评论，但我必须要感谢你这本书带给我的心灵震撼与感悟。

亲爱的女士，请原谅我，我给你写这封信的时候是比较轻松的。但我真的希望能够有机会亲自与你面谈，表达我对你的敬意。我感觉到在你创作《汤姆叔叔的小屋》一书之后，必然会产生重要的变革。因为民众通过你的这本书，对于奴隶制已经有了深刻的认知。即便你以后再也不创作任何书籍了，你依然会被读者们视为一个具有良知与道德的人，就仿佛你变成了造物主的双手，就关乎黑人同胞们最重要的福祉问题进行了极为深刻的讨论与揭露。我亲爱的女士，愿上帝保佑你与你的家人。当然，上帝的双手将始终会照顾着你的。

亲爱的女士，请原谅我的英文水平不是很好以及我在这封信里表现出来的随意。请相信我，这就是我的真心话。

永远尊敬您的

珍妮·戈尔德施密特·林德

当斯陀夫人代表埃德蒙森女士像珍妮·林德发出募捐请求的时候，林德在回信里说：

亲爱的斯陀夫人：

我怀着浓厚的兴趣读完了你所谈到的那位生活在华盛顿的黑人家庭的状况。我与我的丈夫都怀着谦卑之心，希望能够将我们卑微的名字列入认捐名单里面。

时间真的很紧迫，我真的感到非常非常遗憾，我没有机会见到你。我只能以这样的方式向你告别了。我希望在以后的日子里，你能够亲眼见证这项伟大事业所取得的进步，希望你能够继续以高尚的姿

珍妮·林德

态去为这项事业奋斗。在此，我要向你致以最崇高的敬意。

珍妮·戈尔德施密特

当斯陀夫人不在家的时候，她的丈夫收到了马萨诸塞州安多弗神学院圣经文学教授一职的邀请，斯陀教授接受了这个邀请。

关于即将要离开不伦瑞克以及她在那里的朋友，斯陀夫人这样写道：

> 就我而言，如果我必须要离开不伦瑞克的话，我宁愿现在马上就离开。因为相比于我最后依依不舍地离开，我愿意选择现在这种马上离开。我认为再也找不到像在不伦瑞克这里更好的人了。

因为斯陀教授的工作需要他整个夏天都留在不伦瑞克，还需要前往辛辛那提，因此斯陀夫人就继续留在安多弗，负责物色他们要找寻的房子。最后，斯陀夫人找到了一间房子，这间房子就是所谓的老石车间，在大路的西侧，在之前的一两年时间里曾被查尔斯·门罗与乔纳森·爱德华兹当成神学讲台。在斯陀夫人的认真监督与明智的花钱方式下，这座房子在11月1日前被改造成一座充满魅力的住所，并将这个住所称为“小屋”。之后，这个地方成了全国许多文学爱好者进行交流的一个中心。在这之后的多年里，斯陀夫人与丈夫斯陀教授在这里会见了许多来自世界各地的废奴主义者，一起为这项伟大的事业出力。

对斯陀夫人来说，耗费整个夏天去准备新屋，也就与进行文学创作一样，都是让她觉得非常有趣的事情。在7月的时候，斯陀夫人在一封写给丈夫的信件里说：“我之前根本没有想到这个地方是如此的美丽。我们这座新屋周围的景色都非常美丽。这里年轻人都是有礼貌的绅士，都非常随和，每个人都有着基督教的精神。德克斯特先生、他的妻子以及他的姐妹们都是非常有趣的人。昨晚，我们一起前去骑马，沿着蓬普湖边散步。这实在是一个非常美丽的地方！这里拥有着不伦瑞克所拥有的一切，还靠近大海——当然，这与不伦瑞克相比是一个很大的区别。昨天，我们整个上午都在外面，描摹着这里的榆树。可以说，这里的树木真的是美不胜收。上周，我们前去帕克教授家里做客——这是一次非常愉快的做客感受。今天我们准备一起前往萨勒姆海滩钓鱼，之后再煮海鲜杂烩浓汤。

这里的一切都实在太好了，简直让我不敢相信这一切都是真实的。在这个美丽的地方，我们可以购买一匹马到处转悠。这里还居住着许多随和友善的人，每个人都似乎非常喜欢你，都会非常照顾你的感受。面对上帝赐给我的这一切，我简直有点不敢相信，但我知道这一切都是无比坚定与真实的。上帝知道这对我们来说是最好的。上帝的祝福是没有夹杂着任何悲伤情愫的。我无法向你描述自己的灵魂经常感受到的充满爱意与欢乐的情感。我感觉自己非常幸福——感觉自己得到上帝的祝福！

这年夏天，斯陀夫人的主要文学创作就是为《纽约独立报》与《国民时代》的撰稿做准备，同时还为之后要创作的书收集材料。斯陀夫人创作的《奥尔岛的珍珠》一书之后就以连载的方式刊登在《纽约独立报》上，此时的她也已经开始构思这本书的创作了。斯陀夫人的这种想法可以从她在7月29日所写的一封信里看出来：

安多弗真是一个美丽的地方！这里有太多可以散步的地方了！昨晚，我们一群人就攀登了展望山，一路上我们非常开心。自从我来到这里之后，我们每天都会歌唱圣歌。当我们爬到山顶的时候，我们就会歌唱“当我可以清晰地读出的名称”，一切都是这么的开心。

我每天的时间似乎都不够用了，每天都感觉有很多事情要做，但是，我所构思的关于缅因州的故事还没有动笔。不过，我每天都在思考这个故事，只是我需要一些真实的事例来充填我的构思轮廓。这里有一个人名叫“老乔纳”，他是在这里的“钓鱼老师”，他是一个身体结实、自力更生的渔民与农民。在他年轻的时候，他乘船环游世界各地，曾有过伟大的梦想。在他老年的时候，他参加了祈祷集会，阅读了《传教士先驱报》。在他的那个棕黄色的水手箱子里，还存放着许多钱。他有着善良的心灵，同时有着坚忍的意志以及钢铁般的肌肉。我必须要再次前往奥尔岛，再次见见他。现在，我正为《国民时代》撰写有关缅因州以及那里景色的文章，我认为这篇文章要胜过我为《纽约独立报》所写的那篇文章。在那篇文章里，我描述了朗费罗所居住地方的景色。在下一次，我会写一篇关于霍桑以及他所住地方环境的文章。

今天，朱厄特女士寄给我《阿拉巴马庄园主》这份报纸发表的一篇野蛮攻击我的文章。这篇文章的部分内容说：“妄图攻击世界上最完美制度的阴谋诡计可能会显得比较合理，但却无法隐藏这本书作者的邪恶用心（也许，她根本没有意识到这点）。那位创作这本书的女性要么是一个内心邪恶的人，要么是一个非常极端的人。因为我们相信，任何敌人都不可能打扰她平时所过的安静家庭生活，任何发生在南方的事情都不可能像她在《汤姆叔叔的小屋》一书里所宣扬的那样邪恶！谁能够想象像她那样邪恶的女人是怎么可以信口雌黄，并且还赢得大家的喝彩呢？这实在是让人感到悲哀。”

最后，斯陀夫人的家里装修好了，从不伦瑞克搬到这里的旅程也开始了。他们一家人最后在安多弗的新家舒适地住下来了。不过，斯陀夫人在冬天的写作计划却因为当时所处的环境而发生了改变。她没有继续之前她认为有趣的缅因州故事，而是认为有必要应对南方蓄奴州对她作为《汤姆叔叔的小屋》一书作者所做出的野蛮与恶毒的攻击进行回击。因此，她希望能够出版一本书，用无法反驳的可信材料去回应这些攻击。当时，南方的许多报纸对她进行攻击，说她的这本书代表着无知以及恶意，充斥着数不清的谬误。为了反驳这些攻击，斯陀夫人不得不写了一本《汤姆叔叔的小屋一书注解》。在这本书里，斯陀夫人引用了所能找到的可信材料。在这年冬天的时候，斯陀夫人这样写道：

现在，我真的不得不这样做。我正准备写《汤姆叔叔的小屋一书注解》一书。这本书将会包括那本书里提到的内容的各种原始事实、资料以及文件。这也是一本比较有趣与感人的书，可以与汤姆叔叔的可读性相比。现在，我希望你能够将我所写的内容与你们从奴隶主口中听到的话语进行对比，那么你们就会发现《汤姆叔叔的小屋一书注解》一书要比《汤姆叔叔的小屋》表达出更加强烈的情感。

关于《汤姆叔叔的小屋一书注解》一书，斯陀夫人在看到萨瑟兰郡公爵夫人发表了一篇代表英国女性给美国女性的演说稿子之后，给她写了这样一封信：

这本书是由我亲眼看到的事实或是我双手能够触摸到的事实、文件与资料所构成的。这些事实、文件与资料能够证明目前发生在我国的可怕邪恶行为。我是带着灵魂的煎熬、泪水与祈祷写下这本书的，度过了无数个不眠之夜与身心疲惫的白天之后才完成的。通过这本书，我怀着沉重的心情去作证，正如一个人在庄重的誓言之后，揭发了他最亲近之人所犯下的罪恶一样。

因此，我不得不站出来，将发生在我国目前的邪恶行径揭露出来，让世界各国民众都能看到。人性发出来的大度声音可能会让我早已经萎缩的活力重新发出来，所有基督徒都可能为我们祈祷。而这种关于我们国家的耻辱、恐怖与爱意，加上对耶稣基督的爱意，会最终带给我们无限的力量，最终消除这一可怕的邪恶存在。

感谢你始终站在被压迫者的一边。

哈里特·比彻·斯陀

斯陀夫人这种耗费脑力与心力的创作直到1853年4月1日才完成。当时，她收到了苏格兰格拉斯哥废奴协会的邀请。于是，斯陀夫人就与丈夫和弟弟查尔斯·比彻一起出发前往英国。

与此同时，《汤姆叔叔的小屋》一书在国外的销量是前所未有的，成了一种现象。伦敦一名著名出版商桑普森·洛就写了下面一篇文章，我们可以看看他的这篇有趣文章：

《汤姆叔叔的小屋》一书在伦敦的第一版是出版商亨利·维特利泽在1852年4月发行的，每本书的定价是16便士，出版的印刷量为7 000本。当时，维特利泽收到了美国那边寄来的一本书，这是他通过一位在波士顿的朋友购买的，之后就通过蒸汽船寄到英国让他可以马上阅读。在读完这本书之后，他将这本书给了已故的大卫·博格先生阅读，博格先生是以生意精明与充满进取心而闻名的出版商。博格先生花费了整晚时间阅读这本书，并且进行了思考。在第二天早上，当他将书还给维特利泽的时候，拒绝以5英镑的合理价格出版这本书。

维特利泽立即将这本书交给他一位熟悉的出版商朋友，并且通过克拉克联合出版公司的名义亲自带来。最后，出版的7 000本书卖完了，接着就是不断地加印。维特利泽先生将他对这本书的兴趣传递给印刷商与书商经纪人，这些人与比顿先生一起，立即准备大规模地发行这本书。读者对这本书的需求量实在是太大了，因此这也创造了极大的需求。最后，他们才发现原来每个书商都可以自由地印刷出版这本书。这也导致了一个廉价文学作品的全新时代的开启。在16便士一本书的价格之后，1先令一本书的价格出现了，之后就变成了6便士一本书的价格。从1852年的4月到12月，一共有12个不同的版本面世了。在这本书面世的一年之内，一共有18家伦敦出版公司参与了出版这本书，最后总的加印达到了40次，版本有插图版的，每本是15便士，也有10便士与7便士的版本，甚至还有其他更加低廉的版本。

在对这些版本进行详细的分析与已有事实的考虑之后，我相信这本书在英国以及英国殖民地的总销量超过了150万本（截至1878年）。

克拉克联合出版公司在1852年10月也发表了一篇类似的公告，证实了这个事实：

在这年4月份的时候，美国版本的《汤姆叔叔的小屋》一书出版之后，很快就在4月底送到了出版商博格的手上。这是已故的主教们出版公司的吉尔平给他的。在吉尔平先生拒绝出版之后，博格先生就将这本书推荐给亨利·维特利泽先生。维特利泽先生最后购买了这个版权。不过，在出版之前，他们有一个晚上可以进行最终的决定。于是，维特利泽就将这本书带回家里阅读，另一本书则由布夫里大街的印刷商索尔兹伯里带回家阅读。索尔兹伯里先生在第二天早上给出的一份报告这样说，（我们引用他当时所写的文字）："我读这本书一直读到凌晨4点钟。这本书强烈激发着我的阅读兴趣，在某种时刻让我发笑，但在下一个时刻却让我哭泣。我认为这可能是因为我天性比较敏感，而不是因为作者的故事所导致的。于是，我就希望让我的妻子去读读（因为我的妻子是一个相当坚强的女人）。我叫醒了妻子，阅读了几个章节的内容给她听。结果，我发现这本书的故事情节让她整个晚上都睡不着。她时而大笑，时而哭泣。于是，我下定决心，这是一本肯定值得出版的书，并且是一本必然能够赚到钱的书。"

维特利泽先生的观点与索尔兹伯里的观点不谋而合，他们都希望能够立即出版这本书。在这本书出版的一周之内，出版的7 000本书就已经售罄了。期间，虽然我们做了许多推广，但在6月中旬之前，似乎都没有了什么动静。从6月中旬之后，这本书的销量开始直线上升，在7月份的时候，以每周1 000本的速度销售。在8月份的时候，读者对这本书的需求量更多了，并一直持续到了20日。这样的销售数字实在是让人感到震惊。现在，我们大约雇用了400人专门从事这本书的印刷与出版工作，还有17名印刷工人日夜加班来做。他们大约印刷了150 000本书。直到现在，这本书的销量仍未有任何减弱的趋势。

在1852年8月，斯陀夫人的这本书在美国就遭遇了戏剧化的待遇。在没有她的同意或是知会之下，很多出版商都出版了这本书。在这一年9月份，我们发现伦敦的两家戏院已经将这个故事改编成了戏剧，分别在维多利亚皇家戏院与国家大戏院上演。在1853年，斯陀教授这样写道：

《汤姆叔叔的小屋》已经被改编成为戏剧，在纽约的国家大戏院上演，并且上演的时间持续了整个夏天，取得了空前的成功。大家在每个晚上都前去观看这出戏剧，似乎没有什么能够影响民众对此的热潮。民众所展现出来的热情在波士顿博物馆那里也得到了充分的展现。《波士顿先锋报》也在不断地报道这些新闻。《观察者报》与《商务报》等报纸也对这样的事实感到震惊。他们不知道应该说些什么，或是应该做些什么。

与此同时，斯陀夫人的《汤姆叔叔的小屋》一书在英国那边依然非常畅销，并且发行了由克鲁克香克所描绘的插图版本。这个版本得到了艾利胡·巴里特与卡莱尔爵士等人的推荐。之后，这本书开始风靡整个欧洲大陆，相继出现了法国版本的《汤姆叔叔的小屋》，这本书是由贝洛克女士翻译的，由巴黎的卡朋特出版商出版。斯陀夫人曾在这本书的欧洲版本里这样写道：

《汤姆叔叔的小屋》一书欧洲版本的前言

我授权在欧洲大陆发行这本书的时候，我的内心只有一个想法，那就是人类的爱意要超过每个人对国家的爱意。

所有基督教国家的民众都有着相同的理念，都对上帝的神秘旨意怀着一种敬畏的态度，他们都相信人类与上帝之间联系的纽带是通过耶稣基督的人性得到维系的，因为只有这样才能让人类的存在具有某种神圣性可言。在耶稣基督的真正信仰者看来，那些践踏卑微同胞之人的行为，不仅是不人道的而且是亵渎神明的做法，而奴隶制则是最不人道且最亵渎神明的一种形式。

有人说，这本书里面所描述的内容以及事实都是夸大其词的！哦，事实上，我真的希望我写的只是一本虚构的小说，那该多好啊！要是这本书真的只是小说，而不是发生在现实生活中血淋淋的一面的话，那该多好啊！但是，这本书并不是真正意义上的小说，因为成千上万内心正在滴血的奴隶就是最好的证明。每一个在南方蓄奴州的人都可以证实这一切都是真实存在与真实发生的，即便就是奴隶主本人也无法对此进行任何否认，因为他们每天就做着虐待与摧残奴隶的行为。既然事实就是这样，我们必须要出于对上帝的敬畏，将奴隶们的呼喊与愤怒表达出来，这是一种没有亲身经历过这些惨痛事实的人所无法感受到的真正痛苦。我希望这本书能够让更多人了解他们所经历的一切！

有人说，在对待有可能让目前的美国处于分裂状态的奴隶制问题上，我们不应该怀着完全绝望的心态，而应该怀着庄重的希望与信心——我们对奴隶制这种魔鬼制度的指控，必然是源于耶稣在拿撒勒这一出生地发出来的。目前，关于奴隶制所引发的分裂或是震撼，有可能会让这个崇高的国家出现分裂。

但是，这样一种认为废除奴隶制就会引发美国出现分裂或是内乱的想法是非常谬误的。无论从哪个方面去看，美国都是践行人人平等与博爱精神这一原则的典范。在美国这片土地上，法国人、德国人、意大利人、瑞典人与爱尔兰人都可以相互融合，彼此都拥有着平等的权利。所有来自其他国家的移民都能充分展现出来的民族优点，都能在自由的法律面前获得平等的权利。在美国，一切事情都在朝着自由化与人性化的方面发展，并且不断地提升民众的道德水平。正因为如此，我们目前与奴隶制的这场斗争，才会每年都会显得越发严峻，双方的矛盾才会越发尖锐。

人类进步的潮流必定会越走越宽，最后将所有国家所发出的能量都融汇起来。即便这样的潮流会遭遇到障碍，但是那些中世纪残存下来的无知、残忍或是压迫的行为必然在翻滚的潮流下被淹没，最后让我们可以轻易地扫荡这样的障碍，一往无前。

在一开始的时候，奴隶制在联邦各州里迅速蔓延。社会的不断进步，已经让北方各州废除了奴隶制，摆脱了奴隶制对人性的桎梏与枷锁。在肯塔基州、田纳西州、弗吉尼亚州以及马里兰州，这些州在不同的历史时期都出现了反对奴隶制的强大运动——这样的运动可以通过每个自由州的相互联合起来得到增强，同时这样的运动不断地消除民众的无知，耗费了巨大的资源让这片土地重新焕发出活力。

不用过多久，这些州将会从自我封闭中解放出来。如果这些州没有增加更多的奴隶人数，那么解决奴隶人口的问题将会变得容易一些，剩下的问题就是采取强制手段来释放奴隶。

谈到这里，我们就说到了这场斗争的关键点。除非蓄奴州的地域范围在不断扩展，否则就会有更多的奴隶在鞭子下死去。如果蓄奴州的地域范围不断扩展，那么奴隶制就有可能在这片土地上根深蒂固。在这些问题上，各个政党进行了激烈的斗争与策略的转变。每过一年，关于奴隶制问题的斗争就会变得更加尖锐与不可调和。

关于美国的这场内斗，世界上没有比欧洲对此更加感兴趣的了。每一个欧洲人在这个问题上都有自己的看法与判断。

因此，如果其他国家那些受到压迫的人想要前往美国，获得一个永恒自由的避风港湾的时候，那么他们就要做好充分的准备，他们必须身体力行地反对任何形式的奴隶制，因为那些被奴役的人本身就永远都不可能获得真正的自由。

科苏特曾说过一句非常有哲理的话：“在任何一个国家里，如果自由是一种特权，而非一种普遍性的原则，那么这个国家是不可能真正自由的。”

斯陀夫人的这篇前言大约在《汤姆叔叔的小屋》一书的20个版本里得到传播。要是按照不同国家的字母顺序进行排列的话，这些国家分别是：亚美尼亚、波希米亚、丹麦、荷兰、芬兰、佛兰德、德国、匈牙利、伊利里亚、意大利、波兰、葡萄牙、罗马尼亚、当代希腊、俄国、塞维利亚、西班牙、瓦拉几亚与威尔士。

在德国，斯陀夫人的《汤姆叔叔的小屋》一书获得一份主流文学期刊的高度评价："美国出现的废奴运动主义者应该给《汤姆叔叔的小屋》一书作者戴上一顶皇冠，因为没有比哈里特·比彻·斯陀夫人在这本书发出更加强大的声音与呐喊的了。我们必须要承认，在德国、英国与法国的当代浪漫文学里，我们都找不到任何一本可以与之相媲美的杰作。相比于这本书里表现出废奴理念的文字，这本书对自然真理的深刻观察，展现出来的深刻思想以及艺术层面上的毫无瑕疵，都是让人叹为观止的。就连乔治·桑所写的《斯皮里迪恩》与《科罗迪》与之相比都显得不真实或是矫揉造作。狄更斯的作品与之相比，则显得过分忠实地描述伦敦人的生活，显得格局不够宏大。布尔沃的作品与之相比则显得比较狂热与自我意识太强烈了。可以说，斯陀夫人的这本书是新世界对旧世界发出的一次警告。"

乔治·桑女士在阅读了《汤姆叔叔的小屋》一书之后，也用赞美的口吻表扬了斯陀夫人："斯陀夫人的这本书充满了本能的力量。正是出于这样原因，她在创作这本书的时候似乎没有流露出自己的才智。难道她没有才智吗？什么是才智呢？毫无疑问，相比于天赋来说，才智什么都不是，简直不值一提。但是，斯陀夫人有天赋吗？她拥有一种能够感受到天赋需要什么的天赋——这是一种善意的天赋，这不是那些文人所拥有的天赋，而是只有圣人才拥有的天赋。"

查尔斯·萨姆纳①在华盛顿的国会给斯陀教授写了一封信：

> 我所听到的评价与阅读的新闻，都是关于斯陀夫人所做出的伟大壮举。乔治·桑的那篇文章可以说是对斯陀夫人最为中肯的评价。可以说，斯陀夫人就是我们当代活着的天才。要是斯陀夫人现在前往欧洲访问的话，她肯定会被视为胜利者的。

查尔斯·金斯利在埃弗斯利给斯陀夫人写了这样一封信：

> 我真的非常感谢你寄来的充满善意的信件。我为你的书在英国这

---

①查尔斯·萨姆纳（Charles Sumner，1811—1874），美国参议员（1852—1874），外交委员会主席，南北战争时期致力于人类平等和废奴运动的政治家。

查尔斯·金斯利

边受到的欢迎与喝彩而感到高兴。你肯定会得到更多的人赞美与崇拜的。你值得拥有这一切，并且应该要承受这一切。我肯定你之前一路上已经遭受过太多的苦难，经历了太多的痛苦。因此，你不可能被现在你所经历的这些愚蠢或是诚实的崇拜所扰乱。

当我们见面的时候，我有很多话要跟你说。你也将会发现你的这本书给很多人带来的震撼与鼓舞。

永远忠诚于你的
查尔斯·金斯利

1853年3月28日，斯陀教授将下面一封信递给安多弗神学院的审查委员会：

这个学期，我无法出席这次审查委员会。我认为有必要说说我缺席的原因。在去年冬天的时候，我的身体状况就不是很好。斯陀夫人也生病了，并且感到精神疲惫。现在，我们受到了英国方面的邀请，可以免费往返大西洋。

斯陀教授所谈到的这次邀请，是英国那些为解放黑奴运动出力的朋友们发出的。斯陀教授夫妇都很高兴接受了这样的邀请。没过多久，他们就乘船出发了。

在接下来的一个月里，斯陀夫人收到了身在伦敦的佛伦女士的一封信，询问有关她目前的身体状况、家庭情况以及她创作《汤姆叔叔的小屋》一书的背景。

斯陀夫人的回信也是很具有代表性的，即便信件的内容与上文提到的内容有些重复，也有必要引述如下：

1853年2月16日，安多弗

亲爱的佛伦女士：

收到你的来信之后，我就马上回复你的信件。对我来说，能够与你长期进行信件交流，这让我感到非常荣幸。在我的孩子们还小的时候，我就经常用你为孩子们创作的诗歌来哄他们。

有时，我常常就会想，在那个时候我就应该给你写信了，告诉你我是多么感谢你的诗歌给我的孩子们所带来的乐趣。

因此，你想要知道我是一位怎样的女性！如果这是你的来信想要询问的，那么我可以免费地告诉你！首先，我是一个身材不高的女性——年龄在40岁左右，目前的身体状况就仿佛一撮鼻烟那样一吹就散。我感觉自己已经过了人生最美好的年华了，看上去就像一件有点用旧的物件。

我在25岁的时候结的婚，嫁给了一位精通希腊语、希伯来语、拉丁语与阿拉伯语的人，除此之外，他对其他事情一无所知。当我做家庭主妇的时候，我们家厨房的全部瓷器用品只花了11美元，这样的情况持续了两年多。直到我的弟弟结婚了，带着他的妻子来我家做客。那个时候，我才发现我们家没有碗碟或是茶杯来招呼我的弟弟与弟妹。因此，我认为最好还是买一套茶具之类的东西，结果这花了10美元左右。我认为，这就是我婚后最初几年的全部厨房用品了。

虽然那时候的物质生活条件很差，但我在另一方面却感到非常富足。

我有一对头发鬈曲的双胞胎女儿。之后，我的孩子越来越多，最后成了7个孩子的母亲，我最美丽与最可爱的一个孩子现在就埋葬在我过去辛辛那提的家附近。正是在他的病床前与他的坟墓前，我深刻地感受到了那些可怜的奴隶母亲在他们被迫要与孩子们分离时那种撕心裂肺的感受。丧子之痛带给我的悲伤是无法衡量的，我只能向上帝进行祈祷，希望这样的上帝赐给我的苦痛绝对不是毫无缘由的。儿子的去世所带来的伤痛在我看来是这个世界上最残忍的痛苦，我感觉自己永远都无法从中走出来，除非我那颗破碎的心能够让我去帮助别人做出一些好事……

我之所以提及这些事实，是因为我经常感觉到这些事实在《汤姆叔叔的小屋》里得到了展现。这本书里面的很多让人觉得可怕的场景或是痛苦的悲伤，都可以从我失去儿子的那个夏天里找到根源。我认为，我现在已经走出了那段悲伤的时光了，只是我的内心始终为那些奴隶母亲不得不要与他们孩子分开充满了怜悯之心。

在之后几年与贫穷与疾病的痛苦挣扎里，我的其他孩子慢慢长大了。可以说，育儿室与厨房是每天工作的主要场所。我的一些朋友也对我的遭遇产生了怜悯之心，希望我能够通过文学创作来赚取一些金钱，帮助这个家庭。当我通过这样的方式赚到了第一笔稿费之后，我买了一张羽毛褥垫。虽然我嫁给了一个收入不高的丈夫，并且没有任何天资可言，但我的丈夫却有着一个藏书量丰富的图书馆，并且是一个很有学识的地方，因此我们认为舒适的床与枕头应该是最好的投资。在这之后，我发现自己可能开窍了。因此，当我需要一张全新的地毯或是枕垫的时候，特别是在年关的时候，我的家里账户就会像可怜的朵拉那样“始终没有更多钱了”。于是，我经常会对我忠诚的朋友与分享我悲喜的安娜说：“现在，如果你能够帮忙照顾婴儿一天，并做一天的家务活，那么我就可以写出一篇文章，之后我们就能摆脱这种没钱的困境了。”就这样，我慢慢成了一名作家——一开始，我的收入很少，这点我可以向你保证。我还义正词严地向我的朋友提出抗议，希望不要将我的名字放在我写的文章下面，因为我不想要获得什么名声。如果你见过有关我的木刻画，那么你会发现我有一个很长的鼻子，我希望你能注意到这点。在我忠诚的5 000名读者与出版商的要求下，我不得不勉为其难，摆出一副违背我日常模样的样子。我还要跟你说说我在西部地区的生活，这样你就比其他的英国女性更好地了解这本书了。

当时，我住在距离辛辛那提市区两里之外的乡村地区，每天都要做一些家务活，除此之外没有其他方面的工作可做。那么对于当时可怜的我而言，除了写作之外，我还能做什么呢？

要不是有我那位始终陪伴着我的朋友安娜，这位内心高尚的英国女孩——她来到美国的时候一无所有——的陪伴，让我感受到了无限的温暖，否则我肯定无法度过当时要面对的各种不确定事情或是繁忙的家务。因此，你可以想象，当我们神学院的财产被分为各个部分的时候，我们可以以低价来租赁，还有其他一些贫穷的家庭也住在我们家附近。这样的话，我们可以有时帮助别人做一些家务，或是别人帮我做一些家务活。大约有十几户获得自由的奴隶家庭就生活在附近，每当我在生活中遇到了什么紧急情况，他们都会过来帮助我的。如果任何人希望黑人看上去比较好看的话，那就让他们像我这样身体变得虚弱，还要有两三个孩子要照顾吧，这样的工作绝对不是一个人能够忙完的。此时，你就会发现这些黑人的帮助是多么的重要，而他们又是多么的善良与热情。如果他们能够看到我那位年老的阿姨弗兰克，看到她那张诚实、率直的黑色脸庞，看到她那条又长又强壮的手臂，那个结实的胸膛，那么她必然会发出爽朗的笑声，肯定愿意出合理的价钱请他们来做仆人，因为他们都懂得欣赏黑人所具有的美感。

我的厨师，那位可怜的伊莉莎·布克——当她知道自己的名字竟然已经传到了英国的时候，该是多么的惊讶啊——她的生活就是一个获得自由的奴隶的典型生活，她为人随和，热爱生活，始终将我这个卑微的住所与门廊称为“宫殿”，似乎这就像一个拥有七百多人工作的种植园。她之前在弗吉尼亚的种植园里过着悲惨的生活。在她年轻的时候，是一个非常美丽的黑白混血儿，她的声音非常甜美，她的举止是那么的优雅与随和。她从小就在一个不错的家庭里生活，希望日后成为一名保姆或是女裁缝师。当他的家庭遭到侵犯之后，她突然被卖到了路易斯安那州的种植园里。她经常毫无预兆地跟我说，她曾被迫要堕胎，听到她那个尚未成形的婴儿在尖叫。她跟我讲述了许多发生在路易斯安那州种植园的事情，他经常会在晚上偷偷地照顾其他被打得遍体鳞伤的奴隶。之后，她被卖到肯塔基州，她最后的主人是她孩子的父亲。在说到这些事情的时候，她始终表现得那么平静与含蓄，这给我留下了极为深刻的印象。她将那位主人称为自己的丈夫。直到她与我生活了几年之后，我才知道她还有这样的故事。我永远都忘记不了自己当时感觉对她是多么的亏欠。当我听到她用谦卑的口吻道歉说“斯陀夫人，女性奴隶无法自救”的时候，我的内心是多么的震撼。她生了两个美丽的混血女儿，她们都有着美丽的头发与大大的眼睛，我经常在家里连同她们教育我的孩子。这段经历让我之后不断接受奴隶的孩子到我家来。我甚至可以说，这些黑人孩子与我的孩子在家里到处玩耍。不过，我觉得我的这封信写得有点太长了。

你问我创作这本书在美国获得了多少报酬。我的大半生都是在贫穷中度过的，也预料到自己的后半生也将会在贫穷中度过，因为通过写书赚钱的念头从未出现在我的脑海里，我之所以写书，是因为我无法控制的情感与冲动。因此，当我的这本书在销售3个月之后，获得了10 000美金的时候，我真的是喜出望外。我认为这本书还会给我带来一些收入。博斯沃思先生在英国的克拉克联合出版公司与本特利先生都已经对在伦敦出版我这本书产生兴趣。我对此感到很高兴。我为他们所提供给我的价值感到高兴，也为这本书受到民众的欢迎感到高兴。我认为读者应该更加关注这本书里面所涉及的关于奴隶制问题。

我已经受邀前往苏格兰，也许会在那里以及英国度过整个夏天。

在我的内心里，我希望能够在北方一些州建立一所师范学校，专门在美国与加拿大培养黑人女教师。我非常希望世人能够通过我的这本书，去感知黑人这一种族的善意。我在这本书所获得的利益要远远少于出版商从中获得的利益，无论是在美国还是英国都是如此。但我愿意将自己所得版税的大部分收入都用于解放黑人奴隶。我深信，无论是美国还是英国的出版商肯定会与我联合起来的，因为没有比解放黑人奴隶与提升自由之人的道德感更加重要的事情了。

现在，我正准备创作一本书，这本书的内容也许与《汤姆叔叔的小屋》一书在内容方面有些类似。这本书将会包括《汤姆叔叔的小屋》一书里提到的许多内容的事实根据，还有很多南方蓄奴州进行的审判记录与司法记录，还有现在生活在南方各州的一些人的证言。这本书的内容将能够证实《汤姆叔叔的小屋》一书每一个情节的真实性。

我必须要坦承一点，直到我为了写这本书，开始对这些事实进行审查的时候，才意识到自己是在将头伸出来去打探深渊的深度。南方许多蓄奴州的法庭记录与司法判决简直让我难以置信，每当我想到这些，都会感到无比的愤怒。在我看来，这本书应该能够唤醒读者们的灵魂，让他们为改变这样的现状去做一些事情。

在写这本书的时候，我的内心也忍受着煎熬。可以说，我在写这本书的时候，都能感觉自己的心灵在滴血。在创作《汤姆叔叔的小屋》一书的时候，我经常感觉自己的身体状况会彻底糟糕起来。但我每天都在虔诚地向上帝祈祷，希望能让我渡过这样的难关，赐给我完成这些作品的力量。

我真的难以想象，这种恐怖与梦魇般的丑恶竟然出现在我所生活的国家里！这就像一块沉重的铅那样压在我的心头上，让我的生活笼罩在悲伤的阴影当中。当我像我的兄弟们那样对这个问题有更多的了解，就会感觉到我必须要将这样的恐怖写出来。这就好比一个人出于正义的驱动，在法庭上指证自己家人所犯下的罪恶一样。在很多时候，我都想过我肯定要死了，但我向上帝祈祷，我一定要活到这个丑恶制度终结的时候。在5月份的时候，我应该就会到达伦敦，我到时候能够见到你吗？

现在，很多人都希望见到我，这实在让我感到非常惊讶，仿佛置身于梦境当中。现在，我忍不住会想，他们到底是否会认为，上帝竟然选择“我这样一个孱弱的人去写这本书”。

如果我能够熬到春天，我希望能够前去拜谒莎士比亚的坟墓与弥尔顿在桑树下的坟墓，好好地看看我祖先的这片伟大土地——伟大而古老的英国！希望那一天能够早日到来！

永远尊重您的

哈里特·比彻·斯陀

第九章
阳光的回忆

斯陀夫人和她的丈夫与弟弟开始了这次前往英国与苏格兰的旅程。之后，她与弟弟一起游历了欧洲大陆的许多地方，这趟旅程给他们留下了非常美好的印象。可以说，斯陀夫人在这趟旅程中所遇到的款待与礼遇让她感到非常惊讶，这着实超过了她的想象。

幸运的是，关于这趟难忘旅程的经历，斯陀夫人通过信件的方式记录下来了。因此，我们能够对斯陀夫人在这趟旅程的所见所闻的一些感受有一个比较直观的了解。在这些信件里，斯陀夫人记录了许多有趣新奇的事情，有些则是一些让她感到略微尴尬的事情。在这趟旅程开始的时候，她写了下面这样一封信：

1853年4月11日，利物浦

亲爱的孩子：

首先，你们肯定想听我讲一下有关这次旅程所发生的事情。我亲爱的孩子，我可以向你们保证，乘坐轮船前往欧洲大陆的过程绝对不是要我谈论的主要内容。

如果你们想要乘坐轮船前去欧洲，我就要事先警告你们，千万不要想着在轮船上还可以做一些充满娱乐趣味的事情。在轮船起航之后，尽量不要离开你们的舱房。当轮船在大海的航行趋于平稳的宝贵时间里，你需要乖乖地待在你的舱房里，这样做完全是为自身的安全考虑。你们要尽可能地听从船员们的吩咐与安排。在轮船出发的半个小时里，你们会产生一种让人绝望的感觉，就像一只蚱蜢那样在狭隘的舱房内跳来跳去。如果你们的行李里装着什么东西的话，那么这些东西将会伴随着你们这次漫长的旅程。

我们乘坐的轮船是“一帆风顺”号轮船，这艘轮船被许多人一致称为“给乘客带来极大优越感的轮船”或是“给客人带来美妙感受的轮船”。不过，这艘轮船在出发之后，却在很多时候都左右晃动，似乎做着很不规则与不匀称的运动，让我觉得自己似乎就是躺在摇篮里睡觉。当然，我对于可怜的孩子们的遭遇其实是非常同情的，因为他们在很多时候在摇篮里左右地摇晃。难怪这个世界上有那么多愚蠢的人，也许他们就是在小时候躺在摇篮里的时候被摇坏了脑子。

我们在周日早上抵达：这里的海关官员是非常具有绅士风度的人。他们会走上船，将我们的行李拿出来，然后进行迅速的检查。在很多情况下，他们都只是迅速打开行李箱，然后马上关上行李箱，整个检查的流程就算结束了。整个检查的过程没有超过两个小时。

当我们向一些朋友询问附近的酒店时，正好看到克罗珀的儿子正在客舱那里等待着我们一行人，然后将我们带到他们舒适的住所。在行李与包裹检查完之后很短的时间内，我们就向之前承载我们渡过大西洋的轮船告别了，然后登上了一条很小的蒸汽船，前往这座城市的中心。

这条默西河如果不是这么肮脏与这么多淤泥的话，肯定会是非常美丽的。当我们乘坐蒸汽船前往利物浦的时候，我对眼前的景色产生了一种强烈的哀婉情感。

“到底是什么让这条河流这么多淤泥呢？”

“哦，”一位旁人说，“难道你不知道仁慈的能量是不会受到任何限制的吗？”

在这之前，我就有机会与英国那边的朋友们进行交流。让我感到惊讶的是，我发现一群人在码头上等待着，我们通过了一条很多人所走的小道，走到了码头上。很多人似乎都为见到我们感到非常高兴。

当我上了出租马车之后，周围更是聚集了很多我不认识的人。他们都非常安静地站着，非常友善地看着我们，目光却又是那么的坚定。前方有些东西似乎阻挡着马车继续前进，因此我们在前进方面遭遇了一些耽搁。

最后，我们的马车终于前进了，带着我们朝着利物浦的市区行进了一两里路，最后沿着一条鹅卵石道路前进，来到了一座美丽的寓所前，这里靠近默西河的岸边。这里的景色让我大开眼界，简直就像一个天堂，将我之前在海上颠簸旅程的疲惫感一扫而空。从这之后，我就对这些美丽而熟悉的景色产生了一种好感，因为这样的景色在英国这边是如此的普遍，但对我们却是如此的新颖与美好。

在经过短时间的休整与更换衣服之后，我们很快就坐在晚餐桌前。在吃晚饭的时候，我们朋友的嫂子从另一个门走出来，说了几句欢迎我们到来的话语，然后邀请我们在第二天早上与她们共进早餐。

第二天早上，我们起得很晚，然后匆忙换好衣服，之后还想起我们昨晚与招待我们主人的哥哥约好了一起吃早餐。主人的哥哥也住在这里，我们只需要步行就可以到达。之前，我对于英国人所说的共进早餐根本没有任何概念，因此我毫无思想准备地前去了，只是认为我会与我这位朋友的家人一起共进早餐。让我感到惊讶的是，我发现大约有三四十人已经到那里了，很多女士都戴着软帽，似乎她们刚刚去完教堂礼拜回来。不过，我在那一刻感到的短暂尴尬想法，很快就被我们身边朋友的友善话语与真诚的招待所驱散。

在这天晚上，我们出发前往利物浦，参加一些朋友举办的废除奴隶制的聚会。当我要离开的时候，招待我们的女主人说，这里的仆人都想要见见我。于是，我就走进化妆室，满足了他们的这个心愿。

第二天，我们就离开了利物浦。很多朋友陪伴着我们走到马车前，一位身体孱弱的绅士还送来了一束美丽的花与一封感人的信件。这位绅士虽然长期卧病在床，但他觉得有必要通过这样的方式表达他对我的敬意。我们在离开利物浦的时候，内心仍然为这里的民众表现出来的爱意与美德而内心悸动。最后，我们向这些友好的朋友告别，登上了火车，来到了一个舒适的卧车包间。

“亲爱的，”斯陀说，“6个新英格兰人竟然坐在一辆火车上，却没有一个英国人告诉我们任何关于他们这个国家的事情，这就像6位年老的女士在其他人的家里每天喝茶来度日。”

我们对过去的废墟或是古老的房子始终都怀着积极乐观的心态。斯陀教授的双眼始终在观察着沿途的美丽景色，不让我们每个人睡觉，以免错过了这些美丽的景色。一开始，斯陀在他的那边看，然后就朝着我们这边的车窗看，然后提醒我们注意每一个美丽的景色。如果他被任命为这个国家的地理测量专家，那么他肯定会对这份工作充满热情，并且非常忠诚地完成这项工作。我开始认为，我们绝对有必要请一位英国这边的导游，从而让我们更好地领略这个国家的美好。

最后，我们终于到达了苏格兰。当太阳慢慢地往西边下沉的时候，我们的脉搏跳动的速度却在不断上升。我们终于看到了索尔威湾，谈论着雷德古特利特。最后，太阳完全在西边沉没下去了，夜晚终于降临了。苏格兰的民谣、苏格兰的韵律、苏格兰的文学在过去很长一段时间都占据着统治地位。我们会歌唱《友谊天长地久》《苏格兰战歌》或是《邦尼顿》等民歌，又还会歌唱《邓迪》《埃尔金》或是《殉道者》等歌曲。

“大家要好好保重啊！”斯陀说，“千万不要兴奋过头了！”

“啊！”我说，“这简直是一辈子只能出现一次的事情，让我们充分地享受此时此刻的美好感受吧！因为我们永远都不可能有第二次第一次来到苏格兰时候的感受了！”

当我们处在热情的最高点时，几辆马车停在了洛克比。此时外面已经完全昏暗下来了，但我们很快就意识到这里来了很多人，很多人都在窗外注视着。我听到某些人用浓重的苏格兰口音提到了我的名字，这让我产生了莫名的兴奋感。我走到窗前，发现窗外有许多男人、女人还有孩子，他们都伸出双手，然后异口同声地说：“欢迎来到苏格兰！”

接着，他们相互介绍，彼此握手。我通过一些奇怪的方式知道了他们是什么人，甚至知道了一个名叫小G的人，他们还以为这个人是我的儿子呢。当我原本对这个古老的国家就充满了强烈情感的时候，还发现这里的民众对我们是如此的热情，这样的感觉实在是太美好了。我永远都不会忘记他们说出“欢迎你们来到苏格兰”或是“晚安”时候的那种兴奋感。

在这之后，我们在接下来的逗留地也受到了类似的欢迎。虽然我没有走到窗前挥舞着毛巾，而是挥舞着手帕向他们示意问好，或是做了其他一些让我后来想起来感到尴尬的事情，但这是因为我可能还对这里的风俗不够了解所导致的。最后，我发现苏格兰与我们简直都要融为一体了。这些内心善良与民风淳朴的人竟然会在晚上都过来看望我们，我想不出还有哪个地方的人是如此的友好。不过，我认为，他们与我们本来就是同一个种族、同一个血统的。

在格拉斯哥的时候，很多朋友都在火车站站台等待着我们的到来。我们见证了很多友善的脸庞与热情的款待。一群人站在路的两旁，我们则坐在马车上，路人发出热烈的欢迎声音，这让我的内心在不断地悸动，仿佛这就代表着苏格兰的生命力。

在马车行进的途中，我向马车外面望去，看到了阿盖尔大街上一盏明亮的灯。当我发现自己来到了一个温暖舒适的客厅时，才发现此时已经过了午夜12点了，还见到了很多我永远不会忘记的友善朋友。没过多久，我们就住在了温馨舒适的房间里，然后在苏格兰这片土地上第一次入睡。

第二天早上，我起来的时候还是感到困意十足，手脚疲惫。即便是苏格兰的早餐社交活动所具有的魅力都无法恢复我的精神。

我们的朋友与主人是巴里·帕顿先生。我认为正是在他的建议下，我们一行人才受邀前往这儿参加一次重要的公共聚会。

在早晨之后，参观的旅程开始了。首先，主人的一位朋友与3个美丽的孩子一起出发，其中最年幼的一个孩子手里拿着装帧精美的签名纪念册，里面还收集着苏格兰海岸美丽的海藻标本，这些海藻的标本真的是非常生动美丽。

对我来说，这次旅程就像一个让我感到无比困惑的梦境，因为这给我一种朦胧或是不知所措的感觉。因为有太多信件寄给我，弟弟查尔斯从早上9点一直忙到下午2点，就是在不断阅读这些信件，然后用最简短的礼貌方式回信。这些信件都是各个阶层的人寄过来的，有的地位很高，有的地位很卑微，有的是穷人，有的是富人。这些人的写信风格也是五花八门，有的是以诗歌的方式写信，有的则是以散文的方式，还有的就是开门见山，直接表达出自己的想法，还有一些人则通过信件表达想要邀请我们的意愿。还有一些人在信件里给予了我们一些建议与箴言，还有一些人提出了一些要求或是质疑，也有一些人随信寄来了一些书籍、花束或是水果。

之后，就是来自佩斯里、格林诺克、邓迪、阿伯丁、爱丁堡与贝尔法斯特等朋友的盛情招待与欢迎。我们与很多人成了朋友，受到了来自各方的邀请，去了很多地方，在很多不同的地方逗留。其中，一位友善且受人尊重的牧师与她的美丽的女儿邀请我们前往他在克莱德河美丽河边的安静寓所里度过了一个晚上。

面对来自各方的盛情招待与浓厚的善意，我该怎么进行回报呢？事实上，我根本没有足够的时间对每个人产生感激的心理。这里人后来对我说，这样的招待方式肯定会让我感到极为厌烦。就我而言，我是从来没有产生过这样的想法，只是有时会让我产生一种难以言喻的悲伤感觉。

在这天下午，我与市长大人一起乘坐马车前去参观大教堂。市长大人听命于英国的市长公爵。他的头衔与官职在两个国家都只有一年的任期，当然可以连选连任。

当我看到通往教堂的道路被一大群人堵住的时候，我才意识到这些人都是想要过来看我的。我忍不住说："他们到底要看什么呢？是在风中不断摇摆的芦苇吗？"事实上，我那个时候已经感到非常疲惫了，我感觉自己简直没有足够的力气可以参观这座教堂。第二天早上，我感觉自己生病了，需要一位医生，因此无法前去见任何人，或是回复任何信件。这一天，我的大部分时间都躺在床上休息，但在晚上的时候，我必须要起床，因为我之前已经答应了与两千多人一起参加茶话会。我们的朋友沃德洛夫妇过来接我们。斯陀与我一起走上马车，与他们一起出发。我们的马车最后停在了茶话会举办的地方。我隐约记得，当我们出门的时候，有很多人聚集在这所房子前面。最后，我与沃德洛夫人一起走进了化妆间，与很多友善的人一一握手寒暄。接着，我们穿过了一个画廊，那里有一些座位是专门为我们所保留的，这些座位直接面向着听众。我们的朋友巴里·帕顿则主持这次聚会。沃德洛夫人与我坐在一起，在我们身边的是很多友善的朋友，其中主要是来自不同教会的牧师，还有格拉斯哥废除奴隶制协会的许多重要的先生与女士，还有一些其他人。我告诉你这是一次茶话会，但这里的安排却与我之前在美国所见到的任何茶话会都完全不一样。这里有很多很狭窄的桌子一直延伸到大厅的尽头，每个人都有着各自的座位。这些桌子上面摆放着茶杯、茶托、蛋糕、饼干等东西。当时间一到，服务员就会过来端茶。总之，这些安排非常有条理，时间也非常精确，因此最后所有人似乎都是同时拿起茶杯喝茶的，同时也不会给任何人带来不便或是困扰。

在这个大厅里，不时传来一些人低声说话的声音，也有人们互碰茶杯与茶匙发出的叮当声，而台上的人则同时在发表自己的观点。在我看来，这似乎是一种古怪的做法，因为我忍不住回想，到底是一个多大的茶壶所装的水，才能够同时满足两千多人一起喝茶呢？事实上，正如哈吉·巴巴所说的，我认为他们已经做出了“世界最大茶壶”来煮茶水。我忍不住会想，如果我们过去的祖国苏格兰能够同时煮出可以让两千人同时喝的茶水，并且只用一个茶壶的话，这其实也是我们这些新英格兰人喜欢的做法。

我们在画廊大厅里度过了一段有趣的社交时光，我们的茶桌是横放的，我们在所有人的注视下喝茶。当我说我们的时候，我只说一群牧师以及他们的妻子，还有废除奴隶制协会的许多绅士与先生。除了这些人之外，还有我在上面已经提到的一些人。这些人似乎都非常享受这个过程。

在茶话会之后，他们一起歌唱了古代版本的第72首圣歌里的部分内容。

4月17日

今天，我们一群人乘坐一艘小型蒸汽船，准备沿着克莱德河出发。这是一次充满乐趣与插曲的旅程。在这趟旅程里，我们参观了卡德罗斯城堡的废墟，这里据说是罗伯特·布鲁斯最后去世的地方。现在，我们已经接近博斯尼斯的美丽土地了，这是一个满地绿草，到处都是天鹅绒的半岛，在广阔的水域里突兀而起。

来到这个岛上之后，在别人的邀请下，我认识了一位肩膀宽阔的苏格兰农民，他的身高大约有6尺2英寸。这位农民表示见到我感到很荣幸，说他读过我的书，表示他专门走了6里路前来这里看我。当然，他如此坦诚与率真的话语让我的内心非常感动。但是，当我走上前，将我的双手放在他那双犹如棕榈树一般的手掌时，我感觉自己就像蚱蜢那样渺小。我询问了他是谁，他说自己是阿盖尔公爵的农民。我心想，如果所有公爵的农民都是他这样子的话，那么他肯定是一个明辨是非的人。

在我们离开罗斯尼斯岛之后，我们没有乘坐蒸汽船返航，而是乘坐马车，一直沿着河流的两岸前进。在我们的马车上，有斯陀与我本人，还有罗布森先生与安德森女士。大约在这个时候，我开始明白了“女士”与“夫人”之间的细微区别。之后，每当我在这方面出现口误的时候，我都会主动表示抱歉。安德森女士哈哈大笑起来，说她会原谅我在这方面的口误。安德森女士真的是一位非常友善与大度的苏格兰女性，我们在一起聊得非常开心。

当马车不断前进的时候，我们发现我们来这里的消息已经传遍了附近的村庄。很多人都走出来，来到他们的家门前，向我们鞠躬或是露出微笑，向我们挥舞着手帕。途中，因为一些人要前来送花，因此马车停顿了好几次。我还记得有一次，一群年轻的女孩走到马车前，带来了两个我见过最美丽的孩子，他们的小手上捧着鲜花。

在海伦斯堡的村庄里，我们稍事停留，拜访了贝尔夫人，她是发明蒸汽船的贝尔先生的遗孀。贝尔先生在这个国家所做出的发明几乎与富尔顿在美国发明蒸汽船的时间是差不多的。贝尔夫人走到马车前，与我们进行交谈。她是一位非常值得尊重的女性，虽然她当时已经年事很高了。他们为我们准备了午餐，很多人过来与我们见面。但我们的朋友说没有足够的时间让我们继续停留。

在这之后，我们又乘坐马车沿着几个村庄不断前进，每到一处都受到了热烈的欢迎。让我感到开心的是，前来欢迎我们的主要的并不是那些文人、富人或是有地位的人，而是那些普通纯朴的民众。屠夫从猪肉档走出来，面包师从面包店里走出来，磨坊工人不顾脸上的面粉也走了出来。还有很多端庄的年轻母亲手里抱着孩子也走了出来，他们都在微笑着向我们鞠躬，表达问候。每个人脸上都露出了极为友好的表情，似乎他们知道我们很高兴见到这些表情。

当我们停下来更换马匹的时候，我为了更好地欣赏这里的乡村景色，于是就选择步行走路。一位诚实的地主与他的妻子似乎对此感到失望。不过，他们继续乘坐马车，前来见我们。我与他们分别握手，进行了友好的寒暄。

我们看到了几位牧师，他们都是专门过来见我们的。我还记得专门停车，一一与他们握手，并且认识了一个最为温馨的家庭。在这个家庭里，有一位头发灰白的父亲与母亲，还有极为英俊的儿子与美丽的女儿，他们看上去都是那么的友善与美好。我很高兴接受他们的邀请，让我们可以住在他们家。

对我来说，这一天所经历的事情简直是前所未有的震撼。首先，我欣赏这些村庄的美丽景色，知道了这里的民众都是热爱读书的人。我看到了这些人是如此的热情与好客，知道了我所创作的一本书竟然能够唤醒各个阶层民众的强烈共鸣。当然，很多人似乎都会受到这种方式的感染。如果上帝能够给予任何人这样一种能力，正如我希望他肯定会给予许多人这样的能力一样。那么小说创作所带来的能量是既有善意功能，也有邪恶功能的，因此这是我们必须要认真思考与仔细权衡的一件事。在我们这个时代，任何人都无法忽视写作所带来的巨大的影响。

你们也可以猜到，当我们回家之后，感到非常疲惫。你们肯定也不会感到惊讶，因为在第二天的时候，我已经感觉自己更愿意躺在床上，而不愿意去外面了。

两天之后，我们离开了格拉斯哥，在离别的时候受到了民众热烈的欢迎，这让我的内心非常感动，希望能够有机会再次回到这个地方。当我们来到火车站的时候，准备乘坐火车前往爱丁堡的时候，再次来了很多人欢送我们。我们从格拉斯哥到爱丁堡的这两个小时的车程是非常愉快的。当火车最终停在林利斯哥火车站的时候，这个火车站的名称让我们感觉自己仿佛置身于梦境当中。

抵达爱丁堡火车的时候，当火车最后停下来的时候，很多早已经在火车站等候的人纷纷聚集起来欢迎我们。爱丁堡的市长大人在火车大门打开之后就走上前来迎接我们，然后将我们介绍给了这座城市的地方行政长官以及爱丁堡反对奴隶制协会的成员。我们这些朋友所穿的土褐色衣服以及所戴的纯白色软帽形成了鲜明的对比，这在一群人当中行走的时候显得特别显眼，这就好比一群白鸽在黑暗的云层里穿行一样。斯陀与我以及我们之后的女主人维格汉姆夫人一起走进了市长大人的马车，然后我们就出发，人群依然在发出欢呼声与欢迎声。这样的场景真的让我的内心感到无比的感动。当我们经过斯科特的纪念碑时，我的内心产生了一种难以压抑的忧郁感。在这些高尚行为之人当中，他度过了一个多么辉煌灿烂的人生啊！在这个世间的所有美感当中，艺术是多么短暂的事物啊！之前那些为爱丁堡这座城市带来浓厚文学氛围与光明希望的人，他们现在都去哪里了？这个小小的地方却能让这么多人过着美好的生活，享受着文学带来的乐趣。

我们一直沿着爱丁堡的大街穿行，经过了城堡、大学、霍利鲁德、医院还有很多主要的街道，道路两旁的人群在发出欢呼声，在不断地问候我们。一些男孩似乎固执地要跟着我们的马车前进，这让我感到非常有趣。

“看吧！”一位男孩说，“车上那个女人就是她！快来看！”

好几位雕刻师在描绘我的肖像时，都出现了不同的版本。可以说，这是他们自娱自乐的行为。当然，他们描绘出来的肖像都是有些类似的，因此我认为这些雕刻师最终都是没有什么错的。当然，我认为自己在那一天明白了文学创作所带来的意义，那就是让这些遭受压迫的人或是阶层，有机会通过这样的方式去表达自己的声音——我认为每当自己想到这些孩子的时候，就会感觉自己是一个受到上帝眷顾的人！

最后，马车驶入了一条铺满沙砾石的庭院。我们在一个覆盖着绿色常青藤的门廊上下车了，有一种再次回到家里的感觉。

你完全不需要为我感到担心，因为我可以向你保证，如果我是一个古老的赛富勒瓷器的话，我肯定也不会像现在这样的小心翼翼。这里的每个人都是那么的细心周到，当他们见到我们的时候，总是显得那么兴奋，有很多要说的话。尽管如此，我还是要花一些时间去布置我的房间与床铺，我并没有叫这里的仆人帮我。

明天晚上将会有一个盛大的茶话会，到时候我该怎么度过这个茶话会的时间，这对我来说是一个很大的问题。

当我们来到爱丁堡之后，发现寄给我们的信件数量简直多的惊人，甚至要比我们在格拉斯哥收到的信件还要多。在那些寄信人当中，有一些你肯定会感兴趣的人，我可以列举出一些名人的来信，他们分别是萨瑟兰郡公爵夫人、卡莱尔伯爵的来信，他们都在信中表达了希望等我们抵达伦敦之后，与我们进行会面的愿望。除此之外，我们还收到了来自金斯利牧师以及其夫人的友善来信。我希望到时候能够在他们的教区掌管区里与他们度过美好的时光。

至于别人安排好的许多社交活动，我都是处于一种愉悦的默认状态，表现得非常顺从，就像一头被驯服之后的狮子，时刻被驯养员控制着。每当我需要去做些什么事情的时候，我总是尽可能地做出恰当的举止。正如杨格博所说的，即便是天使面对这样的情形，也会做出类似的行为。

4月26日

昨晚，我参加了一次社交聚会。举办社交聚会的大厅前面装饰着美丽的瓷器，我们与市长大人一起乘坐他的马车前来。我们首先来到了化妆间，与很多先生和女士一一握手问候。当我们走出来的时候，发现很多人发出欢呼声、鼓掌声，还有一些人用脚跺地发出的奇怪声音。但是，这里每个人看上去都是那么的友善与高兴，整个聚会弥漫着愉悦与美好的氛围，让我在很短的时间就感觉仿佛置身于家里一样。之后，我认为这些欢呼声与鼓掌声都是苏格兰民众对美国人发出的声音，是对我们这两个国家表现出来的友好情谊的一种认可。

接下来就是便士捐款大会，一个宽大的银色托盘里面装着1 000块金币，这个盘子在每个人面前都显得那么的鲜艳。这是当时在场每个人主动提出的要求，每个人只需要捐献出最小面额的钱，即便是比较贫穷的人也可以参与其中。反对奴隶制委员会在爱丁堡与格拉斯哥都见证了很多穷人捐出他们卑微的收入，表达他们对这项伟大事业的支持。该委员会的工作人员在一个小村庄里发现了一位双目失明的妇女，就说："现在，我们终于找到了一位对废奴事业不感兴趣的人，因为她无法阅读那本书。"

"你说得对，我是没有阅读过那本书。"这位年老的女士说，"虽然我无法阅读这本书，但是我的儿子却给我读了一遍，我也攒下了一些钱捐给这个事业。"

当我看到那些穷人也踊跃地捐钱支持废奴事业，这让我感到非常感动。因为这些穷人虽然自己也过着贫穷的生活，但是他们也依然心系这项伟大的事业，他们表现出来的慷慨大度超越了那些富人表现出来的情怀。我也不会为他们从自身原本就不多的积蓄里拿出一些钱感到伤心，因为我知道即便他们只是捐出一分钱的话，这也代表着他们的心意，对于那些仍在遭受煎熬的黑奴们来说，也是一种巨大的帮助与祝福。

在其他的集会上，我们在演说人说完之后，就离开了会场。当然，我整晚都没有睡觉，因此第二天我感觉自己非常疲惫。

我们从爱丁堡出发，乘坐马车前往阿伯丁。我非常享受这段旅程，因为我觉得这段旅程的风光要比之前我们沿途所看到的一切风景都要更加美好。这里的乡村景色是如此的狂野与独一无二。在下午的时候，我们见到了德国的大海。海面吹拂过来的自由与清爽的空气让我们的精神为之一振，心里想着这原来是真正的德国大海。越过这片海域就是挪威了。在一天的航程里，我们就能领略到这种奇怪而又无比浪漫的魅力。在下午四五点钟的时候，我们正在跨越迪伊海峡，已经可以看到了阿伯丁。此时，我的精神状态处于非常亢奋的状态，沿途都是极为美丽的景色，还有来自海面吹拂过来的清新空气。我们还可以从这里看到远处美丽的城市景色，仿佛这座城市就是从海湾与轮船之上突兀而起的一样——这一切都让我的内心充满了愉悦。当一个人处于这种愉悦的精神状态时，就会对自己所见到的任何事物都感到非常高兴。我们的心灵也对很多朋友的热情问候进行了友善的回应，这些朋友此时已经在火车站那里等待着我们了。

市长大人将我们领到他的马车上，与我们一起前行。在前进途中，市长大人向我们介绍了这座美丽城镇的许多美丽的景点。在所有的景点当中，就有跨越迪伊海峡的那座古老的大桥，这座大桥特别吸引我们的注意力。最后，我们来到了克鲁克香克的家里，他是我们的一位朋友，此时正在等待我们的到来。克鲁克香克非常热情地招待了我们。当我们走进他的房子里，发现一顿热腾腾的晚饭已经摆放在餐桌上，我们不得不匆忙地吃完晚饭，因为我们被告知一场集会马上就要在大厅里举行了。

接着，我们来到了集会举办的大厅，发现走廊里都挤满了人。最后，我们好不容易才走到了讲台上。不知道是不是因为这里大海的空气具有某种提神的作用，还是因为这个场景带给我的震撼，或是两者兼有吧，我们怀着巨大的热情享受着这次集会带来的快乐。我在讲台上被许多年轻貌美的女性簇拥着，其中一位女性将一束美丽的花朵递给我。我一直珍藏着这束花，虽然这束花已经干了，但依然放在我的纪念册里。一张点心桌前面摆放着许多美丽的鲜花与艺术品。之后，有人告诉我，这是一位年轻女士摆放的。其中一样东西特别引起了我的注意，这是一组荷花放在一面镜子前面，这让它们看上去仿佛是在水中生长的一样。

一些人发表了热情洋溢的演说，一些演说者还将听众的热情与他们对美国的热爱结合起来，然后把民众对美国奴隶制的强烈反感情绪煽动起来。

他们将民众捐献的钱都放在一个绣花钱包里。在与很多人一一握手之后，我们最后回到了家，然后坐在晚餐桌前，与别人进行了一番聊天，接着才上床睡觉。第二天早上——因为我们在阿伯丁停留的时间不能超过中午——因此，我们的朋友，包括市长大人与建筑师莱斯利先生都在早餐之后，立即带着我们前去那个地方。

在下午两点的时候，我们从阿伯丁出发，很多朋友都前来送行，我们只能依依不舍地与这些友善的朋友道别。

在斯通黑文火车站的时候，我们停留了一阵子，与这里参加集会的人互致了问候。之后，我们在沿途的一些火车站上也同样做。我们在沿途遇到了很多友善的人，听到了很多动听的声音，这给我们留下了非常美好的印象。

当我们来到邓迪的时候，发现等待我们的又是一次非常热烈的欢迎仪式。我们与市长大人托马斯一起走上马车，前往他的住所。此时，一个聚会已经开始了，正等待着我们的到来。

这天晚上的聚会是在一个很大的教堂里举行，教堂来了很多人，与之前的多次聚会差不多。当他们一起歌唱圣歌的时候，我希望他们能够歌唱一下邓迪。但他们没有这样做。因此，我认为在苏格兰这个地方或是在其他地方，这种典型的国民旋律可能会慢慢地被现代的歌谣所取代。

我们在第二天下午两点钟的时候乘坐马车离开了邓迪，再次返回爱丁堡。在晚上的时候，我们要参加在爱丁堡工人协会举办的另一次集会。我们收到了许多来自工人们的信件，这其中包括邓迪与格拉斯哥地区的工人寄来的信件，他们都希望能够参加在这些城市举办的集会。可以说，要是我们有充裕的时间与精力的话，肯定会一一满足他们的要求。第二天，我们还要拜访一些人，其中一次拜访是受到德鲁蒙德女士的邀请，前去参观景点的霍桑登，但是因为我们时间，所以最后取消了。在上午的时候，斯陀与我前去拜访盖恩斯伯勒公爵与富人。虽然盖恩斯伯勒夫人属于女王陛下的家人，但她现在居住在爱丁堡，而女王陛下则居住在奥斯本。因此，我希望下次约定不会包括什么繁重的责任。盖恩斯伯勒伯爵是巴普蒂斯特·W.诺埃尔牧师最年长的哥哥。

在一个下着雨，天空弥漫着雾气的早晨，我们离开了这个美好的住所，与爱丁堡许多友善的朋友道别了。这里的每个人都非常周到体贴，兼顾我的时间与精力。当然，你肯定知道，我当时已经是筋疲力尽了。因此，我们离开了爱丁堡，内心已经做好了思想准备，即将要面对接下来某些未知的事情。在接下来的两三天里，我们都是在安静的情况下度过的。我还记得你经常会在埃文河畔的斯特拉特福举办布道演说，因此我建议我们前去那里。不过，斯特拉特福不在铁路沿线上，因此我们只能接受当时最迫切的邀请。邀请我们的人是约瑟夫·斯特奇，他是伯明翰人。于是，我们接受了他的邀请，避免其他人的邀请。因此，我们给他写了一封信，告诉他不要告诉别人我们已经抵达了这里。

大约在晚上的时候，我们乘坐的火车抵达了伯明翰火车站。但在我们走下火车之前，人群中就有人说："斯特奇先生应该在这里等待我们的，但他不认识我们，我们也不认识他，这该怎么办呢？"C坚持说，他可以通过直觉找到斯特奇先生。于是，当我们抵达火车站之后，我们告诉他去尝试一下。可以肯定的时候，在几分钟之内，他就选中了一位一脸愉悦的中年绅士，此人戴着一顶宽边缘的帽子。C询问他是不是斯特奇先生，结果证实了他所说的"直觉是一种更加重要的能力"的观点。没过多久，我们这位新朋友与我们就走上一辆马车，迅速前往他在埃奇巴斯顿的住所。可以说，没有其他人知道我们的行踪。你无法想象，当我们感觉自己成功地做到这点之后，感到多么的兴奋。

当晚，我们喝茶的时候，艾利胡·巴里特过来了。这是我第一次见到他本人。虽然我之前从我们在爱丁堡的朋友那里听到了许多有关他的消息。巴里特是一个中年人，身材高瘦，面容和善，一双蓝色的眼睛，给人一种充满修养的感觉，他的行为举止也充满了绅士风度。我对这位"学识渊博的铁匠"之前的印象，似乎要比眼前的他更加庄重或是老成。艾利胡·巴里特这几年都在英国与欧洲大陆生活，他的许多言论在一些基督徒们看来是值得怀疑的，因为他的观点比较好战。按照他的观点，刀剑是解决争议最为直接的办法。很多基督徒都认为，要是遵循他的观点，那么这个世界将会变得非常混乱。

我们整晚都在谈论着许多与废奴主义运动相关的话题。斯特奇先生表示，他相信我们必须要采取更加有力的手段，通过鼓励那些自由的奴隶参与其中，才能取得更好的成效。从克拉克森那个时代开始，这个问题就或多或少会出现在英国那些废奴主义者的脑海里。我应该说，斯特奇先生与他的家人多年来一直都在抵制奴隶们所制造的任何商品。我认为，要是每个人都能抵制奴隶生产制造的商品，那么每个人依然能够过上相对富足的生活。斯特奇先生特别强调了这个问题，表现出了他对这个问题一贯的坚定态度。

第二天早上，当我们坐下来吃早餐的时候，我们的朋友端来了一碟我见过的最大最好看的草莓。考虑到当时才是四月下旬，因此能够吃这些可口的食物，已经是一种非常奢侈的享受了。

在离开之前，我们答应了与伯明翰地区的一些朋友见面，这其中就包括伯明翰废奴协会的成员。这个废奴协会的历史非常悠久，可以追溯到克拉克森与威尔伯福斯那个时代。这里客厅的窗户都是面向地面的，受邀的人员不仅挤满了房间，而且很多人都站在窗户外面的草地上。在这些友好的人当中，就有一位退役的海军将领，他是一位友善的老绅士，他怀着非常浓厚的兴趣来到了这里。

这群朋友陪伴着我们来到了火车站。艾利胡·巴里特与我们一起乘坐火车前往伯明翰，我们一路上感到非常愉悦，享受这趟前往伦敦的旅程。在晚上的时候，我们终于抵达了伦敦。

在伦敦的火车站上，我们发现了宾尼与谢尔曼两位先生在马车旁边等候着我们 。C 与谢尔曼同乘一辆马车，斯陀与我则乘坐另一辆马车。我们很快就到达了一座名为玫瑰村庄的美丽住所。关于沃尔沃思这个地方，我之后还会给讲更多事情的。宾尼夫人非常热情地招待我们。在我们走进房子之后，宾尼夫人对我说：“哦，我们很高兴你们终于到来了！因为我们今晚都准备前往市长大人那里参加聚会，你们也可以前去啊！”因此，虽然我当时感到非常疲惫，但我还是要匆忙地换好衣服，参加这次社交聚会。当宾尼夫妇与其他人都准备好了之后，马车夫用鞭子抽打着马匹过来等候我们。接着，我们就乘坐马车出发了。

到了之后，我们发现那里有很多人。我很荣幸地坐在了市长夫人旁边的座位上，这个座位是专门留给尊贵客人坐的。

一位穿着黑天鹅绒、留着干练头发的绅士从人群中走过来，坐在我旁边。他自我介绍说，自己是首席男爵波洛克。他对我说，他刚刚读到了《汤姆叔叔的小屋一书注解》一书的法律部分内容，特别对拉芬法官提出了自己的观点，谈到了国家与曼恩这个案例的判决，说这些内容给他留下了深刻的印象。

晚宴从9点钟持续到了10点钟左右。我们走进了一个宽敞明亮的大厅，餐桌已经摆好了。

坐在我对面的正是狄更斯。这是我第一次亲眼见到他，因此我对他竟然是一个如此年轻的人感到非常惊讶。贾斯提斯·塔尔福德先生就是《约恩》一书的作者，他也与妻子一起前来。塔尔福德夫人穿着简单的黑色连衣裙，除了挂着一条金链之外，没有其他的装饰。在晚上11点到12点之间，我们都从餐桌上站起来——我们这些女士都去到了客厅，我则被介绍给狄更斯与其他几位女士。狄更斯夫人是典型的英国女性，她身材高挑，体型健硕，肤色显得非常健康，给人一种坦率、愉悦与稳重的感觉。一位朋友对我低声说，她与她的丈夫一样，都是一个善于观察与幽默感很强的人。

没过多久，几位先生来到客厅，我与狄更斯先生进行了短暂的友好交流。他们都是非常优秀的人，因此我总是希望能够认识更多这样的人。

在进行了一番交流之后，我们开始谈论着离开的事情了。市长阁下准备要前往下议院，其他人则还有其他的社交活动要参加。

"过来吧，让我们一起前往下议院看看。"我们的一位朋友说，"并在那边住下来也可以。""好的，"我回答说，"前提是我明天还有另一个躯体才行。"

要是一个人能够不断更换衣服，拥有充沛的精力，从一个地方前往另一个地方，那该多好啊！但是，我们并不习惯伦敦人这种将黑夜当成白天的生活方式，所以已经是非常疲惫了。因此，我要向你们说声晚安了。

第十章
大西洋这边的欧洲大陆

亲爱的：

今天早上，佛伦女士前来拜访，我们聊了一阵子。佛伦女士住在伦敦西区，我现在住在沃尔沃思，可以说与她相隔一大个伦敦城。我在这里收到了许多女士的来信。今天晚上，我们准备与卡莱尔伯爵共进晚餐，除了我们几个人之外，不会有其他人。因为卡莱尔伯爵表示，他认为在安静的气氛下进行交流，这是他所能想到最为周到的事情了。

卡莱尔伯爵是美国人民的伟大朋友，他的姐姐萨瑟兰公爵夫人也是。可以说，他是为数不多亲自到过美国旅行，并以真正赞美的精神去评价我们国家的人。

我们在晚上7点钟的时候抵达，晚餐大约在8点到9点钟开始。我们被引到了入口大厅相近的前厅，然后走到附近的房间，见到了卡莱尔伯爵。这个房间给人一种愉悦温馨的社交气氛，煤炭与蜡烛发出的火光让整个房间都充满生气。

我们一行人之前都没有亲眼见到卡莱尔伯爵，但我们所受到的周到礼遇与真诚的对待，消除了我们一开始出现的尴尬心理。没过多久，我们都坐了下来，一位仆人进来说萨瑟兰公爵夫人来了，卡莱尔伯爵将我介绍给萨瑟兰公爵夫人。萨瑟兰公爵夫人是一个个子很高，非常优雅的人，行为举止都显露出高贵的气息。她的容貌端庄，一头金色的头发，厚厚的嘴唇可以说明她有着纯正的撒克逊血统。

在场的唯一一个不属于卡莱尔伯爵家族圈子的人，就是我之前在美国时就经常通信的人，他是亚瑟·赫尔普斯。不知怎的，可能是因为之前与他的通信所留下的感觉，我觉得他应该是一个年事已高且受人尊重的圣人，就像年老的隐士那样在山洞里沉思人生类型的人。因此，当我发现赫尔普斯竟然是一位大约只有25岁的年轻人，与其他人一样都享受笑话的时候，我感到非常吃惊。

在大家吃完晚餐之后，对话的主题转向了缅因州法律。在英国这边，这部法律被视为立法历史上的一个不同寻常的现象，很多先生都非常好奇地询问与之相关的事情。

在几位先生加入我们的对话之后，阿盖尔公爵与夫人过来了，布兰泰尔爵士与夫人也过来了。这两位女士都是萨瑟兰公爵夫人的女儿。阿盖尔公爵夫人是一位身材瘦削、面容姣好的人，淡黄色的头发，一双蓝色的眼睛，其形象与《蒙托罗斯的传说》一书里的阿诺莱尔形象非常相似。布兰泰尔女士则比较高，显得比较丰满，看上去充满了活力。布兰泰尔爵士可能有着斯图亚特皇室贵族的血统，是一个身材挺拔的年轻人，举止非常优雅。

至于阿盖尔公爵，我们在苏格兰的时候，就听到了他的农民对他的描述。我发现这些农民的描述是非常准确的。阿盖尔公爵虽然身材高瘦，但有着英俊的脸庞，一双蓝色的眼睛，每一个举动都散发出能量与活力。他的才华与办事能力，让他在比较年轻的时候就进入了英国政府的内阁。卡莱尔公爵不仅在政治领域有所成就，而且还是一位卓有成就的作家，已经就长老会主义创作了一部作品，对苏格兰自从宗教改革以来的教会历史进行了详细的阐述。可以说，要完成这样一部作品，需要作者具有很强的文学与历史功底，还需要作者具有自由宽容的精神。卡莱尔询问了我们国家许多著名的人物，特别谈到了关于爱默生、朗费罗与霍桑等人。还有，普雷斯科特似乎在这里也非常受欢迎。此时，我才感觉到，我们的国民反而不像英国这些知识分子这样重视本国的文人，看不起这些文人所创造出来的价值。

在接下来的一个晚上，我们与在丁格尔半岛的老朋友爱德华·克罗珀夫妇一起共进晚餐，当时克罗珀夫妇刚好在伦敦停留一段时间。我们很高兴再次见到他们，也为收到利物浦那边朋友的一些消息感到高兴。克罗珀夫人的父亲登曼爵士虽然在外面休养了一段时间，但身体状况依然没有起色，此时已经返回了英国。

在吃晚餐的时候，有人介绍我们认识了哈瑟顿公爵与夫人。哈瑟顿夫人是一位具有深厚教养与智慧的女性，对于当代的一切进步主义运动都非常感兴趣。我从与她的交流中获得了许多有用的信息。一起共进晚餐的还有查尔斯爵士与特里威廉夫人。查尔斯爵士当时在财政部任职，特里威廉夫人则是麦考利的妹妹。

晚上又来了一群人，其中就有艾玛·坎贝尔女士，她是阿盖尔公爵的妹妹，也是坎特伯雷大主教的女儿。她热情地邀请我前去参观她在伦敦朗伯斯区的家。在场的还有亚瑟·赫尔普斯先生，还有其他我没有必要说出名字的人。

5月7日

今天晚上，我们家来了很多拜访者，很多人来来去去，其中就包括马丁·法夸尔·塔珀，他是一个个子不高，但有着英俊面容的人，为人比较幽默乐观。还有玛丽·亨伊特，她也是一位乐观、理智且友善的人，就像我们在火炉旁一起读书的亲切朋友那样——在我们第一次见面的时候，她就赢得了我们的爱意与好感。

很多人在见到我之后一般都会说，我并没有他们想象中的那么难看。我也可以向你保证，当我见到了很多商店橱窗上都放着我的名字时，我能够感受到英国与苏格兰民众给予我的无限爱意，这让我这个“丑陋的女人”的内心感到无比温暖。我认为，伦敦博物馆里面的狮身人面像才是他们真正应该收藏的东西。我也准备收集这些画像，带回家给你看。这些画像的类型也是多种多样的，就像是爱尔兰的路标，能够告诉你哪一条路是行不通的。

在这晚的应酬结束之前，我已经与很多人进行了交流，感到非常的疲惫。我感觉自己已经没有多余的精力了。在明天11点钟的时候，我还要前往斯塔福德大厅参加一个集会。至于那场集会上会有什么样的场面，我也不知道，但我现在还是先不去想明天可能会发生的事情，当下最要紧的就是先睡上一觉。

5月8日

亲爱的C:

为了完成我之前对你的承诺，我会将自己所记得的细节内容都告诉你，将发生在斯塔福德大厅里举行集会的每个细节都告诉你。在大约11点的时候，我们来到了一条拱形车行道前面，这个大厅的外表看上去不是很豪华。

当公爵夫人出现的时候，我认为她白天看上去要比晚上更美丽。她像之前那样非常热情地迎接了我们。我们被介绍给了萨瑟兰郡公爵。他是一位身材高瘦的人，脸型不是很大，一头浅棕色的头发，一双淡蓝色的眼睛，给人一种充满尊严与柔和的气质。

首先进入大厅里的人是这些家庭成员，就包括阿盖尔公爵与夫人，布兰泰尔爵士与夫人，斯塔福德侯爵与侯爵夫人，还有艾玛·坎贝尔女士。接着就是沙夫茨伯里公爵与他美丽的夫人，公爵夫人的父亲与母亲，帕默斯顿爵士与夫人。帕莫尔顿爵士是一位个子中等的人，有着一双黑色的眼睛，黑色的头发中夹杂着几根白发。他的每个举止似乎都显得比较灵敏，充满了活力。简言之，他的形象与我对他在公众领域生涯里的表现是非常吻合的。对于一位多年前就已经知道大名，但却从未谋面的人来说，当你第一次见到他的时候，总是会产生一种奇妙且不可思议的感觉。在与帕默斯顿爵士进行交流的时候，我只能记得父亲当年与斯陀在火炉旁阅读他寄来的信件时那种欣喜若狂的情形。到场的人还包括约翰·罗素爵士、格拉斯通先生与格兰维尔爵士。我们认为格兰维尔爵士的外貌与诗人朗费罗可以说是惊人的相似。

在午餐之后，大家都上楼梯，前去画廊欣赏画作。我们踏上宽阔的楼梯，走到了大厅，来到了据说是整个欧洲气势最为恢宏的画廊。此时，大家都开始聚集在画廊里面，很快整个房间都挤满了人。我还记得，我被介绍给了很多人，但我也忘记了当时的很多人。我还记得惠特利大主教当时也在那里，还有惠特利夫人与惠特利小姐。麦考利与他的两个妹妹都在那里。诗人兼历史学家密尔曼也在现场，牛津地区的主教，希瓦利埃·本生与夫人以及其他很多名流也在现场。

当我们一群人都聚集在一起的时候，沙夫茨伯里公爵代表英国的女士阅读了一篇简短而热烈的演说词，表达了他们对我们的真诚欢迎。

无论从哪个方面去看，在斯塔福德大厅举办的集会都是让人印象最为深刻的。对我来说，这次集会的安排是非常得体与让人满意的。我绝对没有将这样的礼遇视为对我个人的一种荣誉，我只是将这样的礼遇视为英国女性对我们这个时代一项最伟大的事业的一种支持，对个人自由是属于宗教领域一种自由理念的强烈支持。

在这个场合下，萨瑟兰郡公爵夫人将一条用黄金做成的金手链送给了斯陀夫人，这条金手链的形状与奴隶们的锁链非常类似，金手链上刻着这些文字：“我们相信这条代表着枷锁的纪念品很快就会被打碎！”在金手链的两边都刻着英国殖民地地区废除奴隶交易与奴隶制的时间。在收到这条金手链的多年之后，斯陀夫人在这条金手链上刻上这些文字：“美国的宪法修正案已经宣布永久性地废除了奴隶制。”

斯陀夫人在5月9日继续这篇有趣的日记：

亲爱的E：

我的这封信是专门写给你的，因为我知道我在这封信里所谈到的人物或是遇到的事情，肯定会让你充满兴趣。

你在晚上阅读一些书籍的作者，比如麦考利、西德尼·史密斯与密尔曼等名字，对你来说肯定已经是非常熟悉的了。你肯定希望能与我一起前来这里，因为我昨天早上就与查尔斯·特里威廉爵士一起共进早餐。我认为特里威廉夫人就是麦考利的妹妹。

我们大约在上午11点来到了西邦尔梯田这边，发现很多人已经来到了客厅。我之前已经见过麦考利，但是坐在他与迪恩·密尔曼中间，我必须要承认我还是会时不时感到有些尴尬，因为我希望聆听他们同时说出的一些话。不过，这就像你用双手同时弹奏钢琴，我也可以很自在地与他们进行交流。

在这次早餐会上，也有其他一些著名人物。我没有机会聆听他们的对话，因为他们距离我所在的地方比较远。其中就有格莱内格尔爵士，他是目前担任孟买总督的罗伯特·格兰特爵士的弟弟，他之前创作的一些优秀诗篇让他在美国家喻户晓。他最著名的一句诗歌就是：

“当云层慢慢聚拢起来，我可以看得更清楚。”

这句诗正是出自他的手笔。

历史学家哈勒姆也在现场，我认为当时在场的其他名人是我所不认识的。在这之后的一两天里，我始终在找寻着一些比较著名，但我却不认识的人。

到了5月18日，斯陀夫人在写给妹妹玛丽的一封信里这样说：

亲爱的玛丽：

我可以将我们这次伦敦生活所经历的尴尬与许多刺激我们好奇心与欲望的事情进行比较，只是目前的生活就像我们小时候在感恩节时感受到的那种困惑一样。就像埃奇沃思女士那位具有哲学思维的小弗兰克，我们不得不要将所需物品的名单列举出来，然后就会有很多著名人物带着我们去见识这些东西。在一个天气晴朗的日子里，我们就前去参观温莎地区，非常享受这次旅程。

这次旅行是比较匆忙的。大约在上午11点的时候，我们已经到达了城堡外面那些古老的石砌阶梯上。我们首先穿过庄严的建筑。这个地方让我感兴趣的是这里的宴会厅，这些宴会厅里面装饰着范戴克的画作。在离开宴会厅之后，我们排成纵队前去欣赏一些私人房间。这些公共场所是随时都向公众开放的，但是那些私人房间却是只能在女王陛下不在的时候，或是得到特别的允许之后，才能对别人开放。我们也是在萨瑟兰郡公爵夫人的帮助下，才获得了这样的机会。

一走进前厅走廊，第一个吸引我的东西就是一个适用于婴儿乘坐的柳条马车，这辆马车就摆在一个角落里。这样的马车应该是上一代所有的母亲都非常熟悉的。还有一些历史上大家都熟悉的人物的雕像。房间里还有整齐的帘幕与绿色的美利奴丝绸软垫，这些都不是属于皇家用品，而是属于女性用品。我怀着浓厚的兴趣对这些小物品进行了一番沉思。

我们前去白鹿酒店一起共进晚餐，当年莎士比亚就是在这间酒店里庆祝自己完成了《温莎的风流娘儿们》戏剧，并在这里度过了一段非常愉悦的时光。在晚餐之后，我们又到外面进行了非常愉悦的兜风旅行。

我们想去参观格雷写下《墓园挽歌》一诗的那间教堂，想要亲眼过去那里看看到底是什么景象。斯陀在这之前就告诉我们他知道该怎么去，向我们保证他知道那间教堂的具体位置。于是，在与马车夫进行了一番交流之后，我们最终停在了一间与我们想象中完全不一样的教堂前面。最后，我们认为应该就是这间教堂了，因为教堂旁边有着被青苔覆盖的榆树，还有最古老的紫杉树以及一座覆盖着常青藤的小亭子，这一切看上去都是那么的完美。我们就是依靠在古老的栅栏前，不断地重复着《墓园挽歌》这首诗歌，这显然是我们在这个地方所能说出最好的话语了。

想象一下，当我们回到伦敦之后，别人对我们说，我们根本没有去过那间教堂，我们是多么的懊悔啊！那位早年在错误的教堂哭泣的斯陀，并不是最感到失望的人。不过，他与我们一样都学会自我安慰，认为这样的情感只要是真诚的就行了，只是倘若在正确的地方释放出恰当的情感，那肯定是最为美好的。

在我们从温莎回来之后的那天晚上，我们与我们的友善朋友格尼夫妇一起度过。在第二天早上之后，我们一行人前去拜访科苏特先生。我们在伦敦郊区一间不起眼的房子里见到了他。此时，我不禁想起了美国的很多编辑都喜欢在文章里嘲讽科苏特先生过着奢侈的生活，要是他们亲眼过来看看科苏特先生过着简朴清贫的生活，他们就会认为自己是大错特错了。科苏特怀着愉悦的心情与我们进行交流，他的英语很好，虽然不时会掺杂着一些外国语言。当我们离别的时候，他亲切地拉着我的手，说："我的孩子，愿上帝保佑你！"

我对之后发生的一切事情感到非常愉快。在这一周，《时代》杂志的文章在英国这边传播，说斯陀夫人正在做一条全新的连衣裙！这篇文章的作者提出疑问，说斯陀夫人是否意识到她的这套连衣裙是由谁做成的。文章还附带了一封由裁缝的学徒写来的一封信，说这套连衣裙是由伦敦地区那些地位最低、过着悲惨生活的白人奴隶做成的，还说这些白人奴隶的生活状况要比美国庄园里的黑奴更加糟糕。

此时，斯陀夫人对此根本是一无所知，只是将自己的一些丝绸交给一位朋友，然后等待着这位朋友请人帮忙做好。当时，这位朋友找了一位看上去受人尊重的女性去做这套连衣裙，但竟然出现了这样的结果！既然这篇文章已经登报了，我也收到了许多人寄来的询问信件，其中大部分的信件都是来自国内的，希望我能够出面澄清，说我绝对不能支持英国那边存在的白人奴隶的状况，说我应该运用自己的才华去反对一切形式的压迫行为。难道这些人不知道我在缅因州生活的时候是过着多么简朴的生活吗？我们生活圈子里唯一一位裁缝师是一位充满智慧、为人高尚且接受过良好教育的女性，她认为每个人都应该是平等的，认为平等对待每个人会给自己带来双重乐趣的——可以说，每次与她交流都是非常友善的——我要说，要是他们真的知道这些，他们就会明白我在这件事上是多么的无辜。

我只是希望友善的人过来丈量我的身材，从而做一套丝绸女装，然后带回家。我从来没有想到这位女裁缝竟然是这个团伙的头目。

斯陀夫人给她的丈夫写了一封信，因为斯陀当时有事在身，已经提前返回了美国。这封信是这样说的：

5月22日

今天，我们去聆听了坎特伯雷大主教代表贫民儿童免费学校发表的一篇布道演说。在听到玛丽·埃德蒙森的死讯之后，我的脑海里充斥着悲伤。

5月30日

从我上次给你写信之后的第二天，就是格林菲尔德女士举办的音乐会，我送去了祝贺的卡片。你可以看到他们总是如此高规格地接待你这位可怜的妻子！真是有点意思啊！这里的名流都到齐了，我坐在卡莱尔爵士身旁。

在这次演出结束之后，公爵夫人邀请哈瑟顿女士与我一起前去参观斯塔福德的房子，并一起喝茶。无论是对喝茶还是对公爵夫人，我都怀着很友好的善意，因此我答应了。可以说，我们度过了一段非常美好的时光。在场的人还有阿盖尔公爵夫人、卡洛琳·卡尼贝夫人、哈瑟顿夫人以及我本人。我们一起品尝醇香的茶水，还吃了美味的奶油、葡萄与杏子，又吃了一些意大利面包。

当我们准备离开的时候，公爵夫人一把拉住了我，借口说找我有事要说，将我带到了另一个房间里。然后，她走到我的跟前，用手臂扶着我，她那张高贵的脸庞充满了情感。

“哦，斯陀夫人，我已经读到了《汤姆叔叔的小屋一书注解》的最后一个章节了。”阿盖尔大声地朗读给我听。我非常肯定地说：“你肯定会取得成功的，上帝也肯定会保佑你的！”

我还记得当时自己说，我非常感谢她给予我的爱意以及祝福，告诉她英国女性的想法与她的想法是一致的，还有美国很多女性也有这样的想法。她的双眼看上去洋溢着光芒，似乎受到了无限的鼓舞。要是此时有些人从我们背后看到她那张脸，肯定会觉得她此时是满怀深情的，似乎她在不停地说：“你们一定会成功的，你们一定会成功的！我相信你们会成功的，我也会为你们进行祈祷的。”

于是，我们相互吻别，表示一定要延续这段深厚的友情与对彼此的忠诚——我就这样离开了。

今天，我与沙夫茨伯里公爵一起前往圣保罗大教堂，前去探望那里的孤儿。在这之后，我们与迪恩·米尔曼一起共进午餐。

5月31日

我们与R小姐在牛津梯田地区一起共进午餐。在场的其他著名人物包括拜伦女士。我之前已经与她进行过非常有趣的对话。我敢说，之前在美国出版的任何关于拜伦夫人的画像都没有真正将她的气质与美貌展现出来。拜伦夫人是一位身材高瘦的人，给人一种非常优雅的感觉，她整个人的容貌、衣着与气质都结合了起来，给人一种非常尊贵、柔和、纯洁却又非常强大的感觉。到目前为止，在我与其他人的交流中，还没有哪个人能像拜伦夫人这样，虽然她只是就英国当前的宗教状况寥寥地说了几句话，却已经深深地印在我的脑海里了——她的话语所具有的思想深度是很少见的。

根据之前的约定，在我们离开这里，前往巴黎之前，我都会继续给你写信，告诉你我在这边所遇到的事情。

我们已经牢记了你的建议，那就是要尽快前往欧洲大陆的其他地方。查尔斯在一两天前写给当时在巴黎的C夫人的一封信里就表示，希望能够提前安排好私人住所，绝对不能让其他人事先知道我们已经到了那里。C夫人在回复的信件里敦促我们前去她的家，并且承诺会给我们提供一个安静舒适的地方休息。因此，自从你离开了这里之后，我们似乎每天都在许多社交活动中跳来跳去，忙个不停。在你离开的那天晚上，我们就收到了萨利小教堂那里的许多女性送来的墨水瓶。

这是一个非常美丽的银制工艺品，大约是18英寸长，上面还有一组银制人物的雕像，代表着宗教的含义。这些银制雕像人物的手上还拿着《圣经》，赐予奴隶以自由。那位奴隶的雕像也可以说是大师的杰作，他身子站立着，手紧握着，看着天空，而一位白人正在解开他的脚镣。但是，最美妙的还是几个美丽的孩子递上来的一支金笔，其中一个孩子还发表了一篇非常棒的演说。我叫这些小孩走上前来，让他们站在我的身旁，与他们交流了几分钟。这就是我所做的一切事情。

明天，我们就要出发了，准备以安静的方式离开这里，前往巴黎，接着前往瑞士。我们会参观那里最为美丽的峡谷。正如《圣经》上所说的“这会让我们好好地安睡”。

6月4日，巴黎

我们终于抵达了巴黎，来到了这个最为友善的家庭。整个早上，我在外面参观了许多商店、大街与林荫大道，亲身领悟了巴黎民众的真实生活。当一个人在这座城市里有愉悦的房子可以居住或是有友善的朋友可以依靠的时候，就会感觉这座喧嚣、充满活力与优雅的城市是世界上最具魅力的一座城市，我们在这样一座最具魅力的城市里，竟然还有一个最友善的住所。

我希望孩子们能够过来看看杜伊勒里宫，欣赏里面的雕像与喷泉，看看这里的男人、女性与孩子们都坐在树底下乘凉，在那里闲聊，或是大声唱着什么，或是编织着棉布，还有一些孩子在附近玩着铁环游戏，在打球，这一切都充满了生命力。在这里的很多商店，我们都能看到美丽年轻的女性！她们会说，我是售货员，可以帮你什么吗？简言之，我决定感受一下法国人的幽默感，于是我选择穿上那些玫瑰颜色的衣服。

6月13日

今天早上，我们前去贝洛克的画室，贝洛克准备为我画肖像。他用纯正的法语提出的第一个问题，就是让我坐定，或是摆一个姿势。最后，我们一致决定，我要看着镜子里面的其他画作，这就让我的目光看上去似乎在看着远方。贝洛克表示，卡朋特曾说我始终都给人一种观察者的气质——始终都在观察着任何事物。因此，贝洛克希望能够在我的肖像里，突出“我作为观察者的形象”，但这样的观察却不是处于一种好奇心。没过多久，卡朋特先生过来了。他开始赞美《汤姆叔叔的小屋》一书，说这本书让奴隶制问题的讨论取得了空前的成功。在他过去35年作为书商的人生里，还从未见过一本如此畅销的书。他说，这本书超过了当代其他所有的小说。一开始，他表示自己不愿意阅读这本书，因为他的阅读品位一般都是阅读一两个世纪前那些大师的杰作。“就像贝洛克在绘画时一样。”我戏谑地说。最后，他发现自己的朋友贝洛克，这位充满智慧的人也在阅读这本书，于是他也开始阅读这本书了。

“什么，你也在阅读这本书？”卡朋特问。

“啊，是的！”贝洛克回答说，“不要再对这本书进行任何赞美了，可以说从来就没有一本书像这本书这样。这本杰作超过了我们所有的作品，而且还拉开了很大的距离。”

贝洛克说这本书之所以如此伟大，是因为书里面表现出来的忠诚信念要比其他书更加强烈。我们将很多华丽的辞藻都舍去了，将一些异教徒、基督徒与艺术的内容都融合起来了。

6月22日

再见了，巴黎！准备出发前往索恩河畔萨隆！在与我们友善的朋友进行了深情的道别之后，在上午11点的时候，我们乘坐舒适的马车出发，经过了最为宽敞的道路，来到了勃艮第。我们在晚上9点钟的时候抵达萨隆。

6月23日

从早晨5点钟开始，我们窗户下面的码头上就响起了一阵喧嚣声，河面上出现了三艘蒸汽船，形状就像是我们昨晚吃的面包卷。人们可能会认为伊卡博德·克莱恩会跨越其中一艘蒸汽船，然后双脚踩在水面上。这些蒸汽船的速度肯定很快。“燕子号”蒸汽船将会在5点钟启程，另一艘蒸汽船则会在6点钟启程，我们则要在9点钟启程。

当我们抵达这里的时候，出现了难以用言语去描述的混乱局面。在我们的蒸汽船靠近码头的时候，一个人就开始用吊索准备将行李放在一块平滑的木板上搬上岸。300人在对物品进行着分类，而根本没有任何检查。这里的行李搬运工用肩膀抬着沉重的货物，他们都是一起将四五个用绳索捆绑起来的行李箱背起来，然后咄咄逼人地离开“亚特兰提斯号”蒸汽船。其中，一些帽盒、硬纸盒或是旅行袋就像是流行那样，从火山口里喷出来。“是我的，是我的，”老人、年轻人、士兵、商店主人或是修道士都纷纷大声说，大家都摩肩接踵，彼此互不相让。

7月25日

我们从里昂出发前往日内瓦。这是我第一次搭乘“勤奋号”驿站马车，因此我们特别留意这些马车与其他马车的不同之处。之前，我一直认为“勤奋号”是左右摇晃、行进速度缓慢到难以用言语描述的马车，就像蜗牛在陆地上那样行走。但事实让我大吃一惊，这是一辆马力十足、充满前进动力的庞大马车，拥有火车的速度，并且给人一种非常平稳的感觉。在经过碎石路的时候，我们依然能以很快的速度前进。在经过山丘的时候，我们依然还能让3匹马并驾齐驱，一共6匹马那样前进。我们仿佛就是在一种毫无顾忌地状态下穿越了许多小城镇，仿佛就像一阵旋风，刮过了铺满鹅卵石的街道，最后再次回到平实宽敞的道路。在我们还来不及认真思考这个事实之前，就早已离开了里昂，并多次更换马匹了。这一切仿佛都是在一瞬间完成的，我们只听到马匹在嘶叫，在用双蹄跺地，之后我们又开始立即前进了。在我们意识到发生什么事情之前，更换马匹的工作已经完成了。

夜幕渐渐降临，突然刮起了一阵风，一场风暴似乎正在侏罗山脉那边慢慢聚集着能量。当我们经过笼罩在迷雾当中的铁青色王国的时候，大雨肯定已经打在柏林地区的窗格玻璃上了。这天晚上，我们一直在往日内瓦赶路，最后停在了梅萨格利。我听到有人询问是不是贝萨女士的时候，毫不犹豫地用法语回答说：“是的，先生，正是我。”虽然，这个名字听上去不大像是我的名字。半个小时之后，我们就已经住在法齐先生的住所里面了。

他们一行人从日内瓦出发，前往瑞士的阿尔卑斯山脉，并在那里度过了几周时间。在这段时间里，查尔斯·比彻在侏罗山脉脚下一间小酒店里写下了这样的文字：

居住在这附近的人们知道了哈里特之后，都显得非常友善与热情，为能够亲眼见到她感到非常高兴。这样的场景跟我们当初在苏格兰时受到的热情招待没有什么区别。我们必须要保持坚定不移的态度，才能避免哈里特不会受宠若惊，无论在巴黎还是在日内瓦的时候，我们对民众表现出来的热情与友善都表现出相同的敬意。对我们来说，这可是极为重要的事情。与那些远离尘世的高山民众们进行聊天，这给了我们内心很大的震撼。这里友善的女主人，甚至就连年轻的女仆们，她们都围聚在哈里特身旁，表达了她们对奴隶制问题的强烈兴趣。她们都阅读了《汤姆叔叔的小屋》一书，阅读这本书显然给她们平时单调沉闷的生活带来了很多乐趣与谈论的话题。因为她们都说："斯陀夫人，求求你再写一本这样的小说吧！记得，我们这边的冬天实在太漫长了。"

在返回日内瓦之后，他们参观了西庸古堡。斯陀夫人在描述这座城堡里的地牢时这样写道：

拱形地下室的许多柱子上都刻着一些人的名字。我认为这应该是类似于博瓦德柱子。柱子上面的人名包括拜伦、亨特、席勒以及其他许多著名的人物。当我们从地下室里走出来的时候，我们的女向导似乎突然想到了什么。她向我们这行人提出了一两个问题，然后强烈要求我将自己的名字刻在上面。于是，查理就在一块比较松软的毛石上刻下了我的名字，说这是为了让后世人看到。那位女向导似乎无法压抑自己的热情，不停地握着我的手，然后表示自己读过《汤姆叔叔的小屋》一书。说这本书写得实在是太好了，但这本书里面的许多内容读着感觉太残忍了。

7月18日，星期一

今天天色阴沉，我们将行李都搬上了一辆轻便马车，然后坐在马车上，向我们在这边的朋友道别，返回日内瓦。这样的离别场景着实让我的内心充满遗憾的情感。在经过集市的时候，我们购买了一篮子的浆果与水果，以宽慰我们内心的失落。我们在洛桑吃晚餐，接着参观了当地的大教堂与画廊，这些都是充满艺术气息的地方。我们这晚在门敦这个地方睡觉。

7月19日，星期二

我们乘坐马车从佩恩出发，前往弗里堡，最后停在了扎林格·霍夫这个地方，这里有许多最具浪漫气息的旅馆。

7月20日，星期三

我们没有看到狮子，而是看到了伯尔尼地区的黑熊。我们乘坐轻便马车，出发前往图恩湖。我们在湖边的某个地方吃饭，然后前往茵特拉臣，最后在美丽的夕阳即将要沉没在西山之前抵达了这里。

我们穿越了温格阿尔卑斯地区，前往格林德瓦。我们可以看到少女峰就在我们的正前方——山峰上那长年覆盖的冰川是那么的纯白与柔和，在阳光的照射下发出刺眼的美丽。可以说，这座山峰要比珠穆朗玛峰更加具有美感。这天晚上，我们在格林德瓦住宿。

查尔斯·比彻在从罗森劳伊出发的旅程中，写下了这样的文字：

7月22日，星期五

我们从格林德瓦出发前往梅林根。我们来到了著名的斯西科山峰的顶部，H与W在这里研究植物，而我则呼呼大睡。之后，我们乘坐马车从山上下来，最后抵达罗森劳伊。我可以说，吃一顿可口的晚餐要比欣赏这里的冰川更加有意思。因此，当H与W前去欣赏冰川的时候，我则回到了旅馆，我听到了他们发出的大声尖叫与呼喊声。

当时，我正在旅馆的咖啡厅里写下这些日记，当时其他的旅行者也在那里吃着晚饭或是喝着饮料。我看到H在外面绿色的月光下，走到了一个颜色有点像翡翠绿的冰洞前面。谁也不知道她到底哪来的这么多能量，难道她不会感到疲惫的吗？她到底是如何远离我们，然后独自一人前去那么高与陡峭的地方。哈里特的这种做法让那位诚实的导游金霍尔茨都大为不解，因为他只想要保护她的安全，但却不知道该怎么做。哈里特此时来到了一块碎冰前面的顶端，下面的冰川是那么的陡峭与深不可测。哈里特竟然在那里坐了下来，接着又躺在那里——当然，她不可能是在那里睡觉，可能只是精神陷入了一种恍惚的状态。W 与我已经准备好去叫她回来。我们大声叫喊着她，我们的声音被冰川下面响亮的流水声所淹没。于是，我们找到了那位导游，他走下来，显得一脸懵懂。哈里特最后听到了导游的话，开始站起身来，接着用一只手指着远处的山峰，用一只手则指着冰川下面那个如刀锋般锋利的冰岩。这样的场景似乎让我想起以赛亚那幅庄严的画像："因为我的宝剑正在天国沐浴。"哈里特指着那些锋利的冰岩石，那些岩石都布满了缺口，就像一根长矛那样锋利。显然，哈里特已经沉迷在自己的世界里了，认为自己能够想起这些因为地震或是风暴所诞生的怪兽的名字。但在那样的场景下，她无法说出这些名称或是对此有任何想法，只能默默地欣赏那一片壮美的景色，并将这样的景色长久地保存在心底。

在游历了德国、比利时与荷兰之后，他们一行人8月底的时候返回了巴黎。斯陀夫人在巴黎期间这样写道：

现在，我坐在贝洛克家一间舒适小房间的沙发上。今天非常炎热，但是这些巴黎人的房子似乎都有一种能够保持清凉的特性。法国的住宅非常有特色，从外面看上去是很美的。我喜欢他们通过安装这些深窗格的四方院的形式，将街道的喧嚣隔离开来，保持室内的安静。

贝洛克夫人是玛利亚·埃奇沃思的翻译。在埃奇沃思的要求下，她们俩进行了多年的通信交流，现在已经积攒了她寄来的许多信件。在我看来，她翻译的《汤姆叔叔的小屋》一书的法文版本是非常忠实于原著的，具有原著的神韵。当我阅读法文版的《汤姆叔叔的小屋》时，我非常享受其中，在阅读过程中根本没有意识到这本书的原作者就是我。

斯陀夫人接下来写的一封信，是在从伦敦准备返回美国的途中写的。

当时她正准备登上柯林斯蒸汽船。在这封信里，斯陀夫人这样写道：

8月28日

我们收到家里最新寄来的一些信件改变了我们的行程计划。我们认为有必要迅速赶上下一班返回美国的蒸汽船，如果能够赶得上的话，就可以提前回去。我们现在都非常的繁忙，还要为阿姨、表弟、表妹以及一些朋友购买一些这边的土特产。我们曾在巴黎皇家宫殿购买了一些复制品，还购买了一些青铜制品、花瓶、小雕像、棒棒糖以及其他的玩具——我们可以在巴黎买到这些东西。因为我们要为美国的朋友们带回一些礼物的。

C说过，我们真的是非常着急要渡过英吉利海峡。我们在L于伦敦的家里度过了几天的时光。

9月1日，我们抵达了约克，接着参观了圣玛丽大修道院充满美感的废墟，还参观了这里壮观的大教堂。我们在参观的过程中，天空一直下着雨。第二天，天空还在下雨，于是我们乘坐马车前往霍华德火车站。9月7日，我们登上了“柯林斯号”蒸汽船。

卡莱尔夫人以非常热情的方式欢迎了我们。后来得知，要是我们在约克火车站故意隐瞒我们的名字，我们将会收到她送来的一封信。不过，因为我们安全地抵达了这里，因此关系也不大。

我们的朋友谈论了许多关于萨姆纳与普雷斯科特等人的事情，他们两人之前也曾前来这里。还有我国之前驻英国大使劳伦斯先生也在回国之前来到过这里。在度过了非常愉快的一天之后，我们依依不舍地离开了这些友善的人，离开了我们在英国这边亲密的朋友。

在晚上9点的时候，我们坐在E.布莱恩斯先生在利兹美丽房子的壁炉旁边。第二天，他的这座房子里来了很多人，很多利兹人都过来欢迎我们的到来。

周二，我们与利兹这些友善的朋友道别，很快就再次来到了美丽的“丁格尔”地区，这是我们一开始抵达英国与准备离开英国的最后一站。

来自贝尔法斯特与爱尔兰的一个代表团过来拜访我，送给我一个美丽的沼泽橡树木头做成的小箱子，这个小箱子的边线镶嵌着花奴图像，还雕刻着一些国家的象征符号，里面还包括支持那些为反抗压迫这一伟大事业做斗争的人所写的话语。他们宣读了一份非常大度的演说，谈到了我们美国人应该从爱尔兰的奴隶解放原则中学习一些经验，因为英伦三岛在我国具有强大的影响力。要是时间与精力允许的话，我肯定要前去爱尔兰，再次参观苏格兰，再多看看英格兰。但是，很多事情都不是一个人能做主的。现在，到了离别的时刻，因此我们都相互交换了最后的道别话语。

我就像一个即将要离开家的孩子那样感到悲伤，我离开了友善、强大而古老的英国的海岸，离开了我们真正的祖国。

第十一章
回到美国

1853—1856年

1853年秋天，斯陀夫人从欧洲回到美国之后，就立即全身心投入反对奴隶制的斗争当中。她将大部分时间都用于在美国各地发放英国金，这些都是她在欧洲旅行期间，很多反对奴隶制的民众交付给她，让她去推动反对奴隶制运动的。有了这笔钱之后，她帮助解救了很多遭遇到特别痛苦的奴隶，帮助他们成为自由人。无论哪个地方需要反奴隶制演说，她都会积极地参与其中，帮助成立与发行反对奴隶制的出版物出版，成立与帮助建立了许多学校，让黑人能够学会如何在获得自由之后自力更生。她还安排了许多公众集会，准备了许多要在这些场合下发表的演说。她与世界各地的许多人保持着通信联系。她在1853年至1856年间收到的信件与所寄信件的收信人名单简直无法统计。尽管她每天都要将很多精力投入反对奴隶制的事业当中，但她没有忽视自己的子女的教育，也没有放松在文学创作方面的力度。

在结束这次欧洲旅行之后，她在欧洲见闻的经历就以日记的形式出版了，书名为《阳光的记忆》。斯陀夫人还修正与拓展了她在1843年由哈珀联合出版公司出版的那本名叫《五月花》的书。1855年，菲利普斯与桑普森联合出版公司重新出版了这本书，之后由约翰·朱厄特联合出版公司出版，最后由伦敦桑普森·洛联合出版公司出版。

在回到美国之后没多久，斯陀夫人对苏格兰那边的朋友充满了感激之情。虽然她在苏格兰旅行的时候，因为身体虚弱，无法公开发表感谢的演说，但她在回到美国之后写了下面这封公开的感谢信：

给格拉斯哥反奴隶制协会所有女士的信件：

亲爱的朋友们：

我有很多话要跟你们说，我希望能够以个人的方式表达自己的想法，因此我现在有必要通过这封信将自己的心里话说出来。

我一直担心，你们可能会认为我在格拉斯哥与你们的短暂交流中没有取得满意的结果。

在那个时候，我接受了你们热情的邀请，当时的身体状况还可以，因此我认为自己可以享受与你们交流所带来的乐趣，可以按照你们所希望的那样融入你们的社交圈子。

当我需要兑现自己答应你们的承诺时，你们也知道，我因为身体的问题只能卧病在床，因为前一年冬天我为《汤姆叔叔的小屋一书注解》耗尽了心力。

在世界的每个角落，《汤姆叔叔的小屋》这个故事唤醒了民众对美国奴隶的遭遇的极大同情心，因此在世界的每个角落里，民众都强烈反对这样一种邪恶的制度。很多人宣称这本书只是一本虚构的浪漫小说，我也被国内很多机构进行过诸多的诽谤与攻击。我知道如果我放弃自己的立场，那么这本书所唤起关于奴隶们的同情心就会逐渐消失，那么所有事情就真的会被人们视为一时激起的激情或是兴奋之情了。

当我准备出发的时候，我根本不知道自己会在英国与苏格兰获得那么友善的待遇。我想过要与很多英国或是苏格兰的朋友进行友善与真诚的交流，但绝对没有想到能够认识这么多友善与热情的人。可以说，这根本是我之前所无法想象的。

通过你们的协会，我受邀前往你们的国家，因此我在英国与苏格兰那边所结识的朋友，都要归功于你们的邀请。

首先，你们脑海里肯定会出现许多问题，其中一个问题就是英国最近兴起的关于反奴隶制的浪潮，是否会对美国的反对奴隶制运动带来神秘积极的影响呢？

英国最近兴起的反奴隶制浪潮所带来的第一个结果，正如很多人所期望的那样，造成了巨大的影响。可以说，很多充满恶意或是党派偏见的报纸都在传播那些错误、邪恶或是恶意的报道，如果说世界上还有哪种形式的邪恶能够以更加谬误的方式歪曲我们的话，那么我们似乎正在面对这样的攻击。

在这个问题上，人民的声音，包括英国与苏格兰许多高贵之人所持的立场，都被那些充满恶意的报纸视为一种强烈的敌意。但是，你们发出的声音却是极为重要的。要是没有你们的声援，这肯定会严重贬低我国的声誉。特别来说，这种声援的价值会从反奴隶制事业的事实中得到展现，即这个国家很多反对奴隶制协会的领袖都遭到了一些报纸的恶意攻击，这些报纸希望能够诽谤与中伤这些人的品格与所持的立场。

让奴隶制在世界范围内失去道德的正当性，这是非常重要的。这样的观念会给整个国家的年轻人或是大部分的心灵留下深刻的印象。正如卡西乌斯·M.克雷就在斯特福德大厅说的那样："这反过来会让反对奴隶制运动变得流行起来。"

关于美国目前反奴隶制的现状，我认为从几个方面来看，目前的状况是前所未有的让人激动。目前的状况让人感到激动的一个原因，就是关于奴隶制的话题已经成为公众日常谈论的重要话题。我们多年来一直努力希望将这个问题提上公众讨论的议程，都没有成功，但现在却成功地做到了这点。

《汤姆叔叔的小屋一书注解》是在《汤姆叔叔的小屋》一书之后，对南方蓄奴州实行的奴隶制的又一次强力的鞭挞。那本书里面的每一个事实或是每一句话都是有证据的。我已经学会了用事实去反驳每一次的诽谤与中伤。

《北美评论》这本期刊之前一直都没有就奴隶制问题进行过什么讨论，现在专门就《汤姆叔叔的小屋》一书进行评论，虽然他们对这本书的评价很低，说这只是一本虚构的小说，但他们对这本书庞大的销量以及取得的成功给予的原因，却是这本书真实地描写了南方的奴隶制。他们还说，奴隶制的存在是让人感到憎恶的，除非奴隶主能够唤醒自身的良知，废除动产所有权的原则，那么他们是无法在全世界所有文明国家的鄙视与愤怒之下继续维系的。当奴隶主们最好的朋友与支持者都这样说他们的时候，他们还有什么话可说呢？

我很遗憾地说，基督教运动在这个问题上没有尽到自己的责任与道德义务。一些宗教团体已经推动了相关的运动，关于这方面我不便详细说明。但是，许多公开宣称信仰上帝的基督教会却在世界舆论的推动下，被动地参与其中，而不是在这个过程中扮演主要的推动角色。

这个国家的黑人从各个方面上都在慢慢地提升。我应该让费德里克·道格拉斯先生寄给你们有关最近举办的黑人大会的相关消息。这肯定对每个人加深这方面的了解有好处的。我希望你们能够在英国的报纸上看到相关的消息。现在，是时候终止对黑人这个不幸种族的诽谤了，我们应该看到，尽管黑人种族在社会与政治领域内遭受着各种压迫，但他们正在慢慢形成自己的文明。在我看来，他们与所有其他种族的人一样，都在不断地进步。

愿上帝指引我们，愿正义的事业得到更多的支持，让我们全身心地捍卫上帝的荣耀与人类的福祉。

非常感谢你们的

哈里特•比彻•斯陀

在堪萨斯州与内布拉斯加州爆发动乱的时期（1853—1854），斯陀夫人与北方的废奴主义者们一道，都深刻感受到了奴隶制已经成了这个国家历史上面临的一个极其严峻的危机。她始终与查尔斯•萨姆纳以及那个时代著名的政治人物保持通信，时刻了解有关这次斗争的每一个细节。在这个时候，她写了一篇向美国女性呼吁的文章，并让这篇文章得到了大范围的传播：

上帝的旨意让我们这个国家陷入了一场史无前例的危机当中。

现在，我国立法机构所面临的一个重要问题，是关乎我们国家当前与未来利益的问题，这不仅关乎我们自己，而且关乎我们的子孙后代。我们国家会做出怎样的选择，必然会影响到全世界内自由与基督教的声誉。

关于奴隶制所带来的痛苦、不平等以及惨无人道，我们不需要多说什么。我们每个人在面对这个问题的时候，都应该只有一种声音与一种观点。我不认为每一个轻抚自己孩子，将孩子抱在胸前的母亲，会认为黑人的孩子从一出生就应该成为奴隶。倘若真是这样的话，任何母亲宁愿亲手掐死自己的孩子，也不愿自己的孩子生而为奴。

我也不认为我们国家会有完全丧失基督教信仰的母亲，会认为对邻居的孩子造成伤害，而给自己的孩子造成伤害则是绝对不能容忍的行为是正当合理的。我不认为美国有哪一位妻子会认为自己的丈夫应该像商品那样被出售，然后一辈子在没有任何薪水或是权利的情况下做牛做马的情况是合理的。我不认为美国有哪一位丈夫会认为自己的妻子按照法律的规定，属于另一个男人的财产这样的事实是合法的。我不认为美国的任何父亲与母亲会认为他们被法律禁止而不教育自己的孩子去读书是正确的。我不认为美国有哪一位哥哥会认为自己的妹妹只是一种商品，而根本没有任何法律的保护去维护自身的荣誉的做法是正确的。

但是，上述我们每一个美国人都不会认同的观念或是行为，却恰好是奴隶制这种邪恶制度的本质。我们这样说，绝对不是对奴隶制的侮辱，而是对法律本身的一种侮辱。美国任何一名女性在面临这样的问题时，都绝对不会认为奴隶制是一种合理的存在。

但是，虽然我们的心灵为这种严重的错误而滴血，但还有很多事情在束缚着我们的双手，混淆我们的视听，或是让我们保持缄默。我们被告知，谈论南方蓄奴州的奴隶制问题，是对这些州权利的侵犯。我们听说过很多承诺或是协议，在很多情况下也感受到这种自然流露的情感，但始终无动于衷。

但是，现在到了我们终于要将奴隶制问题搬到台面上去进行讨论，并且想办法去加以解决的时候了。

我们现在面临的问题是，邪恶的奴隶制是继续在已有实行奴隶制的南方各州存在，还是允许奴隶制在延伸到美国其他自由州呢？我们应该让奴隶制所带来的邪恶与痛苦延伸到北方自由公平的土地上吗？

事实上，这根本不是什么问题！我们最不该提出这样的问题或是有这样的预想。要是这场废奴主义运动最后归于沉寂，或是北方各州默认南方各州对协议的侵犯，那么我们就有可能采取进一步的行动，那就是在自由州也实行蓄奴制的合法化。按照最高法院在雷蒙案例里的判决，最高法院可能会宣布在北方各州的奴隶交易与奴隶财产是符合法律的。要是这样的法律通过了，那么不用四年时间，我们就能在纽约市的奴隶仓库里看到奴隶交易，而南方各州也会宣布要废除《密苏里协议》。

北方自由州的女性们，我们面临的问题并不是我们要抗议这片土地上存在的奴隶制，而是我们是否愿意让自由州也变成奴隶州，并且堂而皇之地在联邦政府下存在。要是美国政府的全部权力都落入奴隶主手上呢？要是联邦政府的每个州都实行合法的奴隶制呢？这可能就是我们现在要面临的最为迫切的问题与可能面临的后果。这也是我们现在所面临最为严峻的危机。

现在，你们要扪心自问，我们这些美国女性该怎么做呢？

哦，自由州的女性们，你们勇敢的母亲在我国的独立战争期间是怎么做的？难道在那个时代，自由的精神不是每个女性心中最为强烈的冲动情感吗？

在关于奴隶制这个问题上，女性在每个社区所能发挥出来的积极或是负面的影响力是最为明显的。在废除奴隶交易的问题震撼整个英国的时候，英国的女性要比英国的其他人在维护人性的尊严方面起到了更大的作用。英国的女性拒绝购买任何由奴隶生产制造的糖。大约有7万户家庭拒绝使用糖，从而证明他们对奴隶制度下生产出糖的憎恶之情。在那个时候，女性们总是不厌其烦地挨家挨户地传播关于废除奴隶制的相关书籍与小册子，用坚定的信念与口吻向成千上万个家庭表明，她们对奴隶制的深恶痛绝。

英国的女性还以信件交流的方式，一起进行祈祷与劳动。她们向英国政府进行请愿，来自英国各个地区的女性都联合起来，在请愿书上签名。

美国的女性同胞们要勇敢地站起来！我们不知道世界其他人正在用一种多么期望的目光看着我们，希望我们能够勇敢地站出来，为普世价值的人性尊严与平等去进行抗争与奋斗。当我在英国的时候，虽然我公开声明筹集为废奴运动的经费并不是我的主要目的，但是我最后在英国民众的热情欢迎与鼓舞之下，怀着巨大的热情投身到了这项伟大的事业当中。真正关心我国废除奴隶制运动的人并不是只有那些上层的贵族人士，还有很多过着贫穷生活的普通男女，他们都从自己微薄的薪水中拿出一部分钱寄给我们，希望能够让更多奴隶获得自由。

这种积极的废奴运动热情并不单纯局限于英国，我在法国、瑞士与德国也同样感受到了这种强大的热情。为什么其他国家的民众会带着如此强烈的兴趣审视着我们国家呢？难道这不是因为古老大陆上的民众正在用期望的眼光看着美国这个在新大陆上的国家，希望这个由上帝的选民组成的国家能够推动人类的自由与自由的宗教信仰吗？

世界各国民众都一致希望，美国能够采取正确的方式去改正这一邪恶的制度。那些在欧洲大陆为了公民自由与宗教自由不断抗争与奋斗的人，都在以悲伤的口吻低声地说着“奴隶制”这个词语，似乎他们在指着一位受人尊敬的朋友所犯下的错误。他们简直不敢相信美国一些报纸上竟然刊登着奴隶交易的广告，其中包括男性奴隶、女性奴隶，还有这些奴隶的子女们就像牲畜那样被随意地买卖。当他们读到南方蓄奴州所制定的法律以及这些州的法庭所做出的判决时，简直不敢相信自己的眼睛，无法相信如此荒诞与邪恶的东西竟然还存在于这个世界之上。那些宣扬专制主义的人则拿着美国的这些报纸，对着他们说：“你们看看这个所谓的自由共和国也是这样的！”他们对此进行的回答是：“美国绝对不是一个只有一半人获得自由的国家，美国肯定会彻底地消除奴隶制的存在。”

当欧洲几乎每个文明国家都在认真关注着美国存在的奴隶制，并且对此表示了强烈反对的时候，难道美国的民众能够对此无动于衷、毫无作为吗？难道美国的妻子、母亲与姐妹们能够在面对这样严峻的危机时，依然保持以前的淡定与随和吗？

在这个严峻的时刻，每一个美国女性的首要责任，就是要对奴隶制问题有一个全面深入的了解，然后让自己充分发挥自身的影响力去做正义的事情。接着，她们应该联合起来，向我们的联邦议会提出联名请愿书。她们能够将这个重要议题的许多关键信息传递到左邻右里。她们可以聘请废奴主义演说家向其他懵懂的民众深入地阐述这个问题。她们可以传播国会里那些废奴主义的议员所发表的演说，以其他方式让其他人对我们国家所面临的严峻考验有一个深入的了解。

除此之外，我们还非常有必要将这个议题视为祈祷时的一个重要主题。现在，世界范围内追求自由的力量与专制的力量已经开始产生冲突了。我们这些基督徒，深信先知的教导，知道最后实现正义的主必然会在正义实现之前，带来一些可怕的震撼或是颠覆性的影响。在面临这场危机的时候，所有相信祈祷的基督徒都应该臣服于全能全知的上帝面前，这是多么的重要啊！

自由原则与专制的原则产生这样的冲突，必然会导致分裂或是给一些人带来痛苦，这是让人悲伤的，但也是无法避免的结果。正是这样的责任才造成了我们所面临这场危机的最为重要的一个特点。我们正在冲突爆发的前夜，这场冲突，或者说战争考验着每个人的灵魂，会让我们整个联邦的兄弟情谊遭受最为严峻的考验，也会让我们的联邦变得更加团结。

因此，让我们祈祷北方与南方这场关于原则的战争不会变成一种单纯的分裂冲突，最后演变成武力对抗的战争。让我们发自内心地向有能力遏制人类愤怒的上帝祈祷，上帝能够以正确的方式对我们这个国家具有的罪恶而让我们承担恰当的后果。

南方许多州有很多高尚之人并没有参与到他们那些政党领袖的阴谋诡计当中，他们的尊严感与正义感也与我们北方人是一样强烈的。当我们想要坚定地推动正义事业的时候，让我们明白一点，一个真正的女性应该要避免使用言辞尖刻的话语去对待别人，记得奴隶主与奴隶都是我们的兄弟，上帝的法则要求我们像爱自己那样去爱他们。

为了我们亲爱的孩子，为了我们这个大家热爱的国家，为了全世界范围内追求自由的愤怒呼声，让美国每一个女性都站出来去履行自己的使命吧！

与此同时，斯陀夫人积极与威廉·劳埃德·加里森进行通信，她的很多信件内容都出现在加里森创办的《解放者报》的专栏上。在1853年底的时候，斯陀夫人在一封写给加里森的信件里这样写道：

关于你，你的报纸以及你在的党派，我必须要坦承自己是处于一种尴尬的境地。我完全认同你所持的许多立场。关于你所持的其他观点，我认为是错误的，必然会损害自由的实现以及人性的进步。尽管如此，我相信你与那些持与你相同观点的人都是诚实且具有良知的。我所担心的是，你的报纸所发表的评论会让可怜的汤姆叔叔失去他的《圣经》，无法给予他任何东西。

加里森在回信里这样写道：

我不知道为什么很多人要将汤姆叔叔失去他的《圣经》归罪于《解放者报》。我知道没有哪一位作家会在创作中希望汤姆失去这样的精神支柱，或是让汤姆失去任何可以感到宽慰的东西。汤姆应该过上怎样的生活，这应该由汤姆自己去决定，对于你我都是一样的。但是我们都不会接受任何强加给我们的不当评论，我们只会真诚接受基于理智、真理以及永恒正义的原则所提出的事实。关于这些报道的真实性或是道德性，每个人都可以做出自己的评价。因为若是站在新教徒的角度去看，是绝对不允许教皇出现任何错误的。在整个基督教世界里，信徒们都相信你的这本书所具有的宗教含义。与此同时，所有的基督徒也能够感受到其中真实的教导。可以肯定的是，你无法让我背

威廉·劳埃德·加里森

弃自己的良知。你又怎么能够证明，当你在创作这本书的时候，没有受到教育或是传统方面一些观念的影响，从而让你没有完全保存这本书的尊严呢？事实上，在我看来，你显然在精神方面、所感受到的恐惧或是悲伤情感方面，都没有表现出足够的自由，因为你发现自己所理解的《圣经》精神遭到了《解放者报》的驳斥，否则为什么你会对此感到不满呢？那些拥有正义的人是不会畏惧任何指责的。

斯陀夫人在回复这封信的时候写道：

我没有立即回复你之前寄来的那封信，是因为我不想在毫无准备的情况下就这个重要的议题发表自己的看法，我必须要对这个议题进行恰当的思考与反思。当一个议题涉及真理的问题，我们就应该表现得更加小心谨慎与自我怀疑，对于求证的过程表现出耐心。

在我没有充分证据的情况下，我是绝对不会攻击一个异教徒所持的信仰，因为即便对于异教徒来说，他们所信仰的东西也要比他们没有信仰来的更好。我注意到帕克牧师在一篇布道演说里就引用了《圣经》的影响方面的内容。帕克认为基督教体现了一种绝对与完美的宗教，没有比基督教更好的宗教可以确保我们获得当下或是永恒的幸福，因此我们必须要顺从《圣经》里记录下来的一些宗教规则与先例。帕克还积极地传播他的这篇布道演说，他认为自己作为一名基督教牧师有责任将这些思想灌输给异教徒或是奴隶。

他关于《圣经》所提出的这些想法与观点当然给人这样一种看法，那就是如果任何人认为某些人的行为是在削弱《圣经》在社区里信徒们眼中的地位的时候，那么他至少应该以一种谨慎与虔诚的精神去做，并且怀着谦卑与祈祷的心去做。

我之所以反对《解放者报》处理这些问题的方式，就是因为你们的报道体现出来的总体精神与内容方向，在我看来是刚好与此相反的。如果你的报纸只是在一些自律性较高或是接受过高等教育的人圈子里流传的话，倒也不会造成什么不良的影响，因为这些读者都有足够的辨别能力去区分真理与谬误，知道如何找寻证据或是如何满足你所提出的质疑。但是，你的大名与仁慈的名声，让你的报纸在许多贫穷与卑贱之人那里大量传播。他们根本没有任何途径去进行调查或是缺乏必要的推理能力。在他们看来，《圣经》就是一本能够给他们带来极大好处的书籍，能够给他们以及他们的家庭带来祝福的书籍。但是，你的报纸内容的总体倾向却是要削弱他们对《圣经》的尊敬与敬意，同时没有给予他们提供任何的替代品。

关于《圣经》的最后结果，我无惧任何这方面的讨论。我只是对这些深受你们报纸影响的贫穷与卑贱之人感到遗憾，因为我认为你们的报道削弱了他们的信仰，让他们反而无法像之前那样感受到现实与永恒的幸福。我知道，关于《圣经》里面的证据的讨论以及其真实性的论证，或是关于所有神学的讨论都将会越来越多，我很高兴看到这样的情况。但我认为，正如所有对真理的成功探寻一样，这必须要以一种冷静、深思熟虑或是谦卑的精神去做，而不是用武断的定论、匆忙的概括或是充满激情的口号去做。

虽然你在这个问题上与我存在着观点上的分歧，但我还是要感谢你所表现出来的优秀品质。我相信你是一个真诚的人。在阅读了帕克的演说之后，我对他这个人也增添了几分尊敬与敬意。帕克在演说里所得出的结论，对我来说就意味着信仰的死亡与真正意义上的绝望，这点我必须要承认。要是我真的像他那样看待《圣经》与耶稣基督的话，那么我肯定是这个世界上最悲惨的生物，因为我无法去热爱上帝，因为我无法从上帝身上找到任何爱意。倘若真是那样的话，我宁愿自己不要来到这个世界上。

至于你，我亲爱的朋友，你必须要认为我对你的坦诚，就是我对你的尊严与高尚品质充满信任的最好证明。倘若不是因为我相信你“具有高尚的精神”，我压根不会这么劳费心力地给你回复这封信。如果我在这封信里说的什么话误解了你的意思或是对你不公的话，请你务必要真诚地告知我。

你真诚的朋友

哈里特·比彻·斯陀

除了他们之间的这些信件交往之外，下面这段信件的节选出自斯陀夫人寄给加里森的一封信，这封信的内容表明他们对劳动的定义存在着不同的看法，表明了斯陀夫人在通过写作反对奴隶制之外，还想为自由事业做出自己的努力：

1854年2月18日，马萨诸塞州安多弗

亲爱的朋友：

我真诚地为你在纽约的演说取得圆满的成功感到高兴。我越来越期望所有仇恨奴隶制的人能够联合起来，即便他们不是实质性地联合起来，也要在事实层面上达成一致——做到求同存异。我们的领域是在教会方面，虽然我之前在应该怎么做或是应该有怎么样的目标方面存在着不同的看法，我的弟弟爱德华·比彻已经写了一篇布道演说，这篇演说的内容涉及教会的道德情感正在慢慢消失的根源问题。当他的这篇文章准备好印刷之后，我会迅速印刷出来，然后将复印本送到这个国家的每一位牧师手上。

我们的演说活动因为堪萨斯州与内布拉斯加问题的紧迫性而造成了一些压力。不过，在我们开始这样演说旅程之后，爱德华就全身心地投入了前往各地拜访，交换意见以及希望能够在短时间内给公众一个答复。我们正在努力希望唤醒教会对这个问题的热情。

培根博士的文章散发出高贵的气息，我相信你肯定也会这样认为。他的这篇文章已经送到了国会的每一位议员手上。柯尔克博士的布道演说也是非常优秀的，他的教会也非常支持他在这篇演说里所持的立场。现在，我的好朋友，你现在应该会认为，教会所能产生的作用要远远超乎你的想象。尽管教会还存在着许多不尽如人意的地方，但是我们希望人们能够看到教会所产生的作用，我始终相信，你热爱这项伟大的事业肯定要胜过热爱自己。如果现在你手上有任何需要金钱来推动的正义事业，请让我知道。上帝在这方面上赐给了我一些能量，虽然我现在的身体还是非常孱弱，无法做到更多。

感谢你勇敢投身到正义事业当中。

哈里特·比彻·斯陀

虽然为杂志与报纸撰写文章给斯陀夫人造成了巨大的压力，但她还是在1854年至1855年写了很多文章。在这个时期，她就已经开始构思对《汤姆叔叔的小屋》进行补充说明的书了。在准备《汤姆叔叔的小屋一书注解》的过程中，她收集到了很多全新的资料。因此，在1855年与1856年春的这个阶段，她腾出了足够的时间去将收集到的资料中许多没有用到的素材去创作《德雷德：阴沉地大沼泽地的故事》这本小说。在这本书英国版本的前言里，斯陀夫人这样写道：

> 笔者创作这本书的目的，就是向读者展现奴隶制对整个社会所造成的影响，表明即便对于那些最拥护奴隶制的人，奴隶制的存在也会带来诸多的弊端。在这本书里，我展现了南方蓄奴州在经济方面的各个领域里出现的让人痛苦与倒退的倾向，表明奴隶制让很多原本富裕的家庭陷入了贫穷的状态，让土地变得贫瘠，让各个阶层的人都出现堕落腐化的情况，无论是贵族阶层、专制的庄园主还是到受到压迫与贫穷的白人来说，都是如此。这一切都是因为奴隶制劳动力的存在。
>
> 本书的另一个目的，就是展现出奴隶制的存在会让基督教出现腐败与堕落。这样的腐败与堕落正在慢慢地降低南方与北方基督教会的道德标准，做出的许多行为要比很多百科全书编撰者都更加缺乏信仰的事情。

斯陀夫人创作《德雷德：阴沉地大沼泽地的故事》一书是从纳特·特恩纳于1831年在弗吉尼亚东部发动的黑人起义运动中得到灵感的。在这场起义运动当中，其中的一个主要参与者就叫德雷克。在斯陀夫人创作《德雷德：阴沉地大沼泽地的故事》一书的过程中，她的女儿曾记录了一件与此相关的趣事。

在一个闷热的夏天晚上，天空下起了一阵狂暴的雷暴雨，并不时伴随着闪电与隆隆的轰鸣声。每当闪电过去之后，天空就会下着滂沱大雨。

当时，斯陀夫人两个年幼的女儿都因为恐惧而颤颤发抖，都纷纷沿着楼梯，走到母亲的房间。在进入母亲的房间时，她们发现母亲正安静地躺在床上，没有睡觉，只是静静地观察着窗外的暴风雨，天边的阴影非常浓密。斯陀夫人对见到自己的两个女儿没有感到意外，而是说自己对此一点都不感到恐惧，对观看暴风雨的来临充满了兴趣。“我即将要创作的一本小说里有一段描述暴风雨的段落，因此我需要对此进行认真的观察，看看是否需要做出什么修正。”我们的读者在阅读这本书的时候，肯定会对斯陀夫人是如何对记忆中的暴风雨进行如此详细逼真的描述感到不可思议。关于暴风雨片段的描述，可以在《德雷德：阴沉地大沼泽地的故事》一书的第24章里找到。

> 这一天都非常闷热，现在已经是午夜一两点了。此时，窗外的雷暴雨正在远处的天边慢慢积累能量，不时发出沉闷的雷声。突然，一阵低沉却让人发抖的叹息声似像鬼魅一般穿过了森林，在松树的树梢上发出一阵诡异的声音，接着闪电像锐利的箭头那样射入树林，仿佛这是好战的天使发出的弓箭一样。一团厚厚的乌云遮蔽了月亮，接着就是一阵噼里啪啦的雨点声音。

在那个时候，真正给斯陀夫人的女儿留下深刻印象的是，她们的母亲始终表现得那么冷静，认真专注地研究着暴风雨。斯陀夫人始终留意着天空的任何变化，希望能够找到自己之前描述的内容存在错误的地方。

关于斯陀夫人创作的全新的小说，查尔斯·萨姆纳在参议院里给斯陀夫人写信说：

> 亲爱的斯陀夫人：
>
> 我欣喜地从你那位优秀的姐姐那里得知，你正在忙着创作一本反映奴隶制的新小说。我认为你的这本小说会对我们国家当前面临的问题产生重要的影响，可以帮助我们更好地解决在堪萨斯州面临的问题，还能在下一次的总统大选里彻底推翻奴隶寡头政治。在这场斗争里，我们需要你的帮助。
>
> 永远真诚的
>
> 查尔斯·萨姆纳

在完成第二本关于奴隶制的伟大小说之后，在1856年初夏的时候，斯陀夫人决定再次前往欧洲，寻求她迫切需要的休息。她认为自己之所以有必要这样做，是因为有必要商量这本书在英国那边的版权问题。在她的上一本书《汤姆叔叔的小屋》出版时，她未能很好地处理这个问题。

在乘船离开美国前往欧洲之前，斯陀夫人收到了她终生好友乔治亚娜·梅寄来的一封感人信件。这是她们长达三十多年之间信件交流中的最后一封信了，因此斯陀夫人始终小心珍藏着这封信：

1856年7月26日，格罗顿角海洋房子

亲爱的海蒂（斯陀夫人的昵称）：

现在，你即将要出发了，因此我无法乘船去你家与你进行面谈了。但在你出发之前，我还是要祝福你一路顺风。我其实很早就想给你写信了，但最近的身体状况一直都不是很好，所以一直拖到今天。看来，在我亲眼见到你之前，我是不放心让你就这样出发的，因为我的未来处于一种完全不确定的状态。不过，有一件事是非常确定的：无论我们两人中谁第一个前往天国见到天父的话，我们都可以肯定彼此会欢迎对方的。这并不是充满诗意的诗歌，而是我们两人在再次见面时可能要面临的事实。

但我的这封信绝对不能充满着什么病态或是恐怖的内容。我之前曾见过上帝一面了，我知道上帝肯定会站在汤姆叔叔与托普西一边的，在你死后必然会出现奴隶制违反法律，需要遭受法律惩罚的情况。因此，你的孩子可能就会有机会见到那一天的实现。

海蒂，我为你完成了这本书感到非常高兴。这是你为上帝与这一代人所创作的另一本杰作。我很高兴你现在依然好好的，你未来的人生将会越来越美好的。你为自由事业而奔走呼号，将奴隶制带给世人的痛苦淋漓尽致地展现了出来。也许，在某一天，我的身体会完全康复，重新获得自由，但我对这样的前景并不乐观。只是，我完全相信“上帝正在天国凝视着我，将会带给人民公平与正义”。即便“灵魂与躯体”让我“动弹不得”，但我依然向往。我从来就不会“怀疑属于自己的命运”。

如果我以后再也无法给你写信，就当是我给你的临别之话吧！

永远忠诚于你的

乔治亚娜

斯陀夫人第二次欧洲之旅的其他随行人员，包括她的丈夫、她最大的两个女儿以及他的儿子亨利，还有她的妹妹玛丽（此时已经是珀金斯夫人了）。这是一次愉悦的夏日旅程，整个旅途没有出现任何意外，安全抵达了英国。

第十二章
《德雷德：阴沉地大沼泽地的故事》，再次游览巴黎

大约在1856年8月中旬，斯陀夫人一行人平安抵达了英国。她与丈夫在伦敦待了几天，完成了出版《德雷德：阴沉地大沼泽地的故事》一书相关的版权问题，让桑普森·洛联合出版公司出版这本书。斯陀教授因为美国那边还有急事要处理，因此他只能立即返航，但被耽误了一阵子。从斯陀教授在8月29日写给在美国的一位朋友的信件里，我们可以看出来：

亲爱的朋友：

周三，我就完成了在伦敦这边的事宜，准备前往利物浦搭乘明天返程的蒸汽船，但却发现每一个港口的蒸汽船都被人订满了，要直到10月3日才能有空位。因此，我们在昨天回到了这里。在下个周四，我将会乘坐"纽约号"蒸汽船从这个港口出发。我们受到了特别的邀请，前去参观了因弗拉里城堡，见到了阿盖尔公爵。昨天，我们还与女王陛下进行了极为愉悦的谈话。这绝对不是在客厅里进行正式会面，只是在我准备搭乘火车前往苏格兰的火车站上，偶然见到女王陛下的。

女王陛下似乎对会见我的妻子非常感兴趣，表示之所以愿意接见我，是因为我妻子的缘故。女王陛下向我们介绍了阿尔伯特亲王，他向我的妻子与我本人优雅地鞠了两个躬，而四位皇室孩子则睁着他们大大的蓝色眼睛，看着《汤姆叔叔的小屋》一书的女作者。格雷上校将我妻子递上去的一本新书（《德雷德：阴沉地大沼泽地的故事》）递给女王陛下。女王陛下亲自翻了一下，然后将另一本书递给阿尔伯特亲王。他们很快就开始阅读起来了。女王陛下的身体状况非常良好，举止非常优雅。

在9月的最后一周，我应该会在纳提克。愿上帝保佑你们。

C.E.斯陀

在丈夫出发离开英国，回到美国之后，斯陀夫人、她的儿子亨利、她两个最年长的女儿以及她的妹妹玛丽接受了阿盖尔公爵的邀请，前去拜访苏格兰高地。关于这次旅行的具体情况，我们可以从斯陀夫人写给斯陀教授的信件里看到：

1856年9月6日，因弗拉里城堡

亲爱的丈夫：

我们来到这个美丽的地方已经有一周时间了，非常享受这里湛蓝的天空与美丽的景色，还有这里民众表现出来的热情。我们是从洛克·加尔乘坐马车前往因弗拉里的，这趟旅程大约耗费两个小时，沿途的景色非常美丽。我们都坐在马车外面的座位上，马车夫约翰就像那些怀特山的导游，是一位喜欢歌曲、故事与当地传统的人。他会说苏格兰语与盖尔语，怀着极大的热情唱一些民谣与歌曲。玛丽与女儿们在洛克·菲尼海边的圣凯瑟琳小屋里停留，而我与亨利则乘坐蒸汽船前往因弗拉里城堡。我们在那里看到公爵夫人已经在马车上等候我们了，在场的还有艾玛·坎贝尔夫人……

我们在这一天大体经历的事情如下：我们在早晨八点半起床。大约在九点半的时候，我们都会聚集在餐厅，此时仆人正站在大厅的一边排成一列，还有专门为客人与来宾准备的座位。公爵与夫人带着她的9个孩子一起过来，他们都是非常美丽的孩子，专门坐在一起。公爵读了《圣经》里面的一段内容，然后读了一段祈祷，之后希望上帝的赐福。在这之后，早餐开始了——这是一顿非常可口却又让人愉悦的早餐。在吃完早餐之后，我们一起去外面散步或是乘坐马车去参观，或是前去钓鱼，一直玩到午餐时间。在吃完午餐之后，我们继续乘坐马车游玩或是做其他有趣的事情：总而言之，在晚上七点半之前，大家都可以做自己喜欢做的事情。七点半是晚餐开始的时间。在吃完晚餐之后，我们还会喝点咖啡或是茶水。

第二天早上，公爵带着我去参观他的镍黄铜煤矿。这一段路程比较长，但我们可以欣赏路上美丽的景色，谈论与文学、宗教、道德或是戒酒运动相关的任何话题。关于戒酒运动这个问题，我认为公爵显然表现出一种疑惑或是不确定的态度，认为当下的社会舆论似乎做得不够，认为自己有必要去做些什么。

如果《德雷德：阴沉地大沼泽地的故事》这本书在美国那边的销量不错，那么这本书在英国这边的销量也不会差到哪里去，那么我们接下来的一切都会非常顺利。这本书在英国这边非常畅销，以至于格拉斯哥地区的很多商店橱窗都贴着这样的海报标语：

“为了避免读者朋友们的失望，本店还没有《德雷德：阴沉地大沼泽地的故事》一书。”

每个人似乎都急切地想要阅读这本书，这本书的销量前景应该是很不错的。

当我在每个日夜创作这本书的时候，我都在不断地祈祷，上帝显然是聆听到了我的祈祷，赐予了超过我所寻求的物质财富。因此，我感觉自己有必要“以更加轻松的姿态走路”，然后在心底不断地提出这个问题，即上帝给予我们这些物质财富的本意到底是什么呢？

每天，我都为公爵与公爵夫人展现出来的人格魅力所折服，他们都是心灵简朴、坦诚、自然且充满情感的人，而且还是非常虔诚与具有常识的人。要是撇开地位或是头衔去看的话，他们肯定是最有趣与最高尚的人了。当我跟公爵说了你在安多弗进行布道演说时所采取的一些策略时，公爵发自内心地哈哈大笑起来。尽管如此，我认为他是一位真诚且虔诚的基督徒。

美国的政治局势成了大家每天都关心的话题。美国国会最近的一系列举动也是我们经常谈论的话题。每个早上，大家都会从报纸上了解到最新的细节。

说到这里，我必须要停笔了，因为现在已经很晚了，我们明天一早还要早起出发，离开这里。我们准备前往斯塔法岛、爱奥娜岛、格兰克岛，最后乘船通过喀里多尼亚运河，抵达邓罗宾城堡。在那里，很多有趣的人都聚集在萨瑟兰郡公爵夫人的身边。

永远真诚的
哈里特·比彻·斯陀

在抵达邓罗宾城堡之后，斯陀夫人的一个女儿给父亲写信时这样说：

我们在因弗拉里度过了五天最愉悦的时光。对于你无法与我们一起前来这里，我们真的感到非常遗憾。我们从因弗拉里出发前往奥本，在那里欣赏了几天的风景，最后通过喀里多尼亚运河抵达因弗尼斯。抵达因弗尼斯之后，让我们感到无比惊讶的是，我们发现当地的酒店早已经预留了我们的房间。第二天早上，我们乘坐马车出发前往邓罗宾城堡，这里距离因弗尼斯大约有59里路。在隶属于公爵财产的边界处，我们看到了一辆豪华舒适的马车正在等待着我们。在我们坐上马车走了没有多远的时候，马车夫对我们说，公爵夫人会出来迎接我们。远处的道路出现了一辆豪华马车正在驶来。这是一辆由四匹马拉的大马车，外面有穿着制服的马车夫，还有一些随从。这些随从骑马走在马车的前面来清路。公爵夫人在见到母亲之后似乎显得非常高兴，然后将母亲拉到了她的马车上，然后马车就飞奔着朝着城堡前进。我们乘坐的马车紧紧地跟在后面。

在邓罗宾城堡的时候，斯陀夫人收到了她的朋友拜伦夫人寄来的一封信：

1856年9月10日，伦敦

亲爱的斯陀夫人：

你的新书是属于那种“小天国”类型的书，肯定会给读者带来强大的道德力量——也许，这样的道德力量不是以秘密的方式呈现出来的。我可以想象，这本书中透露出来的这种强大力量必然会产生即时与可以感知的影响。不过，那些不学无术的宗教教授，他们必然会强烈反对你在书中严厉指责他们的这种偶像崇拜行为。这些人与其他人一样都有着一种僵化的阶级情感。对于年轻人以及那些不怎么反映自身信仰的人来说，你的这本书可能能够给他们强大的思想震撼，让他们看到精神的食粮是如何变质的。从某种层面上来说，来自天国的精神食粮与面包师烘焙的面包都是一样容易变质的。我感觉单纯熟读这本书是不足够的，而应该直接感受这本书所表现出来的明喻。如果说我从拜伦爵士身上听到了什么真理的话，那就是真正具有生命的小说只存在于那些包含着真理事实的小说里，你所创作的这本书必然是具

拜伦夫人

有长久生命力的……

现在，我比以前都更加确定一点，我是应该多么重视与你之间的交流。

祝愿你的家人一切安好。

永远忠诚于你的

A.T.诺尔·拜伦

在邓罗宾的舒适住所里，斯陀夫人给丈夫写了下面这封信：

1856年9月15日，邓罗宾城堡

亲爱的丈夫：

这里的一切就像发生在仙境故事里，这个地方实在是太美丽了！这里的一切简直是建筑与诗意浪漫的完美结合，而且还给人一种家的温暖。这里的民众也是非常友好与热情的。英国的内阁部长拉布谢尔先生也来了这里，他的夫人玛丽女士也在这里——我非常喜欢他们。金斯利的弟弟是一个非常具有幽默感的人。明天，埃尔斯米尔爵士估计也会来这里。我希望你此时此刻也能在这里，因为我敢保证你肯定会喜欢这个地方。这里的生活是如此的恬静，这里的民众是如此的真诚与友好。在这里，你要比在伦敦生活时更能感受到民众的内心想法。

萨瑟兰庄园就像一座美丽的花园。我们在弗雷恩镇逗留了一段时间，之后我们继续前进4里路抵达了萨瑟兰郡。当我们抵达那里的时候，发现一群非常友善与柔和的民众已经聚集在马车附近，当我们的马车驶过去的时候，人群发出三声欢呼声。这样的礼遇超过我的想象，看来他们对我在书中表达的思想还是非常认同的。

《德雷德：阴沉地大沼泽地的故事》这本书在英国的销量非常好。出版商洛说，尽管他已经加足马力去印刷这本书，但是市面上的书籍仍然无法满足读者的需求量。在两周时间里，他已经卖出了超过5万本书了，在接下来的时间里也许会卖出更多书。

我收到了许多的信件，有一些是私人信件，有些则是打印寄来的信件。所以，我面临的一个大问题就是不知道这些信件的作者到底是谁。我很高兴地看到，这里的民众都过着比较富足的生活。我看到公爵将自己的精力与时间都投入了庄园的打理上，希望能够提高庄园的整体收入。我看到了公爵与公爵夫人无论去到哪里，都受到这里民众的爱戴。我看到他们以最为友善、虔诚与真诚的方式对待这里的每个人。很多寄信给我的人都承认公爵所具有的善意，但同时谴责这个体制，恳求我能够亲自观察这个体制存在的弊端。我也的确对此进行了一番深入的观察，我认为相比于苏格兰的其他地方，萨瑟兰郡简直可以堪比一座美丽的庄园。我看到了很多穿着整洁衣服的民众，看到了这里的土地充满了生机，这里的孩子都非常健康活泼，还有美观的学校，等等。

亨利受邀前去参加主人的晚宴，他在晚宴上说的一些笑话让大家都哈哈笑了起来。自从亨利过来这里之后，他在所有这样的场合都表现得非常得体。

昨晚，公爵夫人向我展示了她得到的《德雷德：阴沉地大沼泽地的故事》一书，她在这本书里将震撼思想或是她认为最有趣的内容画了出来。我恳求她给我看一下，然后我会将这样的内容发给你看看。在今天早上吃早餐的时候，公爵夫人对我说：“女王陛下曾说，当她一得到这本书，马上就开始阅读了，然后沉浸在故事情节里不能自拔。”

公爵夫人还购买了罗威尔的诗歌集，然后恳求我为她将最好的诗歌画出来。如果你见到罗威尔，记得告诉他我们都在阅读他的诗歌集。总的来说，公爵夫人是我见过最具高尚品质的人，她是那种传统却又真诚的英国女性，与她交流仿佛就是在阅读着历史。她是那么的高尚，那么的具有勇气，那么的温柔与那么的充满热情。每天聆听她所做的祈祷，的确给我带来一些帮助。她在所有仆人与客人面前都是这样做的，她的优雅举止让人产生一种庄重与高尚的情感。

9月25日，星期四早上

因为要离开邓罗宾城堡，因此我们不得不在早上五点半起床。对于我这样在凌晨1点钟还没有入睡的人来说，这的确是有点难度的。我们发现图书馆里早已经为我们准备好的早餐，在我们吃完早餐之前，公爵夫人走了进来。我们离别的场景让我印象深刻。首先是公爵的那辆豪华的驷马马车，玛丽、公爵与我3个人乘坐，接着是一辆轻便马车让艾丽莎与海蒂乘坐，最后则是我们所雇佣的那辆马车，亨利坐在这辆马车上，车上还有我们的行李以及杰克逊先生（公爵的秘书）。这里的园丁送给我们每个人一束新鲜的花朵，之后我们就像老朋友那样依依不舍地告别。我们真的非常爱他们，也相信他们也非常爱我们。

公爵一直送我们到多尔纳赫，在那里向我们展示了他的祖先所埋葬的那座大教堂，墓地上有一座公爵父亲的雕像，这与附近最高山峰的一座雕像非常类似。

我们还参观了这里的监狱，里面只关着两个犯人，还参观了古老的城堡。在这里的时候，公爵向我们告别了。我们乘坐渡船，继续这趟行程。在因弗尼斯度过了一个糟糕的晚上之后，我们发现这座小镇的民众都在参加一些苏格兰的特色活动，因此我们到酒店的时候发现都没有房间。在雨中度过了一段疲惫的旅程之后，我们在周五晚上抵达了阿伯丁。

明天，我们将会前往爱丁堡，我希望能在那里收到你的来信。我上次收到洛的来信，知道他已经卖出了60 000本《德雷德：阴沉地大沼泽地的故事》，并且这本书的销量还在持续上升。我还不清楚这本书在美国那边的销量。当然，有很多评论家指责这本书存在的各种不足，或是对这本书发出质疑的声音，但总的来说这本书还是取得了成功。正如《时代》杂志所说的，虽然这本书遭遇了一些非议，但依然是一本杰作。如果《时代》杂志肯定我们能在下一次总统大选获胜的话，那么《德雷德：阴沉地大沼泽地的故事》一书的销量会继续上升的。但是只要存在着这样的不确定性，这本书就必然会获得一些赞扬与一些批评，这是很正常的。

在10月份的时候，亨利·斯陀回到美国，前往达特茅斯学院就读，而斯陀夫人一行人则继续朝着英国南部出发。我们可以从斯陀夫人的下面这封信里看出来：

1856年10月10日，约克市

亲爱的丈夫：

亨利将会告诉你我们的这次旅程。现在，我没有多少时间详细跟你讲一些旅程中遇到的细节。当我再次收到你的来信时，感到非常欣喜，内心感到宽慰，充满了感恩之心。首先，我要感谢上帝让你恢复了健康与活力，接着我还要感谢你给我寄来了一封如此美好与充满力量的长信。

我希望亨利在回到美国之后，必然会下定决心在大学成为一个更好的学生。很少有年轻人能够像他这样经历这样的旅程，或是结交到如此之多重要的朋友。

在阿伯丁的时候，我寄出了上一封信。之后，我们离开了阿伯丁。我们怀着无限的愉悦参观了爱丁堡，昨天我们来到了纽卡斯尔。昨晚，我们参加了在德尔汉姆大教堂举办的宗教仪式。在这之后，我们来到约克，将亨利送到利物浦搭乘轮船回国。

我也通过亨利之手给你带回了一些信件。在短短的四周时间里，《德雷德：阴沉地大沼泽地的故事》一书在英国这边的销量已经超过了10万本！在取得了这样的成绩之后，谁还会在意那些评论家们说什么呢？至少从目前来看，这本书在英国取得了圆满的成功。这本书遭到了来自文学界与宗教界一些人士的严厉攻击。《记录者报》宣称这本书充斥着大量的宗教内容。《雅典娜报》则用尖刻的评论讽刺这本书。《爱丁堡报》则指责这本书的作者对她所描述的社会一无所知。尽管这本书遭受了如此之多的非议，但销量还是节节上升，每个人都在阅读这本书。出版商洛对我说，他对于这本书能够达到125 000本的销量充满了自信。很多读者都喜欢这本书胜过《汤姆叔叔的小屋》，这显然证明了这本书是成功的。

在我交代亨利带给你的日记里，你可能在下周就能读到了。在这些日记内容里，你将会知道我与女王陛下是多么的亲近，与女王陛下的公爵与夫人们形成了良好的关系，听到了女王陛下关于《德雷德：阴沉地大沼泽地的故事》一书的评价。女王陛下表示她喜欢这本书超过了《汤姆叔叔的小屋》，还询问了一些有关你的情况以及其他事情。

我永远都是深爱着你的妻子。

哈里特·比彻·斯陀

在离开约克郡之后，斯陀夫人一行人在卡尔顿管区逗留了一两天时间，这里就在舍伍德森林附近，他们非常享受在这里进行的野餐活动。他们正是从这里出发，途经沃尔维克与牛津前往伦敦的。关于这趟旅程，斯陀夫人在一封写给儿子亨利的信件里这样说：

第二天早上，我们准备将一些东西寄去伦敦，G先生向我们保证，他会立即将这些东西以及他自己的一些东西寄去伦敦，然后伦敦那边的人肯定会等待着我们的到来。从--方面来说，这对我们来说是有好处的，因为我们不需要耗费心思去找寻他们。因为我从未见过像英国这个国家如此复杂与让人困惑的铁路网络。

当我们定好了这样的行程之后，我们就准备出发前往沃尔维克。到那里之后，我们被告知火车可能已经出发了。无论怎样，我们只能在火车站的另一边去等待了。你可能很自然地认为我们除了走到另一边之外，没有其他办法。是的，你想得没错。我们只能走上楼梯，然后穿过一些管状的桥梁，最后沿着一排梯子往下走。当我们到达那里的时候，保安说这列火车即将要出发了，但是售票处已经关闭了。我们努力地敲着售票处的窗口，但无人应答。保安说：“你们肯定非常着急着赶路吧。”我说：“那当然了，而且我们还买不到火车票。”最后，这位保安用拳头狠狠地敲打着售票窗口，叫醒了里面那位正在睡觉的售票员。最后，我们终于在千钧一发之际买到了火车票，上了火车，之后竟然还等待了10分钟之后火车才出发。在来到沃尔维克之后，我们度过了一段非常愉悦的时光。在参观了那里的景点之后，我们乘车前往牛津。

第二天，我们就准备前去牛津。你根本无法想象牛津这个地方，你完全可以将这个地方称为一所大学！这是一座城市大学！——这里有许多的博物馆、学院、大厅、球场、公园、演讲厅等建筑。在全部24所大学里，我们只能看到其中三所大学。不过，我们已经见到了足够多的地方，要想一一了解这个地方，至少要一周时间。之后，我们就离开了这个地方，在当天晚上11点的时候，我们抵达了伦敦。

当时的伦敦正下着毛毛细雨，正如我们一开始离开这里的时候也是下着小雨。但是，我们发现了一个舒适的小客厅，里面放着深红色的纸张，旁边还有一个烧着煤炭的壁炉，餐桌上摆放着丰盛的晚餐。洛夫人正在等待着我们。这实在太好了！

我们预计行李今天会送到。今天，我们前去桑普森·洛的出版公司参观，发现这里到处都有红色封面的《德雷德：阴沉地大沼泽地的故事》一书。

在回到伦敦之后，斯陀夫人收到了拜伦女士寄来的信件：

1856年10月15日，牛津屋

亲爱的斯陀夫人：

报纸上说你已经返回伦敦了。虽然我现在的身体比较虚弱，但我已经迫不及待地想要见到你了。因为我希望在某个问题上寻求你的建议。我知道了堪萨斯州的黑奴所经历的痛苦，这不仅极大地激发了我的怜悯心，而且还希望能够有所表示。我希望能够捐一些钱。不过，我想要知道利用这笔钱的最好方式以及安全性。我假定你会同意我的这个想法，因此我希望你能告诉我该怎么做。也许你可以帮我把要捐献的50美元带回去。我现在的住所距离里士满大约2里。我一直非常关注你的这次行程。你的那本书在英国的销量还在不断上升，大家已经开始理解你的良苦用心了。

永远忠诚于你的朋友
A.T.诺尔·拜伦

斯陀夫人在收到这封信之后，马上进行了回复：

1856年10月16日，肯特镇格罗弗梯田

亲爱的拜伦夫人：

再次看到你亲笔写来的信件让我感到非常高兴！要是我能够亲眼见到你的话，这肯定会让我感到更加高兴。我一直盼望着能够见到你。我有很多话要对你说，我有很多问题要问你，我需要一个能够与我有思想共鸣的人一起进行交流。

我亲爱的朋友，感谢你对堪萨斯州那些可怜黑奴的同情心。愿上帝保佑你！当你决定这样做的时候，就已经站在了我这边。也许，你可以分享一下那些“根本不知道自己在做着什么事的人”所做出的一些错误的事情。亲爱的朋友，我可以向你保证，对于那些不断攻击我的言论，我绝对不是充耳不闻的。

你可以将这笔钱寄给我的出版商，请相信我。

永远忠诚于你的
哈里特·比彻·斯陀

在写完寄给拜伦夫人的这封信之后，斯陀夫人就在写给丈夫的一封信里谈论了她们当时所处的环境以及接下来的计划。

10月16日，星期五

这里实在是太混乱了。我们的行李还没有寄到，也没有人知道到底是出了什么事情。我们只能跑到火车站去询问，但没有任何回音，

行李还是没有送到。现在，我们已经没有一件清洁干净的衣服了，有的只是旅途中穿过的已经褶皱的衣服。玛丽·拉布谢尔女士之前给我写信说，她的马车会在下午在斯劳火车站等待着我们，我们必须要在下午两点的时候出发。我们该怎么办呢？幸运的是，我没有将所有的衣服都带到邓罗宾。因此，在一行人当中，只有我一个人还有一件干净的衣服可以穿。我们只能出去外面买衣领与手帕了。在下午2点的时候，我们必须要准时抵达火车站。

斯陀克公园。我独自一人来到这里，我们的行李还是杳无音讯。G先生已经来到了伦敦，他坦承自己错过了几班准点的火车送过来。简言之，G先生就是我们经常说的那种做事马虎敷衍的人，但是他的敷衍让每个人都笑不起来。就是因为他的敷衍，认为这并不是一件重要的事情，我们才要面临这样的困境，需要解决如此麻烦的问题。

我独自一人来到了斯劳火车站，发现玛丽的马车正在等候。我们一起乘坐马车经过一座到处有野鹿的公园，这些野鹿都显得非常温顺，站在那里，看着我们经过的马车。玛丽夫人的房子是意大利式的建筑风格，屋顶是圆顶状的，有宽阔的阳台，周围还有一些石栏杆。

玛丽夫人在门口迎接我，她对我们遭遇的麻烦似乎非常关心。我们经过一间舒适的套间，来到了客厅，此时茶桌上已经备好了茶水。

在喝完茶之后，玛丽夫人带着我前去我入住的房间。这个房间给人一种宾至如归的感觉，环境很安静，非常舒适，他们这样的安排实在是太贴心了。房间里壁炉的火焰正在燃烧，还有一张倾向一边的扶手椅，房间的一边还有一张沙发，上面还有一张沙发式的桌子，可以在上面写字。玛丽夫人的小女儿可能在房间的桌子上摆放着一个银色的盘子，里面种着一盘温室苔藓。房间洗手间的马桶上都配有马桶垫，旁边的花瓶里还有鲜花。我坐在面对着壁炉的舒适扶手椅上，内心忍不住想，为了将这个房间布置的如此温馨舒适，主人肯定是费尽了心思。接着，一位女仆过来问我是否需要热水——或是需要什么东西——很快就到了晚餐时间。我在客厅，见到了拉布谢尔先生，我们一起前去吃晚餐。这次晚餐的参与者不像邓罗宾那里那样多人，但依然是非常丰盛的。来的人并不多，只有几位与拉布谢尔家族相关的几位女士过来一起就餐。

第二天早上，达弗林勋爵与阿尔弗雷德·佩吉特勋爵，这两位女王陛下的亲人都从温莎地区乘坐马车前来这里与我们共进午餐。他们带来了一些世界局势的最新消息。你还记得吗，在某个晚上，萨瑟兰郡公爵夫人读了一封达弗林勋爵寄来的信件给我们听，里面就描述了她儿子的丰功伟绩，说他曾与拿破仑王子在斯匹次卑尔根岛一起划游艇，当拿破仑王子与其他人都决定放弃，准备回去的时候，他却依然前进，最后发现了一个全新的小岛的事情。好吧，这其实是同一个人来的。他是一个身材高瘦的人，绝对不是你所想象的那样会具有勇敢心灵的人——但他却是一位充满活力与健谈的人。

阿尔弗雷德勋爵也是一位非常友善亲和的人。

玛丽夫人恳求达弗林勋爵留下来，在午餐之后与我们一起乘坐马车前去克利夫登，这里有公爵夫人的别墅。我们在这里看到了在邓罗宾拍摄的一些照片。这座别墅里的房间所具有的美感与散发出来的优雅，是我在英国其他地方所没有见到的。

当我们回来之后，我的第一个想法就是玛丽表妹与其他女孩是否已经回来了。正在我们为晚宴进行穿衣化妆的时候，她们出现了。与此同时，女王陛下已经来到了温莎城堡，在当晚与玛丽女士以及她的丈夫一起共进晚餐。当然，类似这样的邀请我们只能前往。

因此，虽然他们只邀请了四五个人前去晚宴，他们只能前去赴约，让我们一行人自己吃晚餐。玛丽女士穿着非常漂亮的荷叶边的丝绸连衣裙，连衣裙上还镶嵌着玫瑰，看上去非常优雅。拉布谢尔先生穿着马裤，马裤的膝盖上镶嵌着钻石，看上去闪闪发光。

在我们离开客厅后没多久，他们就回来了。因为女王陛下都是在晚上11点钟休息的，尊贵的女王陛下是绝对不会熬夜的。

第二天，玛丽女士对我说，女王陛下跟她谈论的话题都是关于《德雷德：阴沉地大沼泽地的故事》这本书的，表示相比于《汤姆叔叔的小屋》，她更喜欢《德雷德：阴沉地大沼泽地的故事》这本书，说自己对书中的妮娜这个人物非常感兴趣，对妮娜在书中的去世感到非常不满，对于书中的汤姆·戈登没有遭到什么报应表达了愤怒的情感。女王陛下还询问了你父亲的情况还有其他家人的情况。女王陛下似乎对你比较了解。

第二天早上，我们与达弗林勋爵一起共进早餐。达弗林勋爵是我在英国见到的最有趣的一位年轻人，有着真正的思想以及高尚的情感，学识非常渊博。他几乎阅读了美国当代的所有文学作品，非常欣赏霍桑、爱伦·坡与朗费罗等人的作品。不过，我发现他并没有足够重视罗威尔这位作家。

达弗林勋爵表示，他的母亲在他成年的时候写给他一首诗歌，他则为父母建造了一座高楼，并且将这首诗歌篆刻在一个铜牌上。亨利，我也推荐你这样做。你要自己成为一个有成就的人，始终记得母亲的教诲。

今天早上，埃尔金勋爵的女儿奥古斯塔·布鲁斯女士前来拜访，她是肯特公爵夫人的一位侍女，也是一位非常优秀与通情达理的女性，对奴隶制有着强烈的反感情绪。

在吃过午餐之后，我们乘坐马车前往伊顿，来到了市长大人的房子之后，我们乘坐马车穿过温莎的时候，马车夫突然停下来了，对我们说："夫人，女王陛下来了这里。"我们的马车都停下了，让女王的皇家马车队经过。我看到了女王在马车上向我优雅地点头。

在马车离开火车站之前，玛丽女士都一直与我们留在马车里面。在我们将要离开的时候，她递给我们一束美丽的鲜花。可以说，这是让我感到最为愉悦的旅行之一。

我们接下来在英国进行了一系列非常有趣的旅行，其中就包括前去拜访查尔斯·金斯利一家，斯陀夫人一行人穿越英吉利海峡，在巴黎逗留了几个月的时间，只是为了更好地学习法语。在法国首都巴黎的时候，斯陀夫人给当时住在安多弗的丈夫斯陀写的一封信这样说：

1856年11月7日，巴黎

亲爱的丈夫：

10月28日的时候，也就是你上一封信寄来的时候，我当时正在查尔斯·金斯利的家做客。玛丽与我在天色完全暗了下来之后，依然坐在一辆出租马车上，朝着我们之前从未谋面的查尔斯·金斯利的家里前进，这样的感觉真的是有点奇怪。

在黑夜的崎岖道路上行进了很长一段路的时候，我的心总是在怦怦地跳个不停，最后，我们来到了庭院。我们敲了门，在门口见到一个说话有点结巴的男人，他问："请问你是斯陀夫人吗？"我们做了肯定回答。于是，我们就被引入了一间宽敞温馨的客厅，客厅由煤炭燃烧的火焰所点亮。客厅里摆放着舒适的椅子、沙发、墙壁上挂着图画，书桌上摆放着雕像与书籍，还有其他一些零散的物件。查尔斯·金斯利的夫人是一位真正的西班牙美人。

我们在接下来的三天里经常进行交流与旅行。我想金斯利最后也感到有些疲惫了，我肯定我们也是如此。金斯利是一位神经有些敏感且容易兴奋的人，在说话的时候，经常会点头，摇头，或是耸着肩膀，伸开手臂或是双手做出各种动作，同时他说话时的犹豫不决又让他这样变得有些困难。关于金斯利的神学观点，我以后有时间会跟你详细说的。当时的金斯利也正面临着一种巨大的压力。他的著作《时代的冲突》一书里面的观点与爱德华的那本书有着不同的角度与思想，与约翰·福斯特的观点比较类似，虽然他的观点要比福斯特的观点更为乐观一些。

当我给金斯利说一些有关父亲的故事时，他很多时候都会哈哈大笑，似乎很高兴听到有关父亲的消息。不过，我没有想到的是，他是一位虔诚的基督教徒，坚持认为英国的教会应该是每个人都应该依靠的最坚固与最宽阔的平台，为此他写了39篇关于这方面的文章。我告诉他，你认为这些文章都是这方面思想的最好总结。我的话让他感到非常高兴。

今晚，我收到了你的来信。我现在的住址是巴黎的克里希大街第19号，你以后一段时间给我的信件都可以写这个地址。

昨晚11点的时候，我们抵达了巴黎，之后乘坐马车前往克里希大街的第19号。不过，当我来到这里之后，无论是按门铃还是用力敲门都没有人回答。最后，我们在绝望的时候想起了之前一些酒店推销员扔进马车上的名片，发现这是一间有英文与法文标注的酒店。于是，我们乘坐马车前往那里，最后住在一间舒适的房间里。我们在凌晨2点钟的时候才入睡。第二天早上，我派一名信使去找寻鲍林女士，结果发现我们弄错了门牌号，我们应该前往的第19号，也就是隔壁的那扇门。于是，我们乘坐马车前往那里，终于找到了。最后，我们来到了鲍林女士的住所，这里有一个宽敞的客厅，还有为我们准备的两个客房。

这个家庭有21人，其中绝大多数人与我们一样，都是过来这里学习法语的。其中一位是身材颀长、面容秀美的年轻英国女士，她是杜兰特小姐，是一位女雕刻家，正在与特里克提男爵一起进行学习。她将我带到了特里克提男爵的工作室，男爵立即对杜兰特小姐说，应该让我坐下来。我说我会的，但只是上法语课。“哦，”男爵微笑着说，“当你坐下来之后，我们会给你上法语课的。”所以，我明天早上就要去上法语课。

与往常一样，我之前的那些不好看的画像给我带来了一些好处，很多人在见到我之后都松了一口气，认为我的行为举止更加优雅。金斯利在对他的妻子说，他在见到我之后也松了一口气，因为美丽从来都不是我的优势，因此能够得到别人的赞美我也很开心。

在我们离开伦敦之前，亚瑟·赫尔普斯先生前来拜访我们，我们进行了非常愉悦的交流。他与金斯利以及其他所有优秀的人都对目前发生在美国的事情充满了焦虑。他们对此真的有着很深的感受，比大多数美国人更能清楚地看到我们国家正在面临的危险。

周六晚上

我认为我已经拖了太久没给你回信了。事实上，在过去十天里，我一直在这里，有三天的时间因为神经痛而躺在床上，有时则因为牙痛或是脊椎疼痛躺在床上。剩下的几天，我每天都要一动不动地坐着，让他们帮我们做半身雕像。

我们与雕刻家特里克提男爵共进晚餐，他有一位英国妻子，还有一个与我们女儿年龄相仿的女儿。总的来说，在巴黎的生活还是要比在英国的生活更加简单与自然。他们会用盘子给你端上一块蛋糕或是一杯茶，他们都是用一种非常随和的社交方式去做的——当茶壶在火焰下发出扑哧扑哧的声响时，茶馆老板的儿子与女儿愉快地忙着泡茶。在喝完茶之后，特里克提男爵向我们展示了福音书的一份手稿复印件，这是他母亲写的，帮助她度过会让健康变得糟糕的季节。特里克提男爵用非常细腻的方式将母亲塑造成雕像。我无法描绘这些雕像人物所具有的美感、优雅、细腻或是散发出来的虔诚情感。可以说，特里克提男爵是我见过最有才华的人之一。

在过去一周里，我们有3个晚上都去拜访朋友或是与朋友们见面，比如在摩尔女士、兰齐尔女士与贝洛克女士等家做客。巴黎这边的沙龙都是以一种不正式的社交聚会，没有什么甜点，也没有其他的胡言乱语。有的只是你所能见到的最让人愉悦、最贴心与最友善的聚会。

请将我的亲吻献给小查理。如果他能够亲眼看到我在杜伊勒里宫与香榭丽舍大道所看到的景象，他肯定会抓狂的。整个巴黎仿佛就是一个室外的陀螺在不断地转动，但在室内的人却是那么的沉稳、安静与清醒。

11月30日

在周日的晚上，或是巴黎的每个周日，始终都会让我想起你曾对我说的话："愿上帝保佑你！他们发出的噪音甚至连魔鬼都没有片刻的沉思时间。"这里的民众将多余的工作或是生活中一些有趣的事情都放到了周末去做。你可以看到那些洗衣女工在周日的时候，带着一张爽朗与幽默的脸庞出来玩耍，你根本不知道她为什么要这样做。你的软帽、宽大外衣、鞋子以及任何其他东西都在周日早上放回了家。之后大家似乎都要前往教堂，你会在林荫大道上看到许多人跳舞或是用脚尖旋转，这样的景象肯定会让你感到惊艳的。今天，我们前去大教堂聆听格兰德·皮埃尔先生的演说。我听得不是很懂，我的法语听力现在还不是很好。我只能听到这篇演说的主题是"仁爱"，演说者的演说非常流畅，举止非常优雅，态度非常认真，听众都显得非常专注与认真。

昨晚，我们再次来到了特里克提男爵的家，大家一帮人前去庆祝他们的大女儿布兰切尔的生日。布兰切尔是一个19岁的可爱女生。还有一些优雅的女性专门赶了八十多里路前来这里见我，她们对我的法语说的不是很好一事感到很有趣，但她们给予了我很多鼓励。我相信能够最后成功学好法语的。对我来说，用法语与法国人进行对话已经变得越来越容易了。

在场有三位法国绅士刚好读过了英文版本的《德雷德：阴沉地大沼泽地的故事》，他们在见到我的时候都显得非常兴奋。我与他们谈论的问题深度甚至让我感到吃惊。在《西大世界月刊》上有一篇关于《德雷德：阴沉地大沼泽地的故事》一书的评论，还有这本书里面的一大段节选，我认为这篇评论是以一种欣赏与赞成的态度来写的。总的说来，法国的评论家似乎要比英国那边的评论家更能够欣赏我在书中所表达出来的一些微妙的情感。我对帕克教授对此有什么评价感到非常好奇。在《出版报》上也有一篇关于《德雷德：阴沉地大沼泽地的故事》一书的评论，同样是持赞美态度的。这些评论者似乎都要比美国的民众更能看清楚美国奴隶制所带来的危害。如果美国的牧师与基督徒能够从这些强词夺理的诡辩里挣脱出来，那么他们对于目前所持的这种摇摆不停的态度该有多么的不可思议与自我鄙视啊！

每隔一周，我们都会前去摩尔女士的家做客，在她家认识了许多有趣的人。埃尔金女士现在不参加这些社交活动了，因为她中风瘫痪了，但她依然在家里，像往常那样接待很多朋友。在清新的空气下坐在轮椅上接待朋友，这成了她的一大爱好。

我必须要说，巴黎这里的生活对我们来说要更合理一些。在拜访参观的时候，我们不需要讲究那么多的社交礼节，也很少坐下来吃饭。这里的民众在进行社交活动的时候不喜欢吃东西。他们往往是喝一杯茶或是一块小点心就足够了——就是如此简单的做法就足以打破社交场合的陌生感。

让我感到惊讶的是，这里的很多人依然还在谈论着《汤姆叔叔的小屋》一书。他们对这本书的印象与这本书刚出版时似乎没有什么区别，依然是那么的深刻。我经常听说，这本书重新唤起了法国的贫穷阶层对福音的信仰，并说这本书所起到的作用要比所有的宗教书籍更有作用。这本书已经在巴黎的贫穷人居住地非常流行了，没有人知道他们是如何通过这本书去信仰耶稣基督的。我亲爱的丈夫，这难道不是一种美好的祝福吗？难道这不是没有白费我耗费心血去创作那本书吗？

某个晚上，我前去格兰德·皮埃尔先生的家做客，他家的客厅里来了很多人，每个人都像在英国或是苏格兰时的那些民众那样急切地想要见到我。哦，如果波士顿的基督徒能够看到这里的基督徒看待奴隶制的态度就好了，他们对美国民众对奴隶制表现出来的冷漠态度感到震惊与不可思议，对于美国教会在这方面发挥的微薄力量感到无法理解！大约在晚上11点的时候，我们一起唱了一首圣歌，接着格兰德·皮埃尔先生发表了一篇演说。他在演说里以最为亲切与真诚的方式评价我。接着我们一起聚集起来为美国进行祈祷，因为他们认为美国是新教的希望。接着，大家才陆续走出皮埃尔的家，彼此握手道别。

在日期标注为12月28日的日记里，珀金斯先生这样写道：

在周日晚上，我们与雅各布·阿伯特夫妇一起前往巴黎荣军院。

我认为我从未对任何事情有如此大的兴趣与感触。有三四千名年老或是残疾的士兵住在这座美丽且舒适的家。我们前去进行主日崇拜。这座教堂非常宽敞明亮，描绘战斗情景的图画挂在墙壁上。其中一些画作可能历史太悠久了，因此都被虫蛀了。这次主日崇拜的仪式尽可能地模仿战斗之前的仪式。鼓声敲起来了，大家纷纷聚集起来，普通的士兵排成队列，然后在指挥官的指挥下站在教堂的中央。所有这些仪式都受到鼓声的节奏来指引。只有一位牧师得到了任命，其他的士兵都站在他身边保护他。军乐队奏出的音乐真的非常雄壮大气。

下午的时候，我前去玛德琳进行晚祷，那里的音乐则更加细腻一些。他们在教堂两端有两架优秀的管风琴。一个人歌唱着《真挚来临》这首歌，伴奏的则是管风琴，之后很多男声开始唱着美剧诗歌，然后其他乐器也纷纷演奏起来。总的效果听上去似乎非常和谐悦耳。我始终认为，在我们家乡的许多小教堂里，管风琴发出的乐音实在太响亮了，让我的耳朵有点发麻，但在这个宽敞的大教堂里，效果听上去则完全不同。这里的音乐就像海浪那样翻滚着，虽然雄浑但却很柔和。我感觉这肯定是来自另一个世界发出的声音。

在晚上的时候，本生夫妇前来拜访。他是希瓦利埃·本生的儿子，本生的妻子则是伊丽莎白·福莱的侄女——他们都是非常具有智慧与友善的人。

在一封日期标明为1月25日的信件里，斯陀夫人在巴黎写了下面这封信：

这是一个写给查理的故事。生活在圣安东尼近郊的孩子们都是贫穷的孩子，他们的母亲每天都会给他们很少钱去买东西吃。当他们听到我要前去那里的学校，他们都将自己一半的晚饭钱捐出来，希望我能够用这些钱去拯救那些可怜的奴隶。现在，我得到了5法郎的钱，我会替他们捐出5美元。我希望在这些金币上面挖一个洞，然后将这钱做成一条项链，挂在查理的脖子上，作为一枚勋章。

我刚刚完成了在一所天主教寄宿学校的活动，准备动身前往罗马。

我们预计会在2月1日出发前往罗马，我在罗马的住址应该是玛格丽塔的巴塞洛夫108号。

第十三章
故地重游

在离开巴黎之后，斯陀夫人与表妹以及珀金斯夫人怀着悠闲的心情前往法国南部旅行，之后再从这里出发前往意大利。她们沿途经过了亚眠、里昂与马赛等城市。在马赛的港口，她们乘坐蒸汽船前往热那亚、里窝那与奇维塔韦基亚等地方。她们在蒸汽船的最后一个晚上，遭遇了一次事故。她们后来还历经了一些麻烦之后，才最终抵达罗马，斯陀夫人在日记里这样写道：

> 大约在晚上11点，当我在船舱里安静地躺着睡觉的时候，我被一阵刺耳的摩擦声给吵醒了，接着就是船身的抖动，整条蒸汽船似乎都在剧烈的晃动。接着，就是船上的乘客发出的惊恐声，大家纷纷都跑到甲板上，那个场景是非常混乱与狼狈的。我也迅速走到房门，看到很多人都在一边走一边穿上衣服，一脸疑惑地走到通向甲板上的阶梯。我叫醒了玛丽，我们都沉默地收拾着东西。之后，我们迅速走到了上层的甲板上。直到一个小时之后，我们才稍微知道到底发生了什么事情。最后，我们得到的消息是我们可能需要换乘另一艘船。这条蒸汽船似乎无法再继续前行了，但我们没有向彼此说出这个事实。事实上，当时人群表现出的安静与沉默是很多人都没有见过的。要是我对这艘船的驾驶员有一定信心的话，那么我肯定会感觉好一些，但是我根本没有这样的信心，因此我只是在不安地坐着。要是我们当时知道前不久一艘船就在地中海的海域沉没的消息之后，这样的事故肯定会加剧我们内心的恐惧心理。因为一次千载难逢的机遇，一位军官与他的妻子与孩子都上了我们的船，而他们原本所乘坐的船只则发生了事故。船长与船员当时都在船舱里，当时没有人看着海面上的状况，要不是这位军官大声通知船长，要求停下这艘船的话，那么我们这艘船必然会以很快的速度撞上去，必然会导致我们这艘船下沉的。最

后，我们的船只转向了一边，而刚才的震动正是源于桨轮发出的声音。在经历了两个小时这样的插曲之后，我们的轮船试着要继续启动，并且前进了一段的距离，接着又发生了一次碰撞，桨轮彻底失灵了。你可以肯定，我们整个晚上都没有怎么睡觉，因为面对这样的情况，谁也没有心思去睡觉。可以说，当我们想到以后可能再也没有机会见到我们心爱的人，那种心情真的是一种难以描述的悲伤的感觉。在那个时刻，没有人知道别人到底在想些什么，但大家也知道每个人在想些什么。

就在不久前，一艘前往那不勒斯的船只就在地中海沉没了，船上的许多女性都以这种可怕的方式失去了生命。这样的撞击让轮船的烟囱直接倒下来了，因此船上的乘客都无法逃到甲板上，最后他们都在船舱里被海水活活淹死了。

我们的这艘船就像一个一条腿瘸了的人在蹒跚而行，直到第二天11点的时候，当我们抵达奇维塔韦基亚这个地方的时候，已经比原先的抵达时间迟了两个小时。此时，我们一行人，也就是玛丽与我还有来自费城的爱迪生先生以及他的儿子阿尔弗雷德乘坐马车一起前往罗马，但是这辆马车却给我们带来许多麻烦，因为这辆马车看上去就像在暴雨中浸泡了许久一样。大约在晚上8点的时候，当我们的马车独自走在一条寂静的小路上，一个车轮掉下去了。我们走下马车，马车夫则安静地站在一边，观察着到底发生了什么事。我们一行人没有人会说意大利语，他们也不会说法语，但是马车夫最后还是成功地表达了自己的意思，他的意思就是说，我们要出5法郎，去请一个人修理车轮。我们答应了这5法郎的要求，他松开一匹马，然后骑着这匹马前进了。玛丽与我在黑暗的荒凉小路上来回走动，不时地提醒彼此，我们来到了这片充满悠久历史的土地上，然后为我们这次月光下的孤独旅程而自嘲。没过多久，我们的马车夫回来了。我觉得无法以更好的方式证明这些意大利人的诚实守信了。

接着就是另一场商量。他们将一块腐朽的木头放在车轮下面，然后希望将马车撬动开来。幸运的是，这块腐朽的木头如我们所期望的那样，并没有出现折断的现象，之后我们将轮子安装好了。接着，我们又产生了一些新的想法。这个轮子能够坚持多久呢？显然，马车夫并没有往这个方面想得太多，因为他们既没有带来锤子与钉子，也没有带来修理轮子的任何工具。因此，他们只是首先看了看轮子，然后看了一下对面的那个轮子，最后再看着我们。这位马车夫拿出了一把很小的手钻，通过这把手钻将之前的车轮楔子弄出去，然后将一块新的车轮楔子放进去。接着，他们从栅栏那里取出了一些钉子，但是这些钉子根本不适合车轮。于是，他们又派人前去拿一些钉子过来。当我们在等待的时候，来自“勤奋号”上的乘客也陆续乘坐马车前往罗马，他们纷纷从我们身边经过。他们乘坐的马车还有很多空位，其中一辆马车上的乘客看到我们所处的困境，想要让马车夫停下来，但是马车夫却没有在意他们的意见，而是依然继续前进，说如果任何人想要下去帮助我们的话，那么他就让这些下去的人自己走路前去罗马。

接下来发生了更加有趣的事情。天空竟然下起了雨，玛丽与我认为，既然轮子已经安装好了，我们应该回到马车上。我们认为，马车不可能在一时半会儿就修理好的。马车夫带着钉子回来了，他显得非常愉悦，从后面的方向向着我们大喊。最后，我们的马车幸运地修好了，我们才勉强可以继续前进。

我绝对不会忘记，每到一个驿站，我们就要更换马匹与马车夫。我们必须要与马车夫就需要更多车费钱进行一番讨价还价，因为他们索要的费用超过了原先预定的费用。马车旁边还有一些衣衫褴褛、头发蓬乱，有着黑色眼睛的人在捣乱，他们说话的每个词语都是以“给钱”结尾的，他们不断地骚扰我们，直到我们最后同意支付比预想中更多的钱，才顺利地摆脱了他们。

在通向罗马的大门口处，一位官员在看了我们的护照之后，冷漠地对马车夫说，如果他愿意支付5法郎的话，那么他就不会为难我们。但是，如果我们不支付这笔钱的话，那么他会对我们的行李一直检查到天亮。这位官员如此坦率直接索要贿赂的做法，让我们只能照办。在凌晨2点的时候，我们终于来到了罗马，此时已经是1857年2月9日，天空下着毛毛细雨。

我们乘坐马车前往英格特勒酒店——但是，这间酒店的所有客房都住满了人——于是，我们只能继续又找了四五家酒店，最后，我们那个不听话的车轮再次掉落了，我们只能在大街上走路。此时，有十来个身材瘦削、蓬头垢面的“乞丐”自称是搬运工，始终在等待着旅行者的到来。他们走到了我们跟前。他们迅速过来帮我们搬行李，并且喋喋不休地说着什么。玛丽与我站在雨中，品尝到了在意大利的第一个教训。我们真的想要说些什么，但是他们总是在不停地说着一些我们根本不懂的话。最后，马车夫终于找到了一位能够说一两句法语的人，让玛丽、阿尔弗雷德与我看着我们的行李，他则与那些会说一点法语的人前去找寻住所。我之前听到很多谈论他们对罗马的第一印象都是非常美好的，我必须要承认，我们对罗马的第一印象是很糟糕的。

一位年轻人走过来，用英语与我们交流。这实在是太好了！我们差点要热烈地拥抱他。我们恳求他当我们的导游，帮我们叫另一辆马车，他照做了。此时，我们幸运地找到了一辆刚好经过的马车，玛丽与我将我们的行李箱以及所有的包裹都放在马车上，至少可以避免被雨水淋湿。我们在马车上坐着的时候，之前那位马车夫则不时回来，告诉他们他找不到任何地方。我说："难道我们就只能在大街上睡一晚吗？"让整件事显得更加怪异的是，我们在罗马这边有很多好朋友，他们都愿意接待我们的。我们开始为晚上住哪里感到发愁。又有谁知道我们此时所陷入的困境呢？阿尔弗雷德表示，他之前看到一些新闻，说意大利这边的旅馆里的床都安装着陷阱门——就是那些让人一躺下去，就会马上关闭的床，最后让人活活窒息而死。当这位马车夫最后说找到了住所的时候，我们都怀着忐忑不安的心情跟着他一起走了。

我们在一条肮脏的石路上下了马车，闻到了猫屎、洋葱散发出来的潮湿与阴冷的味道。我们走在石头砌成的阶梯上，最后终于进入了两间看着比较干净的房间，终于可以让我们躺着睡觉了。但是，那一群"乞丐"始终跟着我们——这些都是一群黑色头发、黑色眉毛、衣衫褴褛与好动的家伙。他们坚持说我们应该支付给他们大约20法郎的钱，或者说4美元，就因为他们帮我们将行李搬运了20步左右的距离！来自费城的那位先生果断地拒绝了他们这样的无理要求，这让这群"乞丐"又开始喋喋不休地吵闹起来。他们的脾气开始变得躁动起来，不断地说出"要钱"或是"给钱"的话。我们说："为了摆脱这帮家伙，让我们还是给钱吧。"最后，我们讨价还价到了10法郎，但他们依然在吵闹，而且还想要进入我们休息的房间。最后，我们用尽全力大声吼道："没钱，快点滚！"他们才稍稍后退。当我们在整理行李的时候，他们最后离开了。

我们女主人是一位身材矮小的法国女人，她热情地招待了我们。我认真地检查了房间，看看是否有没有可怕的陷阱门。在检查了一遍之后，发现没有这些东西，我就心满意足地躺在白色的干净床上入睡，很快地沉入了梦乡，一直睡到第二天早上。

第二天早上，我们将名片寄给巴塞洛夫。在我们吃完早餐之后，就已经见到他了。接着，我们得知他之前一直在关注着“勤奋号”蒸汽船的情况大约有一周时间了。他早已经为我们安排好了舒适的房间，在静静地等待着我们。

3月1日

亲爱的丈夫：

在意大利的每一天，都是让我大开眼界的一天。我参观了地下墓穴，看到了许多最初的基督徒留下来的历史记录。今天，我们要前往梵蒂冈参观。这里的阳光很灿烂，这里的景色则是美的无法言说。道路两边的田野生长着美丽的花朵。哦，我亲爱的丈夫，要是你能够与我在这里一起欣赏这些美丽的景色，那么这趟旅行将是非常完美的，我认为你能够比我更好地欣赏这些景色——可以说，这个地方很好地将历史与现代结合起来了，将过去的一面与当代的一面都充分展现出来了。

想象一下在具有历史感的广场上悠闲地散步，或是认真欣赏着罗马帝国时期留下来的古老石头，或是在恺撒当年居住的宫殿废墟前面驻足观看，或是在提图斯凯旋门的拱形下参观，欣赏那些古代决斗牺牲的角斗士的残骸，还有很多充满艺术气质的房间，而且这一切都是我在一个早上所看到的。这些都是我在周六一天所看到的，但我真的希望能够与你一起欣赏这些美丽的景色。你对意大利这个国家的历史有着深入的了解，因此你更能欣赏这个国家所具有的美感。在恺撒宫殿的废墟上，可以看到许多以前精致的大理石所留下的废墟。我亲眼看到了一棵爵床属植物在上面生长，我还摘下了这颗植物的一片叶子。

我们在这边的居住条件也很好。那位费城来的先生非常好地照顾着我们，我们也很好地照顾着他。我们可以在罗马看到很多人，其中就包括约翰·布莱特、赫曼斯女士的儿子，加斯克尔女士等。据说，大约有5 000名来自英国的旅行者会来这里旅行。雅各布·阿伯特与妻子听说也即将要来这里。可以说，罗马就是一座世界性城市。罗马是一座让人无比震撼的城市！教皇的罗马就像一位迷人的女人，吸引着无数人前来观看！罗马这座城市虽然古老，却散发出无限的生机与活力——每一个年轻人都会爱上这座城市的。当我抵达那不勒斯的时候，我会继续给你写信的。

永远爱你的

哈里特·比彻·斯陀

从罗马出发，她们一行人前往那不勒斯，之后参观了庞培古城与赫库兰尼姆(维苏威火山大喷发而湮没的古城)，最后攀登了维苏威火山。所有关于这些旅行的记录都可以从斯陀夫人给她当时居住在法国的女儿的一封信里看出来。除了在信中讲述了相关的准备与出发事情之后，斯陀夫人在信里还说：

在攀登维苏威火山的过程中，我们感觉到坡度变得越来越陡峭，直到我们最后需要马匹拉着我们上去。那不勒斯人对待马匹的方式，不会让这些旅行者产生任何愉悦或是满足的感觉，因为这些人似乎根本不重视动物的感受。这里的人根本不在乎这些马匹的死活。你经常可以看到一匹马拉着十四五名身强体壮的男女上山。可以说，这里的山路要比那些用石头铺成的街道更加湿滑。在抵达山顶之后，马车夫都敦促着马匹下山，将下一批的乘客拉上来。

随着上山的路变得越来越陡峭，马匹会喘着大气，整个身体在不停地颤抖，这让我们觉得自己不应该坐在马车上，但是，导游与马车夫却根本不在乎马匹的任何身体语言。最后，我们3个人下了马车，以走路的方式前进。我们也希望我们的导游这样做。但最后一段爬坡路是非常陡峭的，那些无赖的家伙竟然用一根长长的杆子抽打着马腿，让马匹继续前进。任何英国人或是美国人都不会这样对待一匹马。

所谓当年隐士居住的地方其实是一座很小的木屋。现在，我们可以在这里买一些酒水或是其他的点心。这里的一款酒是专门用维苏威火山的葡萄酿成的，取名为“基督之泪”，这款酒的名声非常响亮。山顶上聚集了很多形形色色的人，其中就有乞丐、衣衫褴褛的男孩，还有一些人在弹奏着吉他，大声吆喝的驴车主人，还有一些人想要售卖木棍或是矿石。木棍是帮助爬山者进行爬山的，而矿石则是给旅行者作为纪念的。在一片喧嚣声里，我们坐在了一辆驴车里面，这头表情似乎很忧郁的驴在主人的鞭打下迅速前进。最后，我们抵达了山顶。我很高兴最后终于踩在了一块坚实的土地上。山顶处弥漫着火山口散发出来的烟雾，我们还看到了两名英国绅士从阴影中走了出来，他们祝贺我们安然到达山顶，对我们说，我们非常幸运，因为这座火山其实是非常活跃的，幸好今天没有爆发。在山顶上，我们还能听到火山口不时发出那种空荡荡的咆哮声响，就像一个庞大的熔炉里面的熔浆在发出怒吼，但我没有看到里面有什么东西。我问："这就是全部了？""哦，不是的，等到导游带着其他人一起上来之后还有更多可以看的。"没过多久，其他人陆续上来了，接着我们沿着导游的指引，来到一条充满雾气的岩石路，火山口下面的火焰发出的声音变得越来越近。最后，我们终于站在一个庞大的圆形火山口旁边，下面的熔浆距离火山口大约有40英尺深，火焰上面的一层是黑色的，就像是凝固的火山岩浆形成的黏稠波浪一样。

火山口的另一边则是充斥着硫黄的悬崖，悬崖上都被火山灰弄成了各种颜色，颜色从浅黄色一直变成深橙色与深棕色。在火山岩浆的表面上，升腾出了一个黑色的圆柱体，就像一个庞大熔炉的烟囱。火山口里面的燃烧与火焰就像玻璃暖房工厂里的熔炉一样。每过一会儿，我们都可以看到里面翻滚着雷雨煤渣与融化的岩浆等东西，这些岩浆发出噼里啪啦的声响。在火山下面的一个较小的坑里，我们可以看到岩浆在缓慢地流出来，一位先生正是用炽热的岩浆来点燃雪茄烟抽了起来。

在我们所在的地方，可以看到烟雾从岩石的每一个裂缝或是细缝里冒出来，那些聚集在我们身边的那不勒斯人都在怂恿我们，让他们帮我们在这些细缝冒出来的烟雾上面，帮我们煮鸡蛋吃。我们实在说不过他们，只能同意了。最后，我发现通过这样的方式煮鸡蛋可以煮的很熟，或者说，这种用蒸汽煮鸡蛋的方式也能把鸡蛋煮熟。不过，我们所吃的鸡蛋有一种硫黄的味道。

整个地方让我在脑海里回想起了弥尔顿对炼狱的生动描写。我只能认为，弥尔顿当年肯定是从这个地方汲取创作的素材，否则他不可能对炼狱有那么生动具体的描写。我们都知道，弥尔顿曾在意大利生活过一段时间，虽然我不知道他是否真的前来维苏威火山这里参观过，但我忍不住认为他就是以这里的景象为原始素材的。如果他真的没有参观过这里，那么他写的内容则与我所看到的景象非常吻合。

当我们下山的时候，我们这些女士明确地对当地人说，绝对不能用鞭子抽打驴子——他们肯定想不到我们为什么会提出这样的要求。对这些那不勒斯的当地人来说，对动物要抱有怜悯心的思想是非常陌生的，他们认为我们之所以会有这样的要求，肯定是因我们缺乏勇气而已。不过没多久，过去的习惯让一个男孩忍不住用鞭子抽打着驴子，当我告诉他不要这样做的时候，他说："夫人，做人要有勇气！"

因为时间所限，因此我无法将自己在意大利南部的所有旅行经历都详细地告诉你。我们怀着遗憾的心情离开了这里。过一段时间，我会亲口跟你讲述我们所见到的一切。

我们经过水路从那不勒斯来到里窝那，我们一行人一路上都非常晕船。抵达里窝那之后，我们继续前往佛罗伦萨，我们在佛罗伦萨逗留了大约两周时间。两天前，我们离开了佛罗伦萨，启程前往威尼斯，在威尼斯停留了一天两夜，之后继续前往博洛尼亚。我们在这里看到过去著名的大学，现在这些大学变成了图书馆。这里的高墙上都写着过去那些在这里接受过教育的著名人物的名字。

接下来我们到达了威尼斯。在欧洲大陆旅行或者说在任何地方旅行的一大麻烦，就是你很难捕捉到一种浪漫的情感。但在威尼斯这个地方，你能感受到一种极为自然与客观般的浪漫情感。这里的一切在你看来都是那么的熟悉与自然，没有一点陌生的感觉。你可以悠闲地喝着茶，或是吃着晚餐，像过去美好的时光那样悠闲地过着生活，而根本不会意识到你置身于何处，或是你看到了什么。但是，威尼斯却是一个例外。这座城市可以说是浪漫到骨子里了，却又不会给游客一种奇怪或是突兀的感觉。

在一个下雨的晚上，我们乘坐的马车在颠簸中经过了一条铁路桥，最后来到了火车站。铁路桥下面是一片平坦的沼泽地，海水就在沼泽地不远处的一边。马车最后停下来了，入站的火车很长，让我们有点不知所措。我们走在雨中，与一群奥地利士兵一起走上了第三等级的车厢。我们经过了一条很长的过道，最后才来到了一个坐着很多不同国籍的人的车厢，其中就有意大利人、德国人、法国人、奥地利人、东方人，他们都在这个下雨的潮湿天气里来到这里。

不过，我们收到了消息，我们的行李已经准备好了，我们要乘坐的贡多拉游船也准备好了。

我们首先下到了一艘贡多拉游船低矮的黑色发动机罩上，特别是在下雨的晚上，这给人一种送葬的感觉。我们四个人蜷缩着坐在一起，然后从沾满着雨水的小窗户向外面望过去，欣赏外面的景色。各种大小不一的贡多拉游船在湖水上不停地前进，每一条船都有像鱼一样尖锐的机头船首，安静地在水面上前行。但是，贡多拉游船会发出响声，似乎在迅速地说着含糊的话语，让我们一路上都感到非常困惑，正如一位陆地上的马车夫在一片干旱的土地上那样。不过，我们很快就将行李与毛毡旅行袋都调整好了。我们乘坐游船前往了大运河。游船行进的非常平稳，我们根本没有意识到游船是在前进，只是能够看到两边的风景在不断地移动。威尼斯真是太美丽了，就像一个美丽的女人在一场暴风雨中浑身湿透了。

（科莫湖）我们在威尼斯逗留了5天时间。在这段时间里，我们欣赏了我们的贴身男仆所介绍的所有美丽景点。不过，这的确是一种旅行中的兴奋情感所导致的，因为我们都希望能够欣赏所有美丽的景色，倘若我们错过了一两个景点，就会感觉非常遗憾。我们从威尼斯出发前往米兰城，前去那里欣赏大教堂与莱昂纳多·达·芬奇的《最后的晚餐》。米兰的大教堂听说是极为雄伟壮丽的，而达·芬奇的《最后的晚餐》，我认为是人类历史上最伟大的画作之一。之后，我们应该返回罗马体验圣周的乐趣，再返回巴黎。

(罗马)我们在参观完了科莫湖之后，就返回罗马参加圣周的一些活动。现在，圣周活动已经结束了。

“你对此有什么看法呢？”

当然，任何一个有想法或是敏感的人都必然会在参加这样的活动时，内心产生一种强烈的宗教情感，这样的情感是极为深刻的。

首先，这个世界上不同国家的民众都想着要前来这座古老的伟大城市进行朝圣，庆祝耶稣基督的殉难与复活的事实，这本身就是一件让人内心感到无比震撼的事情。无论一些人对于基督世界进行的这些纪念活动有什么看法，教众们还是会坚定不移地庆祝耶稣基督的逾越节。因此，这一伟大而庄重的庆典活动就像一座历史纪念碑，记录着这个世界当年最为重要且最激动人心的历史事件。

当一个人看到这座城市到处都是外地人，看到很多教徒徒步来这里朝圣，看到很多商店都进行着宗教节日的装扮，看到每个教堂都在进行着宗教的仪式，看到很多商品都因为太多人的过来则涨价，那么他自然会认为，为什么会出现这种现象呢？如果他无法理解在很多年前，耶稣基督与他的门徒也是在这一天见证了这一状况的事实的话，那么他肯定是无法理解的。

随着春天慢慢地到来，我们最好还是结束这趟愉快的旅程。至少对斯陀夫人来说，她认为有必要尽快返回美国。因此，在怀着依依不舍的情感离开罗马之后，斯陀夫人与表妹匆忙地回到了巴黎。她在巴黎见到了她的女婿约翰·胡克正在等待着她的到来。在5月3日这一天，斯陀夫人在巴黎给丈夫写信说：

在这趟疲惫的旅程之后，我再次平安无恙地回到了巴黎。我发现这里的女孩都非常健康，她们在这里的学习都取得了巨大的进步。至于是否要带着她们与我一起回去美国，我认为没有必要这么着急。继续让她们在这里学习几个月的时间，会对她们的学业大有帮助的。因此，我已经安排好了，她们应该会在这年11月的时候回到阿拉戈，带着她们的一些朋友过来。

约翰·胡克也在这里，因此玛丽会与他以及其他一些朋友前往瑞士逗留几周时间。我回到英国还要处理一些出版方面的事宜，大约会在6月6日乘船从利物浦出发离开欧洲。今天，我真的非常想家，想要急切地与你见面。我在这边已经感觉到不耐烦了，想要马上回去，但又对漫长的航海旅程产生恐惧感。不管怎样，为了能够见到你，我准备继续冒险乘坐轮船回去。有时，我会对这样的航海旅程产生恐惧感，仿佛自己的命运就系在上帝的手上。这一片广袤的大海都是上帝创造出来的。大海仿佛是上帝那位年老却又喧嚣的仆人，始终都在遵循着上帝的意志，必然能够让我感受到上帝的能量与爱意，我也相信上帝的力量会始终保护着我。

在帮助女儿顺利地办理了在巴黎的新教寄宿学校的各项手续之后，斯陀夫人就出发前往伦敦了。在抵达伦敦的时候，她收到了来自哈里特·马蒂诺女士的一封来信：

6月1日，安布尔赛德

亲爱的斯陀夫人：

我想尽了一切办法，终于找到了联系到你的方式。因为你之前写的地址只是写着“伦敦”，并没有将具体的地理位置写出来。阿诺德、克罗珀与其他人都不知道你具体住在哪里，报纸上也只是介绍着你之前所到过的地方。因此，我最后找到你的出版商，相信他应该会知道去了哪里，也知道你最后会回到这里来。你还没有回到这里吗？你肯定已经意识到了，如果你不早点回来的话，我们就无法见面了。现在，我已经不见任何陌生人，但是如果你能够及时赶回来的话，我可能还有一息尚存的力气与你进行聊天。当我躺在病床上的时候，你完全可以自由地游玩。我们只能抓住“我的体力尚可”的时候，才能与你聊天。

现在的气候与景色一般来说都是比较美丽的。在1835年，当我在俄亥俄州居住的时候，难道我不是见到你穿着白色的连衣裙与黑色的丝质围裙吗？我与你的姐姐有一定的交情，我还清楚地记得你的父亲。我相信你就是当年那位穿着黑色丝质围裙的那个年轻女人。

你知道吗？我之前一直不敢阅读你写的书！病人都是比较虚弱的：我的一个弱点就是不喜欢阅读小说——（除了我之前早已经读过的一些小说）。我知道要是阅读你的小说，我当然不会领略当代那些主观性太强的小说家或是所谓“有趣的哲学家”所宣扬的各种庸俗的思想或是像蜘蛛网那样复杂的情节——我不喜欢狄更斯的小说，他的小说让我感到非常无趣。但是，我同时又担心另一种小说——就是那种会强烈吸引我兴趣的小说。但是，阅读你所创作的《德雷德：阴沉地大沼泽地的故事》一书，给我带来了多大的阅读兴趣啊！可以说，你在这本书里充分展现出了你的创作天才，将一切事物都浸润在充满荣光的乐趣当中。这是一本如此具有鲜明天才色彩的著作，是任何其他的小说都无法与之相比的。但是，倘若你询问我对这本书的看法，你可能也会知道，我认为你的这本书要比《汤姆叔叔的小屋》那本书更加出色。我认为肯定会有不少人认为这本书比《汤姆叔叔的小屋》写得差，这是因为这些人早已经持有一种先入为主的成见，就是认为你的新书肯定会比第一本书差一些，因为他们认为你已经创作出了一本非常优秀的书，因此要想在第二本书里继续保持这样的水准，或是超过第一本书，这是不大可能的。但在我看来，我完全相信你的第二本书是目前为止最好的一本书。就是从艺术的角度来看，你的《德雷德：阴沉地大沼泽地的故事》一书存在的瑕疵要比《汤姆叔叔的小屋》一书更少，并且对立面的素材以及创作的方式来看要更加丰富与更加翔实。我听到两位我认为最为睿智的人对《德雷德：阴沉地大沼泽地的故事》一书的评价——这两人是完全不同类型的评论家，他们对你这本书的评价却是与我惊人的相同。他们都明确地表示，你的《德雷德：阴沉地大沼泽地的故事》一书要比《汤姆叔叔的小屋》那本书更加优秀。简单地说，我认为你创作出了一本天才的杰作，当我在阅读这本书的时候，简直无法用言语表达我对你的敬佩之情。正如我之前对我侄女所说的，我认为我们英国的小说家最好还是闭嘴，因为他们都是一些缺乏耐心的人，只想着进行一些说教式的创作，与你的创作理念是无法相比的。我的侄女（你可能已经知道了，她是玛利亚，我的护士是一个非常聪明的女生）也非常喜欢这本书。玛利亚表示，她认为你的这本书以全新的视角展现出了人类的生活，让她明白了原来还可以通过这样的方式去进行创作。我也同样从你的旅行中感受到了一种新意。我可以更加肯定这次旅行必然会给你带来更多的创意灵感。我认为，你的作品充分展现了南方蓄奴州的生活状况，这对南方来说也是有好处的，因为每个人从此都会认真关注这个问题。同时，这也正是我们需要去关注的问题——正如在《汤姆叔叔的小屋》当初出版的时候也是非常符合当时的政治形势。三年过去了，你通过这本新书展现了你们国家黑奴的生存状况。当然，我所指的是在南方种植庄园里黑奴的生存状况。至于你在书中揭示了教会的软弱与无能，我必须要充分赞扬你有这样揭露的勇气。但我认为任何层面上的改善都不应该从教会这个方向去寻求。在这个问题上，你显然是让自己的灵魂卸下了沉重的负担。如果这个问题是可以改正的话，那么你肯定能够在这个过程中发挥重要的作用。但是，我对这样的改正结果不抱什么希望。我认为，南方蓄奴州肯定会对你发动更加严厉的攻击。我听说我们中有3个人每天都有幸遭到这样的言语攻击，他们将你、查普曼女士以及我本人说成是最不吉祥与最让人愤怒的女性。不仅是报纸，还有许多谴责我们的小册子都在南方各州不断地流传。我认为，不仅是我，甚至连查普曼女士都会失去我们的名声，不过所有的攻击将会以更加猛烈的方式向你袭来。我所能做的，就是让英国民众在这个问题上保持正确的立场，希望通过伦敦的一家日报去宣扬正确的理念，同时《泰晤士报》也在不断地传播一些错误的信息或是进行错误的解读。我实在是无法理解，像《泰晤士报》这样的报纸竟然会出现如此严重的错误。有时，我认为纽约方面的通讯编辑是故意捉弄他们的。《每日报纸》那些有能力的编辑在评论美国问题方面的完全自由，查普曼女士与其他朋友则经常给我提供一些信息，让我能够不断地宣扬这项自由的事业。我希望我能够听到你即将到来的消息。当然，我之前对你的书进行的一番评论，似乎显得有点鲁莽无礼了，但你既然寻求我的看法，那这就是我的看法。感谢你给我寄来这本书。如果你过来的话，一定要在这本书上帮我签名。你的签名将会让这本书成为侄子侄女们的一份珍贵收藏品。

永远忠诚于你的
哈里特·马蒂诺

在伦敦的时候，斯陀夫人还收到了来自历史学家普雷斯科特的下面这封来信。这封信在几经周折之后，最后终于送到了斯陀夫人在伦敦出版商的手上，最后转交给了她。

1856年10月4日，佩博雷尔

亲爱的斯陀夫人：

菲利普斯先生将你寄来的《德雷德：阴沉地大沼泽地的故事》一书送到我的手上，我真是万分感谢！自从我们来到乡村之后，你的这本书在每个晚上都给我们带来非常美好的阅读感受，我们也度过了非常有意义的10月。

非洲黑人必须要感谢你在书中将他们身上的优秀品格、乐观精神，特别是他们的幽默精神充分展现出来。你在书中运用了许多这些黑人所使用的一些方言，这能够表达出来一种极为真实的情感，就好比用某种特定的苏格兰口音说话的时候，能够更好地表达苏格兰民众的情感。每个人对这本书都会有着不同的看法，但我认为，这本书里面的迪福叔叔与妮娜这两个人物的塑造给我留下了最为深刻的印象。迪福叔叔的人物形象似乎与年老善良的汤姆叔叔有着类似之处，但又有所不同，不同之处就在于迪福叔叔的个性要更加乐观，但汤姆叔叔则似乎比较安静。他们在脾性方面的差异非常适合他们在书中所处的不同环境与情景。但在我看来，妮娜才是这本书真正的女主人公。倘若是我的话，我会用妮娜的名字代替“德雷克”这个名字。妮娜的确是你塑造的一个非常成功的人物形象，她拥有着我们称之为品格的东西，有着一种男性的阳刚之气，但她又是一位具有仁慈与温柔品格的女性，这让她的这两种品格显得相得益彰，给人留下极为深刻的印象。因此，我无法原谅你在书中让妮娜过早地离场了。可以说，任何戏剧人物都无法承受损失这样的人物形象。但是，我绝对不是对你的这本书提出什么批评，因为关于这些批评，你已经听到足够多的了。不管怎样，我还是要感谢你让汤姆·戈登最后获得了那根可以用来鞭打的手杖。

我要祝贺你这本书取得的辉煌成功。即便在当代的作家当中，你取得的成就都是无与伦比的。正如菲利普斯先生告诉我的，可以说你的作品要比我国当代任何作品都要更加优秀。我很高兴你能够更好地解决版权方面的问题，向世界表明来自新英格兰地区的作家能够在英国获得充分的版权保护——这要感谢我们的政府在这方面所做的工作。

我真诚地感谢你给我寄来这本书，真诚地祝福你一切安好。

永远忠诚于你的

威廉·H.普雷斯科特

在抵达利物浦，准备乘船返回美国之前，斯陀夫人给当时在巴黎生活的女儿写了一封信：

在离开伦敦之前，我与拜伦夫人共度了一天。拜伦夫人要比之前显得更加友善，非常亲切地询问了你的学业情况。之后，我离开伦敦前往曼彻斯特，看到了加斯克尔牧师在火车站等候着我。加斯克尔夫人看上去非常友好。她也是一位作家，但她同时证明了自己也是一位优秀的家庭主妇，完全胜任作为一位牧师妻子的所有角色。在与她一起度过了非常愉快的一天之后，我来到了美丽的“丁格尔”地区，这真是一片非常美丽的地方。在这里，我与丹曼勋爵的女儿爱德华·克罗珀夫人一起前去欣赏。

我希望你跟玛丽阿姨说一声，罗斯金[①]先生与他的父亲居住在坎伯韦尔一个名叫丹麦山的地方。罗斯金之前跟我说，特恩纳的画廊对我以及我的朋友是随时开放的，无论白天晚上都是一样。罗斯金父子都是非常友好的人，擅长社交，为人真诚，他们会欢迎我的任何一位朋友前去那里欣赏画作的。

我匆忙地写完这些，因为我明天早上8点钟就要登船返回美国了。再见了，我亲爱的女儿，我永远都是深爱着你的母亲。

在乘船离开英国之前，斯陀夫人写的最后一封信是给拜伦夫人的。这封信充分表现了她们俩之间所形成的亲密关系。这封信如下：

1857年6月5日

亲爱的朋友：

我怀着一种莫名的渴盼与依依不舍的情感跟你道别——你让我产生了一种我多年前才有的感觉，这让我感觉不同寻常的孩子气。我一直有一种莫名的冲动，想要给你寄去一些什么东西。当你看到我写的这封信时，千万不要笑出声。我一直对你收藏的巴黎物品有着强烈的兴趣。我一直以来的一个爱好，就是对好看的茶杯或是其他能够用于用餐的小物件充满兴趣。但在之前，我一直没有这样的条件去做。因此，我现在给你送去一个描绘有报春花的茶杯给你，还有一个有趣的大水罐，这个水罐可以放奶油，还有一个可以种植紫罗兰与报春花的小花瓶——这些都是非常可爱的小东西。当你使用这些小物件的时

①罗斯金（John Ruskin，1819—1900），英国杰出的作家、批评家、社会活动家。罗斯金在英国被人称为“美的使者”达50年之久。他的文字也非常优美，色彩绚丽，音调铿锵。代表作有《时至今日》《芝麻与百合》《野橄榄花冠》《劳动者的力量》和《经济学释义》等。

候，记得想起我。我对你的爱意超过我所能表达出来的话语。

我经常会想，我能够亲眼见到你，这实在是一种奇妙的感觉。你是我早年就已经听说过大名的传奇式人物，我对你的喜好是一种自然而然的结果。在我看来，你始终生活在那片土地上，不大讲究礼节所带来的束缚，就仿佛阳光下的水雾那样神秘。因此，我感觉爱意的语言肯定不会让你感到惊讶，也不会让你感觉到奇怪或是陌生。你的精神境界太高了，我担心自己的每一次与你道别都可能是最后一次道别。当你隐藏在灵魂的背后之后，我将不会感觉到你的消失。

当我感觉自己在天国的朋友已经远走之后，我会充分怀念这段时光的。我感觉自己距离上帝的天国是越来越近了，而不是越来越远了。

因此，我亲爱的朋友，再见了。如果你比我先看到我们天父的早晨，请将我的爱意带给那些正在等待着我前去的朋友们。如果我比你先走一步，你将会在那里看到我的。我们将会在那个地方永远保存着对彼此的爱意。

永远忠诚于你的

哈里特·比彻·斯陀

斯陀夫人的返程非常顺利。在抵达安多弗的小屋时，还受到了民众热烈的欢迎。对她来说，这个世界看上去是那么的光明与美好。在她感受到的所有幸福当中，根本没有任何预兆表明这位虔诚的母亲即将要面临的重大打击。

第十四章
《牧师的求婚》与《奥尔岛的珍珠》

1857—1859年

1857年6月，斯陀夫人从英国返回美国没多久，一个突如其来的重大打击就降临在她头上。她的长子亨利·埃利斯在新罕布什尔州汉诺威的康涅狄格河上游泳的时候溺水身亡。当时的埃利斯是达特茅斯学院的大一新生，正在那里就读。这一悲伤的事实发生在1857年7月9日。在8月3日斯陀夫人写给萨瑟兰郡公爵夫人的一封信里这样写道:

亲爱的朋友:

在我的这封信送到你手上之前，你也许已经从其他渠道知道了降临在我们家庭上的这个重大打击——我们的心肝宝贝，我们优秀且英俊的孩子，在人生最健康最美好的年华中离我们远去了。呜呼！当我在英国港口送别我亲爱的亨利时，我怎么会知道这竟然是我最后一次见到他呢？当我返回家里之后，享受着与其他人交流所带来的乐趣时，还收到了埃利斯寄来的一封信。他在信中说自己即将要进行大学考试了，因此只能推迟一两周才回到家里见我。当时，我还想着到时候带着他的弟弟一起前去那里看望他呢。但是，埃利斯的弟弟因为受到海边空气的影响，身体状况出现了问题，因此我只能回来陪他进行水疗。在我离开两周的时间里，一封带着噩耗的电报就让我迅速赶回家。当我回到家之后，却发现整个屋子里都是埃利斯那些哭泣的同学，他们当时将埃利斯在学校留下来的遗物都带回来了。我看到埃利斯一脸平静地躺在那里，显得那么安详。你知道吗？我真的无法想象我亲爱的埃利斯再也无法对我露出微笑了。我之前的声音对他始终都是那么的具有吸引力，但即便如此，我也无法唤回我亲爱的埃利斯。我们母子之间总是有一种特殊的纽带，始终存在着一种温柔的默契。

因此，我真的无法理解埃利斯只能一动不动沉默地躺在那里，对我所感到的悲恸无动于衷。我亲爱的朋友，我也知道，这样一幕悲伤的场景不应该传染给你。我还记得，你之前给我写过一些类似充满悲伤的信件，你说你为自己从未告诉亲爱的孩子你是多么爱他们而感到后悔与伤心。当时，你的这句话给我带来了极大的触动。之后，我一直将你的这句话记在心中，抓住每个机会向我的孩子们表达我对他们的爱意，因为我知道永远不能向我们最亲爱的人延迟说出我们爱他这句话。

埃利斯深知我是多么的爱他。他寄给我的最后一封信里谈论的都是关于我的事情。在他离开我们的那一天，他刚刚离开宿舍的学习桌子。他的同学注意到他手指上佩戴着一枚印章戒指，你可能也还记得他之前在英国的时候同样佩戴着那一枚印章戒指，你还说，这是一枚多么好看的戒指啊！埃利斯说，是的，这是世界上最好看的一枚戒指，因为这是母亲送给我的礼物。在埃利斯溺亡之后的几个小时，有人从他那双已经没有了生命力的手指上取下了那一枚戒指，送回给我。巧合的是，这枚戒指正是我之前送给他的那一枚印章戒指……

我亲爱的朋友，当我想起带着亨利前往邓罗宾城堡的这段旅程，我就感觉很欣慰。我当时对这样做是否耽误他的学业是犹豫不决的，但是我认为一个人要想拥有深刻的洞察力与欣赏能力，肯定能够从旅程中学到比书本中更多的知识。事实也是如此。当埃利斯从英国返回美国之后，他的内心充满了远大的志向与伟大的目标。“我可能不是世人所说的那种虔诚的基督徒，”埃利斯这样写道，“但我始终按照一个真正的基督徒应该的方式去生活，这样的生活也是每个真正的人应该去过的。”因此，埃利斯以其严谨的生活态度、充沛的活力、有节制的生活方式以及关爱自身健康的行为而为大家所熟知。他还是一个孝顺父母与尊重老师的人，无论做什么事情都始终尽到自己的职责……他早年经历过困难的生活，他有着强大坚忍的意志，无论遇到什么事情，他的心灵都不会像我的心灵那样容易受伤。但是，我很高兴将他与我在欧洲大陆的旅行联系在一起。

对我来说，邓罗宾的那次旅行始终都给我带来一种亲切的感受。我始终对你与公爵怀着深深的敬意。因为我始终记得你们在对待埃利斯以及与他说话的时候是多么的亲切友善。我当时就知道，正是因为你之前失去过爱子，因此当你看到另一个与你爱子年龄相仿的人时，内心必然会产生强烈的怜悯心。公爵送给埃利斯那件格子花呢的衣服，埃利斯一直小心翼翼地珍藏着，始终挂在他的房间里，不舍得穿。

你能够理解与感受只有你我两人才能感受到的这种悲伤与情感。我那可怜的丈夫现在无法承受这样的重大打击。我不需要就此多说些什么：你知道丧子之痛对于一位父亲来说意味着什么。但是，我依然要重复我最后跟你离别时说的话。我们的死神是掌控一切的天使，他们教会我们爱别人，他们会让我们的内心充满了善意，让我们用这样的善意去面对一切痛苦。当悲伤让我们在短时间内变得盲目或是失去一切感觉的时候，我们始终都应该相信天使所给予的承诺。这样的悲伤时刻可以让我们的祈祷更加接近上帝。当这样的光芒出现的时候，我们始终都应该去珍藏……我毫无保留地跟你说出自己的情感与悲伤，因为我知道你能够理解这样的悲伤。当我前去汉诺威，来到亨利溺水身亡的地方，看到一位可怜的失聪年老女性奴隶，她的五个孩子都是奴隶，她过来安慰我。“她对我说，我亲爱的人啊，你要振作起来，你必须要振作起来，因为主始终爱着你。”她接着说：“周日对我来说是沉重的一天，因为我无法去工作，无法聆听到布道演说，不认识字，不会阅读，因此我无法让自己的心灵忘掉自己那五个可怜的孩子。但是，他们都在上帝的祝福之下，肯定会没有事的。但是，他们五个人现在到底在哪里，我都不知道啊！”

这位母亲所感受到的悲伤是如此的深刻！我会努力帮她找寻她五个孩子的下落，然后帮他们赎身。但是，尽管我做出了许多努力，但这看上去依然是遥遥无期的。我所经历的每一种悲伤，我对家庭爱意所具有的每一次神圣教训，都会让我下定决心，不让更多母亲经历比我更加沉痛的悲伤……

永远忠诚于你的

哈里特·比彻·斯陀

在同一时期，斯陀夫人给她当时仍在巴黎读书的女儿写信说：

谁能告诉我们，在最美好的情感里到底残存着多少悲伤，或是在每一次的幸福中蕴藏着多么的痛苦呢？当我不幸回到家的时候，看到埃利斯生前最喜欢的照片，我之前买给他的礼物以及我准备给他看的一些照片时，这都深深刺痛着我的心灵。有时，每当我想起之前的美好的时光与眼下残酷的事实，就让我几次痛苦到晕倒。我感觉自己的精神已经彻底被摧残掉了，我感觉自己的内心在不停地滴血，我是如此的无助，我只能向救世主发出自己的呼喊，但是无法说出什么。你的父亲说的对：“每一个逝去的孩子都是父母眼中的唯一。是的，他的个性是任何时间与任何改变都是无法取代的。”

在葬礼的两天之后，你的父亲与我前去汉诺威。我们看到亨利的朋友与他生前所住的宿舍，他在宿舍里的摆设与他那一天离开宿舍时是完全一样的。

“整个大学里，没有任何一个宿舍像他的宿舍这样子。”亨利生前的一位朋友啜泣着说。当我看到这些悲伤的同学走到亨利的宿舍时，我的内心忍不住对这些孩子泛起了爱意。他们给我们讲了他们对亨利生前所做的事情。其中一位同学说：“亨利经常谈论起家里的事情与他的几个妹妹。就在亨利去世的那一天，他感到非常高兴，因为我已经回到了美国。他期望着很快可以回到家见我。他就是在心中怀着这样美好的愿望时去世的。”

有一条经过一个美丽幽谷的小路可以通向这条河。多年来，这条河一直都是学生们在这里游泳沐浴的地方。亨利在那一天就是纵身一跃跳入这条清澈的河水里，根本没有想到自己不会活着游上岸。

晚上，我们前去探望亨利生前加入的划艇俱乐部。亨利对加入这个俱乐部感到非常开心。这个俱乐部有一艘名叫乌娜的好看划艇，还有统一的制服，亨利非常喜欢这些。

那天晚上，所有的俱乐部成员都出来训练了，但是亨利生前的队员却将他们的旗帜收起来了，用黑纱紧紧地系着。我能够感觉到这些亲爱的孩子们所表达出来的爱意，这是因为他们都爱着亨利。但是，这还是给我的内心带来了巨大的痛苦。他们都很高兴见到我们，我也很高兴我们能前来这里看看亨利生前最后待过的地方。当他们乘坐划艇在晚上的月光下在河面上前行的时候，河水倒映着河岸边高耸的松树，而我们亲爱的亨利正是在这里走向天国的。我始终相信，亨利是带着真诚与高尚的目的，不带任何罪恶的方式投入了上帝的怀抱，我对此是坚定相信的。我们亲爱的孩子的人生刚刚起步，始终走在正确的道路上。要是他现在还活着，我们希望看到所有的错误都能从他的灵魂中剥落，就像花萼从一朵完美的花朵中掉落下来。但是，耶稣基督已经将他带到了他的怀抱里了。

耶稣基督的双手将他抱在怀里，
将会永远消除一切罪恶。

自从我上次给你写信以来，我们都会举行周年聚会，这通常都会比较喧嚣，我们家里会来很多人。周二，我们收到了一幅与亲爱的亨利一样大小的完美肖像。画中的亨利显得有点淘气却又可爱的表情，这是他生前有时会对我露出的表情，而我则会用手轻抚着他的头发，认真地看着他的眼睛。每当我走出他的房间看到这幅画，我都会看到他那灿烂的微笑，这会让我的精神为之一振。

当我的内心感到极为沉重、疲惫与悲伤的时候，我感觉自己似乎被一支锋利的箭射穿了心灵。有时，我会看着亨利的肖像，他的微笑似乎在说："母亲，你要坚强忍耐一些，我现在过得很快乐！在我们天父的宫殿里有着很多豪华的房子。"有时，我会感觉自己就像一个园丁，始终在播下一些奇特的种子。上帝则似乎在看着绿色的叶子从土地上冒出来。上帝不停地更换土地，不断地更换花盘。他认真地观察这一切，认真地浇水施肥，让这些种子避免一切的灾难与意外。他认真地数着每一片绿色的叶子，然后记录下根茎的长度，直到最后形成了花蕾。这是多么有趣的事情啊！这给我们带来了多大的期望啊！一直困扰我们的神秘似乎都在这朵含苞欲放的花中得到了呈现。

正如花萼开始绽放，浅淡的颜色开始变得明显的时候——请你认真观看吧！在一个晚上，温室的主人就匆忙地将这朵花带走了！上帝从来没有在这方面咨询过我的意见，也没有给我发出任何的警告。他只是沉默地将这朵花带走，而我则再也看不到这朵花了。接下来会发生什么事情呢？难道我应该认为上帝会摧毁这朵花吗？不是的。我知道他已经将这朵花带到了他的花园里。亨利现在所处的地方，我认为要比所有人都要更加好。亨利现在过得怎样，只有耶稣基督才知道。

在丧子之痛过去一段时间之后，斯陀夫人给姐姐凯瑟琳的一封信里这样写道：

如果我意识到魔鬼对我发起的攻击，只是为了让我远离耶稣基督的爱意的话，我必须要承认在那个可怕的噩耗传来的那几天里，魔鬼的意图的确达到了。我处在一种身体虚弱的状态，感觉到前所未有的痛苦，根本无法控制自己的思想。各种关于亨利前往天国之后的精神状态的不安思想困扰着我，这让我的灵魂处于一种不堪重负的状态。我的耳畔仿佛总有一个声音对我说："你相信上帝吗？你真的能够相信上帝吗？你相信上帝爱着你吗？你应该完全相信上帝绝对不会在你创造出来的优雅作品在成熟之前就从你的手上夺走吗？现在，上帝在没有任何征兆的情况下，催促着亨利走向了永恒。但是，现在的亨利到底还好吗？"

我知道，自己的这些思想是缺乏理智的，与我在冷静时候的坚定信仰与精神状态是相违背的。我的这些思想直接违背着上帝的旨意，因此我有责任去抵御这样的思想诱惑，而应该始终坚信一点，那就是耶稣基督始终爱着我们，他只是将我心爱的孩子带到了他的胸怀里。当我让内心充盈着这样的思想之后，我感觉到那些破坏我内心信仰的敌人终于消失了，我也能够稍微恢复内心的平静状态。

我们每个人都有责任进行这样的假定，那就是一件残忍、恶毒或是不公平的事情是绝对不应该做的。当我们面对一位正在美德路上不断前进的年轻人，在人生最美好的年华中却突然离开了人世，进入了一个谁也不知道的世界里，我们会对这样的罪恶行为有什么样的看法呢？特别是这个年轻人多年来一直虔诚地信仰着上帝呢？不！魔鬼绝对不能将这样诽谤上帝的思想灌输到我的脑海里，绝对不能动摇我对上帝始终如一的坚定信仰！上帝让我一直将无私的爱传递给我的孩子，从而让我能够为孩子们的永恒救赎做出一切牺牲。因此，上帝绝对不会去承受超过上帝所限定的更多爱意或是无私。上帝创造了母亲的心灵，他当然会让母亲的心灵与之匹配。我那可怜与微弱的爱意火光足以让我明白，哪些事情是可以做到的，哪些事情是不可以做到的。斯陀在上周日的一篇布道演说里表示，上帝对待我们的神秘方式必然要通过我们对耶稣基督更为神秘的爱意所包容，正如亚伦的棍棒必须要包容魔术师的棍棒一样。

爸爸与妈妈都在这里，我们已经阅读了《自传与通信录》，这些内容都非常具有可读性，但不久应该会有更多这样的内容。

始终忠诚于你的妹妹
海蒂

1857年8月24日，安多弗

亲爱的孩子：

自从周年纪念日以来，你们的父亲与我都住在这里，你们的外祖父与外祖母也在这里。他们的到来让我们的内心充满了宽慰之情……今天，我们必须要进行最后一项让人悲伤的仪式。亨利的遗体将会从老南教堂墓地上搬走，搬到附近的墓地。皮尔森之前已经为了我们选择好的墓地忙活了一个星期了。

我们卑微的遗产因为他的坟墓而变得神圣。

当我们想到，亨利就躺在离我们不远的地方，这样的感觉是多么的亲切啊！可以说，我们的死亡日期也是可以预料的，虽然我们不知道这一天什么时候会到来，但应该也不会太久了。

我真的希望以后能够埋在亨利的坟墓旁边，我知道自己这样的想法是很自私的。但是，我从来没有像现在这样发现自己是如此爱他的。

亨利真的要从这个世界上消失了。此时我才知道他在我的心中是多么的重要，甚至要比世间的任何一切都更加重要。我真的希望能够再次听到亨利说出的一句话，能够再看他一面，能够最后跟他来一个拥抱……

1857年9月1日，安多弗

亲爱的孩子：

已经差不多过去一周了，我必须要跟你们回信了……我们从未有现在这样看上去更加温馨，我之前从未感受到安多弗是如此的美丽。这里树木的叶子是那么的青绿，这里的灌木丛是那么的繁茂。你们的爸爸与我刚刚在不伦瑞克度过了一周时间，因为我的内心依然感到非常痛苦，身体依然非常虚弱，哪怕是稍微动一下，都会让我感觉非常疲惫。在很多时候，我始终都感觉到大脑是混混沌沌的，始终是无精打采的样子，对一切事情都提不起任何兴趣。我认为，没有比海边的空气更能提振我的精神状态了……我已经在亨利的坟墓前种了许多美丽的花朵，这些花现在应该已经开放了，这些花包括三色堇、白色的腊菊、白色的矮牵牛花与马鞭草等。你们的爸爸每天都要步行到那里的，有时候经常是一天两三次到那里看。那片土地已经进行过一番修整，上面长着绿油油的青草，看上去是满眼绿色，就像天鹅绒那样柔和，有时一些小鸟也会飞到那里。今晚，我坐在门廊的椅子上，看着远处的天空是那么的美丽，呈现出一片红色的玫瑰色，还看到一轮银色的月亮挂在天边。你们的父亲深深地叹了一口气，然后说："我必须要顺从上帝的旨意，但我永远都不会与上帝就这件事达成和解的。"

1857年9月6日，不伦瑞克

亲爱的女儿们：

在过去四五天里，你们的父亲与我都待在这里。我们两人都感觉到身体很不舒适，我们认为呼吸一下海边的空气，欣赏不伦瑞克熟悉的景色应该会对我们有帮助。这里的一切与我们当年离开这里的时候没有什么区别。我们住在厄帕姆女士的家里，她的家非常宽阔，非常凉爽透气，而她还是一如既往的好客热情。庭院里的树木非常美丽。厄帕姆女士培育了许多美丽的花朵，现在这些花朵环绕了她的家。这座城镇的一切看上去都与之前的没有什么区别，即便是吉丁女士那间老商店，也还是像之前那样杂乱，摆放着许多不同的小册子、缝纫线、织布棉线以及很多旧的难以想象的软帽，仿佛过去几年的时光根本没有溜走一样。我们发现，吉丁女士经常会抱怨自己不像之前那样可以轻易地找到一些东西了。就在前天，你们的父亲、查理与我在早晨7点钟的时候前去哈普斯威尔。这里古老的云杉与冷杉看上去还是与以前一样美丽，我很高兴见到这些景色，正如我以前也会在这里漫步，静静地欣赏这里的景色一样。陈旧的格彻尔磨坊工厂依然被废弃在沙洲上。溪水则慢慢地流到了青草地上，显得那么的清澈。我们是在阳光灿烂的一天抵达哈普斯威尔的，空气没有什么微风，因此水面也没有泛起任何涟漪。你们的父亲与查理都准备前去钓青鲈鱼，因为青鲈鱼喜欢吃少量的诱饵，所以他们只需要准备20口左右的诱饵，就能保证可以钓到两三条青鲈鱼。最后，他们钓到了几条青鲈鱼，我们煎了这些鱼来吃，还吃了一顿鲜美的蛤蜊浓汤作为晚餐。这里晚上的景色是我认为最为美丽的——平静的海边是那么的一望无际，圆圆的月亮挂在天边。厄帕姆女士与我坐在海岸与岛屿之间的岩石上，一直待到晚上10点钟。我从未看见过如此完美与充满荣耀的景色，这就像是美丽的北方光芒像精灵那样在天空里翩翩起舞。要不是我们的卧室有蚊子的骚扰，让我们整夜都要起来打蚊子的话，那么这将是非常完美的。

我们去大海前进行了两次沐浴。除此之外，我们还去了中湾，查理站在你们小时候经常站在的地方，徒手捉住了一条比目鱼。他兴奋地大声叫喊，响亮的声音足以吓到伊戈尔岛上的当地居民。我们还去了马奎特。我们参观了过去的那个池塘。如果我没有记错的话，你们过去经常划的那艘旧艇依然还漂浮在那个池塘里。不过，划艇上一两块碎片还在那里，其他的可能已经沉入池塘下面了。

我没有意识到，之前最为忙碌与有趣的一列火车已经不再出现了。“他将会回到他的家里，这个地方也将不会记得他了。”我认为自己感受到了拿撒勒的耶稣基督赐给我的治愈力量，正在慢慢地愈合我内心的创伤。因为当我在内心平静的时候，我会说：“尽管如此，我还是觉得天父带我不薄。”我始终坚信着最为慷慨的爱意指引着一切，我现在为自己的内心产生这样一种不容置疑的自信而感到高兴，为自己能够最为接近他而感到高兴。我感觉自己已经非常接近那一片充满上帝精神的土地，听到了这样的声音：“我应该去找寻耶稣基督的足迹，但是他不会再回来了。”这样的声音让我感觉非常甜美。

哦，我亲爱的孩子，如果上帝能够让你们看到永恒爱意所具有的无限美感——如果我们能够与上帝紧密地联系在一起，那么这个世界上所有的泪水都将会被抹去。

你们的父亲每天都要发表两篇布道演说，今晚他还要发表布道演说。他叫我记得将他的爱意传递给你们。我希望他的身体状况能够变得越来越好。厄帕姆女士也将她的爱意传递给你们，希望你们在方便的时候前去拜访她。

我亲爱的女儿们，再见了。快点回到永远爱你们的母亲身边吧。

哈里特·比彻·斯陀

1857年的冬天，他们是在安多弗安静地度过的，没有发生什么大事。在11月的时候，斯陀夫人在《大西洋期刊》上发表了一篇感人的寓言故事《黑色面纱》的文章。

在1858年12月，《牧师的求婚》一书的第一个章节出现在《大西洋期刊》上。在这之前，斯陀夫人创作的《奥尔岛的珍珠》也以连载的形式首次刊登在《独立报》上。

斯陀夫人在巨大的心灵压力之下，通过口述的方式创作了《牧师的求婚》一书。当她将发生在缅因州海岸边的故事变成一本书的时候，这让她的内心充满了宽慰之情，因为她非常喜欢这个故事。

在1874年2月，斯陀夫人收到了惠蒂尔寄来的这一封信，这封信就谈论了与此相关的事情："当我想要进行深入思考的时候，我就会去阅读《牧师的求婚》这本书。但是，我的最爱却是《奥尔岛的珍珠》这本书。我认为，这本书简直是最具魅力的新英格兰地区的田园诗歌。"

《牧师的求婚》一出版，就受到了各方的一致好评。下面就是詹姆斯·罗素·罗威尔对这本书所写的一篇欣赏性评论：

在我们看来，斯陀夫人之前所写的两本小说都带有浓厚的反奴隶制元素，这样的创作方式可能会影响到斯陀夫人完全发挥自己的文学天赋，至少是她所处的国家里是如此。因此，我们容易将《汤姆叔叔的小屋》一书取得的空前成功，归结于斯陀夫人在书中激发出来民众那种廉价的同情心。当读者从最初的强烈情感中恢复理智之后，他们开始表示讨厌，抱怨说这样的作品会局限读者的理智，并且整个局限的过程是悄无声息的。因此，他们会对那些过分轻视情感，而过分重视道德说教的书籍表现出反感。他们认为，斯陀夫人其实没有什么创作能力，只是以废奴的主题作为麻药欺骗了许多读者的情感。我们有幸在巴黎第一次读到了这本书，当时这本书在全世界范围内尚且没有造成多大的影响。但即便在那个时候，我们也能深深感受到那本书所带来的思想震撼，我们所产生的政治情感是那种没有偏见的判断。也许，在美国，产生这种情感的人可能不是很多。当时，我们就认为，或者说现在也认为，斯陀夫人创作能量的秘密就在于她具有这样一种天赋，就是通过创造性的文学才华塑造出让人印象深刻的人物形象，直抵人性的本质，而不管她创作出来的人物形象是白人还是黑人，也不管这些人物从事的工作是多么的卑微或是卑贱，但依然能够激发我们的思想与情感，而且不会感觉这是虚构的。若是凭借丰富的想象力去进行创作，只是希望能够给读者带来一时的印象，那么这样的作品是很短暂的，就好比马蒂诺女士创作的《传说》或是埃利奥特女士创作的《玉米法韵律》。但是，斯陀夫人的创造性文学才华堪比创作出《堂吉诃德》的塞万提斯，以及创作出《约瑟夫·安德鲁》的菲尔丁。他们都将自己的创作视野放在一个非常宽阔的境地，不拘泥于形式，而是将局限于某个地方或是临时的主题变成一种世界性的东西。

有一句谚语是这样说的："人类的人性是非常重要的。"但同样真实的另一个悲伤事实却是，真正能够揭示人性的书籍实在是太少了！菲尔丁是英国唯一一名能够从最宽泛的意义层面去解读生命的小说家。萨克雷与狄更斯以及他们的门徒，也没有将人生视为社会的各个阶层。萨克雷是从俱乐部的窗户上，探出头去研究人性。狄更斯则是从警察法庭的报告箱子里看到的文件去研究人性。有人说，这个国家应该消除这样的社会等级分明的事实，但是也有人认为这对于小说家的创作会带来不良的影响。但是，这反过来会变成小说家的优势，因为这会迫使小说家专注于人性内在的冲突与对比之上，而不是专注于因为某些特定的社会安排而出现的肤浅人性品质。莎士比亚将理想的人类形象凸显出来，菲尔丁则将自然的男女形象表现出来，萨克雷只是将绅士或是势利小人的形象表现出来，狄更斯则将一个等级制度森严的社会秩序下最底层人物的不自然与怪异表现出来。莎士比亚与菲尔丁了解人性，萨克雷知道被称为世界的世界，而狄更斯则只了解伦敦的街头。社会的民主发展是否有可能剥夺小说家这样的浪漫情感，让他们失去社交礼仪或是社会等级对比所带来的创作灵感呢？这样是否会让小说家的创作更加倾向于外在的表面，是否会让小说家更容易了解在贵族政治制度下两个极端中普遍存在的人性呢？或者说，他们是否能够在这两者的对比中了解到更加显著与鲜明的特点呢？

我们希望斯陀夫人能够解决这个问题。斯陀夫人与公爵与侯爵产生的兴趣，对小偷与族人的关系，对圆颅党[1]与保王党之间的道德对比，或是对穷人与富人之间的强烈关注，都是她所感兴趣的。库珀发现在文明与野蛮之间的冲突中，粗糙的美德会在冲突的交界处慢慢地出现。他发现，印第安人习惯按照习惯去生活，而白人则依靠传统来生活。斯陀夫人在她之前的作品里似乎找到了一种与她怜悯心完全不一样的社会形式，这样的一种社会形式无法进行严谨的研究，或是无法让我们在无意识的缓慢观察中得出真正的真理。可以说，这就是斯陀夫人所具天才的最好证据，也是她具有一种更高想象力的概念性能力的最好证明，这是当《汤姆叔叔的小屋》在南方各州出版之后，南方各州的讽刺与挖苦所无法抹杀的。斯陀夫人从一开始就定下了一个重要的原则，那就是这本书必须要忠实于人性，即便这不是完全彻底地忠实于南方的种植园生活，也必须要忠实于人性。

在斯陀夫人过去的作品取得了空前的成功之后，我们其实就已经知道，这些成功在很大程度上取决于她所具有的创造性能量所展现出来的怜悯视野。因此，难道我们不应该期望斯陀夫人在之后的作品中依然凭借她那双慧眼，继续去感知我们每个人熟知的场景，更好地了解她所处的社会，或是对社会上形形色色的各类人或是整个国家进行深入的描述吗？难道我们不应该期望她创作出一些更具创新性的作品吗？让我们感到欣慰的是，在《牧师的求婚》一书里，斯陀夫人将故事发生的时间背景与地点背景选择在新英格兰地区与当地的传统。在一种艺术创作或是一种思想风格或是行为方式上，没有哪位作家能够像斯陀夫人那样始终用慧眼进行更为真切的描述。我相信，更多的报纸肯定会对她的作品进行大量的宣传。到目前为止，斯陀夫人的这本书满足了我们的期望。书中里面的主要人物都是让人耳目一新且具有个性的。玛丽在爱神丘比特的牵引下，与加尔文成了恋人；詹姆斯·马文则是一位生活在海岸边爱冒险的男孩，他的心情充盈着自然的野性，但同时也有清教主义所展现出来的克制与容忍。霍普金斯博士作为具有良知的牧师在牧师的权威日渐衰减的时候出现了，他表现出来的独立精神是对牧师这种自愿制度的最好诠释。西米恩·布朗则是一位具有神学辩证法的人，他最虔诚的信念都与人生相互抵触的不完美

[1] 圆颅党（Roundhead），英国1642—1652年内战期间的议会派分子。

是不相符的——所有这些人物角色在文学领域都是全新的。这些场景的设置都似乎与时代具有一定的距离，因此我们能够在更加恰当的位置上去进行评价与欣赏。

“到目前为止，我们认为这个故事展现出了一种不同寻常的强烈吸引力。这本书有允许我们表现出激情或是兴趣的充分空间，能够包容人生的许多悲喜剧。但是，书中所有的场景与人物活动都是我们所熟悉的。可以肯定的是，我们不会惧怕像布尔上校这样的人物，我们也很难根据小说所描述的平凡生活去追根溯源。布尔上校可以说是一个不怎么讲究传统观念的人，或者说表现出一种自然随和的品格，从而让人物形象变得模糊或是具有夸张的色彩。除此之外，我们不希望斯陀夫人去创作一本关于社会的小说，她的文学才华不应该浪费在这方面上。她的步伐应该坚定地走在‘庭院’的草地、农场上或是农家大院的沙地上，而不是走在沙龙铺设的天鹅绒地板上。我们对于斯陀夫人是如何构思这样的情节一无所知，但我们认为书中的玛丽对牧师是认真的以及她对詹姆斯的好感可以进行预见，最后玛丽发现这种冲突的情感似乎意味着一种道德的喜欢与认同，而另一种情感则是她作为一个女人所想要的。这不是一种教条主义的神学所提倡的价值观，也不是一位在教区居民进行奴隶贸易的牧师所应该接受的考验。难道这位牧师没有认识到智慧层面上接受一种信条与真正表达出爱意、信仰与悲伤——就像耶稣基督那样赐予我们的存在与行为——之间的明显区别吗？难道詹姆斯·马文也没有从过去的教训里得到经验吗？我们可以预见马文会被玛丽所吸引，慢慢地反对清教的形式主义，最后接受一种顺从自身美好天性的宗教。即便这是有点俗套的，但在传统的信仰里，这还是具有强大的魅力。

在本书里已经呈现出来的人物素材里，我们可以感受到斯陀夫人表现出来的幽默、哀婉、坚定的道德感以及她对日常生活的深刻洞察力。我们认为，任何人无论其出身、血统或是自然能力，都是有机会像斯陀夫人那样了解新英格兰地区的，或是任何一个具有某些天才的人都能从这样的认知中获益。在《牧师的求婚》一书里，我们已经看到了许多这样的场景。斯陀夫人用低沉平静的方式说着真理，这与当代那些创作出《维克菲尔德的教区牧师》的当代作家表现出来的模糊形成了鲜明的对比。如果这本书不能被称为是斯陀夫人到目前为止最优秀的作品，那么我认为这是一个巨大的认识误区。因此，我们可以肯定，斯陀夫人的名声必然会流传到子孙后代。

直到1859年12月，斯陀夫人才完成了《牧师的求婚》一书。在最后完成这本书之前，她就收到了许多感兴趣的读者寄来的信件，这些读者都对正如乔治·艾略特所说的“精神的孩子”最后的故事发展充满了兴趣，他们似乎认为这些“精神的孩子”是有血有肉的人。

在这个时期，罗威尔的下面这封信给斯陀夫人的内心带来了许多宽慰：

1859年2月4日，剑桥

亲爱的斯陀夫人：

当然，我想要谈论一下你所写的小说，但我只能说，你的这本小说实在是太棒了！这不仅仅是我个人的看法，也是全世界读者的看法！我绝对没有要对你的这本小说进行批判的任何意思，因为我觉得这是完全不适宜的。当你的这个故事完全写好之前，这样做是非常扫兴的。当我阅读了你之前所写的内容，我就会对菲利普斯先生说，我认为这是你写得最好一本小说，接下来的连载内容证实了我之前的判断。从我过去的生活习惯以及我研究的倾向来看，我忍不住从纯粹的审美角度去进行欣赏。我对《汤姆叔叔的小屋》一书里看重的是你表现出来的创作天才，而不是这本书表现出来的道德情感与取向。对我来说，这表明你的作品是多么的优秀，因为你知道我绝对不是一个轻易使用天才一词的人，并在使用这个词语的时候非常严谨。但是，对于一个我如此重视的人来说，我必须要保持高度的坦诚。你的新小说真正让我感兴趣的是，你选择站在新英格兰地区的立场去写这本书。你是极少数有如此慧眼并且如此去做的人之一——正是选择那些别人都熟视无睹的事情作为描述的内容，才能真正富有价值。对绝大多数人来说，这些看似的辅助场景都是毫无意义的，正如天文观测台的望远镜对我来说都是毫无意义的——因为这些人都没有用慧眼去观察这一切。可以说，你的小说构思是极为巧妙的（到目前为止，我可以做出这样的预言），仿佛你就是用画笔来一笔一笔地勾勒出每个人物的形象。至于“神学”方面，这是新英格兰地区民众日常生活的一个重要部分，在苏格兰民众的生活中也是如此。因此，我必须要这样说：当这样的宗教情感自然浮现出来的时候，就让其顺其自然吧。我们不需要深潜下去一探究竟。道德的目标是一件好事，但若是以这样的目标去创作小说，那么创作者显然背叛了那些为艺术牺牲一切的艺术家。请记住耶稣基督教给我们的两次教训。首先，耶稣基督更喜欢那位一事无成的玛丽，而不是那位喜欢整天勤奋洗碗的玛莎；其次，当模范的道德主义者与人性的朋友犹大反对妓女收容院的背叛者时，耶稣基督宁愿这样的人在具有美感的简单行为浪费自己，也不愿意看到他们为穷人的好处做出贡献。克利欧佩特拉在放弃了让她俘虏安东尼的那块最大的宝石之后，变成了一位艺术家。我作为一位职业评论家，难道不应该对一位女性天才说出自己内心的真话吗？难道我不应该这样做吗？难道这样的事实应该被世人所遗忘吗？当然，我本人应该努力地遗忘。首先，你不要太在意别人对你作品的任何评价。其次，你要非常重视我对你的作品所做出的评价！我给你的是基尔肯尼般狡猾的建议？绝对不是的。我给你的建议，就是希望你能够遵循自己内心的召唤——坚持自己的本性，没有必要理会别人经常谈论的“理想”。正因为如此，美感、哀婉之情以及成功，这些都存在于简单的自然本性当中。从华兹华斯到现在，我们都在谈论这样的事实，却没有人去践行这样的真理。难道我每天不是陷入评论的泥潭里，每天看到很多人都在大肆谈论着某些人看到的“理想”事物，说这是我们能够看到、触摸或是感受到的东西，从而能够在我们的本性或是品格中重现吗？难道我刚才只说上万人吗？我要说的是上千万人！到底是什么让莎士比亚变成如此伟大的作家呢？真正的原因就是他相信自己的慧眼，并且始终对自己所看到的事物充满了信念。萨克雷也是如此。在这些作家身上，我看到了他们热爱与追求真理胜过所有一切！狄更斯则坚持着悲剧的写作方法，始终在制造着各种悲剧的效果。

我始终认为(请原谅我)，《德雷德：阴沉地大沼泽地的故事》一书里的希伯来部分是一个错误。请你千万不要认为我这样的评价是一种冒犯。我只是坦诚地表明自己的看法，就是我认为一位真正的天才应该对自己的看法具有强大的信念。你要让自己的道德感顺其自然地在作品中呈现出来，不要太刻意地展现这样的道德情感。你要记住一位作家的写作案台要比一个布道演说的讲台更加高尚。我所谈到的“顺其自然”，可以从2月刊登出来的连载内容里看到，这些内容所传递出来的情感，仿佛让读者找到了一把通向天国的阶梯。我可以肯定的是，《牧师的求婚》一书是你到目前为止最为成功的作品。我之所以如此肯定，是因为你在这本书充分展现了你运用写作素材的能力，充分展现了你对现实的真实感知能力，倘若没有这样的创作能力作为基础的话，那么要想达到理想的效果是不可能的。

至于所谓的“正统性”，你根本没有必要在乎这些东西。任何杰出的作品最终都会在这个世界上变成真正的正统。你根本没有必要在意那些整天站在道德最高点的期刊所发表的文章，这些期刊对正统性所持的概念似乎就是一种站在某个位置上的能力，这会让你失去大展拳脚的能力。如果你耗尽心思去创作一本书之后，倘若别人认为你的作品是不符合正统的话，那么你不应该去相信这些评价，因为最终的评价只有上帝才能下达。如果你所谈论的是“加尔文教派”，那么任何女性都能够这样做，因为加尔文教派是一种符合逻辑的宗教思想，任何有能力的女性都可以通过自身的推论去得出属于自己的结论。女性带给我们的震撼，这是超过任何理智的推论。无论我们怎么赞美上帝，没有比你的新作品给我带来更大的阅读乐趣，也没有比你的作品给我带来一种快乐的本能，这些都是因为你对女性角色的描写中表现出了缺乏爱意的逻辑。你应该继续沿着这条道路前进，尽可能地以更多的方式展现自己的思想与才华——无论哪些信条才是真实的，人类最终都不可能因为机械而得到拯救。我可以谈论有关正确的内容，因为我必须要坦承自己对加尔文神学思想有诸多的认同。还有，我始终坚信一点，那就是上帝的善意是面向世间万物的。

我没有对此说任何话，我应该说些什么呢？人们可能会建议一位怀孕的母亲，对她说以后一定要培养孩子这样的优秀品质，正如一位作家在脑海里构思作品的时候，也需要有这样的思考。

最后，我只能坦诚地说，你的新作《牧师的求婚》让我感到非常欣慰。阅读你的这本书是我在写评论时为数不多的乐趣。可以说，没有人比我更加看重你所具有的天才，或是比我更加希望你能够专注于自己的创作，而不要去理会别人的评价。你千万不要去关注关于你这本书的任何负面评价：你要相信，你要比我们这些评论家都更加优秀，要始终相信每个读者都喜欢你所创作的书。我本人对此也是深信不疑的。可以说，之前还从没有人能够像你这样创作出如此真实的新英格兰诗歌。你在这本书给人的一种原生态的描写，给予了我们的大脑最好的激励。当我们这些人都逝去的时候，你肯定会永垂不朽的，前提是你需要始终坚信自己的创作信念。

永远忠于你的
詹姆斯·罗素·罗威尔

当斯陀夫人的《牧师的求婚》一书在英国出版之后，罗斯金先生在一封写给斯陀夫人的信件里这样说：

我终于读了你的这本书了，我认为没有比这本书里一些高尚的部分更加高尚的作品了（比如玛丽对布尔上校所说的那一番话）。没有比这本书里一些睿智的内容更加睿智的作品了（比如作者插入的一些个人评价）。没有比这本书里一些让人愉悦的内容更加让人感到愉悦的作品了（比如维尔尼妮所说的话以及所做的事情），没有比这本书里那些锋利的段落更加锋利的作品了（比如坎迪斯所说的话以及所做的事情，这些都是非常有趣的）。但我不是很喜欢这本书的创作思路，因为书中的牧师表现出来的简朴似乎削弱了玛丽可能对他的敬意。我无法想象一个像玛丽那么优秀的女生竟然不会嘲笑他。我也认为一个真正像这位牧师具有真正智慧的人，竟然无法更好地理解自己的情感，或是无法迅速洞察别人内心的真实想法。

因此，我对书中的斯卡德女士的遭遇没有什么反应，我认为她是一个让人无法忍受的人物，因为她在小说的最后诋毁诗歌所具有的价值，只是为了惹恼别人。最后，我认为你不太注意普通读者在这本书想要得到什么的想法，而是在“兴趣”的幌子下去做——这可以渐渐地激发出读者的期望、兴趣以及好奇心，让他们爱不释手，只能一直读到凌晨3点钟，还不愿意放下这本书。那些具有自我控制能力的人也需要狠下决心，最后叹一口气才放下这本书，然后想着在第二天有空的时候，马上拿起这本书来读，想要知道接下来到底会发生什么。不过，我知道你是不可能将这本书单纯视为一本文学作品的。所以，你无法过分仔细地描述许多事实。因此，很多读者可能会按照其他作家的一些写作基本规则去对你的这本书进行评价。

不过，正如你在创作这本书过程中说过的，我们中很多人都没有感受到你在书中想要描述的那种特定的宗教情感。

我们对认真的形式主义不是很重视，我国的形式主义者在很多时候都是肤浅、无趣的人，他们是真正杰作的激烈反对者。我们可以看到诸如西米恩·布朗这类人。对读者而言，即便是他这类人的形式主义者来说，你的这本书可能都会给他带来一些好处，会让那些软弱而又想要追求真理的人得到启发，这会像床垫褥子那样不断地震动着他们的思想——让思想的尘埃不断的飞落，也许最后还需要羽毛掸子将所有的灰尘都清除掉，从而让读者最后认为那些形式主义者都是让人反感的床垫褥子。我对这本书的评价并不深入——也许可以说是非常的不深入——但是你的来信让我感到非常高兴，我从未像收到你的来信如此欢喜的。但我在收到你的信件之后，没有马上回复，因为要是我不及时给布朗宁夫人回信的话，我会感到很羞耻的。我无法理解你为什么要恐惧那些关于你这本书的荒诞评论呢？可以肯定的是，你的这本书肯定会受到读者的欢迎——当然，这样的受欢迎并不是像《汤姆叔叔的小屋》的那种受欢迎，因为《汤姆叔叔的小屋》一书里表现出来的戏剧效果是其受欢迎的重要因素，但我不喜欢这样的戏剧效果，但是，你的这本新书则是真实地展现出了人类生活，这才是这本书会受到欢迎的重要原因。关于这点，我认为任何评论家都无法对此进行歪曲。

在我看来，坎迪斯与维尔尼妮对你这本书所做出的评论是目前最好的。我很高兴看到这位优雅的法国女士也参与进来。在很多时候，法国的文学作品是最容易被其他国家的民众所忽视的……我的父亲就曾说，一本书就堪比一块沉甸甸的金子，他知道什么才是真正的优秀作品。

当我们将关注点从这些批评或是赞美中转移到斯陀夫人在这段时期的内在心路历程时，就会发现这本书是斯陀夫人在内心极为悲伤的时候创作的。这本书里表现出来的哀婉情感始终是存在的，即便是在《牧师的求婚》一书里最为阳光与幽默的部分，这样的哀婉情感也始终像是一个黑暗的背景，自然而然地流露出一种悲伤的精神。此时的斯陀夫人感到非常身心疲倦，希望能够躺下来，站在路边的十字路口旁边，然后在睡梦中看到美丽的场景。

在开始写作《牧师的求婚》之前，斯陀夫人给拜伦夫人写了这么一封信：

1858年6月30日，安多弗

亲爱的朋友：

我一直都希望收到你的来信，但我也知道你当时不知道该说些什么。因为你肯定也知道悲伤教给人的一切——你的一生都在遭受着许多苦难，经历着漫长的痛苦。但是，我认为永远在国王旁边的“羔羊”到现在肯定已经在各地都拥有了许多追随者，那些像耶稣基督一样来到人间为了救赎别人而牺牲的人，他们肯定也会为自己能够救赎别人而感到由衷的高兴。

我经常会想，上帝让你遭遇如此之多的痛苦，同时又让你具有如此强大的天赋，这必然会给你带来可怕的诱惑，因为你知道自己能够轻易得到一些奖赏，但却不敢伸手去获取。当你被帷幕遮蔽的时候，必须要迅速地离开这样的阴影，只有这样你才能见到天使，能够再次看到被锁链束缚与诋毁的耶稣基督，你才能摆脱所有的罪孽，重新焕发出荣光。因此，你凭借着自己一生的爱意与信念，已经成功地完成了这样光荣的变革。

我深入地思考了你之前与我一起谈论过的话题——报应的未来状态。对我来说，基督教的精神显然会让人类的精神产生一种柔和的爱意，这能够带来所有关于这个问题的任何古老的信条。我也像其他人那样认真地思考着耶稣基督的精神，我认为即便是耶稣基督也无法接受那些古老的信条。与此相反，耶稣基督会说：“要担心那些在地狱里摧毁灵魂与身体的人。”关于这个问题更让人震惊的话语是耶稣基督所说的。过去一些流行的思想与观点现在已经被抛弃了。过去罪恶所带来的无止境的痛苦曾经就是基督教的教义，现在已经被我们所抛弃了。现在，我们被灌输的信条是，永恒的罪恶必然要遭受永恒的惩罚，因为邪恶会导致事物的永恒本性变得痛苦。我担心，这是从对自然的类比中得出来的结论，然后通过《圣经》一些内容的暗示得到证实的。

是否存在什么方法可以解决这种断言或是关于这个问题更深层次

的暗示，从而让我们可以置身于纯粹的自然主义呢？但我可以肯定一件事，那就是考验绝对不是止于今生的，还有很多得到救赎的人也许要比我们今天所面临的世界历史更加伟大。

斯陀夫人在这封信里表达出来的观点，当然可以让我们对《牧师的求婚》一书的许多内容有更加深入的了解。

下面一封信是斯陀夫人给女儿乔治亚娜写的，她在信中谈论了自己想在《牧师的求婚》一书里要表达的一种精神与思想：

1859年2月12日

亲爱的乔治亚娜：

为什么我一直没有给你写信？我亲爱的乔治亚娜，这是因为我感觉自己就像一个正在沉睡的枯死的花蕾，思想一直处于冰封状态，没有任何枝叶，没有任何的绽放。我感觉自己没有什么要跟你这位天真烂漫的女儿要说的。我感觉自己非常疲惫，缺乏生气，我感觉一切事物对我来说都是沉重的负担。

我让之前的那株植物在我的眼前几英寸的地方死去了，我从来没有浇水灌溉它，我害怕自己所做的任何事情，希望自己什么事情都不去做。当我收到我亲爱的女儿寄来的信件时，我微笑着说："我亲爱的女儿，我肯定会给你回信的。"我摊开双手，在案桌前坐了一个又一个小时，看着墨水台，不知道从何下笔。事实上，我亲爱的女儿，母亲真的疲惫了。对你来说，人生是幸福与快乐的，但对你的母亲来说，却是一场天人交战的战役，我经常感觉自己心有余而力不足。我想要像那些在圣伯纳德地区的女人一样，张开双臂躺在路边的十字路口，然后在梦境中看到美好的景象。亨利那张英俊与柔和的脸庞不时从一片云层中闪现出来，我能够再次感受到内心那种永恒的痛苦——"不！不要夺走我亲爱的儿子！"我再也见不到我亲爱儿子的脸庞，无法再抚摸着他的肩膀，无法再听到他的声音了。这件事没有削弱我对上帝的任何信仰，我也不认为上帝的这一切安排都是正确的。虽然我感到非常难过，但我还是一个受到上帝祝福的人。虽然我现在是如此的虚弱与疲惫，我依然在灵魂的最深处信仰着耶稣基督，我相信当我再次感受到耶稣基督的存在时，一切难以想象的美感与荣光都会出现的，耶稣基督也会将我所爱的人带回来。所以，千万不要误解我的意思——只要知道你的母亲现在已经感到非常疲惫了，但她却始终都没有感到沮丧。

永远爱你的母亲
哈里特·比彻·斯陀

很多时候，事情就是这样：当我们迈着勇敢的步伐，遵循自身的天才前往神圣的地方，我们却发现那是一个悲伤的地方。艺术有其受难与辉煌的两面，这与宗教是没有什么区别的。我们最喜欢的书籍与最甜美的歌曲都是那些“讲述最悲伤思想”的。

在1859年夏天，斯陀夫人再次出发前往欧洲大陆，这一次她带上了除了最年幼的孩子之外的所有孩子一起出发。

第十五章
第三次前往欧洲

斯陀夫人的第三次也是最后一次欧洲之旅是在1859年夏天出发的。在同年5月写给拜伦夫人的一封信里，斯陀夫人这样写道：

> 现在，我准备写一些让我非常感兴趣的故事，这可能也会让你感兴趣，我想要将新英格兰地区民众的内心想法与生活方式、宗教、神学思想以及行为方式都展现出来。伦敦的桑普森·洛联合出版公司正在发行这本书，我很高兴得知你很喜欢这本书。这本书很快就会出版，我也准备在今年夏天出访欧洲。

斯陀夫人在信中提到的这个故事就是指《牧师的求婚》一书。我们下面将拜伦夫人的回信摘录下来，这显然表明了她对斯陀夫人这本书的喜爱与欣赏。拜伦夫人这样写道：

1859年5月31日，伦敦

亲爱的朋友：

我发现在收到你的来信之后，如果不及时回复的话，那么阅读你的信件所产生的那种激动心情很快就会消失。你的来信堪比尼亚加拉大瀑布那样震撼，因为你之前在我家见到的芬妮·肯博尔已经去世了。

我对你的新小说充满了浓厚的兴趣。至少在我看来，你创作的这本新书要比之前几本书更加震撼。可以毫不夸张地说，你的这本书要比乔治·艾略特创作的《亚当·贝德》更加具有思想力量。你的这本书现在受到读者的热烈欢迎，这也是情理之中的事情。无论斯卡德女士最后是否能够战胜波瑟夫人，我们会拭目以待的。

当我告诉你，我的外孙女与我本人想要去预测未来的“爱情故事”

的消息之后，你可能会感到非常有趣。因为我们在阅读这本书的时候，曾一度认为詹姆斯出海了，牧师则要摧毁自己。我们认为她会在母亲的影响下，努力爱上那位具有自我奉献精神的男人，或是意识到作为好女孩所应该具有的高度责任心——但是，我们并不希望她取得成功。接着，我们就像要知道她过去的情人到底会怎样。这一切，时间会告诉我们的。我刚刚错过了戴尔·欧文的聚会，我希望能够与他谈论有关“精神主义”方面的话题。哈里斯目前在这里发表有关宗教方面的演说。我没有发现有多少人赞扬他。人们都希望从现实生活中找寻一个能够让他们仰视的人——希望在音乐、建筑、古代遗物与礼仪等方面找到一些杰出的人才。但是，关于历史悠久的宗教，他们则会持一种不相信的态度。至少如果这是这些人的信仰，那么那些不信教的人肯定会更加快乐。我想要穿越这种物质主义，但如果要我停留在这个层面的话，我会撕碎这样的遮掩。

6月1日

这是轮船出发的日子。我希望能够很快等到你的光临。这里最美丽的花朵在你给我的小花瓶里绽放的十分鲜艳，释放出生命的活力。这样的情景总会让我想起你，虽然你不会像这些花朵那样迅速凋零。

永远忠诚于你的
A.T.诺尔·拜伦

除了斯陀夫人最年幼的儿子之外，他们全家人都一起前去欧洲旅行。斯陀夫人两个大女儿当时居住在巴黎，她们早在3月份的时候就已经乘坐轮船前往了法国的勒阿弗尔，当时与她们同行的还有她们的表妹比彻小姐。当她们抵达巴黎之后，她们就直接前去老朋友波里昂妮女士的家里，之后前去当地一家清教学校就读。家里的其他人，包括斯陀夫人与她的丈夫以及最年幼的女儿，在8月初一起乘船抵达了利物浦。与此同时，弗雷德·斯陀也与他的朋友萨缪尔·斯科维尔一起在相同的港口乘船出发。斯陀教授在写给唯一留在美国的年幼儿子的这封信，就表明了他们在这次欧洲之旅早期阶段所遇到的一些事情。

1859年9月1日，瑞士夏兰城堡

亲爱的小查理:

除了弗雷德之外，我们都在这里，大家一切安好。我们的这次旅行非常开心，我下面给你简单地说一下。

在1859年8月3日，我们乘坐“亚洲号”蒸汽船从纽约出发。出发的那天非常炎热，在接下来的十天里，我们在海上度过了天气最炎热的十天时间。我们在船上遇到了很多有趣的乘客，其中绝大多数都是外国人，就包括有意大利人、西班牙人，还有苏格兰人与爱尔兰人。在昨天晚上，我们经过了一块巨大的冰山。因为冰山不会转弯，因此我们的轮船只能绕过这块庞大的冰山。我们很高兴最后绕过了这块冰山。这是发生在8月9日晚上的时候。在这之后，海上的天气就变得凉爽起来。在13日的早上，海面上刮起了大风，一直持续到下午。在14日，也就是周日早上，我们平安抵达了利物浦，然后乘坐马车前往阿德尔菲酒店。你的妈妈与乔治亚娜在旅途中生了一些小病，这是发生在13日的事情了。

接下来就是社交时间。兰开夏郡的高级长官罗伯特•查拉尔德爵士是一位身材高大、头发灰白的老英国人，他在中午的时候乘坐他那辆豪华的六轮马车来到酒店，还带了一些骑马侍从、两名号手与12名手持标枪的侍卫过来，这些人都穿着得体的衣服过来，他们就像《时代》杂志上那些初级读本，或是像一间着了火的房子，我多么希望我的小查理能够来这里看看这样的场面。

周一，我们想去宫廷，于是我们来到了圣乔治大厅，这是一栋非常雄伟壮观的建筑，让波士顿的州法院显得很渺小。罗伯特•查拉尔德爵士本人前来迎接我们，说他已经为我们安排好了一切。于是，他就载着我们沿着一条狭窄崎岖的道路前进，并且打开了一扇小门。我们透过这扇小门只看到一条深红色的窗帘。查拉尔德爵士告诉我们将窗帘放在一边，然后往外面看。你猜我们看到了什么？

就在阶梯上面，我们看到了戴着假发、穿着长袍的法官，看到了挤满了人的法院大楼。看到这样的场景真的有可能让没有见过世面的人大吃一惊，但我们还是尽可能保持平静的面容。你的母亲还是像往常一样保持柔和的面容，戴着一顶有点破旧的草帽，穿着一件灰色的外套，似乎在说：“我并不是故意过来这里的。”

在同一天晚上，我们抵达了伦敦。在周二，也就是8月16日，我们乘坐马车前往斯塔福德大厅，然后询问萨瑟兰郡公爵夫人是否在那里。此时，一位仆人走出来，说公爵夫人在家，并且非常乐意见到我们。于是，你的母亲、乔治亚娜与我三人走上了门廊处的阶梯，看到了优雅、高尚的公爵夫人正从楼梯上下来迎接我们。她穿着一身白色的晨礼服，一把抱住了你的母亲，然后松开，直到乔治亚娜看上去就像半覆盖在雪堆里的灰色猫咪。公爵夫人亲吻了你的母亲，然后走到乔治亚娜身旁，亲吻了她。接着，她拉着我的手，但她没有亲我。

第二天，我们前往公爵夫人位于温莎城堡附近的别墅，在公园附近骑行，欣赏这里美丽的风景，还乘坐轮船欣赏泰晤士河的美丽风光，吃到了最为可口的晚餐。

我们在伦敦一直待到8月25日，接着出发前往巴黎，找到了H.E与H.B等人，他们都一切安好，过着幸福的生活。在8月30日，我们一起出发前往日内瓦。今天，也就是9月1日，我们一起乘船欣赏美丽的莱蒙湖，这里位于阿尔卑斯山脉的中部地区，靠近夏兰古堡。拜伦爵士当年曾在这里写下了一首诗歌。一两天后，我们就会出发前往夏慕尼，接着乔治亚娜与我将会返回巴黎与伦敦，然后按照预定的日期返程回国。在回国之前，我始终都是深爱着你的父亲。

C.E.比彻

斯陀夫人与丈夫、女儿一起前往英国，在游玩了两周之后，斯陀夫人向英国的朋友们告别，然后回到了她女儿所在的瑞士。在10月9日，斯陀夫人在洛桑写了这样一封信：

亲爱的丈夫：

我们现在抵达了洛桑，住在吉本酒店。我们的客房有一个宽阔的阳台，罗斯金之前也曾住在这间酒店里。在我离开你的那一天，我就赶路前往巴黎。我大约在凌晨1点钟抵达巴黎。当时，我们无法找到任何马车，最后只能在火车站附近的一间小旅店里住下来，我一直睡到了第二天早上。我忍不住会想，要是我出了什么事情该怎么办？没有人知道我或是知道我到底在哪里。但是，这里的床非常干净，房间也是比较整洁的。于是，我关上房门，就沉入了梦乡。在第二天早上，我上了一辆马车，终于赶在吃早餐的时候见到了波里昂妮夫人。今晚我会给你写信的，你可能在回国没多久就能够收到我写给你的信件。

我没有在一天之内赶去日内瓦，而是在梅肯这个地方停留了一个晚上，然后在第二天下午4点钟的时候抵达日内瓦，接着在当晚8点钟抵达洛桑。当我走上楼梯，打开大门，发现很多人都坐在大厅里看书，地面上铺着一张针刺绣的地毯以及一张桌子。这一切给我一种家的温馨与舒适的感觉。你可以想象当时我们都在相互问候，彼此拥吻或是哈哈大笑。总之，我们度过了一段非常愉悦的时光。

从洛桑出发，斯陀夫人一行人就乘坐轻便马车出发前往佛罗伦萨，中途经过科莫湖、米兰、维罗纳、威尼斯、热那亚与里窝那。在佛罗伦萨的时候，他们在11月初就来到了，他们见到了弗雷德·斯陀与他的朋友萨缪尔·斯科维尔。与他们在一起的，还有一些来自布鲁克林的朋友们。因此，这是一群非常友善的朋友，他们都住在古老的意大利城市度过这个冬天。斯陀夫人在这里的时候，每个星期都会给已经回到了安多弗的丈夫写信。她在信中不仅讲述了她在当地民众的生活方式，而且还鲜明地展现了自己的心灵倾向。

1859年圣诞节，佛罗伦萨

亲爱的丈夫：

我祝愿你圣诞节快乐！希望明年能够与你一起度过圣诞节。

对我们来说，我们准备今晚与一帮美国朋友一起庆祝这个节日。斯科维尔与弗雷德去找了L.培根（培根博士的儿子）。波尔特之前在安多弗学习神学，现在也已经旅行来到欧洲。克拉克之前是康沃尔地区的牧师，詹金斯是来自罗威尔地区的人，霍华德夫妇分别是约翰·霍华德与安妮·霍华德，他们在昨晚也是突然来这边。因此，我们在异国他乡过了一个具有浓郁新英格兰地区的聚会，我们都大声地唱着米莱斯创作的圣诞节赞歌。我真的希望你在那间古老的石砌木屋里也能够跟我们这样做。

我们的门廊上摆放着修建过的桂冠与桃金娘，看上就像一个凉亭。我们的壁炉架与桌子上都摆放着鲜花，散发出阵阵的香气。

1860年1月16日

亲爱的丈夫：

今天收到你的来信，这让我的内心大大松了一口气，因为这至少表明你一直以来都能够收到我的来信，所以说我们之间的联系一直都没有中断。你之前在信中谈到了你的精神体验，感觉我们亲爱的亨利始终都与你在一起。除此之外，你还谈到自己似乎感受到了一把神秘的吉他发出的振动。你这样的体验让我感到非常有趣。因为我之前已经去过佛罗伦萨，我一直都对亲爱的亨利有着一种无法表达出来的渴盼——这是一种难以名状的感叹与愿望，但我的内心却充满了一种黑暗与隔离的感觉，这不仅是因为亨利的缘故，而是因为我感觉无法让自己与上帝进行精神交流。但是，我通过一位知心朋友的开导，能够感觉到这种感觉所带来的宽慰心理，此人就是E女士，她是波士顿地区一位虔诚且有成就的女性，她在精神感受方面有着与你类似的感受与经历。

毫无疑问，在那些精神主义者看来，E女士会被视为一名具有强大媒介能力的女性，但她同时是一名虔诚的基督徒，担心自己会因此走上歧途，她始终保持着高傲的态度，不愿意与这样一类人或是事物进行交往。一开始，她向我透露了自己内心的想法，然后就如何做得更好向我征求意见。她还谈论了许多与你在信中提到的相类似的经历。

我给她的建议就是，我们应该对这样的精神体验进行分析，看看它们是否属于上帝的——同时让这样的体验与《圣经》以及祈祷存在着紧密联系，在确信这些体验与这些宗教基本原则没有任何抵触之后，就可以敞开心扉地接受这些精神体验。但是，我发现，当我与他在一起的时候，我总能够感受到一种来自精神世界的强大印象，因此我经常会感受一种力量与宽慰的感觉，仿佛我真的已经接近了我亲爱的亨利与其他逝去的朋友。有时，这样的一种感觉是那么的强烈，甚至能够极大地疏解我内心的苦闷，给予我强大的精神动力。我跟她说了你的精神体验，她对此也非常感兴趣。她表示，要想听到一位像你这样一位虔诚且可靠的基督徒说出这些体验，的确是非常难得的。

不过，我不认为是我们亲爱的亨利在弹奏吉他，弹奏吉他的人肯定是艾丽莎——她的精神似乎始终牢牢抓住了这种精神表现的模式。如果你能够在卧室里表示这样的想法，那么你无疑能够经常聆听到这样的声音。最近，我一直在阅读一位生活在巴黎的年老德国人的一本有趣的书，此人之前一直在进行着精神体验方面的创作实验。他在书中描述了与50个人进行交流的场景，仿佛这50个人是真实存在的。在他体验这些精神情感之后，他用双手、笔或是纸将这些感受写下来。他在书中表示，自己按照这样的方法与很多历史人物进行交流。

此人似乎是一位相信内心灵感的坚定信仰者，这本书之所以有趣，是因为包括了许多有趣的现象，包括异教徒与基督教徒所感受的精神现象，而且还包括印度、中国、希腊与意大利文学等方面，并且还有一些与《圣经》里面类似的例子。

不过，我确信一点——精神主义是我们对当代盛行的物质主义做出的一种反应。当路德认识到一种个人的邪恶之后，才发现自己慢慢地接近正确。我们至少应该全面地感受《圣经》所表现出来的精神主义。很多关于精神方面的把戏或是愚弄的行为，我都将其视为一种欺骗性的信号，容易让人走上邪恶的歧途。但是，《圣经》里面所包含的精神主义正在慢慢地失去原先的作用，因此我们应该想办法去恢复这样的一种精神主义。毋庸置疑，一些人会从制度方面去做，一些人则会从身边的精神世界里得到属于自己的印象。这些人就是信徒、预言家与奇迹的创造者。

周日晚上

今天，我与E女士坐在她家安静的客厅里。我们一起阅读了《启示录》里面的一些内容，然后谈论着圣人以及那些具有完美精神的人。当我与她进行交谈的时候，似乎感觉亨利就在我的身旁。接着发生了一件非常有趣的事情。E女士有一把佛罗伦萨式的吉他，这把吉他就悬挂在客厅里，我根本无法拿到。她与我进行交流，而她那位务实的妹妹则帮她做一些家务，此时正在帮我们准备午餐。突然，那把吉他的低音弦似乎被触碰了一下，发出了一阵清脆的声音。“谁在弹奏吉他？”她的妹妹问。我们都抬起头，看到根本没有人或是事物在房间里。在这位妹妹出去之后，E女士说：“刚才真是太奇怪了！我昨晚就在想，但你今天过来这里的时候，是否会有什么精神也跟着过来呢。看来的确是这种精神在弹奏着吉他。”过了一会儿，E女士的丈夫走进来，我们一起进行交流。之后，我们都听到了一阵奇怪的声音，这似乎是某人用手在吉他的弦上再次弹奏了一下。我们都大吃一惊，我想起了家里摆放的那把吉他。

你对此有什么想法呢？你在精神世界里是否还发现了更多的表现形式或是更多的事实呢？

在2月底的时候，在佛罗伦萨的这群朋友终于要分道扬镳了。斯陀夫人与他们一行人准备出发前往罗马，而其他人则一直要在佛罗伦萨待到4月中旬。接着，我们在那不勒斯发现了他们，他们准备为期六天的旅行，中途经过卡斯特拉马雷、索伦托、萨勒诺、帕埃斯图姆与阿马尔菲，接着再前往维苏威，继续前往格罗托与卡普里岛。之后，他们在乘坐“勤奋号”轮船回到罗马。他们在5月9日离开罗马，一路悠闲地前往巴黎。他们在当月27日抵达巴黎。5月28日，斯陀夫人在巴黎给丈夫写信说：

自从我上次给你写信到现在，我们的旅行计划发生了很大的改变，因此我们返回美国的时间也出现了变化。我们准备在6月16日返回美国。如果一切顺利的话，我们将会在四周之后回到波士顿。我的内心一直渴盼着回家，因为我的丈夫与孩子、我的房间、我的庭院以及我的花园以及安多弗美丽的树木都在等待着我呢。我们将会建造一个非常幸福快乐的家，我们的孩子也会帮助我们的。

永远爱你的

哈里特·比彻·斯陀

这次愉悦而漫长的旅行最后以同样愉悦的返程航行而结束。在返程的“欧罗巴号”轮船上，他们见到了纳桑尼尔·霍桑、詹姆斯·T.菲尔德斯等人，这些学识渊博之人都是他们旅途中最有趣的伙伴。

在斯陀夫人充分享受这次欧洲之旅所带来的乐趣时，她才感觉到自己骨子里是彻底的美国人，因此她为自己最后平安回到美国，见到祖国的民众而感到高兴。因此，她绝对不会同意罗斯金在这个问题上所提出的观点。斯陀夫人在回到安多弗没多久，就收到了罗斯金寄来的这封信所表达出来的观点：

1860年6月18日，日内瓦

亲爱的斯陀夫人：

当我在日内瓦的时候，我真的希望自己能够置身于其他地方，在伦敦城以内的任何地方。尽管如此，我还是衷心希望此时此刻我能够看到诺伍德山，或是希望能够看到你与你的孩子明早过来一起共进早餐。

当我收到你的来信之后，我就是否要返回伦敦这个问题进行了认真的思考。但是，我认为S先生肯定要比你在伦敦的时候更加想念我。于是，我停留在这里了。

美国人在欧洲旅行之后，最后还是选择回到美国，这样的想法真是让人觉得可怕！在我看来，这是对自然秩序的一种违背。我认为美国是某种类似于实验性的“联合”国，而生活在这片土地上的聪明人，一旦有机会看到外面的世界，都会想办法在一个更好的世界里逗留，或是认为自己应该永远不再回去（这句话是非常不符合文法的），特别是当他们在这里让他们的朋友都感到非常愉悦的时候。我的朋友诺顿是在这一片蓝色的湖水边上第一次见到我的，他就从来都没有想过要继续回到波士顿，我觉得你也不应该回到美国。

在周四的时候，我在火车上等待S先生，很自然就想到了你——我感觉我们似乎就在不久前才刚刚见面。我还记得当时你的女儿乔治亚娜正在穿越铁轨，而我还需要抱着她，将她抱到我的母亲身旁，然后认为自己很聪明，而你却为她请了一位无赖的导游。在那样的场合下，我永远都不会原谅那个家伙用命令式的口吻对我说话的方式。

现在，乔治亚娜还好吗？身体还健康吗？当你在给乔治亚娜写信的时候，请将我的爱意传递给她。她现在肯定不会再躲在柱子背后，还以为别人看不到她了吧？

这样说，你已经见到了教皇以及参加了复活节的仪式了？我要祝贺你，因为我认为这是类似于“人生任何阶段的正面表现”。其实，有时我

约翰·罗斯金

会想，经常思考上帝又有什么用处呢？你应该对如何崇拜上帝有着自己的看法。我并不是说罗马天主教很快就会消失。罗马天主教存在的时间肯定会与新教一样长的。但我好奇的是在这些宗教消失之后，又会出现什么其他宗教呢？这是我们每个人都应该去思考的主要问题。

按照你在信件里的说法，你已经去了威尼斯旅行了？我们每个人都应该以某种方式前去那里。可以说，世界上没有哪个地方能够像梵蒂冈那样展现出如此强大的力量。

此时此刻，我无意要给你谈论发生在欧洲的任何事情。你什么时候会再次过来呢？当你回到美国之后，请尽快给我回信报平安。我说错了，你们绝对不会消失在大西洋上的。

我不知道你是否能够收到这封信，但我希望你会认为有必要再次看一下在丹麦山的图画。我也将这幅图画拿给了我父亲看。我希望有机会将这幅画送给你。

我对你要离开欧洲，返回美国感到遗憾——你与你的女儿们都是非常优秀的人。这是一个绝对的事实。我其实没有真正地享受这趟瑞士之旅。你之前没有给我说你即将要离开欧洲的消息，这实在是太可惜了。我原本可以轻易地在巴黎停留一段时间，专门与你进行交流。祝愿你一切安好。请将我的爱意传递给你的女儿们，祝愿你们一切平安健康。

约翰·罗斯金

在罗马的时候，斯陀夫人与布朗宁夫人产生了深厚的友情。她们俩之后经常进行通信。下面这封信就是在她们认识一年之后，布朗宁夫人写给斯陀夫人的。

1861年3月14日，罗马维亚菲利斯126号

亲爱的斯陀夫人：

让我首先说几句话吧。你的来信让我原本已经感到愉悦的心灵感到更加开心了。我亲爱的朋友，我要说，我在英国的时候遭遇了许多打击与损失，你在信件里所谈到的事情似乎就是我心里要说的话，你的来信给我的内心带来了许多安慰——可以说，这是我收到的一封最好的来信了。你的来信让我感到有点诧异，但是信件的内容却是那么的友好。当我们在去年春天第一次见面的时候，你在罗马找到了我，谈到了你之前从没有说过的感受，这让我非常感动。

我给英国寄去的诗篇是给一位比我还想要阅读的人看的。我不知道人们是如何在双眼饱含泪水的时候，依然维持对精神主义的偏见——他们是多么希望不要陷入"希望这是真实的"的思维陷阱里。还有对精神现象的研究，绝对不是因为他们在面对死神的时候就戛然而止的，他们似乎认为死神会让他们见不到他们心爱的人。我的个人看法是，这会让我像一个哭泣的孩子那样不知所措。这样的一种情感冲动不是得出最稳妥的结论的关键所在。我之前没有给你回信，是因为我不愿意触碰我内心尘封已久的悲伤，因为一旦揭开了这些伤口，那么伤口就会像刚刚受伤的时候那样带给我痛苦。只有当一个人处在更好的状态时，才能更好地表达出自我。至少，对我来说是这样的，虽然诗人不应该有这样的想法。

如果你听到了"我从苦难的深渊中发出的呼喊声"，你肯定能够明白这是我在将近二十年前所写的，所指代的是当时的内心想法。霍华德所遭遇的痛苦让我想起了MS（这涉及比彻博士在《独立报》上发表的一篇

布朗宁夫人

布道演说)。我将这篇文章从一个秘密的地方拿出来,然后寄到美国。我从未想到会因为别人的误解而给自己造成痛苦。事实上,在这个问题上,诗歌肯定会有一种夸张渲染的成分,因此也不适合在这方面的使用。

这涉及我人生中遭遇的最大痛苦——这是我唯一一次感到人生的绝望——这是在那件事一年之后发生的。请原谅所有保持缄默的人吧。我的丈夫说我在一些事情上比较“独特”——也许,他说的“独特”是指我的笑声吧。我无法点名说出一些人的名字,或是说出某些具体的痛苦——即便过了这么多年,我都一直没有跟自己的丈夫提起过。这是灵魂感到的一种沉闷状态。我必须要说,那些能够将灵魂的苦闷说出来的人是多么的幸福啊!但是,难道你没有看到我比绝大多数人都更加需要这样一种“精神主义”吗?

现在,让我为这种自大主义以及所有强加于你的所有软弱的思想而道歉吧。我亲爱的朋友,我应该祝贺你在美国安然度过了许多重大的危机。如果北方民众在这个道德问题上能够始终保持高尚的态度,那么无论出现任何领土的损失或是缩减,上帝与所有追求正义的人都会将你们的国家视为一个伟大且光荣的国家。

在西沃德与亚当斯的演说之后，我对你的处境感到非常焦虑，但是这样的危险似乎被南方各州做出的疯狂行为所阻止了，这似乎也是公平的。至于关税运动，我们感到非常遗憾（我们中一些人也对此感到遗憾）。有人对我说，这是为了能够说服那些不愿意接近道德争论的人。可以说，这样的做法就好比是用勉强维持不让水沟里的死水去污染圣水而已。如果魔鬼在这样的力量面前逃遁消失，那么我们应该感到心满意足。你为了唤起民众对应该被诅咒的奴隶制做出了那么多努力之后，你对这种邪恶的制度应该是深恶痛绝的。人们应该在美国或是其他地方为你竖起一尊雕像。

与此同时，我正在阅读你在《独立报》上的连载内容，这是蒂尔顿先生寄给我的。我对你的连载文章非常感兴趣，你的全新小说写得非常棒（指的是斯陀夫人创作的《奥尔岛的珍珠》一书）。

你一定要记得给我回信，谈论一些你我都感兴趣的话题。在我看来，罗马教会的一些争论可能会持续一段时间（而天主教会因为财政问题而慢慢地死去），原因是法国许多狂热的牧师对此表示坚决反对），不过，我们已经准备好了在某个早上迎接教会的轰然倒塌。拿破仑王子的演说虽然没有表现出任何的激烈的言辞，但却表现出了法国国王内心的想法。这样的争论在《公报》上占据了17个版面，实在是让人震惊。维克多·埃曼纽尔以意大利的名义写信表示感谢，甚至连英国的报纸也将这赞美为“以大师的方式阐述法国的政策”。最后，我们决定应该继续留在威尼斯等待，不过等待的时间也不会太长。匈牙利现在只是在等待，即便是硝烟散尽的波兰现在也会出现一些零星的反抗。难道这是对所有这一切进行赔偿的开始吗？

在罗马，英国人要比以往少了很多了，这里很多的房子都已经没人住了。每天早上，我们都会听到一个全新的故事，但是谁也没有将谢赫拉沙德（《天方夜谭》里的苏丹新娘）的头颅砍下来 。昨天，教皇直接前去威尼斯。在之前一天，维克多·埃曼纽尔来到了这里，而在大前天，一封信就开始从加福尔一直传到了安东内利。可怜的罗马人现在每天都听到这些虚假的消息，而教皇与那不勒斯的国王则已经相互握手了，无法说出其中的悲伤。不过，一位年幼的女王则是非常的勇敢，她勇敢地说出了自己的观点。当她乘坐一辆小型出租马车，戴着王冠，露出金色的头发时，我们必然会为她没有在这片圣地出生，或是没有嫁到距离圣地更近的地方感到高兴。我的丈夫希望你能够记住他，我也希望你们的女儿能够记住我们。我们的孩子现在开始学习骑马，也在神学院进行学习，但他看上去每天都是神采奕奕的。这要感谢上帝！

我应该跟你谈论更多关于罗马地区的社交活动，但我这个冬天都没怎么出门，因此关于这方面也没有什么可以告诉你的。曼宁博士与德维尔先生已经离开了罗马，也许他们是不忍心看到教皇忍受这样的煎熬。

永远忠诚于你的朋友
伊丽莎白·B.布朗宁

在回到美国后没多久，斯陀夫人就开始与奥利弗·温德尔·霍尔姆斯博士进行书信往来。这样的书信交流开启了一段美好的友情，而这段友情也经历了时代的考验。关于他们俩的通信，下面这两封都是在那个时期所写的信件，是值得我们去关注与了解的。

1860年9月9日，安多弗

亲爱的霍尔姆斯博士：

很久之前，我就一直有一种想要给你写信的冲动，表达我对你的仰慕与敬意，作为我对你发表在《大西洋期刊》上的最新文章（这篇文章是《艾丽莎·文纳》）的欣赏与敬意。

我不知道别人对此有什么看法，因此我在回到美国之后就没有见其他人。但对我来说，你过去所做的事情总是会激发起我强烈的兴趣。我感觉到内心产生了以正确强烈的好奇心，每当我读到你所说的话或是提出的想法，都会让我感觉内心的思想似乎就要喷涌而出。这种道德责任的基础，自然与精神之间相互交叉的法则，这些关乎我们在今世与来世之间的关系，都是我越来越着重思考的问题。我认为，只有那些接受过良好教育且经常进行沉思的人才能够写出这样的想法。我认为所有的牧师都应该接受相应的医学教育。我多么希望与你能够就一些校长所发表的言论进行一番专门的讨论啊！这些校长的言论往往会激起公众的情感，这会让我们认识到对这些问题进行睿智且深入的分析是多么的重要。要是一名神学家不能对这些问题怀抱着一种敬畏的虔诚感，那么他是不可能成为一名真正意义上思想健全的神学家的。

请允许我说明一点，一个月的时间其实并不是很漫长。我们之间的通信应该更加频繁一些。你必须要想办法解决这些问题。你可以详细地跟我谈论这些问题，或是可以说明所有的细节。古老的智慧就像珍贵的珠宝，请让我们获得更多这样的珠宝吧。我之前已经领略过智慧所具有的魅力。你能够过来，与我们共度一天吗？斯陀与我本人都希望能够与你就这些问题进行一番讨论。

永远忠诚于你的朋友
哈里特·比彻·斯陀

1861年2月18日，安多弗

亲爱的博士：

昨天，我在报纸上看到一些人对你的作品进行不公正与愚蠢的攻击感到非常气愤。斯陀已经就此写了一篇谴责文章，我希望这篇文章能够登报。斯陀与你的父亲是好朋友，因此他认为对你的这些攻击都是毫无根据的且绝对不恰当的。

但是，我亲爱的朋友，虽然我们对这些愚蠢无知的攻击感到震惊、惊讶或是不满，但是我们必须要考虑到其他人的不同本性。无论是男人还是女人，都有可能在自身毫无察觉的情况下伤害到我们。他们之所以会做出这样的行为，就是因为他们自身的无知所导致的。正如考珀曾经有趣地说：“哦，为什么农民那么粗鲁，而牧师却又那么的友善呢？一蹬腿，马匹可能会走路，也可能会扼杀一种神性的声音。”

一旦我们对别人贴上了标签，那么别人就仿佛变成了一把锤子、锯子或是其他的东西。如果我们刚好遇到那些与我们品格不一样的，那么我们就可能会感觉自己受到了伤害，就会忍不住对这些人抱有恶意。但是，在很多时候，这些都是虔诚且本意良好的大槌、楔子、锤子、锯子或是其他有用的东西——只是它们不小心碰到了我们的手指而已。当然，要是你将别人当成大槌，那么你只能看到他们大槌的一面。

我也曾碰到这样的棘手问题，对于一个女性来说，要想解决这个问题则更为困难，因为我无法对此进行任何回应。因此，当我给拜伦女士写信的时候，内心的想法就跟你现在面对这样不公正的攻击时的愤怒一样。但是，拜伦女士在回信里对我说："我亲爱的朋友，别人的流言蜚语杀不死我，否则我早就坟头长满青草了。"

这个世界上还是存在着许多真正的宗教与善意的。很多时候，如果一些冒犯我们的人真的知道自己到底做了些什么的话，那么他们也会感到非常后悔的。

如果我是你的话，我会对这样的攻击保持缄默。毕竟，沉默是金嘛。

我必须要对你的作品《艾丽莎·文纳》一文表达自己的敬意。你的这篇文章非常大气且文笔优美，让我对文中主人公的品格有了一个完整的认知。现在，我对自己读完了你这篇文章感到非常满意。这是一种艺术性的创造，而且是充满了原创与美感精神的创作。

我永远都是你真诚的朋友

哈里特·比彻·斯陀

第十六章
南北战争

1860—1865年

斯陀夫人从欧洲返回美国没多久，美国的国内形势已经变得非常明朗了，即这个国家将不可避免陷入一场可怕的内战。用斯陀夫人的话来说，就是“这个国家的南方与北方都受够了南方奴隶制所带来的巨大压迫，让所有奴隶创造出来的不义之财，让所有通过掠夺方式得到的财富，都要通过战争的形式得到偿还。也许，这是上帝的旨意。悲惨的奴隶的呼喊在过去几十年里一直被我们充耳不闻，现在只能让北方自由州那些最优秀年轻人的血肉来进行回应。那些奴隶母亲的泪水长年都没有人去关注，现在应该做一次最后的清算。拉结(《圣经》旧约里雅各布的妻子)为他们的孩子哭泣，拒绝得到任何的安慰。北方的自由州再也无法容忍南方奴隶主对奴隶进行的长期野蛮残忍行为，无法容忍这些奴隶主对他们的同胞如此的狂暴虐待与冷血的行为。北方的自由州认为这个国家的这一大罪恶必须要彻底铲除”。

斯陀夫人是从个人的经历说出这番话的，她的儿子就首先响应林肯总统发布的招募民兵的征兵令，成了志愿兵。他是第一个将自己的名字写在马萨诸塞州志愿兵A连队上的人之一。当时，他的连队驻扎在剑桥地区，斯陀夫人因为当时有重要的事务要前往布鲁克林。在一封时间标明为1861年6月11日写给丈夫的信件里，斯陀夫人这样写道：

> 昨天中午，亨利(沃德·比彻)过来了，说联邦军队与马萨诸塞州第一军团的士兵已经登船出发了。一听到这个消息，我当然想要急切地赶到泽西城去看我的弗雷德。弟妹尤尼斯说想要与我一起去。几分钟之后，她、海蒂、山姆·斯科维尔与我就一起坐上了马车，出发前往富尔顿渡口。在抵达泽西城之后，我们发现那些志愿兵都在一个火车站里吃饭。这是一栋有着许多条轨道与站台的宽敞建筑。在火车站

的屋顶下面有一幅用铸铁做成的画，这幅画显然是预知了今天爆发的这场战争。那里有很多人都靠在一道锁紧的栅栏门上。透过这扇栅栏门，我们可以看到里面有很多士兵。我们费了很多努力，最后才获得允许进入里面。

当我们走进里面的时候，看到很多地方都摆放着灰色的帽子与蓝色的外套，很多年轻的志愿兵正在吃饭，喝酒、抽烟、说话、唱歌以及大笑。A连队据说也在这里，或是在其他地方。至少S看到了弗雷德就在远处，于是我们就一起飞奔地朝着他跑过去。之后，我们也看到了一位穿着蓝色外套的男子，避开了背包与干粮袋形成的障碍，朝着我们这边走过来。

你可以猜到的，当弗雷德见到我们的时候，非常兴奋。我的第一个冲动就是在亲吻他之前，用手帕擦拭他的脸庞。他当时的斗志显得非常高昂，虽然他要背着沉重的蓝色外套与背包等行军物品。要是在之前，让他背这些沉重的物品半个小时，他肯定会无法忍受的。我将自己的手帕给了他，尤尼斯也将她的手帕给了弗雷德，尤尼斯这样做，完全也是出于一种母性的冲动。接着，我们就将橙子塞满了他的干粮袋。

我们与弗雷德在一起大约两个小时。在此期间，整个火车站里挤满了人，他们都在高兴地挥舞着手帕。我们不时听到军队在演奏着斗志激昂的音乐，士兵们也满心愉悦地跟着一起歌唱。当一些连队的士兵在歌唱的时候，其他的士兵则在进行训练，每个人的脸上都洋溢着笑容。军队提供给士兵们的饮食是丰富的，包括咖啡、柠檬与三明治等等。

在我们走出来的时候，认识了随军牧师卡德沃思牧师，他是一位英俊的人，有着一双黑色的眼睛与黑色的头发，背着一个白色的干粮袋。他佩带着一把宝剑，弗雷德在摸了这把宝剑之后，问道："这把宝剑是用来装饰，还是用来杀敌的呢？"

"等我看到你面临危险的时候，"牧师回答说，"你就会知道了。"

我对牧师说，我想他肯定为很多优秀的军官进行了祈祷，但我忍不住希望你能够为我的儿子祈祷。牧师回答说："斯陀夫人，你完全可以放心，我会为所有士兵们祈祷的。"

我们在大门口与弗雷德道别。弗雷德说他在周日晚上的波士顿大街感到非常孤独，因为每个人都在向别人道别。他似乎是这里唯一没有其他朋友的人，但是这次我前来见他，似乎弥补了这个遗憾。

我还看到了年轻的亨利。与弗雷德一样，他也发生了神奇的改变，他的脸上露出了庄重与忧虑的神色。因此，我们的孩子似乎在一天之内就成了真正的男子汉了。现在，我正在焦虑地阅读着晚报，希望看到这个连队已经顺利抵达华盛顿的消息。

在1862年11月，斯陀夫人受邀前往华盛顿，参加一个由数千名逃到这座城市的奴隶举办的感恩晚宴。斯陀夫人非常愉悦地接受了这次邀请，因为她的儿子所在的连队此时正驻扎在距离这座城市的不远处，因此她想要再次见到自己的儿子。此时，弗雷德·斯陀已经被擢升为了中尉，这是他在一场浴血奋战之后凭借着自身的勇敢与献身精神获得的。斯陀夫人这样谈论这次旅程：

想象一下一个小客厅燃烧的煤炭发出的明亮火焰，煤灯在中央桌子的上方发出光亮。海蒂、弗雷德与我坐在一起。弗雷德为自己能够再次见到母亲与妹妹感到非常高兴。昨天一整天，我们都是与弗雷德一起度过的。首先，我们获得允许，可以前去军营里；其次我们来到了连队上尉所在的堡垒；最后我们来到了陆军准将所驻扎的另一个堡垒。当时，我真的非常担心他们不会让弗雷德见我们。当弗雷德最后被允许，可以与我们一起乘坐马车离开军营48小时的时候，我们又是多么的高兴。"哦！"弗雷德用极为兴奋的口吻说，"这让过去一年半艰苦困难的战斗都完全值得了。"

我们努力想要赶上5点钟出发的火车前往劳雷尔，因为那是J连队的驻扎地。因为我们想在周日一天都待在一起，但我们却无法赶上这班火车，因此我们也只能接受这样的结果。我成功地让弗雷德住在我们隔壁的房间里，有一种感觉我的儿子终于再次回到家的感觉。弗雷德看上去精神状态非常好，身体变得很健壮，但还是像之前那样友善与充满感情。

我刚刚给陆军准将写了一封充满感情的信件，希望他能够允许弗雷德与我们一起度过一周时间。我还给布克汉姆将军写了一封信，希望能够将弗雷德调离步兵，因为步兵基本上都是进行一些警戒任务，但是骑兵则经常要参加各种战斗。

布克汉姆将军昨晚前来拜访我们。他认为这场战争肯定会持续很长时间的。他被委派过来，是要给麦克莱伦将军下达解除他军队指挥权的命令。在晚上12点的时候，他将这份命令带到了麦克莱伦将军的军营里。当时，伯恩赛德也在场。麦克莱伦将军表示这是他根本没有预想到的，但他很快就移交了指挥权。我说我认为当麦克莱伦将军多次无视总统的命令之后，就应该预计到这样的后果了。布克汉姆将军微笑着说，他认为麦克莱伦将军之前就经常无视总统的命令，因此他这次同样没有在意总统下达的命令。

亲爱的，我现在感到非常疲惫了，因此我必须要停笔了。

我永远都是爱着你的妻子

哈里特•比彻•斯陀

在内战最为黑暗与艰难的阶段，斯陀夫人给阿盖尔公爵夫人写了下面这样一封信：

1863年7月31日，安多弗

亲爱的朋友：

你寄来的那封充满友善精神的信件对我来说是一个巨大的安慰。你的这封信提醒了我一点——自从我上次给你亲爱的母亲写信到现在——已经整整过去一年时间了。我经常都在思念着你那位犹如上帝创造出来最美好的人。当我得知你的母亲依然还健在的时候，这让我感到非常欣慰。

很多优秀且高尚的人已经离开了我们，能够与他们成为朋友，对我来说真是一件非常欣慰的事情！你那位高尚的父亲、拜伦女士与布朗宁夫人——这些人所散发出来的精神依然是那么的完美，就像世界之光那样耀眼。我为你亲爱的母亲的眼睛问题感到遗憾。在很多悲伤、漫长且安静的时候，当我躺在床上，看着墙壁上挂着的图片时，我都会想到你。特别是当我在早晨起来的时候，内心充盈着苦难的情感时，我更是会想到你。我想到了那些具有高尚精神的人所经历的痛苦，但即便是如此高尚的人现在都慢慢地走进了黑暗的阴影当中。阿尔贝特王子是一位最优秀的骑士，可以说是我们这个时代的亚瑟王子，这位拥有着智慧与冷静头脑的人，正是我们这个时代所需要的人物。还有女王陛下！是的，我经常想到女王陛下，并且经常为她祈祷。但是，一个女人能够永远拥有这样的心灵，同时不会因为其他事情而削弱自己的信念吗？

在我的图画下面，我写下了这样的文字：“当耶稣基督为我们承受肉体的痛苦时，必然会让我们的心灵拥有这样的承受能力。”

今年真是非常漫长的一年啊，特别对我来说，简直是悲伤透顶的一年。但即便如此，我还是要感谢上帝，让我们在英国那里拥有一两位真心朋友，能够理解与支持我们在美国所进行的自由事业。

英国许多基督徒还有反奴隶制的人无法遵从内心的愿望，无法看到我们的战争是为自由的战争，这实在让我感到非常悲伤。这样的感觉就好比美国当年通过了《逃奴追缉法》一样，让我感到心碎。埃克塞特大厅里很多发表演说的人都在发表着一些谎话连篇的演说，还有其他与他们一样的人都在说谎。沙夫茨伯里爵士也是如此，好吧，让他走吧。他是一名托利党人，最后必然要顺从他所在阶层的利益。但是我看到你们的公爵在他的领地发表的演说，那实在是太让人感到欣慰了。如果他能够看到这些事情，如果他们能够认清楚这一切，为什么那些在埃克塞特大厅里发表演说的人不能够看到呢？这只是因为那些人缺乏一颗诚实的心灵而已。

为什么他们不对南方士兵做出的种种可怕的暴行进行任何谴责呢？为什么英国国会不对新奥尔良的贫穷女性表达同情心，为什么他们要对那些勇敢作战的北方士兵进行诋毁，并且还做出了一些在其他社会都无法容忍的不正当行为呢？为什么所有人都在表达对南方奴隶制的同情心呢？布特勒在新奥尔良保卫了许多妇女免受南方野蛮士兵的侵害，直到这一天，他依然被很多新奥尔良妇女称为英雄，但是很多英国的报纸却始终没有对此进行报道。你能够感受到我内心的苦涩，我对此真的感到非常痛苦。你也许会对我的弟弟感到好奇。他是一位真正的男人，他的感受要比我本人强烈一千倍，他所表达出来的情感要比我更加深刻。因此，你不要对我的弟弟所持的立场有任何的怀疑。请记住，这是一个看谁能够坚持到最后的关键时刻。这是我们所面临的痛苦，我们必须要独自经受这样的痛苦。那些多年来用廉价话语来诋毁我们的人，已经将我们逼到了绝境。我要感谢上帝，我始终热爱与相信那些始终坚持立场与原则的人——包括你的家人、你的公爵、你本人以及你那位高尚的母亲！我已经失去了拜伦女士，她内心友善的心灵，她那些流畅的书信，都给我带来许多欢乐。至于布朗宁夫人，她是一位具有强烈英雄主义情感的女性！她所创作的诗歌根本不能真正表达出她的真实品格——她是一个那么强大、自信与具有力量的人，并且还有着深刻的洞察力。她在意大利度过了许多的危机。她的内心就是要与全世界为善。你在信中预言我们的国家会变得更好、更加真实与强大，我相信这肯定会变成现实的，因为这符合你的品格以及你们高贵的血统。

奴隶制将会在这场残酷的战争中被彻底摧毁。我们目前就是处在一种驱除这种妖魔的关键时刻。奴隶制这个癌症的根源到处扩散了，但最后必然会被连根拔起的。联邦政府出台的《没收法案》就代表着奴隶制最后必然会被摧毁。林肯总统在这方面的动作是比较迟缓的。他应该更早出台这样的法案，但无论怎么说，这样的法案最后还是在国会得到了通过。你的母亲肯定能够在有生之年看到美国的奴隶制遭到废除，除非英国与南方奴隶制联合起来对抗联邦政府。今天，英国已经成了南方奴隶制所能够依靠的重要力量，再加上北方现在担心可能会引发英国方面的不满，导致各种军事行动都显得错漏百出。这些事情必须要完成，以快刀斩乱麻的方式结束这些问题是最大的仁慈。我们国家目前的确是处于一种黑暗时刻，但是无论上帝是否与我们同在，我知道上帝肯定是与奴隶们同在的。在上帝的救赎下，我们必然会最终解决这个问题的。我很早就知道这个问题必须要得到解决，因为当我创作《汤姆叔叔的小屋》一书时，我就收到了许多人寄来的信件，他们在信中说存在着奴隶制的国家是不可以想象的。因为奴隶制的存在，会让人变得堕落腐败，会让奴隶主将奴隶的头皮做成酒杯，女士们则用奴隶的骨头做成的宝石浮雕。如果我在当时创作这本书的时候就将这些内容写进去，那么整个社会的人都会扔掉我这本书，说我的作品是无稽之谈。因此，正是为了他们的利益，为了南方同胞们的利益，我们必须要取得最后的胜利。我对南方同胞没有任何敌意，对他们也没有任何不好的情感，他们只是在过去一直接受着达荷美共和国的教育，才让他们最终变成了野蛮人。我们并不期望他们能够做出什么改变，但是如果奴隶制遭到摧毁的话，那么只需要一代人的教育与自由的实践，那么必然能够消除这些污点。南方的同胞们也会对此感到高兴，之前那些奴隶州也会为这样的噩梦最终结束感到开心。

我想自己的笔能够在这个过程中发挥一些作用。请将我最亲切的问候转交给你亲爱的母亲。我也准备给她写信了。如果我能够将自己经常想到的事情写下来就好了！我准备戴上她之前送给我的手链，并在上面写上哥伦比亚特区废除奴隶制的时间。请将我的问候传递给公爵与你亲爱的孩子们。我的丈夫与女儿也将他们最真挚的问候传递给你们。

永远忠诚于你的

哈里特·比彻·斯陀

在这年迟些时候，我们再次得知斯陀夫人的儿子弗雷德在军队里的消息。这一次是随军牧师在葛底斯堡可怕的战场上寄来的信件。随军牧师在信件里写道：

7月11日，宾夕法尼亚州葛底斯堡

亲爱的女士：

在这片被战火蹂躏的可怕战场上，成千上万的士兵负伤或是光荣牺牲了。我刚刚看到了你的儿子斯陀上尉。如果你之前一直没有收到关于他的消息，那么我的这封信可能会让你感到高兴，因为他已经回到了那些友善的朋友身旁。他被一颗炮弹的碎片击中，碎片进入了他右边的耳朵。他现在的情绪非常平静，希望能够见到自己的家人。当然，他也知道家里人肯定会焦急地等待着他的消息。我向他保证，我会立即给他的家人写信的。虽然这一周来我已经见证了太多可怕的事情，但为了让一个内心焦急的母亲能够放心，即便我草草地写完这封信，也能够给你的心灵带来莫大的安慰。

愿上帝保佑你，帮助你渡过这段艰难的时期。

J.M.克罗威尔

弗雷德的头部受的不是致命伤。在忍受了几个月的痛苦煎熬之后，他最后也算勉强恢复了健康。但是，耳朵里面那块可怕的钢铁距离他的大脑太近了，因此他再也不是之前那个充满活力与自信的年轻人了。在战争结束后，斯陀夫人在佛罗里达州购买了一个农场，就是希望室外生活能够有助于她那位受伤的儿子恢复健康。弗雷德在这个农场生活了几年时间，之后他认为航海旅行应该会有助于他的健康。于是他绕着墨西哥湾角从纽约来到了旧金山，之后他又从旧金山不知航行到了哪个城市。关于弗雷德就再也没有了之后的消息了。之后关于他的任何消息都没有传到焦急等待着他回来的家里人那里。关于弗雷德最后的死活，也没有人知道。

对于斯陀夫人来说，1863年真可谓是多事之秋。首先，斯陀教授多年来与安多弗这个地区的感情就要告一段落了，整个家庭都将准备搬到康涅狄格州的哈特福德。他们准备在斯陀夫人曾在帕克河岸边的一座房子里居住。这座房子建在橡树园里面，这是斯陀夫人在少女时代最喜欢游玩的一个地方。在这里，她与她的朋友乔治亚娜•梅一起玩耍，她们一起度过了许多快乐的时光。因此，当她想要建造一座房子的时候，她就希望能在这个地方建立一座房子。因此，这座房子是在1863年建立起来的，地点就在这座城市的郊区位置，这里有着一大片美丽的果园，是一个特别适合居住的地方。虽然这个地方非常美丽，但是他们一家之前在这里只是居住了几年时间而已。因此，随着这座城市的工业化不断发展，很多工厂都建立在附近的地方。为了避免工业化的侵袭，斯陀夫人在1873年搬到了弗雷斯特大街，在那里购置了一座房子，之后这就变成了他们在北面的家。因此，斯陀夫人之前曾想要建造房子的地方已经被划归为工厂用地了，现在只有几户人家居住在那里。

1863年发生的另一件重要的事，就是斯陀夫人出版了有关意大利的一个充满魅力的故事，书名是《索伦托的艾格尼丝》，她在四年前就开始构思这本书了。当斯陀夫人1859年至1860年在欧洲大陆的时候，就开始有这样的想法了。促使斯陀夫人创作这本书的真实事情是：一天晚上，在佛罗伦萨的一间酒店里，一群人认为他们应该各自写一些短篇小说，然后朗读出来给大家听，用来消遣时间。斯陀夫人当时也加入了这场的比赛当中。她写的短篇故事就是《索伦托的艾格尼丝》一书的雏形内容。从这之后，斯陀夫人就慢慢构思这本书的轮廓与情节。她将这本书献给当时也参加这个聚会的安妮•霍华德。

对于斯陀夫人来说，这一年最为重要的一件事，就是发表在《大西洋月刊》上对英国女性来信的回复。

1863年1月给“大不列颠、爱尔兰以及
美国成千上万的女性同胞的一封信”

（签名）安娜·玛利亚·贝德福德（贝德福德公爵夫人）
奥利维尔·赛利亚·考利（考利伯爵夫人）
哈里特·萨瑟兰（格罗夫纳伯爵夫人）
伊丽莎白·阿盖尔（萨瑟兰公爵夫人）
伊丽莎白·福特斯库尔（福特斯库尔公爵夫人）
艾米丽·沙夫茨伯里（沙夫茨伯里公爵夫人）
玛丽·卢斯文（卢斯文男爵夫人）
M.A.米尔曼（圣保罗执事长的妻子）
R.布克斯顿（托马斯·福维尔·布克斯顿爵士的女儿）
卡洛琳·艾美利亚·欧文（欧文教授的妻子）
查尔斯·温德汉姆夫人
C.A.哈瑟顿（哈瑟顿男爵夫人）
伊丽莎白·迪西（迪西爵士的遗孀）
赛利亚·帕克（帕克男爵夫人）
玛丽·安·查理斯（伦敦市长阁下的妻子）
E.戈登（戈登爵士的遗孀）
安娜·M.L.梅尔韦利（勒文与梅尔韦利伯爵夫妇的女儿）
乔治亚娜·埃布林顿（埃布林顿夫人）
A.希尔（希尔子爵夫人）
戈巴特夫人（耶路撒冷的戈巴特大主教的妻子）
E.帕尔默斯顿（帕尔默斯顿子爵夫人）
（还有其他人）

姐妹们：

八年前，你们联名对美国发表了一封信，这封信如下：

因为我们都有着共同的民族根源、共同的信念，因此我们相信为了追求一个共同的事业，我们必须要联合起来对奴隶制依然在美国大陆如此广泛地存在表达了强烈的忧虑。即便这些奴隶在最为友善的奴隶主的治理下，都必然会带来最为可怕的结果。这样的情况在西部地区的广大地方都普遍存在。

“我们不会谈论一般性的问题——在人类的文明不断进步的情况下，在人类自由在世界各个角落都得到了保障的情况下，自由与人性的尊严应该是19世纪的一个必然的要求。但是，我们恳请你们对奴隶制的问题进行认真严肃的思考，希望你们能够寻求上帝的意见，到底奴隶制这种制度的存在是否符合上帝的旨意，这是否违背了永恒灵魂所具有的那种不可分割的权力，是否违背了基督教所宣扬的纯粹与仁慈的精神呢？我们绝不能对面对的困难闭上眼睛，或是对面对的危险视而不见，而应该想办法通过废除这种长久以来建立起来违反人性的制度。我们看到了这一切，认为有必要为解决这个问题做好准备。但是，谈论必不可少的初期准备时，我们绝对不能对你们国家存在的这些法律保持沉默，因为这些法律直接违背了上帝的法律。因为只有上帝的法律才是在“人类思想纯净的时候制定出来的”。但是，现在南方蓄奴州所制定的法律却否定了奴隶拥有结婚的权利，否定他们有过上幸福生活，享受各种权利以及义务的权利。每个奴隶主都可以按照自身的意愿，随时将奴隶的丈夫与妻子进行分离，让这些父母再也见不到他们的孩子。我们不能对奴隶制这种可怕的制度视而不见，我们也不能对南方蓄奴州所执行的各种违背人性的法律或是制度视而不见，因为这些法律违背了基本的人类存在法则，违背了最基本的家庭观念，违背了每一个基督徒应该遵守的教义。解决这两个邪恶问题的一种方法，只能通过改善奴隶们所处的悲惨状态。因此，我们希望能够向你们发出呼吁，作为你们的姐妹、妻子与母亲，希望你们能够向你们的同胞发出自己的声音，向上帝做出你们的祈祷，希望能够让奴隶制的这种耻辱永远从基督教的世界里消失。

“我们绝对不是以志得意满的精神去这样说的，虽然我们的国家现在并不存在这样的问题。

“我们必须要知道，正是我们的祖辈将这些非洲的黑人带到了当时的殖民地。我们必须要在全能全知的上帝面前保持谦卑。正是因为我们认为我国对这种邪恶制度的存在负有责任，因此我们才发自内心地恳求你们，能够站起来，表达自己的声音，为消除我们共同的罪恶与共同的耻辱做出一份努力。

这份声明写在牛皮纸上，寄到了我们的国家里，里面还有超过50万英国妇女的签名。一位英国的绅士将这封信的副本寄给我，现在这位绅士在英国身居高位了。他曾对我说，这份声明代表了英国女性的期望，希望能够引起我国女性同胞们的注意。

这份具有纪念意义的文稿现在就收藏在坚固的橡木箱子里，里面装着的对开本上每一页的后背都印有美国的老鹰标志，形成了最为独特的一个收藏品，也表现了国际社会在道德问题上所做出的独特的态度。这份声明是有合情合理的、公正且充满善意的，完全是基于所有基督徒平等的原则去写的。可以说，这份声明完全能够将当时的一种正确的情感表达出来，将英美两国之间的血统关系以及对平等自由的基本的人性原则的共同追求都展现出来了。这份声明的签名则是最为重要的部分，因为从最高的女王陛下到过着卑微生活的普通女性，她们都在这份声明上进行了签名。可以说，这代表了英国的民意，这种民意不是那些地位最高或是最具智慧阶层的民意，还包括那些具有常识与友善情感的普通民众的民意。英国很多内阁成员的妻子的名字也与那些普通劳动工人的妻子的名字出现在同一页上——其中包括公爵夫人、男爵夫人、将军的妻子、大使的妻子、女仆人还有很多作家，这些人虽然来自不同的社会阶层，其中一些人可能都不喜欢拿起笔来写字，但是她们为了这个共同的事业而走在了一起。可以说，这份声明充分表现了英国这个国家对我国奴隶制所表现出来的态度。在这些签名当中，还有来自包括巴黎与耶路撒冷地区的女性的签名。签下这些名字的人可能住在世界的各个角落，而且这些名字都是从不同的渠道收集过来的，但是这些人不论地位高低，不论处在什么阶层，都可以并列地排在一起。美国民众沉默地看着这一切，想要知道影响英国以及世界其他地区民众的情感在慢慢地释放出来，而且这些国家甚至顶着冒犯美国这个强大国家的压力去这样做。

对这样的一份声明进行回复，无论是以有形或是重要的形式进行回复，都是非常有必要的。但是，我们根本不可能在我国辽阔的疆域里进行这样的调查，我们不可能像英国人那样在全国各地那样征集签名。在美国，那些拥有强烈废奴主义情感的人正忙着做出积极的努力，根本没有时间去这样做。他们所有的时间与精力都投入直接的废奴主义运动当中。至于英国的姐妹们表现出来的强烈废奴情感，这些人做出的唯一回答就是继续自己之前的工作，默默地去为废奴运动做出自己的贡献。

但是，我们完全可以预料得到，南方蓄奴州做出了强烈的谴责与指责。也许，之前没有任何一个举动能够激起南方蓄奴州做出如此毫不留情的言语指责。他们表示，这是英国的贵族与平民对我们国民生活的一次严重挑衅，想要挑起南北双方的对峙与矛盾，希望美国爆发内战。

不过，在美国的废奴运动历史里，这样的时刻终于到来了。我们国家的女性终于被唤醒了，她们感受到了英国的姐妹们发出的呼吁，因此她们很自然地认为应该对此进行回复。美国的女性同胞们开始意识到，废除奴隶制是作为一个虔诚基督徒的必要责任与基本义务。

在南北双方就奴隶制是否存在道德冲突的争论达到最尖锐的时候，你们的这份声明寄到了美国。美国的废奴主义运动、英国以及欧洲各国表现的强烈的废奴愿望，已经让南方蓄奴州对此难以容忍。正如其中一位奴隶主曾经说的，他们感觉自己仿佛被隔离在文明世界之外。他们眼前只有两条路可以走，其中一条路就是彻底放弃奴隶制，放弃这一条让他们积累财富与政治权利的基础。另一条路就是违背联邦政府的意愿，选择用武力对抗政府来促使其他国家进行认同。他们最后选择了后面这条道路。

为了实现这个目标，他们下定决心要控制与掠夺联邦政府的各种资源，想要将奴隶制拓展到新加入美国的州，扩大奴隶制的势力范围，他们甚至还想让奴隶制蔓延到自由州。

南方一位重要的参议员曾经吹嘘，他会在邦克山宣读奴隶的名单。在一段时间里，奴隶主的代理人在政治领域里取得了一定的成功，甚至让新英格兰地区都有可能变成蓄奴州。

南方的奴隶主违背了密苏里妥协协议，这份妥协协议就像中国的长城，将西北边界的自由州与南方野蛮的蓄奴州分割开来。

接着，就是在新加入美国的州是要成为自由州还是蓄奴州的争斗。堪萨斯州与内布拉斯加州爆发的冲突最后演变成了武装斗争。著名的黑人约翰·布朗就是这场斗争的杰出人物，他凭借着自身的勇气、坚忍与对苏格兰长老会誓约的强烈忠诚，宁愿为了自由付出血肉的代价，因为他们认为自由要比生命更加重要。

接下来的总统选举也是极为关键的时刻。最后，林肯当选为美国总统，让这场南北双方的矛盾激化到了顶点。冲突的范围已经从局限在奴隶州是否应该蔓延下去。如果奴隶州控制了足够多的州，那么他们就能控制国会，进而通过他们想要的法律。如果奴隶州所控制的人数超过了自由州，那么他们所坚持的奴隶制就会变成整个国家的制度，那么整个美国就会最终窒息而死。因此，在这个关键时刻，在哥伦比亚特区、州际奴隶贸易以及所有在自由州实行的关于奴隶的法律全部都被废除了。林肯之所以能够当选为总统，就是因为他只是承诺一定要反对奴隶制势力范围的延伸——林肯总统曾经支持过《逃奴追缉法》以及其他就此问题向南方蓄奴州妥协的法律，但他在控制奴隶制势力范围这个问题上却是非常坚定的。这可以从总统大选的结果中看得出来。当林肯当选为总统成为事实的时候，南方的奴隶主就下定决心要摧毁他们再也无法控制的联邦政府了。

他们组建了一个所谓的南方同盟国，他们公开宣称，这个共和国是以白人奴役黑人为基础的，并且不断地传播他们的旗帜，宣称他们要在19世纪建立一个真正意义上的基督教国家，并且让这个国家永远存在奴隶制。

但在接下来的斗争过程中，南方同盟国发现取得外国势力的支持是非常重要的。因此，他们在舆论宣传方面投入了巨大的金钱，用来混淆与欺骗英国民众的想法，让他们对美国爆发冲突的真正原因视而不见。

我们经常会怀着认真严肃的态度说，奴隶制与这场冲突是没有任何关系的，这只是一场关乎权力的斗争而已。南方蓄奴州对这场冲突的唯一目标，就是要恢复之前那种状态的联邦政府，让它们可以继续维持奴隶制的存在。我们必须要承认，联邦政府在这方面的行为很自然会引起许多外国人的误解，因此他们希望能够以更为翔实的方式与你们谈论这个问题。

首先，南方同盟国发表的宣言就是最好的证据。无论它们对联邦政府表达了怎样的措辞，它们都承认继续维持奴隶制是它们发动这次战争的一个关键目标。

我们恳求你们能够将注意力集中在它们选出的所谓副总统史蒂文斯身上，他在1861年3月21日于乔治亚州萨凡纳地区发表的一篇臭名昭著的演说里就说明了这个全新的南方同盟国的建国目标以及最后要达到的结果。这是我们这个世纪所出版的一份最臭名昭著的演说。我一字不差地引述《萨凡纳共和报》上对这篇演说的报道，还要将这份报纸的一些描述性报道引述下来："史蒂文斯先生在一片狂热人群的欢呼下坐了下来，仿佛雅典娜大厅从来都没有见过这样一位'最年长的演说者'。"

最后，南方同盟国通过的新宪法明确地表示，要将奴隶制维持到永远——这是我们所不能容忍的，因为在我们所认知的文明世界里，是根本没有奴隶制存在的空间的。这是引发随后的冲突以及当前战争的一个直接原因。杰斐逊当年就曾睿智地对奴隶制做出过评论："我们的联邦政府建立在一盘随时都可能吹散的流沙之上。"杰斐逊说得没错。他当年的这个预言现在已经变成了确凿的事实。但是，至于他是否能够明白真理基础之上的岩石必然会取得胜利，则是存在疑问的。

在起草美国宪法的时候，杰斐逊与其他重要的政治家都认为，对非洲黑人的奴役违背了自然的法则，这在社会、道德与政治的原则上都是错误的。

在去年，共和党执行的联邦政府通过不同寻常的陆军与海军的演习，包括进行大规模的军事演习，想要表明单纯通过宪法赋予的手段去解决奴隶制。为了实现这个目标，他们制定了一系列的措施，让今年的废奴运动变成了英国解放西印度群岛上的奴隶之后最有成就的一年。哥伦比亚特区一直以来都是属于联邦政府的领地，而不属于任何其他一个州，此时与英国一样，都变成了没有了奴隶的地区。我们在哥伦比亚特区废除了奴隶制，在这片土地上废除了一个重要的污点。

另一个在原则层面上极为重要的法案，其取得的结果要更加重要，最终让奴隶制从美国这片大陆彻底消失。

美国国会通过了一个法案，与英国就停止奴隶交易问题达成了协议。之前，很多运送奴隶的船只都在海关官员的默许下处罚了。现在，联邦政府派驻了许多具有责任心的人前去那里进行监督，每当发现任何从事奴隶贸易的人，就要像俘获海盗那样实行绞刑。在联邦政府的努力下，这种臭名昭著的奴隶贸易在美国地区消失了。

最后也是最为重要的一点，那就是美国政府的总统始终保持着鲜明的废奴立场，向国会提交了一份通过和平方式解放奴隶的法案，通过对奴隶主恰当的赔偿来完成。这一充满高尚精神与慷慨的提议是蓄奴州提出来的，总统也曾对此进行过认真的考虑。但是，这只是今年在废奴运动过程中取得的部分胜利而已。我们已经向你们展示了通过运用联邦军队的方式，就能为自由事业做出很大的贡献。我们现在要向你们展示联邦政府通过武力的方式去实现解放黑奴的目标。

今年，联邦政府宣布，每一名反抗南方同盟国的奴隶只要抵达了政府军的前线阵地，就马上变成了自由人，所有没有了主人的奴隶都马上变成自由人。美国的每一位奴隶都将立即获得自由人的身份。每一位帮助联邦军队对抗南方同盟国军队的奴隶马上变成自由人。为了防止联邦军队将这些奴隶遣返到他们之前的奴隶主，联邦政府规定这些奴隶的命运不能由军队指挥官决定，任何违反这项规定的人都要遭受刑事惩罚。

通过这样的法案，《逃奴追缉法》实际上已经被彻底废除了。在这样的法律规定下，每当我们的军队抵达那个地方，都会给当地的奴隶带来自由。我们必须要记住，我们的这些军队都是由志愿兵组成的，他们都是多年来为了废除奴隶制而做出不懈努力的狂热废奴主义者，因此他们在战斗过程中是非常勇敢的。我们的士兵在这方面的表现是如此突出，因此他们都在南方同盟国内部的电报里被称为“废奴主义者”。想象一下，当这支强大的联邦军队抵达奴隶州的时候，会是怎样的一种情景。在去年，一个连队的士兵就足以解救两千名奴隶，但是我们现在拥有上百个这样的连队。

最后，这场战争过程中最重要的一个措施出现了，就是林肯总统签署了《解放黑奴宣言》。

在英国，这份宣言也遭到了诸多的误解与错误的解读。一些人说，这份宣言的主要目的是：只要你们忠诚于联邦政府，那么你们就可以继续保有之前的奴隶，要是你们反抗联邦政府的话，那么你们手中的奴隶就自由了。但是，让我们记住一点，联邦政府这样做正是南方叛乱各州最为害怕的。对于一个在哥伦比亚特区废除了奴隶制，禁止在美国进行奴隶贸易的联邦政府来说，任何进行奴隶贸易的人都会像海盗那样被绞死，因此就需要通过解放黑奴来否认奴隶制的扩张，或是通过一定的赔偿金来让黑奴获得自由。任何想要重新加入联邦政府的蓄奴州都必须做到和平解放黑奴，才有机会加入联邦政府。事实上，林肯总统发布的《解放黑奴宣言》只是意味着：放弃抵抗，以和平的方式释放黑奴，你们会得到一定的补偿金。要是你们选择叛乱，我会解放所有黑奴，到时候我也不会保证你们会遭遇到什么后果。

难道我们在英国的姐妹们从这件事感受不到任何兴奋的心跳吗？在以后的历史里，难道有人不会说："在这个天底下，奴隶制终于被废除了，这个世界的所有王国都变成了上帝与耶稣基督的王国了！"

英国的姐妹们，在这个庄严且让人充满期待的时刻，让我们跟你说说一件曾让我们的内心充满了痛苦与焦虑的事情吧。这是一个无法解释的事实，我们恳求你们能够对此进行认真的思考，那就是现在努力传播自由的一方在过去一年里在英国却始终没有什么有力的支持者。更让人感到悲伤的是，负隅顽抗地维持奴隶制的南方却在英国找到了许多最强有力的支持者。

支持我们这些寻求自由事业的声音实在是太少与零散了。希望上帝不要让我们忘记那些敢于发声的高尚之人，因为他们在你们国家一片谴责我们的声音中依然敢于坚持人性的良知。这些人实在太少了，因此我们绝对不会忘记他们的。错误的报道让你们国家的许多人都被蒙蔽了双眼，让英国许多原本最为善良的人现在都反过来对抗我们。你们认为，北方各州想要争取控制联邦政府，而南方各州则是要寻求独立。南方各州真的要寻求独立吗？他们为什么要寻求独立？独立之后干什么？他们所谓的寻求独立，就是为了证明人生而不平等吗？就是为了创立白人可以永远奴役黑人的制度吗？

在我们这场斗争开始之初，从英国传来我国的声音是："如果我们能够确定你们正在为废奴事业进行斗争的话，我们是绝对不能在你们为此奋斗的时候袖手旁观的。"正如我们所知道的，说出这些话的人正是那些给我们寄来联名签署的信件的高尚之人，我们也对此进行了回应。

当你们的这些声音传到我们的国家时，我们说："我们可以等待。我们在英国的那些朋友很快就会发现这场冲突的走向了。"现在，一年半的时间已经过去了，我们正在一步步地迈向自由，套在奴隶身上的枷锁正在慢慢地被打破，直到一大群兴高采烈获得解放的奴隶围绕在我们的政府军面前，用力地拥抱着他们，为他们的到来而感到无比兴奋。可以说，最终解放的日子即将到来。很多边境州也开始着手释放奴隶了。在美国境内实现全面的黑奴解放，这就像远处天边的太阳慢慢从地平线上升起来的曙光那样不可阻挡。但在这个时刻，我们却竟然听不到英国那边传来任何赞美或是支持的声音。一点赞美与支持的声音都没有吗？是的，我们听到的是在公海上出现的英国战斗蒸汽船，这些都是英国政府专门为十恶不赦的南方同盟国建造的。这些战斗蒸汽船是英国政府用黄金，在英国的港口建造的，并且是由英国的水手负责操控的。他们的这些行为都是得到了英国政府官员的默认，他们竟然公然违背女王陛下宣布的中立宣言！到目前为止，我们看不到英国民众对美国民众这场追求自由的事业任何支持。我们看到的是英国那些用钢铁铸成的战船在公海上巡弋，为南方同盟国撑腰打气。我们看到当法国圣公会联盟要求英国圣公会联盟表达对联邦政府的支持时，英国圣公会联盟拒绝这样做。我们在英国的许多宗教报纸上看到了许多让人感到悲伤的报道，这些报道竟然为南方各州的奴隶制与奴隶主进行辩护，对他们的所作所为表达强烈的同情。但即便是在我们的国家，新闻报纸都一致谴责南方蓄奴州的种种行为。我们发现林肯总统发布的《解放黑奴宣言》被英国的这些报纸说成是煽动奴隶起义的做法。我的天呀！我们还在你们的报纸上发现，很多具有思想的人也开始拒绝支持美国的废奴运动。

此时，在我们国家的首都，正举行着一场庄重的宗教节日仪式，很多从南方各州逃出来的奴隶都跑到我们的军队前线，希望能够寻求保护。在联邦政府的旗帜下，这些逃出来的奴隶能够获得怜悯与救援。1 000名获得自由的奴隶聚在一起欢度了感恩节，他们能够从耶稣基督的仁慈中获得救赎，能够从坚定的宗教信仰中感受到精神的满足。我们在英国的姐妹们，我们希望你们能够亲眼看到这样的场景。我们希望你们能够聆听一下那位双目失明的年老黑奴所做出的祈祷，他将自己的同胞称为受洗者约翰。他用不标准的英文表达了自己的感恩之情。我们希望你们能够听到这些获得自由的黑人愉快地歌唱有节奏的圣歌，而这是他们之前在南方种植园里所不能做的——这是一曲关于当代的“出埃及记”的美妙赞歌——这将《马赛曲》的雄壮激情与古老的希伯来预言家的狂热宗教信仰完美地融合起来了：

哦，摩西，沿着道路
走出埃及的领地吧！
告诉埃及的法老

让我的人民离开吧！
我们要离开这里！
我们要离开这里！
让我的人民离开这里！

当我们即将离开的时候，一位年老的女人走上前，抬起头用充满祝福的口吻说：“感谢上帝，最终让我感受到了人生中最为幸福的一天！感谢上帝！”难道在整个英国，都没有人在说“阿门”了吗？

我们对于英国公理教会提出的问题感到震惊与难过，因为这个教会的成员都是那些热爱自由的清教徒。他们提出的问题是：“为什么北方就不能任由南方独立呢？”

什么？任由南方独立？放弃解放这400万的黑奴？让我们重新转过身，对这些黑奴的悲惨遭遇视而不见，让这些黑奴自生自灭？什么？放任我们的白人兄弟继续干着压迫黑奴与抢劫的行为。如果我们真的相信上帝在天国中掌控着一切，你们会认为上帝对此不感到愤怒，不会让这样的状况最终结束吗？记住，盼望南方奴隶主的胜利，其实就等于盼望南方的所有男女永远都处于被上帝诅咒的状态，因为他们压迫黑奴的行为是上帝所不能容忍的。请记住我们所说的话！如果我们取得成功，那么现在那些正在与我们作战的人将会最终站起来，并且会对我们加以感恩。正如上帝始终控制着这个世界，正如国家的基础必须要建立在平等之上的。如果我们取得了成功，那么我们就能让这些走上歧途的同胞们的子女能够免于更多的罪恶，否则他们最终面临的也只有死路一条。

现在，英国的姐妹们，要是当我们在回信的时候，没有用痛苦的口吻对你们，而是用最为悲伤的口吻对你们说的时候，你们千万不要感到惊讶。英国的姐妹们，我们要对你们说，你们之前说得没错，我们听到与注意到了你们的话。我们一直为自由的事业不断地奋斗努力，直到最后的死亡。我们国家很多家庭的壁炉边都没有燃起火光，整个家园都荒芜了，但我们都在为自由的事业付出了最大的牺牲。我们的儿子、丈夫与兄弟的鲜血都流在了为自由事业奋斗的战场上。在我们的很多家庭里，一个家庭的希望之光永远地消失了，但是我们勇于接受这种漫长的黑暗局面，将这看成是我们为可怕的奴隶制进行赎罪的一种方式。通过这样的方式，我们绝对会消灭一切邪恶的制度，在正义的基础之上实现永久的和平。英国的姐妹们，你们为此做了些什么呢？你们想要去做什么呢？

我们是以姐妹们、妻子们与母亲们的身份向你们发出呼吁，让你们的声音被你们的同胞听到吧，通过你们的祈祷，希望上帝能够消除奴隶制所带来的痛苦，将基督教世界的这个毒瘤彻底铲除吧！

谨代表美国成千上万的女性
哈里特·比彻·斯陀
1862年11月27日，华盛顿

斯陀夫人这封回信在出版之后，收到了约翰·布莱特寄来的下面这封有趣的信件：

1863年3月9日，罗克代尔

亲爱的斯陀夫人：

收到你的来信，带给了我很多的快乐。你将《大西洋月刊》的副本寄给我，里面还有你寄给英国女性的信件内容，这实在是太好了。我怀着浓厚的兴趣认真阅读了你所写的每个字，我可以肯定，这封信在英国这边所产生的影响是明显且正面的。你的这封信让一些人感到了深深的羞愧，让很多人开始转变他们之前的立场，让不少人开始采取相应的行动。在你收到我的这封信之前，你可能会看到英国很多地方都出现了大规模的集会，专门是支持废奴运动与联邦政府的。可以说，每个城镇最大的大厅能够容纳那些想要前去聆听的人，很多人都纷纷表示要支持自由与联邦政府。你的那封回信所带来的效果是非常明显的，这样的影响包括了我们的报纸与国会对此讨论时候的口气。现在，已经没有人敢于表示支持南方同盟国了。

英国所要履行的责任就是保持坚定的中立，但是英国国内数百万民众的情感则是要对美国民众以及政府保持善意。当听到北方军队已经占领了维克斯堡以及大西洋沿岸的查尔斯顿，即将粉碎南方同盟国的阴谋时，英国的所有普通民众都感到高兴，可能少数一些贵族或是腐败的商人会对此感到不满。

我希望你们的人民拥有足够的力量与美德去赢得这场自由事业寄托给你们的重任。因为是我们考虑到南方的奴隶制要是长久存在的话，就必然会让北方出现堕落，这是非常可怕的。新英格兰现在的经济水平要远远高于其他州——在文化与道德层面上也是处于高点，但是我依然希望新英格兰地区能够坚定地维持自己的立场，熬过这次可怕的危险。

我还记得在罗马的时候，我们在某个晚上所进行的交流。你当时抱怨布坎南当选为总统的事实。你当时对他的评价很不好，事实证明你看人的眼光要超过我。事实证明，布坎南是一个比我想象中更加无能且更不诚实的人。我认为我当时说的即便弗雷蒙特当时顺利当选为总统的话，你所支持的政党没有足够的能力去执行相应的政策的话是正确的。在六年之后，北方各州也只是勉强支持联邦政府推行的政策，虽然现在发生的事情是你当时所无法想象的。林肯总统现在已经度过了他这个困难重重的任期的一半时间了。在剩下的一半任期里，我希望他能够看到光明的曙光。可以肯定的是，奴隶制肯定会摧毁得一干二净，任何力量都无法再次修复或是重振奴隶制了。一旦奴隶制彻底走进历史，我不知道联邦政府下面的其他州是否会处于分裂状态。

你真诚的朋友
约翰·布莱特

斯陀夫人的那封公开回信也收到了大主教惠特利的回信：

1863年1月，都柏林宫殿

亲爱的斯陀夫人：

在收到你的信件与小册子之后，我借这个机会说说我所了解的民众对发生在美国的事情的主流看法。当然，对发生在美国的事情，有很多人都有不同的看法，特别是像我们这样的国家，出现不同的看法是很正常的。一些人同情北方军队，一些人则同情南方，但是绝大多数人不是对南北双方都持不支持的立场，而是谴责每个政党都不应该为了解决奴隶制问题而选择这种造成人员与财产巨大伤亡的方式。

那些不支持北方的人其实也是反对奴隶制的，但这些人根本没有看到这场战争真是为了废除奴隶制而爆发的。他们说："这场战争显然是为了维持联邦政府的权威而发动的。"为了证明他们的这些观点，他们谈到了《解放黑奴宣言》里面提到的关于没收的奴隶属于分离主义者的财产的内容，而那些支持联邦政府的南方奴隶主则能够免于这样的没收惩罚。因此，这些人认为这场战争并不是真正为了废除奴隶制。他们认为，如果发动这场战争是为了其他目的——比如恢复联邦政府的统一——这个目标的话，那么这个目标是不可能实现的。这些人没有意识到这场战争是如何结束奴隶制的存在。相反，他们说："如果分离运动被允许以和平的方式实现，那么北方民众就可以像我们这样，宣布每个踏足自由州的奴隶都将会获得自由，这对于限制奴隶制的发展将会有巨大的意义，特别是对于任何残忍对待奴隶的人来说会有威慑力。"很多反感奴隶制的人却表示，南方各州至少有权利从联邦政府中分离出去，正如美国当年通过武装反抗脱离英国的统治一样。还有很多人认为，考虑到我们可能会因此而遭受到严重缺乏棉花的局面，我们应该展现出极大的克制，避免认可南方同盟国，不要急着去打破目前的封锁。

当然，也有一些人对美国报纸上持续地指责英国政府的行为感到不满，说美国要威胁英国当时的殖民地加拿大。

还有很多人认为，美国目前的局势不可能维持太长时间。他们认为，如果南方同盟国能够继续保持这样的势头，那么它们将会在接下来的两三年时间里保持独立的状态，到时候将会得到欧洲诸多列强的承认。这也是欧洲列强在面对相似局面的时候都会采取的外交态度，比如之前发生的英美战争与西班牙和美国的殖民地战争，或是海地与比利时人的战争，都是如此。在这些例子里，欧洲列强的一贯做法就是承认那些反抗者建立的国家，即便他们现在没有立即承认，也会在一个适合的时间里观察这些反抗者是否能够维持自身的独立，然后再做出相应的承认。在这些人看来，这都是比较公平的做法。

除此之外，还有很多人表示黑人或是有色人种在北方各州也没有得到友善或是公正的对待。这些人认为，一位重新获得自由的黑人并没有得到任何恰当的培训，从而可以让他们通过自身的劳动去获得面包。在很多情况下，他们都会被视为流放者，被排除在很多工作之外。很多白人都不愿意与黑人一起工作，因此这些黑人在来到北方之后也基本上没有得到庇护。

我跟你说了我对这个地区许多人所持的一些不同观点，我对这些人所持的观点不负责任。

为了以更为稳妥与有效的方式去解放黑奴，我本人认为没有比海因兹主教所推荐的渐进式解放黑奴的方法更加完善的了。他推荐对奴隶实行从价税——就是奴隶的价格由奴隶主来决定，然后政府以这个价格去进行购买。因此，奴隶就会成为奴隶主的一个沉重负担，而那些最能干的奴隶的价格就会越高，因此这些奴隶也就最有资格获得自由。因此，奴隶主就会想办法训练这些努力去成为自由的劳工，然后以渐进的方式去解放这些奴隶，而且整个过程避免了流血冲突。不过，我认为在美国尝试这样做的时机早已经过去了。

祝愿你新的一年健康快乐！

永远忠诚于你的

惠特利

在很多人就斯陀夫人发表在《大西洋月刊》杂志上的那封信的回信里，就有纳桑尼尔·霍桑寄来的一封信。他在信里这样说：

我怀着极大的兴趣阅读了你发表在上次《大西洋月刊》上的文章。如果说有什么会让英国人感到羞愧到脸红的话，我认为你的那篇文章就肯定会达到那样的效果。但很多英国人都是内心冷漠与充满罪恶精神的伪善之人。我始终认为他们对支持或是反对奴隶制根本毫不关心，只要这样的斗争能够给他们一个道德制高点，好让他们可以展现出他们的美德与嘲笑我们的邪恶就行了。

霍桑夫人与我本人祝愿你与你的家人一切安好！

纳桑尼尔·霍桑

第十七章
在曼达林生活的日子

1865—1869年

1866年，南北双方爆发的可怕战争终于结束了。斯陀夫人给阿盖尔公爵夫人写了下面一封信：

1866年2月19日，哈特福德

亲爱的朋友：

你的来信给我的内心带来了许多的安慰，让我想起了在因弗拉里那个有趣的图书馆所度过的美好时光。

看到你在信中谈到了你母亲现在的身体状况，我感到非常难过。我将你的来信拿给珀金斯女士看，我们都一致认为应该抽出时间给她找一个专门伺候她的佣人，你肯定也会有这样的想法吧。此时此刻，我真的很想来到她的身边，给她读书，与她说说话。哦，我们可以谈论很多有趣的事情，这必然能让她那颗高贵的心灵感到宽慰的。我的朋友，当我想起过去几年发生的事情以及现在发生的事情，就会陷入不可思议的震惊当中。最近一段时间，我都在阅读《汤姆叔叔的小屋》，但是现在的感觉与之前不一样了。我还记得，当我创作这本书的时候，我的内心似乎忍受着巨大的折磨，所有关于痛苦与恐怖的念头都会涌上心头。但是，现在这一切都结束了。现在，我们所讨论的问题是，是否要给予之前被当成商品任意买卖的奴隶以选举权——当这个问题结束之后，我认为任何个人的悲伤都再也无法给他们带来多少悲伤了。如果我对上帝的信念是真实的，相信上帝对正义公平的观点，那么我不会对此有任何的怀疑。

我刚刚收到了加里森寄来的一封充满友善的基督教情感的信件。

他在胜利时刻表现出来的冷静与感恩之心与他在面对道德斗争时表现出来的勇气是一样值得赞扬的。他在信件的末尾这样说："只有上帝才是最为光荣的！"加里森的态度要比温德尔·菲利普斯的态度更加高尚。他知道伟大的目标已经实现了。他以充满感恩的心情结束了《解放者》这份报刊，将自己的全部精力都投入帮助自由民的工作之上。而菲利普斯似乎则下定决心要忽视这项重要的工作，因为他认为这必然存在着许多无法克服的缺陷或是不完善的地方。我们的国会里有很多优秀之人——他们都是具有坚定原则与强大决心的人。我们的总统（指安德鲁·约翰逊）是一位怀着诚实之心去追求正义的人。如果他无法认识到正义到底意味着什么的话，这必然是因为他是从小在奴隶州长大的人。不过，除非我们处在他现在所处的位置，否则我们无法真正去感受他所感受到的各种力量。我的弟弟亨利已经以认真与自信的方式与他进行了交流，认为现任总统是一位想要寻求正义的认真善良之人。亨利认为，通过军刀的威胁来给予南方所有获得自由的黑人立即获得选举权，这是不明智的举措。他的看法是，应该让自由民局给予获得自由的黑人保护，直到自由劳动的法则让之前的奴隶主与奴隶都能够明白这样的道理。他认为，联邦政府应该尝试去弥合战争造成的裂痕，与南方各州那些真正优秀的人联合起来，为联邦政府服务。

正因为如此，亨利始终都在宣扬要宽大处理南方的许多士兵。他希望能够让南方的民众感受到北方的道德影响，从而让他们做出友善的反馈。为了实现这样的目标，就应该在南方成立一个保护黑人的政党。

查尔斯·萨姆纳只是简单地看待正义的抽象一面。亨利看到了现实中的各种可能性。我们都知道南方目前的社会状态就是，法律甚至连白人的安全都无法提供保障，更别说是黑人的安全了。南方地区的选举过程爆发了许多暴力的行为，真正出来投票的只有白人。

因此，很多人在投票站前失去了生命。如果我们违背黑人的意愿，强硬地给予黑人选举权，我认为除了会直接导致一场种族战争之外，不知道还会出现什么后果。

如果给予黑人选举权是作为他们获得政治地位的一种前提的话，那么之前的奴隶州显然应该给予黑人这样的选举权。当然，他们会名义上给予黑人这样的权利，因为他们知道给予黑人的这种权利是永远都不可能在现实中真正实现的。如果真是这样的话，那么黑人几乎什么都没有得到。

我很遗憾地看到，很多人在对一些重大复杂的共同议题上出现不同的观点时，往往会相互指责对方背后的动机。亨利因为他经常宣扬宽大处理的立场，就被称为是倒退者，但是我却认为，正是耶稣基督的精神才真正影响着他坚持这样的立场。加里森也一样作为不受欢迎的人表达了这样的观点，因为他说只有真正有始有终地完成了一件事，才算是真正的完成了。还有就是因为奴隶制被废除之后，他似乎不再坚持之前那种激进的立场了。我认为我们的总统遭受到了许多强加在他身上的诸多骂名。很多人都指责他这样做背后肯定有着自私或是见不得人的动机，但是我们的总统似乎不会对任何诚实且无私之人的建议无动于衷。

亨利经常谈到你与公爵，说经常想到你们有着超人般的精力与热烈的激情。他经常对我说："当这一切都结束了，当我们取得了最后的胜利，那么我肯定会给公爵夫人写信的。"但是，当这一切都结束之后，当联邦政府的旗帜在萨姆特城堡上升起的时候，他却听到了林肯遭人枪杀的噩耗！在我们的国家遭受重大考验的黑暗时刻，你们给予我们真诚的怜悯。你与你们一家人是我们在英国地区唯一的朋友了。除非当你的国家处在生死存亡的关键阶段，否则你是永远都无法想象到那个时刻我们内心的惶恐。我亲爱的朋友，这样的一种体验能够让我们知道我们到底是什么样的人，知道我们内心的真正感受。我很高兴知道，我们可能有机会在我国见到你的儿子。我担心你的儿子要拜访太多人，因此我们都可能没有与他见面的时间。不过，要是你的儿子能够来这里拜访我们，我们将会感到无上光荣的。我们现在所居住的哈特福德是一个比较平常沉闷的地方，与波士顿或是纽约的风光无法相比。但是，我希望你的儿子真的来美国的话，记得一定要过来我们这里做客！愿上帝保佑他！你能将所有的孩子都抚养成人，看到他们成为真正的男女，你肯定也会感到非常欣慰的。

我想让你帮我一个忙。你是否有你们的照片呢？如果你们有的话，你能够将你、公爵、艾迪斯夫人以及你的长子的照片寄给我吗，我真的很想知道你们现在的容貌了。当然，我还想看看你亲爱的母亲现在怎样了。当我回想起几年前那些愉快的时光时，这一切仿佛就像在做梦。我很高兴看到，你依然还对我们这么关心。乔治亚娜结婚了，这让我们都感到非常高兴。他们夫妇现在生活在斯陀布里奇，这是马萨诸塞州一个最美丽的地方。她的丈夫也是一位最为虔诚的牧师，将他的时间与财产都投入他所热爱的事业里，这一切都纯粹是因为他对上帝的爱意。我的其他几个女儿都与我住在一起，我的儿子斯陀上尉在战争过程中负伤了，现在依然在忍受着头部伤痛所带来的折磨，这让他重新开始学习变得非常困难。自从我的丈夫辞去了教授一职之后，身体状况也不断好转了。他也将自己最美好的祝愿传递给你与公爵，他对你的母亲也充满了敬意。我的表妹玛丽也希望将她的爱意传递给你，我的女儿们也是如此。希望你能在下次回信的时候多说说有关艾迪斯夫人的事情，她现在肯定变得更美丽了。

永远忠诚于你的

哈里特·比彻·斯陀

在内战结束后没多久，斯陀夫人就萌生了与全家人到南方一起度过冬天的念头。在她看来，抵达南方之后，她可以逃避北方寒冷的冬天，还有她那位在战争中受伤的儿子弗雷德可以整年在室外生活，这样有助于他的健康恢复。斯陀夫人也急切地想着引导与教育那些黑人过上一种更加高尚的生活，因为她这一辈子都在致力于帮助这些黑人获得自由，而此时的黑人虽然获得了人身自由，但他们因为长期的奴役依然处在无知的状态。在1866年写给他的哥哥查尔斯·比彻的一封信里，斯陀夫人这样谈到了自己的希望与计划：

我计划前往佛罗里达州，这次旅程绝不是单纯为了什么世俗的目的。多年来，我一直希望能够在这个世界上以更为直接的方式参与耶稣基督交付给我的使命。我始终希望能够用自己所写的文字去为那些贫苦之人发声，虽然这些人目前处于一种无知幼稚的状态，但是他们也慢慢地走在一种适应文明社会的成型状态。

腐败的政客已经开始将这些可怜的黑人视为一种政治的筹码，从而更好地实现他们内心一些不可告人的秘密，不断给那些可怜的黑人灌输一些幻想。佛罗里达州正是这些腐败的政客想要灌输这些思想的地方。很多移民到这里来的黑人都遭受到了这样的洗脑，但是这只是一种带有世俗目的的做法。这些政客只是希望能够以这样的方式捞取更多政治资本与获取更多金钱而已。

但是，圣公会教堂却在佛罗里达州未来主教的指引下，正在整个州都推广这样一套基督的仪式活动。我希望参与到这项工作中来。我的计划就是在圣约翰河边找一个比较显眼的位置，可以与一些人形成充满基督教气氛的社区，那么这样的影响必将会超越当地的地域局限。

在这年里，斯陀夫人通过在圣约翰河西边，靠近橙子公园村庄的地方，购买了一座被称为“月桂果园”的大农场，部分实现了自己之前的计划。她在这里帮他的儿子弗雷德购买了一座棉花种植园，让他当起了棉花种植园主。弗雷德在这里生活了两年时间。但是，这个位置最后证明并不是最为理想的，这里的棉花产量也并不理想。在1866—1867年冬天前去佛罗里达州之后，斯陀夫人的目光完全集中在圣约翰河东岸的曼达林地区。在1867年5月29日，斯陀夫人给当时居住在哈特福德的查尔斯·比彻牧师写了下面这封信：

亲爱的哥哥：

现在，我们正认真考虑在曼达林购买一座房子，这里的环境要比附近其他的地方都要更好。这里有五棵庞大的枣椰树，这里的棕榈树是非常高大的。这里的橙子果园一年能够生长出大约75 000个橙子。如果我们最后选择购买这里的话，我希望你能够考虑购买旁边的一块土地。这块土地的面积大约是200英亩，土地上面有一个美丽的橙子果园，这里的果树生长出来的水果一年可以在码头上卖到2 000美元左右。这片土地靠近河边，每个星期都有4艘蒸汽船经过，分别前往萨凡纳与查尔斯顿。总的来说，这是一个非常适合生活的村庄，这里的房子也是非常美丽的，因此你不需要与我们一起来建造房子。

现在，我正在与佛罗里达州的主教进行信件交流，表达了希望在圣约翰河沿岸建立几间教堂的愿望。如果我最后在曼达林定居的话，那么这将会是我的一个站点之一。你愿意前去圣公会教堂，成为我们这里的牧师吗？事实上，你正是我们所需要的合适牧师人选。如果我的目标与情感无法让你倾向于教会的话，我依然会选择最好的系统，从而更好地培训那些心智依然不成熟的黑人。这个系统借鉴了英国工人阶层的能力素质培养系统，非常适合我们现在很多没有任何知识的黑人。

一直以来，我都希望能够参与这样的工作。每当我的内心萌生了这样的想法，就会感到一股烈火在胸中熊熊燃烧。但是，我依然会保持一颗平常心，将所有的一切都交给上帝处理。我相信上帝将会为我指出一条全新的道路，会让我尽最大的努力帮助那些可怜的黑人。

永远爱你的

哈里特•比彻•斯陀

在这之前，斯陀夫人已经加入了圣公会教会，因为她的女儿此时也成了圣公会教会的一员，因此她希望能够与女儿一样参加同样的宗教仪式。她的哥哥查尔斯•比彻认为没有必要改变自己的信仰，虽然他最后前去佛罗里达州，并在圣约翰河以西160里的纽波特购买了一块土地，这里靠近墨西哥湾岸区的圣马科斯，这里距离佛罗里达州的首府塔拉哈西布大约有20里的路程。在接下来的15年时间里，查尔斯•比彻每年冬天或是夏天都会来这里生活。他给当地人留下了深刻的印象，因为他友善的行为与充满精神力量的品格给当地人带来诸多的积极影响。

与此同时，斯陀夫人购买了一些不动产，其中包括一座橙子果园与舒适的农舍。她之前曾向哥哥推荐这些土地。因此，曼达林最后成了她在冬天时居住的地方。任何一个曾经到此见证过这里美丽且宁静的乡村风光的人，都不会忘记斯陀夫人在佛罗里达州的家以及美丽的周围环境。她的住所是一栋只有一层半的村庄房子，周围有许多松树，房子矗立在一座断崖之上，能够俯瞰5里之外的圣约翰河的大部分景色。这座房子的周围生长着庞大的、长着青苔的槲树，而他们家的前门就建在这个位置。几排古老的橙子树就耸立在房子的附近，每当微风吹过，都能够闻到橙子树发出的香气，特别是在早春百花盛开的时候，空气的香气更是让人陶醉。而在冬天那几个月里，树上仍然结着金黄色的水果，每个经过这个地方的人都可以摘下一个来吃。在房子的后方则是修剪整齐的果园，斯陀夫人为这座美丽的果园而感到自豪，经常在这座果园里散步，这座果园给她的内心带来了许多欢乐。在她生活的房子附近的每个地方，都可以看到美丽的鲜花与歌唱的小鸟。玫瑰在前门的花园里绽放，房子则建立在断崖边上，每一个见到这样情景的人都会赞叹不已。

就在庞大的橡树下面，房子前面的走廊上，斯陀教授经常欣赏着阳光洒在美丽的圣约翰河上，用他那双学术般的眼睛静静地欣赏着眼前的这一片绝对的安静与难得的休闲时光。而这样的宁静时光，正是他前半生繁忙的工作所感受不到的。在一天的每个时候，当地人都可以看到一位头发花白、留着胡子与一脸友善的人坐在那里，旁边放着一个装满书的箱子，其中很多书都是用已经灭绝或是几乎被人类遗忘的语言所写的。关于在这里的家庭生活，发生了一件有趣的事情：一些北方的拜访者似乎认为，斯陀夫人一家似乎没有任何权利去享受这样的安静。他们一般都会乘船来到码头，然后在这个地方闲逛，摘取一些花朵，然后透过窗户与大门窥视里面的情况，就像那些缺乏教养之人在旅途中所做出的一贯缺乏教养的行为。很多时候，斯陀教授都会被这些远道而来的“两足动物”所打扰。一天，当其中一位访客从一棵橙子树叶子后面直接走到斯陀教授的眼前时，背着一袋沉甸甸的橙子，脸上露出了胜利的笑容。斯陀教授从椅子上站了起来，跟这位吓着他的年轻人讲了一些做人要诚实的基本道理，因为他认为这位访客的行为是不可以接受的。斯陀教授用比较诚恳与激烈的方式对这位访客说，但却不会让当事人觉得反感。那位偷橙子的人则说：“什么，我认为这是斯陀夫人的地方！”“你认为这是斯陀夫人的地方！”接着，斯陀教授大声地说：“先生，我希望你能够明白一点，我是斯陀夫人与这片土地的所有人与保护者。如果你做出了任何让人感到羞耻的堕落行为，我会让你得到应有的惩罚！”于是，这位偷窃了橙子的北方人终于意识到了，这个世界还真的存在着上帝！

1869年4月，斯陀夫人不得不匆忙赶回北方，以便前往加拿大，因为她要在加拿大保护自己的新书《老城的人们》一书的版权。

大约在这个时候，斯陀夫人购买了一块土地，并准备在上面建立一栋建筑，让这个地方在平日变成学校，在周末的时候则变成教堂。在接下来几年的冬天里，斯陀教授都会在这座小教堂里发表布道演说，斯陀夫人则会将这座教堂变成主日学校，开办了缝纫学科、歌唱学科与其他对参加学习的人有帮助的学科。斯陀夫妇的这些行为得到了当地的白人与黑人的一致赞赏。

某次，当斯陀夫人抵达了她在曼达林的家时，她这样写道：

> 终于，在查尔斯顿停留了一天半之后，我们终于在周六早晨10点钟抵达了这里，此时距离我们乘船离开这里已经整整过去一周时间了。这座房子看上去是那么的美丽，那么的安静与美好。这里的岁月是那么的静谧与友好，仿佛能够让我忘却所有内心的烦恼，能够让我

拥有一个身心感到满足的地方。斯陀在这里也生活得非常快乐，经常说自己在这里过得非常愉快。看到他在这里过得如此幸福快乐，我的内心也感到非常满足。自从斯陀前来这里生活之后，他的身体状况正在慢慢好转，现在他每天都会外出走上一段路。

我们都感到非常满足与快乐。我们在这里养了六只鸟、两条狗与一匹小马。我们拥有了更多的写作时间，写作的频率也更高了。这里的一切似乎都是那么永恒。你们根本无法想象时间通过怎样的方式进入到这么偏僻静谧的角落里。

在1872年，斯陀夫人写了关于佛罗里达州的系列文章，这些文章最后以书籍的形式出版。在接下来的一年里，出版商J.R.奥斯古德以《棕榈叶子》的书名正式发行此书。在1873年5月19日，斯陀夫人写信给当时居住在佛罗里达州纽波特的哥哥查尔斯·比彻说：

虽然你没有回复我之前寄给你的一封信，但在我准备离开佛罗里达州的时候，绝对不能不说任何道别就离开。我给你寄去了《棕榈叶子》一书以及我对你表达的离别爱意。如果我不需要带上我的丈夫的话，那么我肯定会在今年冬天前去看望你的。你之前在信件里谈到的美丽玫瑰花，让我的内心充满了羡慕。

在接下来的周六，我们将会离开圣哈辛托。我正准备充分利用剩下的一些时间，好好地欣赏这里的一切。因为这里的春天永远是这么的美丽。我从未看到过像这个地区如此完美的气候。这里的一切足以让一位圣人变成最为坚定的加尔文教徒，而这一切的转变都是潜移默化的。如果我们的父亲当年生活在这里，而不是在普利茅斯的话，你认为新英格兰地区的神学会在这里蓬勃发展吗？

你下次收到我的信件时，我肯定已经在北方了。我们的收信地址将会在哈特福德福里斯特大街。我们在那里靠近贝拉的地方购买了一座美丽的房子，我们将会在那里度过整个夏天。

在一封写给她在哈佛地区生活的儿子查尔斯的信件里，斯陀夫人这样说：

我很难想象，这个漫长且鲜花似锦的夏天，到处都有美丽绽放的花朵，到处都有沉甸甸的果实，同时却也能够看到北方地区一些雪堆与雪风暴。但事实就是如此。现在已经是5月1日了，草莓与黑莓都已经成熟了，橙子似乎已经过了季节。现在，我们准备前往北方，度过整个夏天。我们可以欣赏到玫瑰花，吃到草莓与黑莓，还能吃到绿豌豆。

我很高兴听到你现在的学习情况。乔纳森·爱德华兹对你产生的影响，与我当年所经历的心灵洗礼是非常相似的。爱德华兹所拥有的强大把握能力与情感强度都是你需要去学习的。他是一位拥有强烈概念感觉的诗人，他的一些布道演说要比但丁在《炼狱》里的一些诗歌显得更加可怖。

在1874年11月，当他们返回曼达林的时候，斯陀夫人这样写道：

我们需要南方这里温暖的气候，我们需要上天赐给我们的这一切美好。此时，我们的房子已经成了蜘蛛、蟑螂与各种让人厌恶的小动物的天堂了。但不到一个星期，我们就将这一切都打扫干净了，这座房子重新变成了我们的天堂。现在，这里安静却又充满活力的空气始终吸引着我。正如我之前所说的，这里的天气仿佛是上天赐给我们的，这里既不冷也不热，一切都是那么的正常，阳光依然是那么的明媚，气候依然是那么的宜人，周围的环境还是那么的安静。我们在这里的气候环境，似乎有一种难以描述的东西。这里的气候绝对不像哈特福德10月份时候那种带着寒冷的天气让我的身体感到虚弱。

在第二年的2月份，斯陀夫人回复了一封邀请她前去北方矿泉疗养地的信件里说：

我非常乐意前去那里，也知道没有任何事情可以阻挡我前去那里。感谢上帝，我这个夏天没有什么小说需要去创作的，因此我可以像一个无拘无束的老人那样在大海上漂浮，希望自己能够像其他人那样享受这个美丽的季节。今天，这是一个让我感到非常高兴的邀请，让我仿佛置身于纯洁的伊甸园一样。

在一封写于同一个时候的信里，时间大约是1875年3月28日。在这封信里，斯陀夫人有趣地描述了他们在曼达林那间小校舍举行的周日复活节活动的事情。斯陀夫人这样写道：

> 在复活节到来的一个星期前，我们就已经想着要对小教堂进行一番装饰了。我家里两块哥特式的壁炉遮板变成了教堂的布道演讲台。我前去杰克逊维尔，购买了5英寸的模制品作为底座，然后将这两块壁炉锯成四块，那么在每一边都会有一个拱形面板。接着，我们就找寻着顶部所需要的物品，想要做出一张桌子。突然间，我想到了我们家里那张黑色的核桃木伸缩桌子非常适合。最后，我们对黄色的松木进行修剪，然后进行打磨、上油。我拿出了粉刷的工具，用梵戴克绘画风格的方式将钉眼粉刷成棕色。在周六早上的时候，这已经变成一张非常有趣的哥特式布道讲台，安东尼将这张讲台抬到了小校舍，然后将之前那张老桌子搬走。那天下午，我们乘坐马车来到树林里，收集了许多非常适合复活节使用的百合花、番木瓜、光亮的浆果、绿色的蕨叶子与雪松叶子。到了晚上的时候，女生们都来到了米兹一起排练复活节的圣歌。但是，我依然留在家里，用雪松叶子与白色百合花做出一个18英尺长的十字架。南方的雪松叶子是最为精致的东西，就像柔软的羽毛那样。
>
> 周日早上的天气凉爽，阳光明媚，这简直是完美的复活节天气！我们的这座小教堂里面坐满了人，每个人似乎都对这样的装饰感到非常满意。斯陀在布道讲台上发表了一篇布道演说，讲述了耶稣基督最后必然会让一切都处于公平正义之上，必然会让每个善良虔诚的人都感到舒适。因此，复活节这一天真是非常美好的一天。我相信那些可怜的人必然能够从中感受到耶稣基督的存在。

在这年冬天，斯陀夫人与她一直非常重视的朋友奥利弗·温德尔·霍尔姆斯博士之间进行了一番有趣的书信交流。奥利弗·温德尔·霍尔姆斯博士在一封回信里就谈到了斯陀夫人最新创作的一本书：

> 1876年1月8日，波士顿
>
> 亲爱的斯陀夫人：
>
> 我真的非常感谢你寄给我的《圣诞节礼物》一书。

这个圣诞节箱子里装满了所有美好的礼物。

在我阅读这本书的时候，我的内心一直都充满着许多滑稽的想法，在今天下午的时候才最终读完了你的这本书。对我来说，你在这本书最后谈到的内容，肯定会给你的许多读者带来思想的震撼，但对我的影响却没有那么大，因为我对于这趟朝圣之旅的过程已经非常熟悉了。

《迪肯·皮特金的农场》一书充满了新英格兰地区的特色，如果说你在更加精确地描述这方面的内容上还有什么对手的话，那么我真的不知道你的对手到底是谁。当我阅读这本书的时候，我激动得要用纸巾擦拭眼睛掉下来的泪水。

当我阅读《贝蒂的好点子》时，我要用纸巾擦拭双眼的泪水。在我看来，这是最具魅力与最感人的故事了。每个阅读这篇故事的人都会感觉内心就像一块鹅卵石那样，在不知不觉中被融化了。

你到底付出了多大的努力，才让我们新英格兰地区的生活变得如此圆满与快乐啊！如果有人能够回顾哪位作家的创作生涯最好地描述了我们过去的世界以及帮助我们看清楚全新的文明世界的话，那么这位作家非你莫属。当然，你后来创作的书也是其他作家都无法相比的。首先，这些作家必须要想办法与《汤姆叔叔的小屋》一书进行对比。你的这本充满着光明之火的作品就像一把火炬，燃亮了整个黑夜。任何超越世俗的成功都必然会让那些批评家嗤之以鼻，他们所使用的贬低方法就是将山茱萸说成是“可憎的”。

每当我想起那些依然还活在世上的亲切朋友，内心就会感到非常愉悦。每过一年，当年与我们一起进行思想交流的朋友就越来越少了。我们已经失去了阿加西与萨姆纳。我发现莫特里现在也身患重病（我希望他现在的身体状况慢慢有所好转）。我希望他能够从丧妻之痛中走出来，因为他的妻子也是我最为亲密的一位朋友。因此，你可以肯定一点，我完全能够感受到你的善意。我非常感谢你始终还惦记着我。

永远忠诚于你的

奥利弗·温德尔·霍尔姆斯

斯陀夫人在回复这封信的时候这样写道：

1876年2月23日，曼达林

亲爱的博士：

收到你回复的这样一封充满友善情感的信件，真是太让我开心了！我多么希望你能够来到我所在的地方，看看这里的树木都挂着金黄色的橙子与结出的白色花朵！我希望能够为你割下一簇金黄色的叶子。就我现在所处的地方来说，波士顿似乎是一个非常遥远与梦幻的地方，就像之前某些远古的存在一样。当我坐在房子的走廊上，看着5里之外圣约翰河不断退却的潮水时，我的内心是非常愉悦的。

亲爱的博士，时间过得多么快啊！我还记得当初萨姆纳先生是一个年轻人，现在他已经离开了我们。还有威尔逊与查斯，我印象中的他们都是在辛辛那提的年轻人啊，现在他们都已经离开了我们。还有斯坦顿也离开了，西沃德也离开了我们。但是，这个世界依然在繁忙与喧嚣中继续前进！他们就像一些带着赞美与责备情感的气泡，慢慢地驶向了生命的伟大之船，永远都不会再回来了！

唉，我们忍不住会有这样的感想啊！对我来说，当初与我们同一个时代的人已经游到了河岸的另一边了，但我依然还在河流的这一边，不过我相信他们也在耐心地等待着我们的到来。萨瑟兰公爵夫人、充满善意的公爵、兰斯唐尼、埃尔斯米尔、拜伦夫人、安伯里勋爵与夫人、虔诚的教友派信徒查尔斯·金斯利与约瑟夫·斯特奇，他们都像乘坐着一辆灰色的火车，永远地离我们远去了。在这些人当中，不少都是我当年最为亲密与真诚的朋友，他们都是上帝创造出来最为高尚与纯洁的人。此时此刻，他们在宇宙的某个角落依然表现出强烈的活力。亲爱的博士，我必须要相信这些想法，并且永远都不会对这样的想法有任何怀疑。

我经常会思考你所写的作品，你的作品中某些元素始终吸引着我。我觉得，这应该是你在作品中表现出来的那种充满怜悯与慈悲的元素，这包括了你对穷人的怜悯以及那些处于挣扎状态中的人性的见解。因此，我认为，你肯定是一个非常接近上帝真正心灵的人，因为你的内心充满了爱意。

你曾经写了一些诗歌，这些诗歌都收录在赞美诗集里。在我一些最为神圣的时刻里，我经常会对你所写的这些诗歌充满了共鸣，因为这充分表达了我内心的悲伤与烦恼。比如，你所创作的这首诗歌：

“热爱神性吧，俯身与众人分享吧！”

我没有收集到你所创作的全部作品，经常为自己无法记住你的很多诗歌而感到烦恼。但是，你的这首《热爱神性》，却始终让我印象深刻，在我感到痛苦与挣扎的时候，给我的内心带来了安慰与希望。每当阅读你的这首诗歌，我仿佛会感觉某位朋友正在感受着与我一样的情感。所以，我希望你能够将这首诗歌手写出来送给我。

我还记得你曾经对精神主义发表过自己的看法。我无法完全记清楚你当时说的原话，但我记得你对此的看法是，精神主义是加尔文教派某种尖锐视角的一种变更，正如大雾笼罩在山川上。要是以后有时间的话，我希望能够与你就精神主义进行一番交流，向你展示一下我作为非专业人士所收集到的一些有趣的事实。斯陀刚刚艰难地读完了慕尼黑大学教授格勒斯在四十年前所创作的八卷的《神秘》一书，这本书首先是讲述有关生理学方面的内容，接着讲述哲学方面的内容。在这本书里，格勒斯详细地谈论了一些不正常的心理、精神事实、恍惚、神迷、透视、巫术与精神主义等等，这些都可以从天主教所谓的奇迹以及欧洲的历史中看出来。

一直以来，我都得出这样的结论，即精神主义的奇迹是自然的，而不是一种超自然的现象——这代表着自然法则的一种不寻常的运转方式。我相信身体之内与身体之外之间的那扇大门在任何时候都不是绝对关闭的。在某些时候，我们可以看到帷幕背后所隐藏的东西，而这些隐藏起来的东西则代表着自然的一部分，因此这些东西根本算不上是真正意义上的奇迹。当然，这样一个阶段的人类体验为每一种形式的欺骗与迷信行为都提供了强大的坚实基础。因此，我对于任何以此为职业来谋生的人都是持怀疑态度的。关于这些以精神主义为谋生的人，我认为他们摩西的法则是禁止任何人通过别人去了解这种“熟悉的精神”。因此，我认为这样的法则是非常明智的。

亲爱的博士，有空记得多给我写信。在这片全新的土地上，你肯定会过得非常舒适的。你创作的歌谣是非常具有魅力的，现在你可以创作出一些让我们读起来非常有趣的小说了。斯陀也将他最好的祝愿送给你，并且希望你也能够去阅读格勒斯的作品。当然，这本书的文字是用法语写成的，我认为法语版本的翻译要比德语原文更好一些。

永远忠诚于你的朋友
哈里特·比彻·斯陀

1876年秋天，斯陀夫人给她当时正在德国波恩地区进行学习的儿子查尔斯的一封信里，就讲述了她与丈夫以及几个女儿从纽约到查尔斯顿这段航海旅程中所遭遇的猛烈风暴，这让他们准备之后都放弃乘船旅行了。斯陀夫人在信中表示，他们一路上遇到的海浪非常高，这些海浪仿佛沸腾的水蒸气，在不断地翻滚，而坐在客舱里的他们透过小小的窗户看着外面汹涌的海浪，内心感到无比恐惧，因为海浪有可能随时吞没船只与船上的所有乘客。但是，从查尔斯顿出发，他们则非常顺利地抵达了这次旅程的终点。斯陀夫人在信中这样写道：

我们最后平安顺利地抵达了圣约翰河流，仿佛在这条河流上取得了一场战斗的胜利。我们在下午4点钟的时候抵达了曼达林。我们惊讶地发现附近所有的邻居，无论是白人还是黑人，他们都来到码头欢迎我们。接着，很多人不停地挥舞着手帕与旗帜，很多人不断地为我们鼓掌，为我们欢呼。他们都敞开大门，随时准备欢迎我们。我们很高兴再次回到在佛罗里达州的美丽房子。

在当年的12月，斯陀夫人写信给她的儿子说：

我再次陷入了要写一个系列小说的工作当中，这根本不是我的本意。但是，这个故事是与一个圣诞节手册相关的，之后我开始慢慢地进行构思，最后我认为还是将这个构思以书籍的形式表达出来。对现在的我来说，我最不愿意做的事情就是继续进行这样的写作了。在这个故事里，我将自己过去所经历的时代都浓缩起来，包括我从小成长的环境，我们所受到的教育以及行为举止的方式，一切都像英国的狄更斯所创作的小说一样。

现在，因为有创作这个故事的必要性，因此我感觉自己受到了限制。我不得不要放弃与别人交往，无法拜访许多有趣的人，而只能将全部的精力都集中在创作之上。我希望自己有足够的能力去完成这项工作，虽然我的内心真的很希望能够顺利完成。但是，我也开始感觉到，自己的身体不再像前几年那么健康了。我的查理啊，你的母亲现在是一个老年妇女了。在读者对阅读她的作品感到疲倦之前，她最好不要停止写作了。

我很希望再写一本与《主人的脚步》相似的书。但是，即便是宗教方面的报纸，现在也对连载的速度有一定的要求。它们需要我按时交稿。我有时会想，既然这一代人只想要去阅读故事，为什么不创作出一些故事给他们看呢？

斯陀夫人提到的那本书就是《博罗努克的人民》，这个连载系列的小说有趣地记录了将近一个世纪前发生在新英格兰地区的有趣事情。事实证明，斯陀夫人的这本书让很多读者都很着迷。这本书在1878年出版，斯陀夫人也认为这将是她最后一次的文学创作了，虽然在之后的几年时间里，她还偶尔写了一些短篇故事与文章。

在1879年1月，斯陀夫人在曼达林写信给霍尔姆斯博士：

亲爱的博士：

今天早上，我希望能够给你与霍尔姆斯夫人送去美好的祝福。现在，我的窗户是打开的，这是一个空气清新、阳光明媚的日子，屋外的橙子树上都挂着沉甸甸的橙子，这些都是我可以从窗户上看到的。这些果树大约有30英尺高，树叶在阳光的照耀下则闪耀着光芒。

我已经将《博罗努克的人民》一书寄给了你与霍尔姆斯夫人了，因为你们都是了解过去那个时代的人。这本书讲述了许多平淡的故事，没有什么曲折动人的情节。即便那个时代发生了许多重大的事件，但我现在已经老了，我希望回忆那些安静与简朴的时光，希望看到每个教区都没有穷人的时代，希望看到民众的生活每年都在不断地提升。斯陀与我最近都怀着浓厚的兴趣阅读了莫特里的《回忆录》。莫特里是一个让我们感到骄傲的人，也是一个英俊的人。遗憾的是，我从未有机会认识他。

你曾说，我们都来到了一个要与这个世界告别的阶段了，你的话让我深有同感。从来没有哪份报纸记录斯陀一些逝去的朋友的故事。但是，人生的河流永远都不像看上去那么的黑暗，在河的彼岸是清澈见底的河水。我们偶尔还能够聆听到美妙的音乐，或是能够得到别人的一些认可。毫无疑问，那些早我们一步到达了河流彼岸的人肯定会怀念我们的。我的女儿们与我最近再次阅读《艾尔西·文纳》。可以说，书中的艾尔西是我的一位特殊的朋友——即便她是一位贫穷可爱的孩子——你在那本书里表现出来的神学观点，让我的内心深感共鸣。

难道《圣经》没有告诉我们，在某个时候，我们所有人都将不再感受到痛苦了吗？这肯定是弥赛亚的终极使命与目标，上帝最后会将所有悲伤的泪水都擦拭掉。我正无所畏惧地面对着未知的一切，我相信你也是如此。我始终相信仁慈的上帝会做出最好的安排。

斯陀也将他最美好的祝福送给你与霍尔姆斯夫人。我永远都是忠诚于你的朋友。

哈里特·比彻·斯陀

大约在这个时候，斯陀夫人出发前往佛罗里达州的纽波特拜访他的哥哥查尔斯，之后在继续出发前往新奥尔良。在新奥尔良，她没有感受到那些最优秀的南方人对她表现出来的任何憎恨之情。无论是在新奥尔良还是在塔拉哈西，斯陀夫人都受到了热烈的欢迎，参加了一些公共宴会，这让她与许多参加这次宴会的有教养之人都感到非常高兴。无论到哪里，斯陀夫人都受到人们热烈的欢迎，特别是那些黑人更是欢迎斯陀夫人的到来。一旦他们知道斯陀夫人要过来，都纷纷来到火车站，就是为了能够亲眼看一下他们最为尊敬的这位女性的风采。

在接下来的冬天，斯陀夫人返回了曼达林。每当回到曼达林的家，斯陀夫人的内心总会产生强烈的愉悦情感。作为真正热爱自然的人，这里美丽的环境总能够给她带来最为愉悦与美好的情绪。每年重新回到这里生活，她总能够感受到不一样的快乐。在1879年12月，斯陀夫人给他当时已经结婚，并在缅因州索科地区担任牧师的儿子写信说：

亲爱的孩子：

一回到曼达林，我们仿佛感觉从12月份回到了炎热的6月份。今天早晨阳光明媚，树枝上挂着一些露珠，清新的海风吹拂过来，让整个空气中都弥漫着生机。我刚刚用剪刀剪下了一些玫瑰花与百合花。现在，整个花园简直变成了一个热带丛林，有时我都无法进入了。花园里的美人蕉、粉蕉与玫瑰花相互缠绕在一起，因此我根本无法沿着之前开辟的道路走去那里。在我的一生中，我从来没有见过像美人蕉这样生长得如此迅速的水果树了。地面上都覆盖着掉落下来的橙子，整个花园看上去非常凌乱，但是这里的一切又是如此的美，因此我原谅了这一切的凌乱不堪。

在周三晚上大约9点钟的时候，我们回到了这里，发现很多邻居都聚集在码头上欢迎着我们的到来。包括米兹、克拉纳、维波斯与其他人都来到了码头，而很多黑人在见到我们之后，都感到非常欢喜。你的父亲现在一切安好，大海的空气对他的身体还是会带来一些积极的影响。在我们离开纽约之前，你的父亲都是比较安静的，表现出优雅与顺从的态度，因此我对他的身体状况还是抱有希望的。你的父亲承诺要按照我告诉他的话去做，他表示完全相信我的指引。难道每个女人不会将这样一种精神，视为一种迅速的转变吗？有时，我真的非常担心，你的父亲可能会不久于人世。但是在第二天，当我们乘坐轮船出海的时候，他的精神状态一下子就好起来了，他也恢复了胃口。他用洪亮的声音表示自己的感觉非常好，而且还抱怨我没有必要那样担心他。于是，我就提醒他在精神低落的时候对我做出的庄严承诺，但我的话对他没有产生任何用处。事实上，你父亲的自我想法始终都没有离他远去，现在我也不担心他会出现什么状况。今天早上，他就要去教堂发表布道演说了。

他们在南方这座美好的家度过的最后一个冬天是1883—1884年的冬天，因为在接下来的一年里，斯陀教授的身体状况已经岌岌可危了，不允许他乘船从哈特福德前往曼达林。在这个时候，斯陀夫人之前最美好的一个愿望实现了。这个愿望之所以能够实现，在很大程度上都要归功于她的努力。曼达林终于拥有了一座圣公会教堂，并且吸引了许多教徒前去那里，那座教堂也拥有了一位固定的牧师。

在1884年1月，斯陀夫人这样写道：

现在的曼达林拥有了许多美丽的新房子，还有了一座全新的教堂与郊区，要比之前更加美好与舒适了。我们的牧师是完美的。我希望你们都能够了解他。他目前只是缺乏一些身体的能量。在其他方面，他都能够解答教徒们的任何疑问。

这是一个阳光明媚、空气清新的早晨，四名采摘橙子的工人正忙着采集我们的果实，我们在悬崖边上的果树要比佛罗里达州其他地方的果树都结出了更多的果实。

今年冬天，我只是研究耶稣基督的人生。首先，我阅读了法勒就耶稣基督所写的作品，并认真研究了一遍。现在，我正在阅读盖基的相关作品。阅读这些作品会让我的心智处于一种稳定状态，可以帮助我更好地承受任何的疲倦与痛苦。可以说，我在今年的冬天比往年的冬天有更多的收获。

第十八章
《老城的人们》

这本关于斯陀夫人的自传要是不提及斯陀教授的出生、童年、早年的朋友以及他的一些独特且不正常的心理体验的话，则是不完整的。斯陀教授作为斯陀夫人的丈夫，当然这一身份让他成为有关斯陀夫人的任何自传里都必不可少的人物。但除此之外，他还是斯陀夫人的《老城的人们》与《老城的炉边故事》里那位“幻想男孩”的创作原型。这两本书里那位“幻想男孩”的感受，其实就代表着斯陀教授在童年与年轻时期所生活的老城的一些独特与有趣的人物形象。

1882年3月16日，斯陀教授在给路易斯夫人的一封信里就讲述了与此相关的一些内容：

亲爱的路易斯女士：

我完全能够理解你不喜欢休谟这个人以及人们一般公开谈论的所谓的精神媒介。

休谟的童年时期就生活在我父亲所在的那座城镇里，我的亲人与一些朋友都生活在那里。休谟表现出来的一些特性是科学所无法解释的，他的一些行为虽然非常古怪却又是无比真实的。我对精神主义这个问题的兴趣正是起源于我自身的一些经验，这可以追溯到60年前我童年时期的一些体验。当时，我从未站在主观的立场去对这些体验进行任何分析，只是认为其他人也会有着类似的体验。关于我所提到的这方面体验，你可能从《老城的人们》一书中获得一些相应的概念。

在度过了童年时期之后，类似的体验还是会继续出现，虽然我对于这些表现出来的体验会存在着严重的疑虑。我注意到很多人都会对祈祷做出鲜明且详细的回答，比如斯蒂林、弗兰克与拉瓦特等人在很多时候都拥有这样特殊的脾性。要是我们认为一些脾性早已经存在于神经系统，将灵魂与身体联系起来，可以让他们比其他人更能以一种不正常的方式去接触到精神世界（比如雅各布·博美与斯韦登伯格等人），并且他们还从未想过改正自己的错误，或是让他们在道德层面上比别人做得更好的观点时，难道这样的想法是荒谬的吗？请允许我这样说，我始终都赞赏你的心智所得出的结论，你始终表现出了对正义的完美理解与对诚实的准确认知。我认为，即便在没有教会或是神学的情况下，你都要比绝大多数人更能成为一名优秀的基督徒。而我在很多时候始终都是在乔纳森·爱德华学校读书的那位加尔文教徒。愿上帝保佑你！我始终支持着路易斯先生对歌德的深入研究。

在过去40年里，我一直都崇拜着歌德。在1830年，我第一次阅读他的作品《浮士德》。我还记得那是天气阴沉且寒冷的11月份。当时，我正乘坐马车经过新罕布什尔州的丛林，准备前往达特茅斯学院担任教授。我当时完全被歌德的这本书所吸引，不能自拔。

永远忠诚于你的朋友

C.E.斯陀

路易斯夫人在1882年6月24日写给斯陀夫人的一封信里，就谈到了斯陀教授寄给她的一封信：

我要特别感谢斯陀教授给我寄来的那封信。他的英文书法有点像阿拉伯语——当然，他的英文书法是非常优雅的——不过，我还是能够看得清。我认真地阅读了斯陀教授寄来的信件。他在信中表达的一些友善情感对我来说是弥足珍贵的。我始终将他给我写信视为一种最好的鼓励。当你告诉我说，斯陀教授正是《老城的人们》一书里那位“幻想少年”的原型时，我感到非常震惊。因此，我认为当你与斯陀教授谈论他的一些经历时，必然是非常有趣的。也许，在这些事实的影响下，我倾向于从生理学与心理学层面上去对斯陀教授多年来收集到的事实进行研究，从而更好地就“未来的视野”进行一番解读，我相信斯陀教授也会表示同意的。在我看来，要想进行限定是很难的——特别是要限定到一个精确的范围——从而避免将内在心理产生的印象与那些直接依赖于外部环境刺激所产生的印象进行区别。事实上，这种内在与外在之间的区别，在某个层面上会随着年龄的增长慢慢变成一个更加微妙与让人感到困惑的问题。

在1834年，当斯陀还在俄亥俄州辛辛那提的莱恩神学院担任神学教授的时候，他就写下了自己在年少时有关精神世界活动的一些文字。我们可以摘录其中的一些文字：

我经常认为自己能够与一些具有科学精神的医生就某些独特的幻觉现象进行交流，因为从我出生之后到十五六岁这段时间里，我一直都会产生这样的幻觉。现在，虽然我已经年过30了，但年少时期的幻觉依然对我产生深远的影响。

这些幻觉所带来的事实在我的心灵里留下了难以磨灭的印象。在我看来，这些心灵的幻觉是非常有趣的，值得所有心理学家的认真研究。我之所以会重视这些幻觉现象，是因为我无法发现自己是否拥有进行小说或是诗歌创作的任何品位或是才华。我没有丰富的想象力可以沉浸其中，无法从中感受到巨大的乐趣，无法像其他作家那样能够据此创作出文学作品，但我从不认为自己有能力或是可以将自己的这些幻觉表达出来。与此相反，我的写作风格始终都是比较平实的，以阐述事实为主。我的心灵能够迅速分辨出历史与文学之间的区别，会在追求事实知识的过程中始终保持热情与坚持。正如德国人所说的，我是属于那种笨鸟先飞之类的人，而没有其他任何特殊的天赋。我只是意识到自己有一种比较特殊的才能，那就是能够对人与事物进行精确的观察，还有一些幽默感与诙谐感。

从我出生的那一刻开始，身体就一直不好。在这方面，我的父母身体也不是很好，因此我的神经系统经常会受到刺激。但是，我小心翼翼地维持着身体状况处在一定的健康水平，我的一生都是比较勤奋的，因为我的父母比较贫穷，因此我从小就要想办法去工作，去养家糊口。

在说了这个大背景之后，我开始研究我的心理历史中一些有趣的细节。早在我有记忆的时候，我就记得观察着许多充满生命力且会移动的物体，我可以清晰地分辨出这些东西，因为我看到这些物体都从我的身旁不断地移动。有时，我还会听到一阵嘈杂的声音，或者说是清晰的声音。但是，我从来都无法触碰这些东西。无论从哪个方面去看，这些都是独立于触觉之外的，因此无法以任何现实物体的干预去进行阻碍。我可以看到这些物体就在不远处，虽然这个过程中会出现很多阻挡我视线的东西，但我依然能够清楚地知道他们是否与我待在一个房间里，还是直接就在我的眼皮底下。我能够看到他们走在地板上，还看到天花板以及房子的墙壁，看到不同方向的一个个没有门或是锁眼的房间，或是看到一道可以允许他们走进去的裂缝。我有时会用眼睛跟随着他们的走动，或是直接看着地面上，或是看着天花板。我可以看到木板、木材与石砖，或是任何阻挡我看到其他物体的东西。我所看到的这些画面并没有让我感到惊讶或是恐惧，只是这些物体都是以丑恶或是可怕的形象呈现出来的，或是展现出某些吓人的姿态，因为我们已经通过自身的感官了解了它们。至于它们存在的事实以及它们对我不具有伤害的特性，我根本无法区分出他们与我的眼睛所看到的其他物体的区别。在我看来，这些物体与我的父母以及我的哥哥带给我的形象都是一样熟悉的。它们就构成了我日常存在的一部分，并且变成我意识中的一个重要主题，正如我坐在靠近母亲膝盖位置的小长凳上，或是我在地板上看到的轮子、木棍或是线条之类的东西。事实上，我能够区分这些东西与我能够感受与控制的东西之间的区别，但对我来说，这样的区别带给我的惊讶之情，与我看到我的母亲与那个过来帮她的黑人女性是一样的，也与我那位尚在襁褓中的弟弟或是那只我喜欢的名叫布鲁特斯的斑点狗一样，没有给我带来特殊的惊讶之情。可以说，在任何时候、任何地方或是任何环境下，这些物体都会展现出它们的形象。不过，孤独与沉默似乎要比成群结伴或是相互对话似乎更适合它们展现出来的形象。这些物体的数量是庞大的，形象是鲜明且活跃的，特别是当我孤身一人置身于黑暗当中的时候，特别是当我的母亲将我放在床上，然后手持着蜡烛回到她的房间时。在这个时候，我始终都会希望我想象中的那些来客，然后认真地在脑海里思考着他们，用来娱悦自己，直到我最后沉入梦乡。每当我想象中的来客没有出现的话，那么我就会感到非常孤独与不满。我就会想着与他们进行一场生动的对话——当然这不是通过语言或是任何信号的形式——因为对我来说，任何说话或是移动的方式，都会在瞬间破坏这种交流的美丽，将这些幻想的来客全部赶走。所以，我们是以某种特别的精神交流进行沟通。

当它们的专注力转移到我身上的时候，我能够感受到它们所有的思想与情感，并对这些思想与情感做出相应的反馈。与此同时，我也能够意识到它们会用相同的方式对我做出的反应进行反馈。有时，它们根本不会注意到我的存在，而是彼此之间进行着轻快的交流，它们主要是以面部表情与手势来进行交流，偶尔还会说出一两句我能够听清楚的话来。事实上，我只是熟悉他们中极少数的人，大部分的人都是我所不认识的。这些少数的人拜访我的次数与频率都要比其他的人更多，他们似乎能够理解我的心情，因此他们特别关心我。我根本不知道自己该如何描述他们存在的形式或是一般的形象，因为他们在我们所处的现实世界里根本没有任何可以进行对比的参照物，也没有任何准确的语言可以对他们进行有效的描述。他们展现出各种不同大小、形状、比例、颜色等方面的组合，但他们最经常的形象则是以人类的不同比例或是形状表现出来，但给我的感觉却始终是一种阴影的轮廓，似乎他们会在无形的空气中慢慢地被融化掉，有时他们会突然进行最突然与最古怪的改变，在深蓝色的外表上出现了棕色或是褐色那样的斑点。这就是我在幻想世界里见到的大多数人的一般性状。但在这些一般性的描述之外，也还有很多例外的情况，特别是那些经常拜访我的熟悉"游客"来说，更是如此。

除了这些理性且无害的一般性存在之外，还有另外一组物体也会经常进入我的幻想世界，但是这些物体却在形状与质量方面似乎始终都不会发生任何变化，始终表现出敌意或是制造出可怕的后果。它们会出现的情况在很大程度却与我的健康与情绪的状况相关。如果我感觉非常良好或是内心非常快乐，那么它们就很少会过来拜访我。但是，如果我患病了，或是内心感到沮丧的时候，它们几乎肯定会以一副丑恶的面容出现在我的幻想世界里。它们的存在就仿佛厚厚的乌云压在我的头顶上，让我看到眼前的一切都是黑色的。它们出现的时候，浑身都是黑色的，但同时装点着棕色的东西，它们的形状就像一个没有喷嘴的燃烧倒转隧道，直径大约会从10英尺到30英尺或是40英尺左右。它们会从一个地方漂浮到另一个地方，其数量之众难以计数，而且它们漂浮的方向也是没有任何规律的，显示出非常大的随意性。它们就像一团乌云那样以强有力的方式在不停地前进，发出震动声，仿佛它们内部的每一个部分都处于一种颤动的状态。

每当它们出现的时候，我幻想世界里那些理性的幻想事物就会处于一种惊慌失措的状态。因为一旦这团乌云的任何一部分触碰到了这些理性的幻想事物，那么这些理性的幻想事物就立即会变成与这团乌云一样的颜色，一样会处于一种颤动的状态。

作为不幸受害者的我，即便做出很多努力与惊厥般的挣扎，但是这团乌云的黑色依然没有发生任何改变，这团乌云依然在缓慢地前进，其前进的过程是那么的坚定，不会受到任何的中断。这团乌云似乎想要将其黑色传播到我身体的每一个部分，并且想要以最快的速度让我的身体去融入这团乌云当中，使我成为这其中的一部分。当然，看到这种扭曲且痛苦的挣扎，看到可怜的我遭受着这些可怕的乌云的侵袭，这的确是非常可怕的一幕。最后，我似乎感觉自己一寸一寸地被乌云所吞噬，全身心都无法做出任何抵抗与逃避，只能深陷其中。

在我所有的幻想事物当中，只有可见的东西是不会对理性的幻想事物造成任何伤害的，这种可见的东西显然是由与组成这种理性幻想事物一样的成分组成的。所有这些幻想事物的形状与行动，都会随着我的身体状况以及动物本能的精神的状况而出现变化。但是，我从未发现周围的现实物体会对它们产生任何变化，除非是在某种特殊的情况下，也就是说，当我在一间干净整洁且有家具的房间里看到它们的时候，那么它们表现出来的形状似乎也是特别整洁的，而它们做出的行动也是非常有规律的。与此相反，如果我待在一间尚未完工或是肮脏的房间里看到了它们，那么它们也同样会表现出一种粗鲁或是狂躁的方式。当我在森林或是草地看到它们的时候，它们也会呈现出相应不同的反馈方式。当我在河边或是大地上感受到它们的时候，它们仿佛就是置身于空气或是星群当中。

我所居住的每个不同的房间都会对这些幻想事物造成不同的影响，它们似乎始终都会因它们所看到的环境而发生一定的变化。（不过，我们必须要意识到一点，真正让这些幻想事物呈现自身形象发生改变的，并不是这些幻想事物出现时所处的环境，而是我在观察它们的时候，内心所处的一种心灵状态。事实上，这些幻想事物所处的位置，显然会对它们呈现出来的方式产生一定的影响，但是我本人所在这些地方内心的想法则更加重要。）

因此到目前为止，我只是想对这些有趣的体验进行一般性的轮廓性描写而已。现在，我将会对一些特别有趣的事情进行详细的描述，这是为了能够更加清楚地阐述这些有趣的体验。我会随机选择这些幻想事物表现出来的形象。我还记得自己感受到这些幻想事物时所处的环境。

我生于1802年4月，我的父亲在1808年7月在与慢性器官病斗争了一年之后，撒手人寰。在父亲去世前的两三年前，他从我出生的那间房子搬到了距离那个地方有点远的另一个地方居住。因此，在我父亲最后患病的时候，我脑海里出现的幻想情况肯定是出现在我5岁那一年的时候。而在我搬家之前所感受到的幻想事物，肯定是在我3岁那一年发生的。在搬家之前，我睡在房子前面的一间小房子里，无论是早晨还是晚上，我都是自己单独度过好几个小时的。这个房间的隔壁就是另一个房间，我打开那扇小门，看到里面有一个黑暗、狭小且尚未完工的橱柜，橱柜一边是打开的，里面都是一些碎屑与陈旧的东西。这个橱柜就是那些幻想事物最喜欢玩耍的地方，但是关于这些它们表现出来的形状与做出的行动，我现在记得不是很清晰了。我只是记得，我当时小心翼翼不去做任何事情，不然我认为它们会感觉受到了冒犯。但是，它们的存在却没有给我带来任何的不安，也没有让我的内心感到任何的恐惧。

我第一件清晰记得的事情就是下面这件事：

一天晚上，当我独自一人躺在房间里的时候，陪伴着我的那条小狗布鲁特斯在床边打着呼噜，接着我看到了橱柜里面走出了一个体型健硕的印第安女人，还有一个个子较矮的印第安男人，他们俩一起手捧着古提琴。那个女人穿着一条有点松散的黑色长袍，在腰部位置用一条腰带将长袍束起来，她的头上则戴着一顶高高的黑色皮帽，这顶帽子的形状有点像现在女性都喜欢拿着的皮手套，上面装饰着一排排纽扣，打开这些纽扣之后，发现里面是一条红线。那个男人则是穿着一件寒酸的黑色外套，戴着一顶圆圆的黑色帽子，刚好适合他的头部大小。他们似乎根本没有注意到我的存在，而是用有点不满的目光看着对方，似乎正在为谁应该拥有这把古提琴的问题在争论不休。那个男人一把想要抢走这把古提琴，接着用手指弹奏了几声刺耳的音调。我非常清晰地听到了这几声声响，这些声响让我的整个身体都在颤动，带给我一种诡异而又震撼心灵的感觉。接着，那位女人则一把夺走那把古提琴，接着似乎非常认真地进行演奏，她似乎对自己的演奏感到非常满意，但是她的演奏却没有发出任何我能够听到的声音。他们很快就离开了我的房间，我看到他们走到了后面的厨房，他们在那里坐下来，然后一边演奏，一边与我的母亲进行交流。最后，当那个男人将古提琴抢过来之后，我才再次听到了古提琴发出的尖锐刺耳的声响。最后，他们站起身，走出了后门，接着就跳过了一大堆稻草与尚未脱粒的豆子，伴随着一阵奇怪而轰鸣的声响，他们消失了。当我们生活在这座房子的时候，这样的幻想画面几乎在每个晚上都会出现在我的脑海里，直到我们最后搬到了另一所房子居住之后才消失。直到现在，真正让我感到无法理解的与刺激我好奇心的事情，就是每天晚上在门口的位置，都应该堆积着一大堆的稻草与尚未脱粒的刀豆。但是，我在白天的时候却始终见不到这些东西的存在。我经常会悄悄地从床上爬下来，然后蹑手蹑脚地走到厨房，想要看看窗外是否已经是拂晓时分。

我想要询问母亲有关这方面的情况，但因为我当时太小了，还没有掌握多少语言，因此无法从母亲的口中得到满意的回答，只是感觉自己向母亲提出的问题让她感到非常不耐烦。一开始，母亲就没有注意到我到底在说什么，显然她认为这只是幼稚的孩子的一些毫无意义的胡思乱想而已。不过，我的耐心与坚持不懈似乎让母亲感到非常恐惧，因为母亲似乎认为我的精神有问题。于是，我很快就不再问母亲任何事情了，越来越将内心的所有想法都放在自己的心中。就在我们搬家之后没多久的一天晚上，当这座房子陷入了安静，所有家人都已经入睡的时候，这些神秘的音乐家再次降临到了这座新家的厨房里。他们在急躁地观察了周围的环境之后，然后不满地皱着眉头坐了下来，保持着安静。接着，他们站起身来，走出了后门，然后轻盈地跳过了一堆玉米秆。之后，我就再也没有看到他们了。

我们的新房子是一栋钉满钉子的一层房子，因为没有了二楼，因此我现在就睡在面向厨房的那间卧室里。当你走进厨房的时候，就会发现我的这间卧室就是在大门的左手边，接着就是通向阁楼的楼梯。因为当时的房间还没有完全做好，一些木板仍然摆放在比较狭窄的楼梯上，留下了楼梯与天花板之间相对比较多的空间。其中一块开阔的空间直接面向我的床，因此当我躺在床上的枕头上，我的脸就直接对着这一大片空间。每天晚上，在我上床睡觉、蜡烛熄灭之后，我都会感觉一个面容慈善的人脸似乎在木板的顶端窥视着我，然后他的头部、颈部、肩膀都在慢慢地向我这边靠过来，最后他身体的腰部位置也向我这边靠来。通过这样的开阔空间，他以友好的姿态向我露出了微笑，然后以他出现的时候那样的友好方式消失了。他是我比较喜欢的一个幻想人物。虽然我们之间从未进行过任何交流，但是我们都能够明白对方的想法，也都完全忠诚于对方。在这个独特的事实里，这个让我喜欢的幻想人物拥有着比我大一些，让我感到恐惧与怨恨的大男孩相似的面容。因为这个幻想人物的形象太强烈了，于是我就用自己的名字将他命名为哈维。

哈维的每次拜访始终都是如约而至的，并且每次都会给我的内心带来愉悦。不过，有些时候，也会有一些其他让我感到恐怖与憎恨的幻想人物的出现。我在下面所谈到的这次体验是最具代表性的。

一天晚上，在我躺在床上休息的时候，正等待着哈维的再次出现时，我观察到一大堆隧道形状的一团乌云出现了，这些我在上文也有所描述了。这些乌云看上去是那么的浓密，那么的躁动。这样的景象让我的内心感到极为恐惧。我当时就有一种可怕的预感，那就是可怕的事情肯定即将发生了。没过多久，我就看到了哈维出现在了他平时一般都会出现的地方，正在透过一个小孔小心翼翼地窥视着我，他的脸上露出了痛苦与可怕的表情。他似乎正在警告我这儿可能要发生的事情，但是他不敢将自己的头出现在这座房间里，生怕那一团黑色的乌云触碰到他，因为此时的这团乌云正变得越来浓密了。哈维很快就离开了，留我一个人在房间里。当我将眼睛的目光转向这个房间左手边的墙壁时，我想我看到了我下面非常远的地方，就是一个被诅咒的地方。因为我之前在聆听布道演说的时候，就听人这样说过。在这个充满恐怖的可怕世界里，这些隧道形状的乌云正在慢慢地累积能量，我能够感受到它们正在摧毁着许多阴郁的房子。这些地方在我下面那么远的地方，我只能看到下面一些不清晰的画面，比如看到下面有一些人，这些人的人数非常庞大，这些人似乎都显得非常活跃。在靠近地球表面的地方，我似乎看到这离我的床已经不是很远了，我看到四五个身体结实的魔鬼正在将那些没有原则与自甘堕落的男人带到下面，其中一个男人的名字是布朗。在接下来的几年里，每当我想起这一幕，就会感到浑身颤抖。我所看到的这些魔鬼与人们平常谈论的魔鬼形象非常不一样。它们既没有红色的脸庞，也没有长着号角或是马蹄，更没有尾巴。无论从哪个方面去看，它们都是身体结实、穿着整齐的绅士。我所注意到的另一个细节，就是它们的脸庞似乎在它们的头部位置上。它们的脸庞与脖子几乎都是光滑的，没有任何毛发或是肉，都是一种统一的天蓝色，就好比是烧废纸时出现的那种颜色，但它们看上去给人一种相对光滑的感觉。

当我集中所有注意力看着这一切的时候，这些魔鬼正在用力地强迫着布朗跟着它们走，但是布朗却也在绝望地反抗，想要努力挣脱它们的控制。看来，人类在绝望的时候表现出来的潜能对于来自地狱的魔鬼来说还是太大了。在这个关键时刻，其中一位魔鬼正在大口喘着气，用手擦着汗，恳求那一大团拥有强大力量的浓密的乌云过来帮忙，那一团乌云似乎也是心领神会，于是就像旋风那样将布朗卷起来，牢牢地将他控制住。布朗勇敢地进行反抗，愤怒地用拳头对着这团乌云挥舞着，但布朗的这一切努力都是徒劳无益的。布朗的双手开始变得发黑，在慢慢地颤抖，似乎他正在被这团乌云慢慢地融化了。在这千钧一发之际，布朗将他毕生的全部能量都激发出来，迅速从这团乌云的中心里掉了出来，然后用手挣脱出这团乌云的束缚，跳回了地面。回到地面上的布朗用极为兴奋与粗野的声音大声地说："该死的，我回到了这里！我还没到下地狱的时候呢！"布朗的这句话直到现在都刺痛着我的耳朵。这是整个可怕过程中，我唯一能够听到的一句话。这是我第一次看到这团乌云无法如愿的。这一幕让我浑身从头到脚都在颤抖。不过，这些魔鬼似乎也没有对这样的结果感到任何沮丧。其中一个魔鬼似乎是其中的领头人，慢慢地走开了，然后带着两个固定在钢铁架构上的一对巨大辊子回来了，这些辊子都是钢铁铸造工厂用来滚动钢铁棒的。但是，我所看到的这一对巨大的辊子则没有用任何机械来驱动，而是用一个巨大的曲柄来控制的。此时，3个魔鬼正抓住着布朗，将他的双腿放在辊子下面，而另外两个魔鬼站在旁边，其中一个魔鬼手里拿着曲柄，开始让辊子慢慢地碾过布朗，布朗根本没有任何反抗的余地。此时，我听不到布朗发出的任何声音，整个场面也没有人在说话。但是，布朗似乎在进行着可怕的挣扎，他脸上的痛苦表情是我所不能忍受的。我立即从床上惊醒过来，经过厨房，跑到我父母睡觉的那个地方，然后恳求他们跟我一起睡。在对我进行一番安慰之后，他们向我保证，任何事物都不会伤害到我的，并且建议我回房间睡觉。我回答说，我不是担心这些东西会伤害到我，而是我无法忍受看到那些魔鬼对待布朗的行为。我的父亲用轻蔑的口吻说："哼，你这个愚蠢的孩子。你刚刚只是在做梦而已，快点回你的房间睡觉，否则我就要抽你了。"我知道自己别无选择，因此只好拖着疲惫的脚步回到了房间。我将自己的全部勇气都集中起来了，小心翼翼地观察着房间里面的情况。此时，我发现房间里面空荡荡的，没有任何东西，也不见了刚刚所看到的那一团乌云，没有了魔鬼，更没有我之前所见到的一切景象。于是，我爬上床，淡然地睡到了第二天早上。第二天睡醒之后，我感到非常悲伤与忧郁，但我还是将自己的所有想法都放在心里，心里一直为布朗所遭受的可怕命运而感到恐惧。我的这一切幻想都是在我父亲生病之前的，大约发生在我4岁到6岁之间的时候。

在我父亲生病期间以及父亲去世之后，我与祖母一起生活。当我从祖母家回到自己家里的时候，我再也看不到哈维的存在了。在晚上的大部分时间里，我依然是孤独地睡觉，但这次我是在一个整洁干净的房间里睡觉了。在房间的角落里，也就是距离我的床没多远的地方，有一个橱柜是以古老的管风琴出现的。在上床之后，我认真地看着这个橱柜的大门，我仿佛看到了里面远处是一个非常美丽的草地，草地一直延伸到一个美丽的小果园。在这片果园之外，又是一片绿油油的草地，接着是一个非常美丽的小女人的身影，这个小女人的身高大约是8英寸左右，身体的比例非常匀称，穿着一条宽松的黑色丝绸长袍，留着一头长长柔顺乌黑的头发。她以缓慢且有规律的步伐慢慢地走来，随着她越走越近，我能渐渐看清楚她的模样。直到她最后差不多来到橱柜大门的位置，她微笑地看着我，然后抬起手，放在头上，接着放下手，用手指着她两边的脸颊。突然间，她转过身。我看到了一个面容秀丽的黑白混血男人，这个男人的身材要比这个女人矮一些，但始终跟在这个女人的后面。在我完全入睡之前，这样的情景重复了两三次左右。这个黑白混血儿的形象与那位之前拿着古提琴的印第安男人的形象有点相似，但是这个混血儿则显得更加温顺与友善。

在一个月光皎洁的晚上，我醒了过来，发现一副灰蓝色的高大的人类骨骼正与我睡在一张床上。我恐惧地尖叫着，很快家里人都聚集在我身边。我拒绝告诉他们我这样惊慌失措的原因，但我恳求他们让我睡另一张床，他们最后同意了。

在这个晚上接下来的时间里，我几乎都没有合眼睡觉。但我看到了窗台那里似乎有一些小精灵，它们大约有6英寸高，穿着白色的长袍，正在非常愉悦地嬉戏与跳舞。其中两个精灵分别是男性与女性，它们都要比其他精灵更高一些，头上戴着王冠，拿着权杖，展现出了它们的地位。它们对我非常友善，以非常仁慈的方式对着我微笑，似乎在告诉我，它们肯定会保护我的。它们的存在让我的内心得到了极大的安慰。虽然，它们有时也会表现出险恶与自私的一面，这让我无法完全信任它们。

直到此时，我依然深信着这些幻想事物的真实存在，我也从未怀疑过其他人无法像我这样可以清晰地看到这些景象。不过，我现在可以安心地意识到，我的朋友们都对于这些伴随我一生的幻想事物竟然是一无所知的。当我与他们谈论这些情况的时候，他们都是一头雾水。当我就此表达自己的抱怨时，他们都会哈哈大笑。我从来没有想过要将这些内心想法说出来，而当我知道别人根本没有我这样的经历之后，则更是让我坚定了要对此保持缄默的态度。但是，这并没有影响我的信念，或是让我认为我所幻想的东西就是不存在的。

在这段时期，我从晚上独自散步的过程中获得了极大的乐趣。在那些最为安静的田野、树林、河岸边或是其他完全安静的地方散步，都是我最喜欢做的事情。因为我可以静静地享受自己所感受到的各种幻想事物，并且不会受到外界的任何干扰。每一个物体，即便是一片颤动的叶子，似乎都在因为同一种充满着的灵魂力量而变得富于生机，其自然本性似乎与其所处的自然环境是一致的。我将自己人生的大部分时间都用于这些孤独的散步，我想要指出一些特别的地方，而且我也会定期前去这些地方。柔和的月光对我来说是非常美好的，但是，我最喜欢的是在没有月光且多雾的晚上。有时，当我在这个时候出去散步，就会感觉到自己似乎被一种无法名状且深沉的忧郁情感所压迫着。我不知道其中的缘由，我只是感到非常的不快乐，只希望自己能够从这个世界上消失。突然间，我意识到我在家里的朋友也正在遭受着某种可怕的灾难。这样的想法是如此的强烈，我会加快回家的脚步，想要看看家里到底发生了什么事情。在这样的时候，我会对我的朋友产生一种病态的爱意，这样的情感真的让我的心灵忍受着无尽的煎熬。每当我想到他们可能会遭受任何问题，我都会立即陷入一种不可控制的激情当中，就像翻滚的泡沫一样。因此，我被大人们说成是脾气暴躁的孩子，但是上帝知道我从未给任何动物——无论是人类还是低等动物——带来任何伤害，因为我无法承受这样做所带来的可怕后果。即便是现在，我都会感受到深沉的悲伤情感，感觉到突如其来的忧郁情感、恼怒或是痛苦的后悔情感让我饱受煎熬。每到秋天这个季节，忧郁的情感就会持续地出现，压迫着我的心灵。

我从很小的时候就开始识字了，在认识了一些字之后，我就开始疯狂地喜欢上了读书。在阅读《圣经》的时候，我读了雅各布的前面几个章节，还有关于以西结、丹尼尔与启示录的部分内容。这些内容都强烈地吸引着我。在我所在的农村很多孩子刚刚会说一句符合语法的话时，我就已经能够背诵其中的部分段落了。我记得，除了《圣经》之外，我阅读的第一本书就是莫斯所著的《新英格兰的历史》。这本书激发了我强烈的阅读兴趣，我每天都如饥似渴地阅读这本书，特别是书中关于印第安人与巫术方面的内容，更是让我爱不释手。当时，我养成了每当读到不懂的内容，就前去找祖母寻求解释的习惯。祖母也会跟我解释其中的一些内容，而我在一旁则会聚精会神地聆听着祖母讲述有关玛莎的《马格诺拉》。这是一本我一直以来都想要阅读的书，但我直到20岁的时候才有机会阅读这本书。在我很小的时候，我就得到了一本名叫《演说的艺术》的书，里面包含了从弥尔顿到莎士比亚等著名作家的文章。这本书的其他内容同样吸引着我，但是这些内容都是从这两位著名诗人的作品中节选下来的，因此里面的很多内容还是当时的我所无法理解的。于是，我就反复阅读这些内容，从每次的精读过程中得到快乐，直到我完全能够将这些内容都记在脑海里，在翻阅这些书籍的时候都会产生自然而然的感觉。但在我这个阶段所阅读的书中，真正让我的内心感到无比震撼的是班杨所著的《天路历程》。无论是白天还是晚上，我都会反复阅读这本书。我将这本书放在枕头边上，在睡觉的时候将这本书抱在怀里。每当我发现这本书的不同版本，都会拿过来认真地看，仿佛自己就像在看一个全新的故事一样。在阅读的过程中，我感受到了前所未有的内心满足感，更加让我产生这样的感觉，那就是“诚实的约翰”在这本书里所提到的任何事情都是

> 真实发生过的。即便让我再次阅读这本书，我依然会产生一种强烈的满足感，仿佛这本书能够给我带来小时候阅读时的那种无比强烈的美好感觉。
>
> 在我接着谈论一些相关细节之前，我有必要谈论一些相关的事情。我所幻想出来的访客的形象，特别是他们所做出的行为，都是与所谓的因果存在着紧密的联系。因此，我无法判断这些幻想的访客是否会带来某些情感。这些幻想的事物一般都会表现出愉悦或是痛苦、殷勤或是愤怒，而这一切的变化都取决于我当时所感受到的心情。如果我所幻想的事物从一个地方转移到了另一个地方，同时也没有移动它们的四肢时，那它们的这种滑行运动也许会与某些精神相关。那么在这些幻想事物进行迅速且联系的移动时，我的胃部就会感觉到一种不安的感觉。如果它们只是以一种不安的步伐在慢慢地移动，那么我会感觉整个身体都会出现震动的情况。这些幻想事物的形象始终都需要我做出很多的思考，让我的身心感到非常疲惫。这些幻想事物表现得越是明确与生动，那么我的疲惫感就会越发强烈。在这个时候，我的脸色肯定是苍白的，我的双眼则会变得异常的充血。每当我对这些想象的幻觉感到满足之后，这样的情况才会慢慢地消失，否则这样的情况会持续到现在。

因此，斯陀夫人在将斯陀教授的这些幻想内容以文学的形式表达出来会给人们带来不同寻常的阅读感受，这也不让我们感到惊讶了。当早年的这些不同寻常的经验被视为一种有趣或是愉悦的体验之后，那么这样的体验就在《老城的炉边故事》里得到呈现了。

斯陀夫人在这本书里描述的事情或是刻画的人物形象肯定不是理想化的。这些故事都是出自斯陀教授之口，斯陀夫人在进行创作的时候几乎也没有进行多少的更改。书中的山姆·劳森是一个具有真正品格的人。在1874年，惠蒂尔在一封给斯陀夫人的信件里说："我现在没有足够的精力去写太多的文字或是阅读什么书了，因为阅读书籍需要我付出一定的思考，这个过程会让我感到非常痛苦。但是，我正在阅读你的这本书，里面的山姆·劳森让我感到非常有趣，正如特里姆下士谈论尤立克的布道演说一样：'我真的非常非常喜欢。'"

这些故事所具有的力量有文学方面的价值，就在于这些故事是忠实于本性的。斯陀教授本人就是一位无与伦比的讲故事之人。斯陀夫人作为女作家的成功在很大程度上都有斯陀教授的功劳。斯陀教授不仅拥有着敏锐且积极的思维方式，而且还有着强大的记忆能力。只要斯陀教授还活着，那么斯陀夫人在任何主题上的创作都不会缺乏可靠的信息。可以说，斯陀教授是属于那种稀有的物种，是那种“百科全书式的学者”。斯陀教授的研究是无法用当代“教授”一词本身所具有的意义去进行衡量的。但总的来说，斯陀教授对奇迹的热爱是始终非常强烈的。

因此，谈论斯陀教授在品格塑造方面的能力，这是有必要的。因为这可以从他与斯陀夫人的对话或是信件往来中，看到斯陀夫人与他在这方面有着深深的共鸣。

1839年7月14日，纳提克

我在这周创作布道演说的过程中度过了非常美好的时光。我在一直散步的地方慢走，发现了那里还有着一块相同的石墙，也看到了一条古旧的石路穿过黑麦田野，直通到河流。这里的牛蛙依然在绿色的田野里呱呱地叫着，这里的水龟在我经过的时候，慢慢地抬起头，似乎在向我鞠躬。我在这里什么都不缺，唯一缺的就是我的妻子不在这里与我一起聊天，否则这里的一切都将变得非常圆满……我与过去那位“乔”培根进行聊天，还与一些老人一起，你也应该听说过这些人。柯蒂斯河经常会在水涨的时候淹到乔叔叔的草地，这让乔叔叔感到非常忧虑。他说：“我会告诉你的乔伊克叔叔，如果魔鬼总是这样对待我，那么我就根本看不到魔鬼的存在还有什么意义。”“你与柯蒂斯本人聊过这件事了没？”“聊过了。但是他们根本不理我。他们还告诉我，以后还要让河水淹没我的前门，让我在出行的时候都要乘坐小船。”“为什么你不去找法官呢？”“哦，马萨诸塞州这边的法官总是在变更法律，他们认为冰冷的河水不会伤害到任何人。”

母亲与阿姨纳比各住一间房子。一开始，纳比阿姨在早上起床，检查了水槽，看看水槽是否漏水，是否腐蚀了横梁。接着，她就开始生火，将那个小茶壶放在柴火下面，然后再将一小勺的黑茶放在小茶壶里。之后，她就开始忙着准备早餐了。

在这个时候，母亲悄悄地走下楼梯，就像一只年老的虎斑猫那样从烟灰口里走出来。母亲似乎对此有点疑惑，就询问纳比阿姨是否想过其他方法去做早餐，因为母亲在这个早上没有什么食欲。但是，纳比阿姨正在切着培根肉，然后用火来烤这些培根肉，接着就开始做咖啡，认为自己应该喝点咖啡。我不知道咖啡是否对她是有什么好处的，但她似乎也没有喝多少咖啡。因此，在纳比阿姨坐下来品茶，用力咀嚼面包与蘸着黄油吃的时候，她的脸庞是那么的淡定，流露出一种心满意足的感觉。母亲则像在一座充满疑惑的城堡里的那位羞涩的夫人，对此感到非常困惑与不解。直到她看到在房间的另一个角落里还有另一张小桌子，上面摆放着烤火腿与咖啡，还有一两个荷包蛋等等之类的事物。这位羞涩夫人在内心感受到了诸多沮丧之后，终于坐了下来。虽然她预感到这会让她像那位随时准备停止的先生，在拄着拐杖走到了那位感到无比恐惧的女士身旁的时候，依然会让她们迅速地飞翔一样。

因此，我分别与母亲与苏珊阿姨一起吃早餐，但是我没有向她们说出纳比阿姨的行为。她们进行了有趣的谈论，谈论着要联合起来之类的话。此时，一些流言已经流传出来了，说她们将会联合起来，在一张桌子上吃东西，特别是当哈里特与小海蒂都过来的时候。如果整个过程出现了任何奇怪的事情，那么她们也不知道到时候报纸会说些什么。

母亲是一个非常好的人，她的身板就像一把短柄斧头那样瘦削，但她却像捕兽夹那样灵敏。纳比阿姨还是像以前那样肥胖与随和。既然水槽已经修理好了，那就不存在任何漏水或是腐蚀横梁的事情了。因此纳比阿姨除了认真观察水槽的情况之外，也没有任何其他事情可做了。比尔叔叔已经前往华盛顿市居住了，现在也不再喝朗姆酒了。纳比阿姨为自己失去了一个可以聊天的人而感到苦恼。

伊克叔叔从小就患有麻痹症，因此身体一直都非常虚弱。他说自己的小腿与手臂有时会不听使唤，但他的大脑与内心的毅力却始终都是非常强大的。我告诉他，我们的姐姐凯特也处在相同的状态，这让伊克叔叔深受感动，于是他打开了一个硕大的南瓜的一条裂缝，向我展示里面的两排白色的象牙。我从少年时期就一直对这些象牙充满了敬畏之心。伊克叔叔现在已经65岁了，但他却从未掉过一颗牙齿。在他的一生里，他一直生活在距离他出生地方圆15里之内的地方，除了有一次例外，那是在1819年，我当时在布拉德福德学院的时候。

伊克叔叔不知怎的，突然产生了一种冒险的冲动，想要到布拉德福学院带我回来过暑假。伊克叔叔竟然驾驶着马车完成了30里路的行程，整个晚上都在一间小旅馆里睡觉。他之后的人生再没有过这样的勇敢壮举。我还清楚地记得，在安多弗北面这个偏僻的小旅馆里，我们住在一个有双人床的房间里。因为我当时比较年少，还是像之前那样脱衣睡觉。但是，我那位勇敢且深思熟虑的叔叔只是脱下外套，放在枕头上，双脚依然穿上靴子放在床上，他的双手则放在帽子的边缘上。当他躺在床上的时候，小心翼翼地用双手将帽子放在肚子上。伊克叔叔不允许我吹灭蜡烛，但他则是用那双苍白的眼睛盯着天花板看。最后，他表现出了一个勇敢之人所应该有的沉着冷静，下定决心要面对可能会降临到我们头上的任何危险。最后，我们还是毫发无伤地离开了，那位勇敢强悍的旅馆主人与他那位无情的儿子只是要求我们付清晚饭钱、住宿钱、马草钱以及早餐钱。我这位勇敢的叔叔没有展现出一点恐惧感，果断地支付了这些钱。

斯陀夫人将斯陀教授讲述的这些故事用文学的方式创作成了有22个章节的《老城的人们》一书，伊克叔叔就是书中雅各布叔叔的原型。

斯陀夫人对于《老城的人们》一书是否会在英国受到读者的欢迎存在着很大的疑虑，因为这本书具有鲜明的新英格兰特色。在这本书出版之后没多久，她就收到了路易斯（乔治·艾略特）在1869年7月11日寄来的下面这封信：

我收到了你寄来的《老城的人们》一书，并且认真地阅读了一遍。我认为，在你的读者当中，没有谁像我这样老一辈的人更能对你在书中讲述的内容更感兴趣的了。因为我对这本书的强烈兴趣主要源于两个方面：一是我本身对过去时代的乡村生活充满了热爱，因为这与当代的生活都是紧密联系的。虽然我们相隔了一个大西洋，但我依然能够感受到我的父亲与母亲在不同的历史时期的生活状况。二是我对加尔文正统宗教的一些实验性认知。我认为你阐述这些宗教信念的方式并不是属于你本人的，其中以间接的方式去进行表达，才算得上是你的洞察力与真正包容心的一种胜利。无论是路易斯先生还是我本人都对斯陀教授所谈到的独特心理体验非常感兴趣，我们认为要是能够亲自从他口中知道这些事实的话，那肯定是非常荣幸的事情。要想获得研究这种不同寻常心理体验的机会是非常难得的，即便对那些拥有卓越心灵的人来说，也是非常稀有的。

《老城的人们》显然是斯陀夫人创作的最后描述她所处时代的一本书了。这本书除了作为小说所具有的内在价值之外，还对我们研究“被称为具有创造力时期的新英格兰地区的民众生活与特定的历史”具有很高的价值。

无论斯陀夫人是否已经远离了她所处的时代或是民众，她都希望“能够让自己的心灵像一面镜子或是山地湖那样平静与客观，只是将倒映在这面镜子或是湖水上面的景象描绘出来”。斯陀夫人这样的创作理念是她这本书具有永恒价值的一个重要原因，而这本书若是单纯作为一个故事去进行解读的话，那么其具有的价值肯定是非常短暂的。

第十九章
拜伦夫人的争议

在斯陀夫人的一生中，要想避免谈所谓的“拜伦夫人争议事件”几乎是不可能的。我们有必要对这件非常无趣的事情进行一番阐述，因为斯陀夫人当年也不得不对这件事进行一番无趣的讨论。为了在这件事情上给自己正名，斯陀夫人这样说：

> 在我们短短的一生里，你、我、我的兄弟与姐妹们，除了说出真话之外，还能说些什么呢？难道不是男人与男人之间的真话，男人与女人之间的真话才是所有一切存在的基础吗？难道不是每个人都必须要单独对上帝负责，去了解这件事的真正事实吗？当我告诉你们我在这件事情上的立场时，请认真聆听我所说的话，了解我在其中所处的位置。
>
> 1869年7月，一场针对我的好朋友的无耻攻击出现在《布拉克伍德》杂志上。这篇文章将拜伦夫人说成是十恶不赦的罪犯，并且将古利奥奇那本面向基督徒的书说成是拜伦爵士的情妇所写的。这件事在英国没有引起任何人的愤怒。里特尔的《当代》杂志重新刊登了《布拉克伍德》杂志上的这篇文章，还有美国最大的出版公司《哈帕》杂志也转载了这篇文章，将这篇文章公布在全世界面前。
>
> 《布拉克伍德》杂志上的这篇文章，包括《倍尔美尔》公报以及英国的其他期刊都开始向美国的年轻人与读者宣扬这件事。我经常在翻看日报的时候看到这样的报道，看到很多杂志上也纷纷刊登这样的内容。这些文章都是以有关指责拜伦夫人的诽谤言论作为事实依据的，这些都是根本不可信的。那些真正接触拜伦夫人的人即便在英国也只有很少人，现在随着了解她的人都在慢慢地逝去了，因此了解她的人就更少了。相比于这个世界的许多人来说，了解她的人太少了，因此这些人也只能保持沉默。我看到那些愚蠢的诽谤之人使用一些根本违背事实的内容作为宣扬，大肆污蔑拜伦夫人的品格。这些人根本对

拜伦夫人生前所处的圈子与生活环境一无所知。当这样的风波出现之后，没有人愿意站出来发声，我决定站出来。

其实，根本不需要长篇累牍地对这件事进行概述，因为公众已经对这些事实有所熟悉了。因此，我们可以说，在古奇奥利公爵夫人所写的《拜伦夫人回忆录》一书出版之后，斯陀夫人认为自己有必要捍卫她的朋友，避免那些谬误的事实与诽谤者对拜伦夫人的攻击。为了实现这个目标，她在1869年9月在《大西洋月刊》上刊登了《拜伦夫人真实的一生》。在这篇文章里，斯陀夫人谈到了她对拜伦夫人的第一印象：

我是在1853年第一次前往英国的时候才认识她的。我是在她的一位朋友的午餐聚会上见到她的。当我被引荐认识她的时候，我能够感觉到她丈夫当年所说的话："她能够让你瞬间产生敬畏感，她的精神似乎坐在宝座上。"

在1856年秋天，也就是斯陀夫人第二次前往英国的时候，她与她的妹妹前往埃弗斯利去拜访查尔斯·金斯利牧师。她们在中途停下来，受邀前往拜伦夫人在里士满附近的汉姆大厅的夏日住所里与她一起共进午餐。在那个时候，拜伦夫人对斯陀夫人说，她希望斯陀夫人在返程的时候能够过来看望她，因为她有一个重要的问题征求她的意见。斯陀夫人这样描述与拜伦夫人的会面：

在午餐之后，我与拜伦夫人一起回到房间，我的妹妹则与她的朋友在一起。在这里，我应该讲一下这次谈话的主题，对我来说这也不是什么新颖的话题。

在我第一次与第二次前往英国间隔的时间里，拜伦夫人的一位好友在经过她的同意之后，向我详细地讲述了这件事，并且列举了一些事实。因此，我对接下来发生的这些事情还是有些心理准备的。

那些指责拜伦夫人喜欢谈论这个话题，或是对这个问题盲目乐观的人，根本对拜伦夫人毫无了解，不知道拜伦夫人的忍耐力以及她谈论这些埋藏于心底的事情是多么困难的一件事。她习惯性的冷静与沉着，她无论在任何场合下表现出来的尊严，这些都是她的丈夫生前所经常提到的。当然，她的这种表现有时会得到赞赏，有时则会遭到批评。拜伦生前说："虽然我指责拜伦夫人有时会表现出过度的自尊，但我必须坦率地承认一点，如果一个人始终应该忠实于自己的想法，那么拜伦夫人表现出来的思想、言行都是世界上那些最为得体的女性应该表现出来的。我认为，只有极少数女性才能达到她这样的境界。"

拜伦夫人表现出来的冷静与尊严在这次对话中表现得淋漓尽致。当我回想起十几年前的这场对话时，我总是会想起当时所使用的语言。我还记得拜伦夫人说的一些特别的字眼以及表达方式。在其他情况下，我可以将双方谈论的问题记录下来。

但拜伦夫人在谈论某些话题的时候，她表现出来的那种受压抑的情感让我感到很可怕。但是，她竟然能够用语言将那样的情感表达出来，这点是毫无疑问的。

斯陀夫人接着详细地谈论她与拜伦夫人之间的对话，在最后结尾的时候这样说：

当然，我没有以调查真伪的角度去聆听她说的话。我认为她说的是事实。她跟我说这些话并不是让我告诉全世界人。但她在我离开之前，也问过我是否应该将她的这些想法公之于众。整个会谈都是以她所说的话全部有无法反驳的证据为基础的。关于这些证据到底是什么，我没有认真询问。在回答一些一般性问题时，她说自己有一些信件与文件可以作为她所说的话的证据。我知道拜伦夫人的心智能量、冷静的头脑、做事准确的习惯以及她对这件事知根知底，因此我认为她是最有发言权的。我对她说，我应该认真考虑这个问题，会在几天之后说出自己的看法。那天晚上，在我的妹妹与我本人回到我的住所之后，我向妹妹讲了这个故事，我们整个晚上都在谈论这件事。我一直希望拜伦夫人能够以公正得体的方式立即公开这些事实。但是，拜伦夫人则始终不愿意迈出这一步。

在我们第二天告别的时候，我请求拜伦夫人给我讲有关她说的这个故事发生的一些日期以及具体情况的备忘录，好让我更好地记录这些事情，拜伦夫人答应了。在给我这些文件的时候，拜伦夫人恳求我在这个问题变得毫无重要的时候，就要还给她。因此，在一两天之后，我在一封匆忙写好的信件里将这些文件随信寄过去，因为我当时正准备离开伦敦前往巴黎，没有足够的时间去考虑这件事。当我回想起自己的这些行为，我认为整件事情似乎是某种不自然的邪恶冲动，而最后造成的结果是精神层面上的错乱。在我看来，这是解释很多毫无动机、不正常的邪恶与残忍行为的唯一途径。我对这件事的第一印象可以从我当时匆匆写的一封信里看出来：

1856年11月5日，伦敦

我最亲爱的朋友：

我将这些东西寄给你，它们让我感到目瞪口呆。这是多么奇怪的事情啊！这是多么的不可理解啊！你是否将这样的情况告诉医生，让他们去进行判断呢？这到底是属于神经性疾病还是属于精神失常呢？

天才与疯狂之间仅有一线之隔，
而这样的划分是那么的模糊。

但是，我今晚给你写信的目的，并不是要详细告诉你我对这件事的看法。我准备在抵达巴黎之后，有充裕时间的时候再给你写信。

这封信的其余内容主要是关于拜伦夫人与我帮助一位遭遇不幸的艺术家的事情。这封信的最后内容如下：

现在，我正在前往巴黎的路上，匆忙给你写了这封信。至于何时返回美国，我现在还没有这样的打算。再见了，我的朋友。我对你的爱意是无法用语言去表达的。愿上帝保佑你！

哈里特·比彻·斯陀

斯陀夫人在抵达巴黎之后写的一封信如下：

1856年12月17日，巴黎

亲爱的拜伦夫人：

堪萨斯委员会给我写了一封信，希望我能够向某某女士寄来的5美元表达感激之情。我并不认识这位女士，因此只能通过你来表达我们的谢意。

在之前的一两天里，我将堪萨斯委员会寄来的信件随信寄给你了。

关于我们上次在一起聊天的问题，我这段时间对此进行了一番深入的思考。我改变了之前的看法。考虑到这件事情的特殊性，我只能希望这种神圣的沉默情感能够将过去发生的一切都淹没掉，在我们的余生中都再也不会被提起。我要说，将这些事情交给一些小心谨慎的朋友吧，他们可能已经离开了这个世界了，他们可以在天国里尽情地说出事实的真相。有时，我不得不认为，世人做出的一些判断是多么的卑微、低俗且难以理解。在鸟身女妖的控制范围里，我无法展现出更多的尊敬、爱意以及敬意，因为鸟身女妖会玷污她所触碰到的一切事物。所有隐藏的事物最终都会被光明所照耀到。任何不应该掩藏的事情都应该公开，而绝对不应该隐藏在一个无人知晓的地方。因此，正义永远不会缺席的。

亲爱的朋友，这些就是我的看法。我的这些看法可能与我第一次听你说那一段奇怪且悲伤的故事时的想法有些不一样。请记住，无论我们是否能够再见面，我永远都爱着你。

永远忠诚于你的

哈里特·比彻·斯陀

在斯陀夫人的那篇文章登报之前，她给当时居住在波士顿的霍尔姆斯博士写了下面一封信：

亲爱的博士：

我需要你的帮助。我相信我们之间的友情，可以让我向你这样的朋友寻求一些建议。为了让你对这件事有深入的了解，我必须要从几年前谈起，一五一十地跟你说一下。

当我第一次前往英国的时候，我与拜伦夫人成了朋友，这让我们之后有了许多有趣的书信往来。在1856年，当《德雷德：阴沉地大沼泽地的故事》一书出版之后，我第二次前往英国。拜伦夫人给我写信，希望能够与我进行一番私下的秘密会谈，并且邀请我前去她在伦敦郊区的房子里进行会面。我去了她的住所，与她单独谈论了整个下午。关于这次拜访的主要目的，拜伦夫人后来跟我解释了。拜伦夫人当时的身体状况不是很好，因此她认为自己可能时日不多了，所以她想将自己要说的话说出来。

你肯定也知道，拜伦夫人的一生都是在许多对她丈夫的诽谤与错误的非难中度过的。她除了对自己一些少数信任的朋友说过自己的故事之外，根本没有与其他人说过。每当她遇到一些紧急事情的时候，都需要这些朋友的帮忙。当然，世人似乎对她的遭遇没有任何的同情，他们更加专注于一种不公平的行为，而不是一种对严格正义的追求。

在那个时候，市面上出现了一本关于拜伦的廉价书籍，这本书后来的销量不错。这本讲述拜伦家庭不幸生活故事的书籍引发了很多读者的同情。但是，这本书的内容基本上都是虚构的，只是为了能够卖出更多的销量。

在那样的情况下，拜伦夫人的一些朋友向她提出一些问题，询问她是否应该站出来说出事实的真相，或是她通过沉默的方式默认公众对她的那种完全错误的看法。可以说，拜伦夫人的一生都表现出了最为勇敢的自我克制与自我牺牲精神。因此，那些关于她是否应该再次保持克制的问题，不去说出事实的真相的要求，其实都是不重要的，而不论这样的克制会给她本人的情感造成多大的伤害。

正是出于这个目的，拜伦夫人对我说，她希望能够向一位她可以完全信任的朋友讲述整件事——一个来自其他国家的人，一个与这件事发生的国家或是地区毫无关系的人——讲述这件事的来龙去脉。她说，只有这样，我才能更好地对她所讲述的故事进行一番客观的评论。

这次见面聊天的过程有着一种病榻前离别的那种毫无保留的坦诚。拜伦夫人跟我讲了我之前在《大西洋月刊》上所看到的一篇文章。我当时就已经准备材料对此进行回击了，因为这篇文章从头到尾都充斥很多拜伦爵士的情妇对拜伦夫人的攻击。

当你读了我的文章之后，我需要的并不是关于这件事的主要事实是否应该说出来的建议，因为在这个问题上，我认为坦率地说出事实真相对我是毫无益处的。但是，你可以用你的细腻情感与洞察力帮助我，让我讲述这件事的方式变得更加完美。我希望能够以睿智的方式去阐述这个故事。

在7月1日之后，我的邮寄地址将会是马萨诸塞州布里斯陀尔韦斯特波特角。出版商会将校样寄给你。

永远忠诚于你的朋友

哈里特·比彻·斯陀

为了回应这篇文章刊登之后所引发的争议风暴，斯陀夫人继续付出一番深入的努力，想要为自己指责拜伦爵士的行为进行证明。在1869年，斯陀夫人出版了名为《为拜伦夫人正名》的书。在这本书出版之后，她就将一本样书寄给了奥利弗·温德尔·霍尔姆斯博士，并且附带了下面一封信：

1869年5月19日，波士顿

亲爱的博士：

在写完这本书之后，我有许多空闲时间可以给你写信。我正处于一个“关键的阶段”。这是一种奇怪且诡异的体验。我之前没有对任何人说过一句话，虽然我经常会想起你，希望能够从你那里得到一些帮助与怜悯。我为你的作品在美国与英国深受欢迎而感到高兴。相比于大多数人的看法，我更加看重你的看法。我经常思考你上次寄给我的那封信的内容，我也将这封信寄给了我的许多朋友。愿上帝保佑你！请你与你的妻子接受这本书。

永远忠诚于你的

哈里特·比彻·斯陀

在1870年，斯陀夫人通过伦敦的桑普森·洛联合出版公司，面向英国读者出版了《拜伦争议的历史》一书。不过，斯陀夫人的这本书似乎并未能平息英国公众对拜伦夫人的反感。也许，斯陀夫人不应该在那个时候出版这本书，即使是在斯陀夫人最忠实的崇拜者看来，也是如此。斯陀夫人写这本书的本意，就是通过讲述拜伦夫人之前跟她说过的事实，希望能够证明拜伦夫人纯洁的动机以及高尚的情操，从而让这件痛苦的事情为大众所了解。

当斯陀夫人努力捍卫拜伦夫人的名声时，很多人根本对此毫无反应，还联合起来反对她的这种做法。于是，斯陀夫人就将这件事公之于众。她收到了奥利弗·温德尔·霍尔姆斯博士的下面这封来信：

1869年9月25日，波士顿

亲爱的斯陀夫人：

一直以来，我都想给你写信了。但在很多人都对《大西洋月刊》上的那篇文章发表了这种荒谬且恶毒的评论时，我感觉应该在第一波的愤怒情感逐渐消失之后，才有必要对此表达自己的观点。

我认为，我们都明白一点，那就是这场争论不应该发生在美国，而应该发生在英国。我听到了很多人对此表达的观点，但我始终都以沉默的方式站在你那一边，衷心地支持我这位最具智慧的朋友。在这个过程中，我看到了很多人所持观点的转变。一开始，人们认为古利奇奥背后的那些支持者肯定反对任何对拜伦爵士的攻击，因此他非常希望有机会能够加入这场所谓的道德争论，这就能够让他们有机会让这场争论变得更加具有影响力。但是，这场争论也能够提升我们对人性的标准，特别是关于女性的标准。在这次争论的渣滓慢慢沉淀之后，必然会出现一场比较尖锐或是痛苦的争议，但这样的争议并不一定就要以语言攻击对方为手段的。那些拒绝服从的人所持的第一个观点，就是拜伦夫人在两年的时间里让拜伦爵士经受了太多严酷的考验。他们中一些人从语言攻击别人或是咬牙切齿的方式来打压对方，仿佛这是他们最擅长的行为。但是，这样的情况不会持续太久的。任何一个有理智的人都会认为，你所说的每一句话绝对是真实的，就像一滴滴熔化的铅水，在他们的记忆里留下深刻的印象。拜伦夫人跟你讲的那个故事的真实性，是那些蠢人或是心怀恶意之人的诽谤所无法打压的。无论拜伦夫人的信念是否坚定，我们都可以从已有的证据中看到这是真实。事实上，拜伦夫人所说的话与那些最想要了解这件事情真相的人所掌握的资料并不存在任何矛盾。到目前为止，只是他们这些人不愿意承认这个事实罢了。无论在什么不同的猜测或是假设下，我都没有看到任何可以说明拜伦夫人是负有责任的证据。即便是拜伦爵士生前声称自己犯下一些错误，但他是在精神失去理智的情况下说的，而且事实上他也根本没有犯下那些错误。因此，这是多么荒谬的一件事！正常状态下的拜伦是绝对不会玷污相信他清白无辜的姐姐的名声的。他始终都怀着天使般的热情与纯洁的心灵去生活，绝对不会与这些臭名昭著的指控联系在一起的。假设拜伦夫人的一些行为是比较难以理解的。难道一个年轻且诚实的女性，在面对这样一个男人的时候，我们能够期望她做出任何动摇或是妥协的行为，从而质疑或是违背自己的原则吗？这显然是不可能的。

至于那些诗歌里所谓包含的直接证据，我认为这只能证明拜伦夫人是有罪的假设是根本不成立的。我认为布特勒的观点以及其他人表示这些诗歌并不能说明什么的立场，对于我们认清这个事实是有帮助的。很多诚实的当事人的回答都是可靠的，只是他们的回答让那些对这件事情感兴趣的人不怎么满意而已。

我知道你是一个坚强独立的人，你敢于在这样的时刻站出来说出真相，这是需要勇气的。关于你说出事实真相的这件事，公众的想法肯定会或多或少地出现一些分歧，这是很正常的。

希望你能从微恙中迅速康复过来。

永远忠诚于你的

奥利弗·温德尔·霍尔姆斯

在遭受着最为无情或是缺乏怜悯心的攻击与侮辱时，斯陀夫人收到了来自路易斯（乔治·艾略特）夫人的下面这封充满怜悯心的来信：

1869年12月10日，普利奥利，北岸区第21号

亲爱的朋友：

在你置身于困扰的时候，我经常会想起你，因为我担心你正在饱受着来自不公平且苛刻的批评所带来的严峻考验。之所以会出现这样的情况，部分原因是一些人终于找到了可以发泄他们对你不满情绪的机会，另一部分原因就是希望利用这种匿名的方式来展现出他们让人发指的残忍行为。在我看来，我认为拜伦问题永远都不应该上升到面向公众的高度，因为我认为关于这个主题的讨论对于整个社会是有害的。但至于你，我亲爱的朋友，我可以肯定一点，那就是基于你所做出的行为，我知道你是出于纯粹且慷慨的情感去这样做的。千万不要认为我给你写这封信是为了对你的行为进行批判。我只是想要向你表达我对你的怜悯心与信任。要是我就在你身旁的话，我肯定会亲吻你

的，或是握住你的手。

我希望能够听到有关斯陀教授身体健康的好消息，当然还有你身体健康的好消息，哪怕你有时间对我说一两句也可以。我不会期望能够收到你寄来的长信，因为这是不合情理的。对你来说，写作之后的休息时间是非常宝贵的，毕竟你现在的年龄也慢慢大了。只要你在回信里谈论你与你家人的一些情况，那么我就会感到开心了。路易斯先生与我都非常敬佩你与你的丈夫。除此之外，作为女性同胞，我还有幸跟你说一句，我永远都是你最忠诚的朋友。

M.H.路易斯

第二十章
斯陀夫人与乔治·艾略特的书信来往

当我们从斯陀夫人人生中最不开心的经历转移到她与同时代最友好且最有智慧的女性乔治·艾略特之间的有趣通信时，这实在让我们的内心感到无限的宽慰。

虽然她们在智趣层面上有着许多的不同点，但似乎有某种深沉的情感让她们始终走在一起。

乔治·艾略特是在1853年通过她给佛伦女士写的一封信，首先对斯陀夫人产生了浓厚的兴趣。在谈到这件事的时候，她（乔治·艾略特）这样写道：

> 佛伦女士向我展示了一封斯陀夫人刚刚寄给她的一封信，我认真阅读了这封信。斯陀夫人在这封信的开头就说："我是一个个子不高的女人，年龄在四十岁，就像一撮鼻烟那样随时掉落。即便在我最美好的年华里，也不是一个好看的人，现在更像要报废的东西了。"斯陀夫人的这封信非常具有吸引力，让我马上喜欢上了她。

斯陀夫人与乔治·艾略特之间的通信始于斯陀夫人。斯陀夫人的来信，让英国这位最著名的小说家回复了下面这封最有趣的信件：

1869年5月8日，普利奥利，北岸区第21号

亲爱的朋友：

我非常珍视你在来信中将我称呼为朋友，因此我也这样称呼你。某天晚上，当我们从意大利度假9周之后回到家，我发现这封信静静地等待着我。我当时的想法就是感到非常沮丧——也许这应该是一种让我动弹不得的沮丧之情——因为我写作生涯里的那么多天就这样毫无意义地过去了。你在来信中给我的鼓励让我充满了动力，你在信中

表示我的作品肯定是具有价值的，这让我真是受宠若惊。但是，我不会沉浸在自己的任何心理疾病当中。你的来信带给我最大的快乐就是你表现出来的友好情感，你的这封来信都充满着这样的美好情感。我将会变得越来越好，因为你以这样的方式让我知道你比我更好。我必须要告诉你，当看到信封上写着你的名字时，我的内心感到非常激动。这封信的收信人是写给佛伦女士的。一天早上，我前去伦敦拜访她(这是多少年之前的事情了!)。她非常友好地将这封信读给我听。因为这封信里包含着有关你的一些历史，还描述了你当时的家庭生活环境。我还记得当时自己的想法就是，你实在是太友善了，竟然给自己还没有亲自认识的人写那么长的回信。现在回头看看我现在的体验，我认为你的善意要比我当时感受到的善意更为强烈，因为在那个时候，你肯定正遭受着巨大的名声所带来的各种忧虑。我还记得，你在当时那封信里谈到你的丈夫是一位知道希伯来语与古希腊语比英镑或是先令更多的人。你的丈夫作为一名充满激情的学者，始终都是让我非常感兴趣的人。每当我在脑海里描绘你的形象时，总是会想到你身旁站着一位学者形象的人。我非常期望你的丈夫对歌德的研究所取得的成果。

关于你的新书(《老城的人们》)主要是讲述美国人的故事，因此可能在英国这边遇冷的担心，我认为这样的担心是毫无根据的。绝大多数的读者都喜欢阅读你创作的书，因为你的书能够给他们带来读者的视角，让他们产生阅读与研究的兴趣。我敢说，你早已经明白一点，即一本书如果拥有某些特点碰巧是成为畅销书的话，那么这本书对社会民众的思想影响最后都要归结于少数人对这本书的欣赏，因为畅销的结果肯定是源于得到少数人的欣赏之后再慢慢发散出去的。我的意思是，你的作品能够影响一些人的心灵，而这些人反过来又会影响其他人的心灵。但是任何一本真正有特点的书都不会以恰当或是直接的方式告诉读者应该怎么做，无论这本书的传播方式多么的广泛。你可以亲眼看看读者对这些书的评价，即便一些评论可能不是你愿意听的，但这都是有好处的。我绝不是以愤世嫉俗的态度这样写的，而是出于纯粹的悲伤与遗憾情感来写的。无论是在国外旅行还是留在国内，我们英国人的视野以及运动方式在过去几个世纪里都慢慢地朝着道德方面发展。这样的发展趋势与你所谈到的问题以及我的宗教观点都是比较吻合的。我同样相信宗教能够在某个占据主宰的阶段去发生一些改变。一种比任何舆论观点更为完善的宗教观点必然会对个人的情感安慰没有多少关照，而是更加注重每个人都应该要承担起来的责任——这就是人类命运的一大难点。信件本身就是比较狭隘或是零散的交流方式。当某人想要就某个宽泛的话题进行写作，相比于他想要说明的道理，必然会制造出更多的误解。但是，我亲爱的朋友与同事，我对于写信给你没有任何顾虑，因为你作为作家比我有着更多的经验，而且作为女人也有着比我更多的生活经验，因为你已经有了孩子，知道作为母亲的感受。我相信你拥有迅速敏捷的思维能力，可以让你不会误解我所说的话。

当你说："我们生活在一座橙子果园里，并且准备种植更多的果树的时候。"我想你肯定能够感受到来自家庭的浓浓爱意，而这样的爱意始终都会让你的精神感到愉悦。在我看来，你仿佛就置身于美好的天堂。不管怎样，我必须要相信，你的作品里表现出来的那种愉悦且温柔的幽默更加接近你的现实生活，而你则将现实生活中的阳光赐给我们。我看到了《老城的人们》一书的广告，非常期待这本书的发行。我们之间任何全新的纽带都是我非常重视的。

祝愿你一切安好，我永远是你最忠诚的朋友！

M.L.路易斯

斯陀夫人在曼达林给乔治·艾略特回信说：

1872年2月8日，曼达林

亲爱的朋友：

距离我上次收到你寄来的充满友好情感的信件已经过去了两年时间。在这长达两年的时间里，我之所以没有给你回信，是因为我每天都在进行着高强度的工作，让我根本无法抽出空闲时间静下来给你回信。但是，我在心里始终惦记着你，始终信任着你，一有空就会阅读你发表在报纸上的一些文章。

但是，我现在所处的环境不一样了，因此我有足够的空闲时间可

乔治·艾略特

以静下来给你回信了。目前，我在佛罗里达州的一座橙子果园里有一间小屋，屋子前面是蓝色的圣约翰河，这里还有一排排的槲树，槲树下面都长满了长长的灰色苔藓，还有挂在橙子树上金黄色的橙子似乎睥睨着下面暗淡的叶子。这里的一切就像索伦托——真是太像了，有时我都会感觉仿佛就是置身于索伦托。当我来到这里的时候，感觉自己过上另一种生活。之前那个喧嚣的世界似乎慢慢地从我的生活中远去了，我感觉自己已经摆脱了尘世的烦恼，外面发生的一切都不会影响到我的内心。所有的一些喧嚣与噪音在这个偏僻安静的地方都彻底消失了。这里没有寒冷的冬天，有的只是开阔清新的生活——这是一种有点古色古香、狂野气息的生活，在表面上看显得比较粗野，但实质却是非常丰富的。但是，当我来到这里之后，我给朋友们写信的次数要比之前在任何地方居住的时候都还要多。这里的邮局每个星期会派送两次，这也是一个很重要的原因。我那位学识渊博的丈夫与我正准备搭建帐篷，然后认真地研究德语、希腊语与希伯来语，如饥似渴地阅读着所有黑皮封面的书籍，而我则跟在他后面将他所遗漏的内容都补充好。

我一直都在想，当我来到这里之后，肯定要马上给你写信的。因此，我现在也这样做了。我已经让邮局那帮人定期给我寄来《哈帕周刊》，因为你的最新小说故事在这份周刊上有连载。现在，我有充裕的时间可以慢慢品味你所写的每一个字了。

当我有这样的想法时，我想向你介绍我的一位朋友，他是一个极为高尚的人，他是欧文。他在那不勒斯担任过几年大使，现在在美国过着一种典型的学者生活。他的父亲是罗伯特·戴尔·欧文，是一位理论家与共产主义者。前几年，你在英国生活的时候有可能听说过这个名字。

几年前，当我在那不勒斯的时候，我第一次拜访了欧文先生，发现他正在将自己的专注力投入了精神主义现象的研究当中。他偶然发现了一些关于精神主义的有趣现象，于是他就希望能够对此进行一系列的研究与实验，他还将自己的一些实验结果展示给我看。这是我第一次认真对待这个问题。之后，欧文先生邀请我的妹妹与我一起看看居住在他们家的一位朋友所展现出来的现象。在那个时候，展现出来的结果是非常有趣的，但我对他阐述这些结果的方式非常感兴趣，因为他总是对每次实验的结果都进行记录，并且进行分类的归纳。通过一番研究与观察之后，他出版了两本书，分别是《另一个世界边界传来的脚步声》，在1860年出版。他的第二本书《今世与来世之间有争议的领地》。我将欧文先生视为少数一些有能力在不违背常识基础的情况下，对这些问题进行认真探索的人。因此，他的这两本书都是值得认真阅读的。对我来说，他的这两本书会激发出我强烈的兴趣。当然，我并不认可他在书中得出的所有推论，认为他在书中有着太多想当然的结论。尽管如此，他的这两本书存在着一些缺陷，但我认为这两本书还是非常有趣且有用的。在他后来写给我的一封信里，他这样写道：

“在当代，最让我尊敬的作家就是路易斯夫人了。我最看重路易斯夫人对我这些作品的看法了。”

我认为，他想将他的作品寄给你。我希望你能够认真阅读这些作品。他在作品中一些描述性的内容可能会震撼你的心灵，正如这些内容曾经震撼过我的心灵一样，但阅读他的作品就仿佛是欣赏阿拉伯神灯的有趣表演。我想要说的是，我曾经以偶然的方式通过个人的观察证实了其中一些重要的结论……关于这个主题的各个分类，我始终都认可歌德的观点，也就是“在现在这个时代，盲目地否认精神主义事实的存在，就与中世纪的民众将精神主义归结为魔鬼一样，都是非常荒谬的”。我认为，欧文先生过分看重他在书中所阐述的事实了。我不认为来自这个世界之外所发生的事情是特别具有价值的，除非这些所谓的事情能在人们去世之后依然继续存在。

我认为，根本不存在任何证据可以支撑他提出的这个观点，即很多证据都是基督教的启示的补充或是延续。但我发自内心地认为欧文先生的这些研究，是心理学层面上的有趣且独特的研究，每一个像欧文先生这样的认真观察者都应该将他们观察到的事实说出来。在这封信里，我将随信附带一封我关于欧文先生这本书的个人看法的信件。我非常清楚一点，很多宣称来自精神世界的启示都是比较轻浮或是毫无价值的。在我看来，这些精神世界的启示是否具有价值，与这些事实问题根本是毫无关系的。

这些无形的精神是否会以各种方式——无论是睿智还是愚蠢的方式——表达出来，这才是一个我们首先要提出的问题。我不知道为什么在未来的世界里，会出现那么多愚蠢的处女。因为，我始终相信着《圣经》与基督教的教义，我不需要这些东西来佐证我的信仰。对我来说，那些所谓关于来世的信条并不是一种宗教。我只是将那些东西视为我观察北极光的现象，或是达尔文在自然选择方面的研究，只是认为这是对自然的有趣研究而已。除此之外，我认为，我们终有一天能够找到一条可以解释这一切的法则。

我希望这个话题不会让你感到无聊：当然，这个话题现在显然是激起了越来越多人的兴趣了。现在，也有很多人开始慢慢相信这些精神主义了，很多人都敢公开宣称自己是精神主义者了。至于我，我只是希望这个问题能够在公开自由的环境下接受任何人提出的疑问。

如果你对此有什么自己的感受，请快点写信告诉我。我知道像你这样天性的人，肯定会想提出很多的问题。但是，让你在知道我始终思念着你，始终爱着你，这肯定是没有错的。

永远忠诚于你的朋友

哈里特·比彻·斯陀

1872年3月4日，普利奥利，雷根特公园北岸区第21号

亲爱的朋友：

我深知你在过去两年里一直都忙着各种必要的工作，因此，你很难腾出足够的时间来给别人写信。我对此是非常理解的。你依然深情地记得我这个事实，让我的内心无比的感动，带给我无限的快乐。因为，每当我想起你正快乐地享受着在橙子果园里的悠闲生活时，我就替你感到开心——那里算是你在西部世界的索伦托了，而且深爱着你的丈夫仍然与你在一起呢。我敢肯定，每天能够生活在安静舒适的环境下，这肯定会给你带来极大的祝福。正如当我们远离了伦敦喧嚣的生活之后，前往乡村地区去学习、散步或是聊天的时候，都会感觉身心非常愉悦。

如果我有更多空闲时间的话，我肯定会阅读欧文先生的作品，如果他能够赏脸寄给我看看的话。我始终希望自己在所有问题上都保持开放的心态，但是我之前所感受到的各种与精神思想存在联系的现象，都会以一种最为低级的招摇撞骗的可怕形式呈现出来……

但是，倘若不需要通过公开展示或是通过媒介来赚钱的方式，或是通过任何其他方式来谋取钱财的方式去表现精神主义的话，那么我是绝对不会先入为主地对这个关乎人类命运的话题抱有成见的。你在来信里所表现出来的情感很容易触动别人，让别人至少想要去了解一下你非常感兴趣的话题……

真诚地祝福你一切安好！

M.L.路易斯

1874年5月11日，佛罗里达州曼达林

亲爱的朋友：

我很高兴收到你非常友好的来信——我很遗憾得知你现在偶染微恙。因为出版商出现的一些差错以及误解，我现在还没有像预定计划那样，在橙子树的阴凉处阅读《米德尔玛奇》这本书。再加上邮局那帮人也没有寄过来，因此我也不愿意出去外面找这本书。当我阅读你的来信时，我感觉要是邀请你前来我们这座佛罗里达的村庄，该是多么有趣的事情啊！这里是一派充满旷野气息的全新田园生活。虽然这里的气候环境与意大利地区比较相似，但呈现出来的自然景色却有着天壤之别——这里的植物、小鸟、动物都与意大利那边是完全不同的。英国那边一片绿油油的草地以及修剪之后的果园，在这里则变成了一种野蛮生长且充满原始气息交织起来的美感。每一棵树上都会出现野花，野生的藤蔓与匍匐植物就像发了疯一样在阳光下跳舞，不断地相互缠绕，最后变成了一个无穷无尽的迷宫。但在这里，在我家后面的这一片沙地平原上，却能每时每刻感受到自然在狂野生长过程中所呈现出来的美感。首先，这里的松树——虽然与意大利那里的五针松一样挺拔——但这里的松树却有着更长的叶子，每片叶子的长度可以长达18英寸左右。每当风吹过这些叶子，总会产生一阵充满梦幻色彩的声音。接着就是槲树与水栎了，这些都是叶子形状较小的青绿树木，但整棵树的体积却非常庞大。这些树木的树枝上都挂满了灰色的苔藓。在我们家后面的地方，则是这些树木可以自行生长的野生公园。可以说，这里的树木一年四季都是常青的，叶子上挂着的苔藓形成的仿佛毛织物的东西，远远看上去就像一个充满着神秘色彩的洞穴。在这些高大树木下面，则生长着冬青树与长着花朵的灌木丛，还有黄色的茉莉花会地面上生长出来，金钟花的花蕾也会散发出香气。因此，我们可以说，这些花朵有时会完全被树木的叶子所遮挡。

这种神奇的、野蛮的且充满活力的生长，对我来说都是全新的、陌生的且未知的，因此对我充满了极大的魅力。这是一个让我们忘却外面世界的世外桃源，也是一个安静感受自我的好地方。如果你能够过来这里的话，我们将能够每天都在一起交流，可以去采摘杜鹃花、

白色的百合花、银钟树叶与蓝色的鸢尾属植物。当我想要将这些景色描绘下来的时候，这些花朵的不同颜色总是会让我感到抓狂。我刚刚完成了一幅画，画上描绘的是一株白色的百合花在河道边上的潮湿地上生长的景色。我一直都想要去描绘蓝色的鸢尾属植物。你天生就是一位艺术家与诗人，因此你应该能够更好地感受这里的景色。如果你能够过来这里的话，那么我会带你欣赏这里的景色，让你住在我这间温馨舒适的房子里。我这座房子的历史是这样的：我找到了一间小木屋，这间小木屋就在一棵周长为25英尺的槲树旁边，并且上面有长达8英尺的树枝都是挂在空中的，就像苍穹那样不断地散发出去，树枝上都挂满了苔藓。我们一开始就生活在这里，之后，我们之间通过板条、灰泥与纸张来装饰这间房子。接着，我们就在房子前面建造了一条宽阔的走廊。因为，在这样的地方生活，所谓的走廊其实就是客厅的一部分。我们的房子就是建造这棵槲树树干的旁边，因此我们的住所每天都能呼吸到特别清新的空气，这些清新的空气似乎有一半是源于树叶散发出来的，有一半则是源于其他地方吹来的。之后，我们不断地添加一些东西，随着树枝的不断延伸，我们也逐渐修建了山形墙与房间，直到我们的房子仿佛成了一座公共建筑。但是，我们在这里却过得非常开心。我们的这座房子有着各种有趣的小房间，可以满足17个人前来居住。在房子前面，是美丽宽阔的圣约翰河，这条河流的宽度大约是5里。我们经常可以看到很多来自外面的人乘坐蒸汽船在河上经过。房子周围都是高大的橙子树，这些橙子树形成了浓密的树荫，终年常青，遮蔽着阳光，让我们可以在阴凉处坐下来、散步或是过着一种舒适的室外生活。这里的冬天也不冷，天气只是有点凉爽。我们喜欢在冬天的时候到外面呼吸新鲜空气，这里也不会下雪。可以说，在一年的12个月里，每个月都可以看到美丽的花朵在盛开，花园里的生菜与豌豆也在茁壮成长。这里夏天的温度大约为32摄氏度，但这里吹来的海风会让空气变得非常清新。总的来说，在为期3个月的夏天里，我们都会前往北方避暑的。当然，我并不是指要回到佛罗里达州，但这不是由我决定的。即便你不能亲自过来，我也希望你能够神游到这里领略一番。

我那位可怜的丈夫！我想要给你寄去一些用阿拉伯语写成的文章，我担心你看不懂。现在，他正在研究有关古代巫术的问题，并且认真研究了与此相关的各种文献，包括从《塔木德》到……

永远忠诚于你的朋友
哈里特·比彻·斯陀

1872年9月26日，波士顿

亲爱的朋友：

当你没隔多久就再次看到我寄来的信件时，肯定会认为我这里下雨、下冰雹或是下雪了。不过，我目前在气候宜人的波士顿居住，而亲爱的菲尔德斯夫人就像一只温和的鸽子那样“在充满着友好情感的环境下安静地坐着沉思”。我们都一致希望你能够与我们在一起。在你上次写给我的那封信里谈到要给菲尔德斯夫人写信，但她现在还没有收到你的来信呢。我认为，你肯定是已经回信了，但信件可能是送错了地方，因为我当然知道你肯定会写信的。昨天，我与菲尔德斯夫人在听到卡索邦那根可怕的棍子之后，都感到非常遗憾与愤怒——想到了可怜的多萝西娅就像一波温暖的海浪撞到了冰冷且坚硬的岩石上！卡索邦实在对任何事情都抱着太强的恐惧心理了，因此他的身体里似乎流的都是冰冷的血液。当然，为人冷血麻木可能不是他的过错，只是他的不幸而已，因此我们也不需要为他感到生气。当我们在花园里静静地欣赏着美丽的景色，与一位博士进行了一番交流之后，我们的心灵才恢复了平静。在波士顿，有不少像这位博士这样的人物，在文学圈子里有着很高的地位。但我认为他的妻子一点都不像多萝西娅。他们就像中国的夫妻那样，总是相互尊重着对方。

亲爱的朋友，我之所以对这个故事产生这样的感慨，是因为如果你能够来我们这座有点破败且有充满着欢乐气息的乡村地区——也就是说“愉快”的地方，那么你能始终在一个很高的层次上去进行写作与生活！在这里生活，本身就是一种自我克制的做法。我们都希望你能够来这里。有时，我们会一起出去划艇，整个过程非常有趣，还可以说我们想说的任何话，做我们想做的任何事情。因为我们想说想做的事情都不会有任何的不恰当。我每天都希望你能够尽快来美国这边——就像我之前去英国那样，从一座小镇前往另一座美丽的城镇，感受不同的生活状态，看到不同的物质财富，感受民众的教养与社会进步，以及感受一切所有美好的东西。这座“鸽舍”是我所能想象到的最为美好的住所了，这里的前门对着城市大街，打开后门窗则能看到海景，安静的房间里摆放着各种书籍、图画以及各种有趣的物品，这些都是你与路易斯先生肯定会喜欢的东西。千万不要对跨越大西洋心存恐惧！我曾六次跨越大西洋呢，因此我可以向你保证，旅程过程中的危险其实都是被过分高估了。弗鲁德即将准备前来这里，为什么你就不能过来呢？除此之外，我们这里还有永恒的青春之泉，我说的是我在佛罗里达州的住所。如果你们能够过来的话，可以在这里过上一段非常舒适的生活，可以创作出更多杰出的诗歌，可以进行更加深邃的哲学思考。我的丈夫目前正在“第七重天国”中进行着创作，他也表达希望你能够过来看看的愿望。当我离开佛罗里达州的时候，他仍然留在那里继续进行着创作。

既然你给菲尔德斯夫人的信件还没有送到，你可以现在就准备过来。请让我听到你爽快的回答。我们将能够敞开心扉进行极为舒适的交流。

永远忠诚于你的朋友

哈里特·比彻·斯陀

在1874年夏天，斯陀夫人的弟弟亨利·沃德·比彻牧师遭受了一场针对他个人纯洁品质充满恶意与毫无根据的攻击。路易斯女士在给斯陀夫人的信件里表达了对亨利·比彻的极大同情心：

亲爱的朋友：

前几天，我收到了菲尔德斯夫人的来信，得知你的弟弟遭受到了别人毫无根据的恶意攻击。就我所掌握的信息来看，我知道这肯定是不值得相信的攻击。但是，我知道一点，这件事肯定给你与你的弟弟带来了极大的痛苦。在这件事情上，我很自然会更多关心到你的感受（因为很多公开的信息都是不完整的）。在我们朋友的来信到来之前，我都会对路易斯说：“斯陀夫人现在是怎样一种感受呢？我还记得菲尔德斯夫人曾在信中跟我谈到了你所拥有的无畏勇气与乐观的精神，这能够让你经受巨大的考验。我相信你能够用柔和的话语与真诚的建议去帮助那些遭受痛苦的人。我能够感觉到这样的攻击必然会给你的心灵带来一些伤害。我亲爱的朋友，你始终善待着所有的同胞，始终希望去关爱别人，难道你不应该用更为快乐与豁达的心境去享受生活吗？”

我不能在对这件事情一无所知的情况下发表自己的观点，唯恐自己会使用了一些不当的词语。但是，我相信你不会认为我的这封信是评论什么的，而只是表达我对你的完全信任。我始终都会为你对我表现出来的善意而感恩，也为你给予我的友情而甚为感激。

大约在两年之后，斯陀夫人才对路易斯女士的这封充满着怜悯心的来信进行了回复。

1876年3月18日，曼达林

亲爱的朋友：

每当橘子花开的时候，我总会想到你。现在橘子的花生长得非常茂盛，很多蜜蜂都在花朵上飞来飞去，整个空气中都洋溢着蜜蜂发出的嗡嗡声。现在，我每个月都能从《哈帕》杂志上读到你的作品，你的作品还是一如既往地那么优秀。你创作的《丹尼尔·德龙达》这本书成功地唤醒了我沉睡的心灵。在当代，很多杂志上刊登的小说故事都是良莠不齐的，但你的这部小说却是非常优秀的。一本书要想给读者留下深刻的印象，必然要有一些不同寻常的东西。你的这本书正好能够吸引我，让我产生强烈的兴趣，因此我每个月都怀着激情的心情等待着。我希望能让你感受这里漫长的冬日气候——我说的不是你在西西里岛上的那种冬天。我们都是从11月生活到次年的6月，我的丈夫整天都会坐在室外走廊上的椅子上看书或是写作。可以说，我们是一家人都搬过来这里居住了：包括我两位可爱的女儿、她们的丈夫与孩子，还有仆人都一起过来这里度假，然后在夏天的时候一起前去北方的避暑房子。我那一对双胞胎女儿帮助我做家务，让我免除了家务的烦忧，她们都是充满着活力与力量的人，同时对现实生活有着清醒的认知。我们发现附近的邻居也来这里居住了，他们与我们一样都是来这里度过冬天的，他们在这里过着一种安逸、舒适自在的生活，远离外面世界的喧嚣与烦恼。斯陀现在每天都忙着阅读格勒斯八卷本关于中世纪精神主义研究的作品。这位格勒斯是德国慕尼黑大学的一位哲学教授，他在这些作品中全面地研究了自然与超自然之间的界限——包括神迷、恍惚、预言、奇迹、精神主义等情况。格勒斯还是一位虔诚的罗马天主教徒。在我看来，他在书中谈到的所谓的事实的确是让人震惊的。不过，物质所具有的惰性以及人类所具有充满生命力与力量的永恒灵魂，会让这一切都显得可信。有时，人类的灵魂的确能够对物质产生一些影响。最近，我一直忙着阅读圣特贝弗所写的七卷关于罗亚尔港建设状况的书籍。我非常欣赏圣特贝弗。他所具有的深刻洞察力，正确看待自然与情感之间的能力的确是让人惊叹的。我很遗憾得知他已经离开了这个人世。

在我房间窗户前面的那棵橙子树上，有一只红雀在不停地歌唱，它的声音是那么的婉转动听，几乎要让我想着停下手中的笔，认真地聆听了。亲爱的朋友，我真希望你一切安好，身体状况比上一次你写信给我的时候更好一些。

你上次给我的来信是那么的美好，让我的内心感到非常温暖。我想你可能都早已经忘记了你在那封信里说了些什么吧，但是你对我弟弟所遭受的考验表现出来的友好情感与怜悯心，让我非常感动。这也说明你拥有着美好的心灵。毕竟，我对你的爱意要胜过我对你的崇敬之心，因为我认为，成为一个真正精神活跃且成为具有价值的女人，要比掌握希腊语、德语或是创作书籍更加重要。在我最近阅读你这本书的过程中，这样的感受更加强烈——这样的念头仿佛始终盯着我，希望我能够做出有趣的展示。我亲爱的朋友，我感觉自己终于要来到人生这边的渡口了，随时准备要渡过生命的那一边了。当我在午睡的梦境中醒来的时候，我感觉所有人似乎都已经不在了。其他人都正在收拾着东西，打包着行李，等待着装载他们的轮船的靠岸。

现在，当我回想起来，我感觉我与弟弟亨利当年年轻的时候距离现在，这几十年的时间真是弹指一挥间啊。他比我小两岁，在4个哥哥与3个姐妹当中，他与我的关系是最好的。小的时候，我教他绘画，听他背诵拉丁课文，因为你也知道女生要比男生更加早熟。我一路看着他考上大学，帮助他处理爱情方面的问题，最终看着他娶妻生子。接着，他与我的丈夫都对德语感兴趣，彼此成了朋友，这最后反而让我嫁给了斯陀。在那个时候，我们从未想象过斯陀与我或是我们中的任何人能够在这个世界上相识！在那个时候，亨利似乎始终是一个充满着阳光、爱意与热情的男孩，努力想要帮助那些遭受压迫的人，匡扶正义，这让他人生早年的时候就开始写社论了，希望自己能够用锋利的笔作为武器，捍卫当时在辛辛那提生活的悲惨黑奴。当时，我们就生活在辛辛那提，肯塔基州的奴隶主煽动了一群暴徒对黑奴发动了攻击，亨利对此进行了最为强烈的谴责。

之后，亨利结婚了，在新西部地区过上了一种牧师生活，每天都充满热情与骑士精神去工作与生活，让我们的生活都充满了阳光和活力。之后，他受邀前去布鲁克林担任牧师。当时正是废除奴隶制危机爆发的时候，《逃奴追缉法》也刚刚通过了。我当时身在缅因州，还清楚地记得在一个下雪的晚上，他乘坐马车前来我家，与我们一起谈论到第二天早上。我们一致认为，应该想办法去对抗这部可怕残暴的法律，因为这部法律完全针对的是毫无抵抗能力的黑奴。我的丈夫当时出去外地发表布道演说了，我的内心因为愤怒与痛苦而感到非常焦虑。那时，亨利对我说，他必须要在纽约进行这样一场战斗，他会争取教会支持他所持的废奴立场，抵制南方奴隶主所进行的专制统治。我说:“我也要开始做一些事情了，我准备写一部小说，要将奴隶们经受的苦难与痛苦全部说出来。”“海蒂，你做得很对！”亨利说，“你要尽快完成这部小说，我会尽自己最大的能力帮你宣传这本书的。”就这样，我创作了《汤姆叔叔的小屋》一书，亨利所在的普利茅斯教会也成了逃奴们避难的一个场所与坚定的庇护所。一天早上，亨利发现可怜的保罗·埃德蒙森就坐在他家门口的阶梯处，正在低声啜泣，因为他的两个分别只有16岁或是18岁的女儿已经被送到了布鲁恩山上的奴隶仓库，即将要被售卖。我的弟弟于是带着这位老人参加一场公共集会，替他讲述了自己的故事。在不到一个小时之内，就筹集到了2 000美元来帮他的两个女儿赎回了自由身。在这之后，普利茅斯教会帮助了许多奴隶，亨利与普利茅斯教会在南方各州成了仇恨与恐惧的代名词。从我们一起谈论《逃奴追缉法》开始，我们就从来没有在这一场需要付出血泪的废奴运动中有过任何的退缩。亨利在这场运动中投入了一切精力与时间。当总统大选的焦点聚集在奴隶问题的时候，他不断帮助支持废奴运动的总统候选人发表助选演说，不断反驳任何支持奴隶制的声音。在演说过程中，他始终坚持一个核心观点，那就是耶稣基督的事业其实正是奴隶们的事业。当这一切都结束之后，他与劳埃德·加里森立即被联邦政府派到萨姆特城堡升起联邦国旗。你肯定能够明白，一个像我弟弟亨利如此热衷于社会事务的人，怎么可能不会树立一些敌人呢？可以说，整个联邦政府里有一半的人遭遇了失败，数百万奴隶主所谓的财产得到了解放，之前那些因为奴隶制而过上富有且自豪生活的奴隶主现在变成了乞丐。因此，南方许多从来没有见过我们，只听说过我们名字的人必然是恨我们恨得咬牙切齿的。之后，亨利在神学领域里成了一个进步分子。他开始相信赫胥黎①、斯宾塞与达尔文等人的学说——这足以引起过去老一派的宗教分子的警醒——但是，亨利始终都是一位虔诚的超自然论者，因此他不会在宗教领域内成为一名激进的破坏主义者。他与我都是崇拜耶稣基督的虔诚信徒，都将耶稣基督视为全能全知的上帝的意志形象，全身心地相信着他。之后，亨利就成了一名社会改革家，宣扬要给予所有人选举权，包括给予女性应有的政治权利，但是他的激进程度没有像法国那些社会主义者那么严重，因为亨利知道那么激进的做法，必然会摧毁原有一切的制度。最后，亨利成了一名非常受欢迎的人，这可以说是他的不幸。我无法跟你描述亨利身上所展现出来的爱意与偶像崇拜的程度。他身上似乎有一种磁性，能够让每个人都想要与他交往——这会让人们愿意追随与尊敬他。我还记得在早春时节的一个晚上，在他家里，缅因州那边寄来了一大箱的鲜花，另一箱鲜花则是从新泽西州那边寄来的，还有一箱鲜花是从康涅狄格州寄来的——这些都是那些与他素未谋面的人寄过来的，送这些鲜花过来只是为了表达对他的敬意。我说：“人们一般只会这样对待女歌唱家，到底是什么让人们如此崇拜你呢？”

我的弟弟亨利是一个无可救药的慷慨主义者，相信每个人都有着善意。他无法相信人性本恶的理念，这似乎是不可思议的。当然，他这种轻信人性本善的理念也给他带来了许多的痛苦。你说你希望当普利茅斯教会洗脱我弟弟的罪名时，我肯定会感到欢欣雀跃的。事实不是这样。

---

①赫胥黎（Thomas Henry Huxley，1825—1895），英国博物学家、教育家，达尔文进化论最坚定的支持者。代表作有《人类在自然界的位置》等。

那些攻击我弟弟的敌人已经发话了，不是他们死，就是我的弟弟死，因此接下来还有两年多最为可怕的斗争。首先，有一场长达6个月的法庭审判，我弟弟这一边要支付的赔偿费用大约为118 000美元。当时，他与他勇敢的妻子都坐在法庭的座位上，聆听着那些阴谋者所策动的计划。这些阴谋者早在三四年前就已经计划这样做了。陪审团的领班收受了10 000美元的贿赂，决定让陪审团裁定我的弟弟有罪。他将一封裁定我弟弟有罪的信件交给了法官。虽然他们处心积虑地想要整我的弟弟，四分之三的陪审团成员还是认为我的弟弟是无罪的，因此那些阴谋者的诡计没有得逞。我弟弟的很多朋友都认为这是一场巨大的胜利。不同教会的许多最有影响力的牧师都纷纷通过发表公开信的形式表示，希望这件事能够尽快结束，不要让任何一个无辜之人遭受任何诬陷。

但是，那些敌人则依然在秘密地计划着各种阴谋，想要彻底摧毁这个成功的公众人物，因此他们一直要求要进行一场教会的审判。他们这样的要求出现在许多宗教报纸上，最后普利茅斯教会也只能与那些犯罪分子站在一边——他们受到了那些犯罪分子的鼓噪与煽动，拒绝进行全面的调查。6个月的司法调查是不够的，因此需要一场全新的审判。普利茅斯教会立即召集了所有的牧师与人员，说要代表教会一共37 000人——这个庞大的委员会最后一致支持教会法庭的判决，那就是基于对所有事实的充分调查，发现任何关于我弟弟的指控都是不成立的。在他们的要求下，普利茅斯教会指派了一个五人委员会，在60天内提交他们可以提供的任何证据。我弟弟的许多朋友都认为，这件事肯定要就此结束了。但是，你也知道我为什么之后没有给你回信的原因吧。这件事让我感到非常痛苦，我感觉自己的内心在滴血。我的弟弟是我最亲爱的人，我知道你是那种善解人意的人，因此当我说我的弟弟遭受如此重大打击的时候，其实也是对我的一种打击。我知道弟弟是一个纯洁、有尊严且敏感的人，从小就知道他是一个有着纯粹理想的人，他非常注重自己的良知，他希望凭借自身的荣耀去改正人类的错误，他从来不会说任何一句诽谤别人的话，也从来不会听别人说这样的话。

我从未见到一个像我弟弟拥有如此强大的心灵力量，同时却又有着如此纯真心灵的人。他是一个绝对平和与冷静的人，虽然我也见过他无比愤怒的时候，但是我从未见过他感到不安或是恼怒的情况——

他做出的每一个行为，都在为别人考虑。他是一个走在大街上，孩子们都愿意追随的人。很多悲伤、软弱或是不安的人都会将他视为天然的帮手。在他漫长的一生里，他与任何女性的关系都是符合他的道德感的——始终都是保持着一种纯洁与得体的关系。我知道有关他的一切，因此我从来都不担心他会犯下什么错误。感谢上帝，我的弟弟没有犯下任何错误，我也可以安心地阅读《圣经·新约》，感受上帝给予我弟弟的所有祝福。

亨利的冷静、柔和与乐观的性格让我们每个人都对人生充满了乐观积极的态度。无论他在哪里，与他交往的人都不会感到任何不安或是悲伤。我的弟弟安慰别人的能力可以说是非常独特与神奇的。我亲眼看到他来到病榻前或是参加一些人的葬礼，在那样的场合下，任何所谓的希望都会让人感到麻木，但是他能够让病人或是死者的家属感受到天国的平和，将他们原本对上帝的绝望变成对上帝的坚定信任。在面对自己所遇到的逆境时，他同样表现出了无比强大的力量。你无法想象那些从未见过他的人是多么强烈地爱着他——那些身体麻痹、内心不安或是被社会忽视的人，那些过着贫苦生活的女裁缝师、那些黑人——都深深感觉到，那些射向他们恩人的箭其实就是射向了他们的心灵。他们都给亨利寄来了许多充满怜悯的信件。从一开始，亨利就以慈幼会的精神去面对这一切——希望通过沉默、祈祷与工作来面对这一切。当他不得不要为自己辩护的时候，他说："上帝最终会为我正名的。"上帝是最好的审判官，知道他到底为服务上帝做了多少事情。

在你对德龙达的描述里，你谈到了德龙达拥有着罕见的品格，就是没有任何个人品格的错误，因此从来不会心怀怨恨。"苦痛的感觉不会滋生出去给别人制造苦痛的念头，而会让我们产生憎恨所有苦痛的念头。"我必须要说，在我弟弟经历的所有这一切的冲突与痛苦当中，他始终都是怀着上帝赐给他的精神，让他在遭受任何攻击的时候，都始终聆听着上帝教导他的话。他的朋友与律师有时会对亨利这种习惯性友善对待别人的做法感到不满，也会对亨利对那些攻击他的敌人所进行的诽谤表现出沉默感到不满。从这场考验的开始到最后，亨利从未中断过自己一天的工作。他依然在人群拥挤的大厅里发表布道演说，甚至当他来到矿泉疗养所度过短暂假期的时候，依然还会进行简短的布道演说，将他的使命传播到这座城市最不受人注意的两个地区，让那里的民众能够诚心信仰上帝。他对他所在的教会说，不要过分专注于他的这件事以及所面临的考验，而要通过更加忠诚的教会工作与更加仁慈的做法，给予社会更大的帮助。之后，普利茅斯教会在帮助穷人方面表现出了前所未有的能量与高效。亨利最近说："一个人所能经历最糟糕的事情，就是不再想着上帝，而是开始想着自己。如果这场考验最终让我们开始将所有的专注力都转向自己的话，那么这场考验才最终给我们带来了巨大的伤害。"我亲爱的朋友，请允许我絮絮叨叨地跟你说了这么多。我爱着你——我爱着你——因此，我希望你能够知道我此时此刻的感受。我亲爱的朋友，这一切都已经结束了，千万不要认为你必须要就此给我回信。我知道你还有很多事情要做——是的，我知道大脑疲惫不堪时候的感受。我认为，你最近创作的这部小说是你最优秀的。我希望这能够让你在西西里岛或是其他地方购买一座橙子果园，在一个像我们这里一样有着温和气候的地方生活。

你忠实的仰慕者（指斯陀教授）一般都是在晚上8点钟上床睡觉的。最后，他在我的说服下，一直到11点钟的时候才睡觉，因为他每个晚上都要看你的作品《丹尼尔·德龙达》，他非常喜欢这部作品。我们都非常喜欢里面格温多林这个人物，她与当代的年轻女性非常相似。

明年，如果可以的话，我会给你寄去一些橙子。我衷心希望你到时候会喜欢这些橙子。

附注：我想，当我阅读你的这部作品的时候，还会给你写信的。因为你的这部作品的确是发人深省，让我忍不住想要表达自己的观点。

永远忠诚于你的朋友
哈里特·比彻·斯陀

路易斯夫人在回信里说：

请将我真挚的爱献给斯陀教授，告诉他我为自己的作品能让他迟点上床睡觉感到无比骄傲。我希望你与斯陀教授都能够继续对我的作品感兴趣。

在路易斯先生去世后，路易斯夫人给斯陀夫人写了下面一封信：

1879年4月10日，普利奥利，北岸区第21号

亲爱的朋友：

这么长的时间，我都没有给写信（除非你从菲尔德斯夫人那里得到了有关我的信息）。但是，我的心始终都惦记着你与斯陀教授，每当我想起你们，内心就会产生一种柔和美好的情感，让我度过现在面临的悲伤……当你第一封信寄过来的时候，还附带着你那本美丽的书（指《汤姆叔叔的小屋》一书的全新的版本），当时悲伤的心情让我无法阅读任何信件，因此我在很长一段时间里也没有阅读你寄给我的那封信。但是，当我阅读你的信件时，我感受到你表现出来的友善与怜悯的情感，我对此非常感恩。首先，我要感谢你。其次，我要感谢你所在的那个伟大的国家。这个世界的希望已经慢慢地转移到了西边。我们所在的这一片旧大陆因为遭遇了太多道德与战争方面的灾难，早已经失去了往日的希望与荣光了……

感谢你告诉我你在旅途中见到了我的儿子，这满足了他对你的最好愿望，这让我的内心也充满了欣慰之情。每当我想到你感受着家庭的温暖时，内心就非常高兴。我收到的关于孩子最好看的一张照片，就是你寄给我的……

请将我最虔诚与最友善的敬意传递给你的丈夫，我永远都是你最忠诚的朋友。

M.L.路易斯

虽然我们在前文谈论了许多关于精神主义的内容，但是这个话题在斯陀教授与斯陀夫人的研究与谈话中并没有占过分重要的地位。

斯陀教授所进行的重要心理学研究，加上他早年一些异乎常人的心灵体验，这些都是他们俩经常谈论的话题，也始终让他们充满了兴趣。

斯陀教授对这个主题文学进行了详细且富有价值的编辑，正如斯陀夫人所说的，这个主题是“超越正常感官的妖术”。

斯陀夫人对这个让人感到困惑的主题进行了多年的思考，在经过多年

成熟的思考，最终才让这些想法慢慢成形。

在谈到专业媒介的时候，这样的精神会出现窥视、轻敲与咕哝的行为。斯陀夫人这样写道：

每个朋友都带走了我们身上的一部分。我们每个人的存在都与上帝存在着部分的联系，而这样的部分对于每个人来说都是不一样的。我们有些话要对他说，但是这些话却是其他人所无法理解或是明白的。我们一部分的思想会变得毫无用处或是成为负担，这会一而再再而三变成一种自然而然的渴盼。我们会在圣体安置所的门口处变成一块石头。我们会依靠在冰冷又沉默的大理石上，但是我们无法获得任何答案，听不到任何声音。

还有一些人让我们认为，在我们这个时代，这样的灾难必然可以得到遏制。还有一些人有足够能力让我们与失去的一部分自我恢复联系。不知有多少人的心灵在可怕的沉默中感受到内心的折磨与痛苦，最后却在这样的建议下产生了奇怪且模糊的希望！当我们有时听到了一些拥有最为强大心智的人对一些精神现象表现出轻信态度的时候，让我们不要对此感到奇怪：如果我们对此进行深入的探究，始终都会发现这样的信念会追随着关于死神的一些线索。只有当心灵的饥渴处于一种绝望的境地时，内心的一部分呼声才会渐渐平息下来。

啊，倘若这是真的就好了！要是精神世界与物质世界的隔阂变得越来越少，让逝去的祝福能够重新回归到尘世，给凡人带来许多特权或是可能性的话，这该多好啊！啊，当我们为灰色的黎明而哭泣的时候，忍受着我们心爱之人所散发出来的气味时，我们真的应该可以发现那块始终压迫我们的石头已经滚远了，并且发现天使正坐在那块石头上面。

但对我们来说，这块石头必须要由一个不容置疑的天使所滚走，这位天使的面容就如闪电，会以苍白的月光或是星光等方式去做，然后在一个阳光明媚的早晨将这块石头滚回去，再坐在石头上面。接着我们就会为上帝赐予我们的这份美好的礼物而充满感激，内心满怀着爱意与敬畏，怀着平静的心态去迎接另一种美好的生活。这需要我们在日常生活中始终怀着崇敬与信任的心态去编织这张网。

但是，我们从未见过这样的天使——也从未见过如此壮观、不容置疑或是充满荣光的现象。当我们看看自己所得到的一切时，每个在天国拥有朋友的人都希望他们给予我们这些东西吗？当一支神圣之箭似乎禁止我们最为美好与最为关顾光荣的人应该屈服于被遗弃的人那一刻，难道我们不应该明白那一条简单的自明之理吗？我们应该有足够的智慧去表达自己的想法，去开一些无恶意的玩笑，或是说一些无伤大雅的笑话，或是引领我们走向无穷无尽的迷宫。我们必须要怀着悲伤的心情冷静地说，我们宁愿没有这样的体验。我们需要的是，知道我们以后生活的一些情况，而不是比我们生活更往前的生活。我们都怀着认真的心态感受着精神传递所带来的感受，无论从培根到斯韦登伯格再到其他人，这些不同人所具有的不同精神似乎都可以在精神领域的土地上感受得到。除了相信这些体验是真实的，我们无法想到更让人震惊的事实。

如果我们从阅读的过程中感受到未来的生活是那么的陈腐、缺乏新意或是毫无价值的话，那么人们就有足够的理由去哀叹任何自杀的行为都无法给予我们出口，从而让我们实现永恒的事实。要是我们最终只能过上这样一种单调沉闷的生活，那么这要比毁灭我们更让我们感到可怕。

难道对灵魂的探究就无法带来任何满足感吗？耶稣基督会对我们说："我是一个活过又死过的人，看看我现在永远存在的样子吧。我掌握着通往地狱与死神的所有钥匙。"耶稣基督还曾说："那些爱我的人也应该热爱我的父亲，我也会爱着他们，并将这一切告知我的父亲。"这是个人的一个直接承诺，并局限于一开始追随他的信徒，而是用一种更为宽泛的方式表明，每一个热爱耶稣基督与遵循他意志的人都可以做到。当我们不得不要面临生离死别所带来的悲伤时，这似乎都给我们的内心带来了无限的安慰。因为我们会感觉到，在可怕的未知世界里，始终都会有一位全能的朋友在与我们进行着交流，对我们内心的精神进行着回应。我们那位老朋友能够分享我们的人性，不仅存在于精神领域里，而且在现世也是全能全知的。当他要关闭一扇门的时候，任何人都没有能力打开这扇门。当他要打开一扇门的时候，任何人都没有去关闭这扇门。我们看见过他的肉身，在拉扎勒斯（《圣经》中的麻风乞丐）的坟墓前哭泣的人，正是掌握通往地狱与死神大门钥匙的人。如果我们无法与我们的朋友进行交流，我们至少可以与他进行交流，因为他始终都是与我们同在的。他是精神世界与我们灵魂世界的真正联合纽带。当我们亲近他的时候，感受到他的爱意的深度、宽度、广度与高度的时候，这要比我们内心长久以来被各种断断续续且梦幻的暗示所欺骗来的更好。

那些不相信所有精神事实的人，那些对天使或是精神存在持怀疑态度的撒都该教派教徒，可能会发现当代精神主义出现了巨大的进步。但是，一个人能够真正与约翰说过“我们始终都与天父同在”的耶稣基督进行交流的话，难道这样的想法还不能让我们在当代的环境中感受到满足吗？

对于那些陷入了自我封闭的基督徒们，我们只能推荐逝去的约翰·牛顿所说过的这句有趣的话：

“难道耶稣基督，不正是考验你的语言与内心想法的最好存在吗？”

在所有这些所谓的启示里，除了那些从这个世界上得到救赎的人能够对那首全新的歌产生共鸣之外，任何展现出来的爱意都会超越知识——简言之，精神主义可能会对那些从未见过或是从未听过的人展现出应有的一切，而这些却正是每个人之前所无法想象的呢？我们必须要坦诚一点，所有这些尚未表现出来的精神主义似乎正在约翰或是保罗所处的世界存在着。

因此，让每一个希望能够与这些精神进行交流的人都去亲近上帝，因为上帝承诺要对我们的心灵说话，与我们进行交流。他已经将这句话永远地留在他的教会里：“我不会让你们的内心感到痛苦，我会亲近你们的内心。”

第二十一章
第一次与第二次阅读之旅，晚年生活

1870—1889年

1870年到1880年间，除了每年定期往返于佛罗里达州以及她在南方地区的生活爱好之外，斯陀夫人的大部分时间都投入文学创作与其他工作当中。在1871年的秋天，斯陀夫人在一封写给女儿的信件里，就谈到了她的工作状况：

> 我终于完成了第三本书的所有内容，这本书应该会在年内出版。在完成《古城炉边故事》之后，你根本不知道摆脱了文学创作之后所享受到的那种奢侈的休闲时间。我感觉自己就像曾经读到这首诗歌里面的那个可怜女人：
>
> 她总是感到疲惫，
因为她居住在房子里，
没有任何人的帮助。
>
> 在斯陀夫人临终的时候，她这样谈到这个女人：
>
> 她合拢双手，
想用尽最后一点力气，
但一句话都说不出来，
就这样地沉入了永恒。
>
> 我感觉自己沉入了她那样的精神状态，我充分享受此时此刻的懒散状态。我不想做任何事情，也不愿意去任何地方。我只想享受此时

此刻的这种懒散的状态。

斯陀夫人完全有休息的权利，因为她一生的大部分时间都投入了紧张繁忙的文学创作当中。除了她当时已经创作的23本书之外，她还为许多杂志与期刊创作了数量惊人的短篇故事、旅行游记、论文以及其他文章。虽然她取得了如此重要的成就，并且取得了惊人的文学成就，但她还准备写7本书。在这个过程中，她还要写很多短篇故事。事实上，斯陀夫人真正的文学生涯始于1852年，她的大部分作品都是在之后的26年时间里完成的。按照这些书籍出版的年份顺序进行排列，我们可以看到：

1833年，《基础地理学》
1843年，《五月花号》
1852年，《汤姆叔叔的小屋》
1853年，《汤姆叔叔的小屋一书注解》
1854年，《阳光的记忆》
1856年，《德雷德：阴沉地大沼泽地的故事》
1858年，《我们的查理》
1859年，《牧师的求婚》
1862年，《奥尔岛的珍珠》
1863年，《索伦托的艾格尼丝》
1864年，《房子与家的信件》
1865年，《小狐狸》
1866年，《妮娜·戈登》
1867年，《宗教诗歌》
1867年，《奇怪的小人》
1868年，《烟囱一角》
1868年，《我们这个时代的人物》
1869年，《老城的人们》
1870年，《为拜伦夫人正名》
1871年，《拜伦争议的历史》（伦敦出版）
1870年，《小褪色柳》
1871年，《粉色与白色的暴政》
1871年，《老城炉边故事》

1872年，《我的妻子与我》

1873年，《棕榈叶子》

1873年，《著名小说的图书馆》

1875年，《我们与我们的邻居》

1876年，《贝蒂的聪明点子》

1877年，《主人的步伐》

1878年，《圣经的女主角》

1878年，《博格努尔的人们》

1881年，《一条狗的使命》

1872年，斯陀夫人开始了一项有报酬的全新工作。虽然这项工作让她感到疲惫，需要做很多工作，但她还是一如既往地投入精力与热情去做。美国波士顿文学局邀请斯陀夫人在新英格兰地区的主要城市进行40场阅读演说。这个邀请是慷慨的，斯陀夫人在接受这个邀请的时候提出了一个条件，那就是阅读之旅必须要在她12月前往佛罗里达州的家之前结束。她的这个要求得到了允许，于是她就开始在康涅狄格州的布里奇波特发表了第一次阅读演说，时间是在1872年9月19日。

下面这封信是斯陀夫人写给丈夫的一封信的部分节选，我们可以从中看到斯陀夫人在这次阅读之旅中的内心感受。在10月31日，斯陀夫人在波士顿这样写道：

> 我度过了非常成功却疲惫的一周。我今晚要在剑桥波特发表演说，明天晚上要到纽波利波特发表演说。

两周之后，斯陀夫人收到了丈夫寄来的信件，斯陀教授在信中说担心自己可能没有多少时日了。斯陀夫人在马萨诸塞州的韦斯特菲尔德回信说：

> 在我人生面临的诸多考验中，没有比我现在不得不离开你更为严峻的考验了。我不愿意此时此刻不在你的身边，但是倘若我中途退出的话，这会给别人带来巨大的损失。我认为那样做是错误的。
>
> 上帝赐给了我所需要的能量，我认为昨晚的阅读演说是最让我感到满意的。
>
> 现在，我亲爱的丈夫，请你耐心地等待一段时间，然后等着我回

来，然后我们一起跨越这条生命之河。我的心每时每刻都想着要回家，与你一起回到在佛罗里达州的家。哦，但愿我们还能再见面。我永远都是深爱着你的妻子。

在日期标明为10月29日的一封信里，斯陀夫人给马萨诸塞州的菲兹博格这样写道：

在靠近帕尔马的马车上，你猜我遇到了谁？我遇到了刚刚从西部旅行回来的J.T.菲尔德斯夫妇，他们就像游吟诗人那样快乐。我坐在他们隔壁的一个座位上，我们一起欢快地前往波士顿。之后，我乘坐马车前往威廉姆斯的家，在那里见到了切尔西经纪人，这位经纪人告诉我，在切尔西地区是没有酒店的，但是他们已经为我准备好了可以住宿的房子。于是，我立即乘坐马车前往查尔斯大街148号，来到了菲尔德斯家里，当时他们还没有将行李都整理好。我们一起进行了非常有趣的聊天，我受到了他们热情的欢迎。我立即前往他们为我安排的房间，在吃了一顿可口的饭菜之后，我躺在床上睡午觉。在晚上七点半的时候，马车过来了。我被告知不应该单纯进行阅读演说，因为主办方还邀请了一些歌手也参加。因此，当我上了马车，我发现里面坐着穿着蓝色紧身缎子，头上戴着鲜花装饰，裹着白色腰带的人，而她正是我们的老朋友——之前我在安多弗的音乐会上见过她，她现在成了欧洲某个名人的某某夫人。她之前在意大利学习过，之后又来到了米兰，在那里进行了一个冬天的歌剧演唱，之后还前往巴黎与伦敦。

她的歌声非常优美，看上去非常美丽。接着，我们看到一位来自切尔西的妙龄少女，她不仅会唱歌，还会弹钢琴。我阅读了《牧师的管家》与《托普西》，台下的听众都显得很满意。接着，我们就乘坐马车回家了。

下面这封信是斯陀夫人在缅因州时写的，大约是在她从班格尔前往波特兰的马车上写的。她在信中这样写道：

亲爱的丈夫：

波特兰与班格尔的阅读之旅终于结束了。我之前一直担心这次旅程会是孤独且遥远的，但最后证明这是我到过最有趣的地方。我在费伊斯一家逗留，他现在是安多弗地区的一名学生，你肯定也还记得他。他家是一个温馨舒适的地方。我在晚上遇到了一位能够进行深入交流的听众，并且进行了一场非常有趣的阅读。我阅读了关于吉特里奇船长的文章，听众们都对他的航海故事非常着迷。我还阅读了《牧师的管家》与夏娃与托普西等文章，也都取得了不错的反响。

一个完全失聪的女人走到我前面，对我说："愿上帝保佑你。我是专门前来看你的。相比于女王，我更愿意见到你。"另一个人过来跟我说她的女儿就叫哈里特·比彻·斯陀，还有另一个大一点的女孩名叫夏娃。她说她们专门从50里之外的地方赶过来前来聆听我的阅读演说。这样的事情真的让我的内心感到非常快乐。

马病给班格尔的民众带来诸多的困扰。但是，市长与他的夫人专门走了很长一段路，前来给我送花。在阅读开始的时候，他也专门介绍了我。这里的听众都非常好，每个人都是走路过来听我的演说，因为他们都不敢乘坐马车过来。当地的不少教授都过来拜访我，当地的专职牧师纽曼·史密斯也专门过来看望我。

每个人都非常关心你的身体状况，费女士对我说，希望我与你能够在明年夏天与她们一起度过一周。在波特兰的霍华德先生在见到我的时候也询问了你的情况。每个人都为你的健康有所好转而感到高兴。

当我在波特兰与班格尔的时候，天空下起了暴风雪，因此我没有见到很多人。现在，我坐在前往肯尼贝克的一列豪华车厢上，回想起这趟旅程的点点滴滴。当然，我住在一个相当不错的房子里，还有许多非常有趣的拜访，重新见到了很多老朋友。虽然我没有赚到什么钱，但这一切都已经足够了。总的来说，这是我赚钱一种比较轻松的方式，虽然任何赚钱的方式都不是那么容易的——赚钱的过程中必然会出现某些让人感到不愉快的事情。在阴沉的天气下，整天待在酒店里的那种孤独是让人不愉快的事情之一。在波特兰的时候，也没有人愿意邀请我们前往他们家做客。我们在那里的老朋友几乎都已经去世了。他们已经跨越到了生命之河的彼岸了。我给您寄去了几首让我感到快乐的诗歌。我一直都希望与你在一起，与你进行一番长时间的交谈。

河流沿途的景色是非常美丽的。这里的橡树依然还有叶子，虽然其他的树木早已经是光秃秃的了。但是，橡树与松树形成了鲜明的对比。我们应该会在不伦瑞克停留20分钟，因此我可以回去看看以前居住过的老地方。

现在，我们正在经过哈洛威尔，肯尼贝尔河流的流向发生了改变。这是多么美丽的一条河流啊！现在，河流上漂浮了很多木材与木筏。好了，我先写到这里了。我亲爱的丈夫，再见了。我永远都是深爱着你的妻子。

在当年11月7日，斯陀夫人在马萨诸塞州的南弗雷明汉姆写了下面一封信：

11月7日

亲爱的，我现在在E这座美丽的小房子里。他有一位美丽的妻子、一位美丽的妹妹、一个可爱的婴儿、两个英俊的男孩，还有一只可爱的白色猫咪。我必须要说，这只白色的猫咪真的是太好看了！这是他们从帕克博士那里买过来的一只波斯猫，猫的颜色就像白雪那样白，有着最为柔软的毛发，还有着极为温顺的性情，有时会发出咕噜咕噜的声音。昨晚，我在演说过程中遇到了非常优秀的听众，他们都非常喜欢我的演说。要是考虑到马病以及下雨天等因素的影响，这些听众可以说实在是太棒了。他们在整个过程中都发出了许多笑声。我们之后还碰到了刮起的大风。

E在这里拥有着乡村牧师真正应该有的待遇：他配有马匹、双轮单座轻马车以及一匹漂亮的马匹。他的那个尚未脱离襁褓的婴儿是那么的有趣，有时会流着口水，会嘟哝着什么话，真的非常可爱。

11月13日，维克菲尔德

昨晚，我在黑弗里尔进行了一场阅读演说。当时天空下着暴雨，但还是来了很多听众，但这些听众的表现不像在沃特汉姆地区的听众那么兴奋。一些听众似乎显得特别开心，一些听众则不是这样。我必须要想办法让他们摆脱这样的沉重心情，因为在弗雷明汉姆与沃特汉姆地区，这些听众的表现也给我的内心带来极大的鼓舞。

愿上帝保佑你！每当我想到你现在心情忧郁，而我却不能在你身边，就让我感到非常悲伤。我们很快就能在一起，然后永远地在一起了。再见了，亲爱的。

11月24日

我在皮博迪地区的阅读演说还是非常顺利的。我参观了当地的图书馆，看到了女王陛下的画像，这是她专门为乔治·皮博迪所创作的。这幅画大约有6平方英寸，上面装饰着禁片，裱在一个结实的画框里。整幅画呈现出来的效果与在象牙上绘画没有什么区别。晚上，这幅画会被放在一座安全大门里，并且还有一个密码锁来进行保护，防止有人盗窃。这让我想起了我们之前在国外的一些有趣的现象。

我认为自己的人生也即将要走到尽头了。如果我能在人生的最后阶段没有什么病痛的话，那么这最后一段旅程将会显得非常美好。我从未像现在这样感觉自己如此接近仁慈的天父。上帝会赐给那些软弱者以力量，让他们感受到他的存在。

在我的一生里，我始终都感受到这样一种力量。

永远深爱着你的妻子
哈里特·比彻·斯陀

11月26日，斯陀夫人在纽波特这样写道：

在新伦敦进行阅读演说，这是一件让人感到疲惫、困倦与烦恼的事情。我必须要在帕尔马等待3个小时。接着，我还要搭乘一列比较缓慢的火车，这列火车直到天黑之后才抵达新伦敦。此时，我根本没有任何可以休息的时间，只能拖着疲惫的身躯继续前进，我甚至连换衣服的时间都没有了。整个路途让我全身都因为疲倦而感到颤抖。演说的大厅很长，里面的灯光比较昏暗，听众坐得也不是很密集，只是有一定数量的观众。整个演说大厅的灯光都很昏暗，除了一盏煤气灯专门照在我眼前的阅读桌，因此，我根本看不到台下的听众。当这场阅读结束之后，我只是感到非常高兴，为自己能够回到酒店休息感到开心。接着，我必须要在凌晨5点钟起床，前去乘坐纽波特火车。

在一个多雾的早晨，我来到了这个地方。我开始先乘坐渡轮，之后乘坐马车，接着再乘坐一座比较旧的蒸汽船。我没有发现有任何人前来欢迎我，于是我就叫来了一辆马车，前往酒店。酒店老板非常友善地对待我，说他知道我要前来这里，也知道我现在住在曼达林。但是，我想要的只是一间温暖的房间，还有充裕的睡眠时间。现在，我已经从3个小时的打盹中醒了过来，孤单地坐在这间酒店的客厅里。

亲爱的老人，我真的非常想念你。我现在只想回到我们安静的家，一起歌唱："约翰·安德森，我的兄弟姐妹们。"第二天，我就离开了这间酒店，因为在这里居住就像坐牢一样。还有两天，我就要返程了。

永远深爱着你的妻子
哈里特·比彻·斯陀

斯陀夫人在第二年继续进行了一场阅读之旅。这一次她是前往西部进行阅读演说。在1873年10月28日，她从俄亥俄州的赞斯维尔给她在哈佛大学读书的儿子写信说：

你能够经常给我写信，这让我感到非常欣慰。我经常在不同地方收到你的来信，这着实让我的内心感到喜悦。我感觉自己真的是疲惫到了极点。我在芝加哥连续两个晚上都进行阅读演说，在之后的一天里连续13个小时都在路上，前往300里之外的辛辛那提。我们不得不要乘坐我所看到过最让人不舒服的马车，马车里面坐满了人，我甚至没有机会垂下头休息。这就是从芝加哥通往辛辛那提的所谓康庄大道。我们在早上8点钟从芝加哥出发，直到晚上将近10点钟的时候才抵达辛辛那提。

抵达辛辛那提之后，我们发现乔治·比彻没有收到我们的电报，因此他没有过来迎接我们，没有为我们预约酒店房间，我们无法在他的住所里住一晚。最后，我们只能前往酒店入住，此时大约已经是晚上11点钟了。当我爬上床睡觉的时候，我感觉身上的每一根神经都非常疼痛。第二天的天色较暗，下着雨。我的大部分时间都躺在床上。不过，在我起床的时候，我仍然感到非常疲惫，似乎我根本没有从疲惫中完全恢复过来。

那些为我安排这次阅读之旅的人根本没有将两地之间的可怕距离以及疲惫的火车旅程计算在内。在这些西部路线里，根本没有所谓的特等卧车。桑德斯先生想尽一切办法，想让火车人员为我们准备一个特等卧车车厢，但没有成功。火车人员说，只有夜班火车才有特等卧车。因此，我们别无选择，只能在晚上的时候乘坐特等卧车出发。

我在辛辛那提遇到了最让我感动的听众。他们似乎都为见到我感到非常高兴，恳求我再次过来。第二天，乔治带着我们乘坐马车前往核桃山丘。我们看到了神学院的建筑，你的姐姐当年就在那里出生的。我们之后有一段时间也曾在那里居住过。下午，我们必须要离开这里，匆忙地赶往代顿准备晚上的阅读。第二天晚上，我们还要在哥伦布地区进行一场阅读演说。在哥伦布的时候，我们在一位老朋友家睡了一晚。

现在，我终于可以稍微从这次可怕的旅程中获得一些休息，但我再也不会这样做了。这样的事情只做一次就足够了，明白是怎么一回事之后就不该再做了。在哥伦布与匹兹堡两地之间，我只是在赞斯维尔进行了一场阅读演说，这是一座像地狱那样黑暗的城镇，人们有可能在这里看到冥河。

之后，我遇到了一帮非常友好的听众，在这里进行了非常愉快的阅读演说。今天，我们就要前往匹兹堡了，我将会在明天晚上进行阅读演说。

之后的一天，我在代顿遇到了一位已经成为祖母的女性。我还记得当我第一次来到西部的时候，她还是一个天真无邪的女孩。她是乔治牧师第一批说服信仰基督教的信徒，现在居住在奇利科西这座小镇上。现在，她的一个儿子成了最高法院的大法官，另一个儿子则是商人。她的两个儿子不仅成了基督徒，而且还是最虔诚的那种基督徒。对他们来说，宗教是他们人生最为重要的原则，坚定的宗教信仰让他们能够勇敢面对任何挫折，取得最终的胜利。她满脸笑容对我说，她的丈夫在内战爆发的第一年里就牺牲了，而她唯一的一个女儿与两个孙子都去世了，她现在只是安静地等待着上帝的安排，希望能够与他们重聚。她的儿子现在成了长老会教派的主要成员，希望教众能够诚心地进行忏悔，而不是做样子。当我想到这一切都是源于当年那个天真无邪的女孩所带来的改变时，当乔治似乎没有做什么工作的时候，

斯陀夫人雕像，位于美国纽约市

我说："谁能够衡量一位虔诚的牧师所做的工作呢？"可以说，我亲眼看到了基督教在世界上不断发展壮大。

再见了，我的儿子。我们应该很快就能回到佛罗里达州的家了。

始终深爱着你的母亲

哈里特·比彻·斯陀

在结束这次阅读之旅之后，斯陀夫人再也没有接受任何的阅读邀请了，不愿意再为了金钱而这样做，虽然她经常会为慈善事业捐款。

斯陀夫人晚年最值得记录的一件事，就是庆祝她70岁生日。可以说，她的出版商，来自波士顿的霍顿与米尔林为她举办了一场花园聚会形式的生日招待会，邀请了当时美国文学界的重要人物。生日聚会的时间是在1882年6月14日，地点是"老榆树"花园，马萨诸塞州前州长克拉夫林在牛顿维尔的家，这里是波士顿地区最美丽的郊区。很多名人都来到这里为斯陀夫人庆祝生日。在6月天气晴好的下午，有两百多名文学界的名人以及当时杰出的女性参加。

在下午3点到5点钟，是宾客进行社交的自由时间。随着宾客逐渐到来，霍顿先生将他们一一介绍给斯陀夫人。然后，宾客们都分别聚集在走廊上、草地上或是茶点室。大约在5点钟的时候，他们都来到了草地上一座庞大的帐篷里。作为主人的霍顿向斯陀夫人的朋友与来宾表达了欢迎之情。在欢迎词的结尾处，他说：

现在，尊敬的斯陀夫人：

你仿佛穿越了好望角，经过了莫桑比克，然后沿着东北风闻到了阿拉伯海沿岸吹来的辛辣味道。

可以说，所有人都怀着谦卑之心前来给你祝贺生日，你的影响力仿佛插上了翅膀的风，吹遍了地球的每个角落。但是，之前任何人都没有你更应该得到这样的礼遇。你的一生始终在追求公平正义，忍受着许多的不公，但你始终进行勇敢的斗争，最后战而胜之。很多人将你与米里亚姆（希伯来女先知，摩西与亚伦的姐姐）与底波拉（希伯来女先知及法官）相比。当你唱出这句鼓舞人心的歌词时：

赞美上帝吧！因为他是无上荣耀的。

全能全知的上帝通过一个女人的手，让他们都失望了。

斯陀夫人的弟弟亨利·沃德·比彻对此进行了回应，他说："当然，你们的想法都与我一样。但站在这个地方，我眼前浮现出来的只有我的父亲与母亲。母亲去世的时候，我还只是一个孩子，父亲是我永远的老师与朋友。可以说，他是一个有着诚实灵魂、从不嫉妒与充满无限无私心的人。虽然，他认为自己在神学理论方面做出了一点贡献，但每个人都知道他是在宗教领域做出了贡献。在我看来，母亲就像圣母马利亚对于那些虔诚天主教徒那样高尚伟大。她是一个有着良好本性且有着哲学家思维的女性，有着丰富的想象力，为人比较羞涩，不善言谈——我在这方面与母亲比较相像——正是这个女人生下了斯陀。母亲所具有的优雅与精神也超越她的任何一个孩子。我觉得，从体型来看，我不像她，但是我认为斯陀是最像母亲的。我代表我的父亲与母亲，感谢你们给予我的姐姐斯陀夫人如此多的善意与友爱。"

约翰·格林利夫·惠蒂尔当时朗读了下面一首诗歌：

在这片满地都是花朵，
周围种植着金黄色橙子树的凉亭边，
我们进入了6月舒适青绿的季节。
我们必须要感谢她，
正是她在我们国家面临邪恶的时候，
让国民认清了邪恶。
她用超过男人的力量，
超越男人的宝剑的武器，
用她的笔划破暗夜的长空。
她让世人了解了生活在
小屋里的奴隶的生存状况，
让奴隶的痛苦与悲伤为世人所知。
世界上操不同语言的人，
无论是北方人、南方人、东方人与西方人，
都能够感受到内心的震撼，
这样的声音仿佛上天的雷鸣

从天而降，撕裂着套在奴隶身上的枷锁！

每个人都喜欢她的《牧师的求婚》，
这展现了虔诚的清教徒内心的信仰，
将人类的爱意与上帝的爱意
紧密地联系在一起。
她用手中锋利的笔，
描绘着老城的人们的生活，
讲述着他们的炉边故事，
这些可能是心酸的，也可能是愉悦的。
这些故事带着山姆·罗森那种古色古香的感觉，
弥漫着过去新英格兰地区的琐碎生活，
仿佛一切都充溢着田园牧歌的感觉。
这些故事是那么的平凡却又那么的传奇，
正如乔叟或是薄伽丘所创作的故事一样。
不管时间地点如何变化，
她始终保持天性的优雅与力量，
就像索伦托露出的微笑一样。
在一个长满桦树的小岛上，
那里夏天的风吹过了
拉布拉多的浮冰。
她点亮了柴火，
让世人看到哈普斯威尔天使般女孩
身上那颗无价的珍珠。
在她70岁生日这一天，
任何对她的赞美或是文章，
任何荣耀与真诚的祝福，
都属于世人对她的爱意，
属于上天赐给我们的希望！

啊！比让今天的空气更加亲切的是
我们的爱意全部献给她！

她不追求名利，
她的名字与自由一词紧密联系起来。
在我们都远去的时候，
她的名字将会继续流传。
当海浪继续冲刷着我们灰色的海岸线，
当狂风继续吹动着南方的松树林，
这一切都是在为进行的永恒歌唱，
正在用轻声细语阐述着她的故事。
让过去的一切罪恶与愚蠢的仇恨，
让所有种族的仇恨与等级的区分
都全部消失。
让白人、黑人与印第安人
都能够和平共处。
这就是她所做的最高尚的事情。

接着，奥利弗·温德尔·霍尔姆斯博士也阅读了一场祝贺斯陀夫人的诗歌：

如果操不同语言的人都赞美她，
那么我就要在案桌前冥思苦想，
想出真正具有特色赞美她的话了。
我们的赞美会遇到很多人的共鸣，
不同口音的人都会一致认为，
无论在世界上的哪个地方或是角落，
都在用不同的语言表达着同一种意思。

英国人、法国人、瑞典人、丹麦人，
土耳其人、西班牙人、乌克兰的鞑靼人，
西班牙贵族、哥萨克人、穆斯林的下级法官，
荷兰贵族与荷兰平民，
俄国的农奴，波兰的犹太人，
阿拉伯人、亚美尼亚人，

都会大声地说：“我们认识这位女士。”

我们知道她！谁不知道汤姆叔叔呢？
她的作品仿佛是摩西以来最重要的。
我们知道那些勇敢的黑人，
知道这些为了自由而拿起锄头的人，
他们在南方的种植园里认真地除草。

许多年前，阿基米德曾经自豪地说：
“给我一个支点，我能够撬动地球。”
他的这个梦想或是幻想，
现在终于由她完成了，
将女性的信仰传播到世界各地。

她手中的杠杆是一根艺术的魔杖，
她的支点就是人类的心灵。
在所有人的支持下，
她终于撬动了地球！
这让天空雷鸣闪电，
让高山震动，让宫殿震撼。
鲜红色的岩浆终于喷射出来，
摩罗神终于沉入了地狱。

尽管经历了起起伏伏的冲突与斗争，
汤姆叔叔与老约翰·布朗却变得鲜活起来，
一个活似鬼魂，一个活似理想的人物。
哪一个真的，哪一个假的？
哪一个的力量更为强大呢？
最为睿智的女预言家也不知道，
因为这两者都是真实的。

姐妹们，神圣的女仆在修道院的陋室里

默念着珠子。
她们苍白的信仰在犹豫不决。
但她要为那些饱受痛苦之人解除痛苦，
她的祈祷通过充满爱意的行为展现出来。
希望上帝能够默念她的珠子
以及默念人类的手指。

真理是，她本人也是奴隶制下的奴隶，
你的双手也是被套在枷锁里。
但是小说带来的彩虹式的翅膀，
将真理一直传播到今天。
将天使的花冠编织好，
将百合花放在你的脚下，
感受上天赐给你的祝福吧！

当时，还有以下来宾写了诗歌表达对斯陀夫人的祝福：A.D.T.惠特尼夫人、伊丽莎白·斯图瓦特·菲尔普斯夫人、J.T.特劳布利奇、艾伦小姐（斯陀夫人的女儿）、安妮·菲尔德斯夫人以及夏洛特·F.巴特斯小姐。法官阿尔比恩·W.图尔热以及文学界的其他人也发表了演说。

很多因为所处的地理位置或是所忙事情的原因而无法出席的著名人士，也寄来了祝贺的信件。在这些信件里，只阅读了四个人的祝贺信件，但是所有的祝贺信件都送到了斯陀夫人手上。这场庆祝生日的活动最后在斯陀夫人的简短致辞中结束。当时，斯陀夫人走到前面的讲台上，所有来宾都站了起来，并且一直站立到斯陀夫人讲完为止。斯陀夫人还是以一如既往的谦逊与柔和的态度表达了自己的感谢之情：

我真的发自内心地感谢我的朋友们。这就是我此时此刻的感受。还有一件事，那就是如果你们中有任何人感到困惑、悲伤或是痛苦，如果你们对这个世界感到怀疑，请记住上帝为我们所做的事情。请你们记住奴隶制这个让人悲伤的制度已经永远消失了，一去不复返了。我每天都能在南方看到这个事实。我在南方的一些小木屋里看到那里的黑人变得越来越富有。我看到了很多人虽然过着卑微的生活，但他们依然感到非常快乐。可以肯定的是，你们必须要对他们保持耐心。他们不是完美的人，他们也有自己的缺点，并且对白人的看法有着很大的缺陷。但是，他们是非常快乐的人，这是显而易见的，他们显然知道怎么去享受生活，他们在这方面显然要比我们做得更好。我附近邻居的一位过去做过奴隶的黑人，现在已经拥有了一座全新的两层房子，拥有了一个橙子果园还有一间糖厂。他现在赚到了很多钱。斯陀某天见到他，这位黑人说："我现在拥有了20头牲畜，还有4匹小马，40只小鸡，我还有10个孩子，他们都是我的孩子，每一个都是我的孩子。"你们都知道，这是之前的黑人做梦都不敢说出来的话。这个黑人现在已经差不多60岁了。虽然他们有着各种各样的缺点，但是倘若他们获得了自由，哪怕他们一开始是一无所有，但他们都能凭借勤劳的双手去过上幸福的生活。谁能够像他们那样呢？我认为他们做得非常不错。

不久前，一些黑人在他家举行了一次教会的晚上聚会，筹集到了50美元。我们这些白人乘坐马车前去，当我们抵达那里的时候，发现一切都已经安排妥当了。他的每个女儿都知道如何烹饪。他们的家是举行这样聚会的好地方。他们的晚餐就放在一张白色的桌子上，餐桌上铺着一张干净的桌布。每个人需要为晚餐支付50美分。他们筹集到50—60美元。整个聚会的场景是非常融洽有趣的。他们还准备自制的冰淇淋，味道非常好。

这是我现在所看到的，所以让我们千万不要对此有任何怀疑。任何我们期望中应该发生的事情，现在都正在发生。

斯陀夫人的公共生活就是在她这次生日花园聚会之后结束的，之后关于她的事情其实也没多少可以说的。在1880年，斯陀夫人就开始收集与整理与她这一生相关的信件与文章。在一封写给她在缅因州索科工作的儿子的信件里，斯陀夫人就谈到了这项工作：

1880年9月30日

亲爱的查理：

最近，我一直惦记着你。这段时间里，我忙着整理与收集我之前的文章，想要筛选出哪些文章是没有任何保存价值的，哪些是有保存价值的，好让我的继承人在财产过户的时候不会遇到更多的麻烦。我无法跟你说清当我重新回看过去这些文章时的感觉。阅读过去的这些信件——这些信件的作者都已经离开了人世——这会让我在阅读的过程中感觉自己仿佛进入了一种精神世界里——这些信件里讲述着一种温暖、充满期望、不安与忙碌的生活，但属于这些人的这些生活已经永远地成了过去。我的信件记录着我早年生活以及我孩子小时候的一些信件，同样也是如此。当我回想起多年前给我带来深刻印象的事情，仍然会让我充满了情感。当这些场合与情感彻底从我的脑海里消失的时候，这会让我感到深深的不安。但是，我要感谢上帝一点，自从我13岁开始，我就一直对耶稣基督产生了强烈的情感，一直感受着他的教导、指引与关爱。现在，这是我唯一剩下的。我年轻时候的浪漫情感已经退去了。要是从我现在的年龄去看，以前真的是太年轻了——在那些青葱的岁月里，我的心智几乎只存在于情感当中。当时，我从来不在信件上署名日期，因为这些都是我内心的想法，但现在我再也不是一个年轻人了，永远都不可能在世界上有第二次年轻的机会了。现在，我年轻时候的朋友都已经走进永恒的世界了，我还剩下什么呢？

穿越生命与死亡，穿越悲伤与罪恶，
上帝会支持着我，因为他一直在支持着我，
耶稣基督是最后的归宿，因为他也是起点。
耶稣基督是起点，也是最后的归宿。

过去，我一直沉迷于对过去时光的依恋。当我阅读过去的这些老信件，写信的人几乎都已经离开了人世（除了C.冯·伦斯勒），其中就包括乔治亚娜·梅、迪莉娅·培根、克拉利沙·特利特、伊丽莎白·莱曼、萨拉·柯尔特、伊丽莎白·菲尼克斯、弗朗西斯·斯特朗与伊丽莎白·福斯特。我收到过他们寄来的信件，但他们早已经不在这个世界上了，他们比我更早知道另一个世界是什么模样的。有时，这会让我感到恍惚，不禁产生人生苦短，感觉自己正在慢慢地接近那个永恒的世界。因为我看到之前与我一起旅行、生活与交流的人都已经走进了永恒的帷幕里。还有就是我所写的信件，这些都是我在结婚后前两年所写的。当时，斯陀身在欧洲，我则满怀兴奋地准备成为母亲——当时，我的全部生活都是局限于四面墙的婴儿室。我的想法也随着孩子们的不断成长或是不断离开而发生了改变——我的两个孩子都是极为可爱的，但耶稣基督在他们年轻的时候都带走了他们，还有我那个尚在襁褓中的小儿子查理，上帝在他尚未懂得任何罪恶或是悲伤的时候就带走了他——接着就是我的哥哥乔治与姐姐凯瑟琳——她是我年轻时候最重要的陪伴。在我12岁离开家的时候，她就承担起了母亲的角色——现在，他们都已经远去了。接着，就是我挚爱的父亲，他这一辈子就是天父的理想形象——他遭遇过许多痛苦与挫折。在我感到困惑或是迷惘的时候，他始终都是我进行询问的最好对象。父亲已经进了天国，与我那位没有多少印象的天使般母亲相聚了。

1882年，斯陀夫人在给她儿子的一封信里，就谈到了她在阅读《约翰·昆西·亚当斯的人生与信件》一书的感受，顺便回顾了她人生中所经历的各种考验。

> 你的父亲喜欢去波士顿图书馆，他现在正在阅读约翰·昆西·亚当斯的人生自传与信件的第10卷还是第14卷。可以说，这是我国历史上一段关于奴隶制慢慢形成以及最终引发内战的过程。可以说，亚当斯是一位非常勤勉的人。他每一天都忠诚地记录着当天发生的事情，了解那些奴隶制势力所耍的卑鄙手段以及阴谋，也将北方各州表现出来的优柔寡断的软弱记录下来了。当时，卡尔霍恩是美国国务卿，在他的纵容默许下，甚至连美国民众的民意都可以篡改，用来证明自由对于黑奴来说是没什么用的。有关那些失明、失聪与精神分裂的黑人的记录传到了北方各州，还传到了约翰·昆西·亚当斯的家乡，用来证明根本不存在所谓的黑奴。当亚当斯发现这些数据都是伪造的，只是为了让美国政府与英国大使进行争论，从而让英国方面同意得克萨斯州成为一个奴隶州的时候，年老的亚当斯去拜访了卡尔霍恩，递给他一份真实的文件，证明那份所谓的民意是错误的。亚当斯说："他就像一条被踩到的响尾蛇那样在蠕动，只是说那份报告里充满了错误，但总的来说内容还是真实的——因此没有必要去修正这样的报告。"亚当斯的一生都在与迅速发展的奴隶制进行着坚决的斗争，因为当时的奴隶制就像毒蛇那样想要征服一切。
>
> 在那个时候，南方蓄奴州就像蠢蠢欲动的老虎与响尾蛇——当他们

遭到欺负、指责、嘲笑或是威胁的时候，这个老人每天都会勃然大怒，因为他深知国会的每一条法则，知道辩论的策略，有办法将自己的声音表达出来。接着，南方蓄奴州提出了一份来自黑奴们的请愿书，这份请愿书激起了极大的愤怒。他宣称，黑奴们提出请愿书的权利是每个人都拥有的权利。南方蓄奴州想办法赶他下台。按照宪法的规定，在他下台之前，还是可以坚持自己的立场。因为这就是他想要做的。他坚持了14天，使用自己强大的记忆力，充分地阐述了奴隶制残暴血腥的历史。但是，他的敌人发现这件事变得越来越敏感，激发了越来越多的民愤之后，就开始撤销了这样的动议。最后，黑奴们获得了请愿的权利。

真正让人感到惊讶的是，这本日记里详细地记录着他每个周日都要前往教堂，分析牧师布道演说的内容。这其中表现出了一种简朴与认真的态度。他的分析通常与演说者的观点不大一样——显得更加庄重与谦卑——他似乎总是持有一种自我怀疑态度，有着强烈的罪恶感与软弱感，但是他始终相信上帝天父般的仁慈是存在的。只需看看他在周日的布道演说记录，就会对任何一位想要成为布道牧师的年轻人有深刻的启发。他是一位虔诚的领受圣餐者，还会在圣诞节与复活节的时候前去教堂做礼拜——我真的敬佩这位老人。他去世的时候，还没有看到上帝赐予黑奴们的自由。这实在是有点遗憾。但是，我相信他肯定在天国那里见到了这一幕。他是在国会山去世的。他的临终遗言是:“这是我在世界上的最后时刻了，我感到心满意足。”现在，我相信他已经与上帝在一起了。

所有的一切都已经远去了。过去的一切愤怒、一切的威胁，一切临阵逃脱的懦夫，一切见风使舵之人，一切为了个人利益而出卖国家利益的人，一切臭名昭著以及鄙视真理的人，他们都在尘土中沉默了，战斗已经结束了。不管他们生前做得好与坏，不论他们生前是勇敢战斗还是像懦夫那样逃脱，永恒都不会抹去他们原有的灵魂。从某种意义上来说，我们的人生都是无法修复的。如果我们感到畏惧，如果我们失败了，如果我们选择短暂的安全而放弃永恒的存在，那么上帝可能会原谅我们。但是，我们的内心却会残存着永恒的遗憾。在面临最严重的考验时，我们应该保持谦卑，在真理不受欢迎的时候，我们应该坚持真理。因为当耶稣基督被套在枷锁，被当成奴隶那样鞭打的时候，他依然默默地坚持着真理。

在1887年秋天，斯陀夫人给他在纽约市布鲁克林居住的哥哥爱德华·比彻牧师写了一封信：

1887年10月11日，康涅狄格州哈特福德福里斯特大街49号

亲爱的哥哥：

收到你充满友善情感的来信，我真的很开心。你是我早年的宗教老师。当我还是一个在哈特福德上小学的女孩时，你给我的来信让我产生了虔诚的基督教信念与标准，我一直都希望自己这辈子没有失去这样的信念。基督教的信念不仅给我的人生带来数不尽的好处，而且还让我在当时认识了许多亲密的朋友，比如乔治亚娜·梅、凯瑟琳·科格斯韦尔等人。当年充满温馨、简单且天真的学校生活，经常在我的回忆世界里翻滚。在那些早年的朋友当中，我是唯一还活着的人。我早年的同学都已经去世了——现在，就连比我小一两岁的亨利也已经离开了，还有我的丈夫也离开了我（斯陀教授在1886年8月去世了）。有时，我经常会想，为什么上帝要这样宽容我呢？我是不是还有什么事情没有做呢？我正在考虑，在我的儿子查尔斯的帮助下，整理我的人生记录，书名就叫《过去人生海岸边上的鹅卵石》。

查理告诉我，他已经写到了我12岁或是13岁左右的人生自传了，当时我在姐姐凯瑟琳的照顾下生活在哈特福德。从那之后，我每天都会写日记的。我想，你当时是哈特福德语法学校的一名老师。

我亲爱的哥哥，让我们始终保持着善意的心灵，那么任何邪恶的念头都不会侵袭我们。罪恶本身就是邪恶的，但是耶稣基督会保护我们的。我们的人生旅程是如此之短暂。

我感觉现在发生的事情，就像我在酒店里所遇到的事情。在我的行李都打包好了之后，我就要准备返程回家了。我可能会感到不安或是烦躁……但这又有什么关系呢！我很快就要回家了。

永远爱着你的妹妹

海蒂

斯陀夫人在稍后写给一位朋友的信件里说：

最近，我一直在考虑着离开你们，独自回家的可能性。我已经差不多来到了人生这一场朝圣之旅的终点了，已经能看到死神之河了。我感觉自己现在不论白天黑夜都可能会见到上帝的信使。有时，我会在睡梦中感受到某种鲜活的精神生活的奇怪感知，感觉自己是那么的接近耶稣基督以及其他的神圣之人。那样一种快乐是任何其他的快乐感觉都无法相比的。这种感觉是无法用世界上的任何言语去表达的。我当时的感觉，我现在是绝对清楚的，但这与我们在这个世界上所看到的任何东西都不一样，因此无法用言语表达出来。这都是耶稣基督创造出来的一种难以言喻的美好！在我看来，在某个空间里，爱意的热情代表着灵魂的一种沉着的习惯，这是不需要任何言语的，不需要我们展现出任何情感，就必然能够聆听到彼此的信条，彼此的爱意。我们可以对无限的爱意进行反馈，我们可以从自身感受到他的答案，因此根本不需要任何言语。这一切看上去都是那么的迅速，是那么的友善。每当这样的感觉出现的时候，我们都能感受到耶稣基督带来的那种颤动快感。“经历一切，感受一切，穿越一切”，耶稣基督正是凭借这种美好而仁慈的意志去救赎与拯救的。当我醒来的时候，我这样说：“这样的快乐已经足够了，在你那双脚下匍匐。你不会让我继续跌倒了，也没有人能够飞得更高了。”

人生只是一瞬，但这在我的心灵里留下了难以言喻的美好感觉。

索引